# ALEXANDRIA

# ALEXANDRIA

*Auf der Suche nach*
*der verlorenen Stadt*

EDMUND RICHARDSON

MIDAS

1. Auflage 2024
ISBN 978-3-03876-560-8



Übersetzung: Kathrin Lichtenberg
Lektorat: Dr. Friederike Römhild
Layout: Ulrich Borstelmann
Karte: Emily Faccini
Druck & Bindung: CPI Books, Leck

Printed in Germany

Bibliografische Information der Deutschen Bibliothek
Die Deutsche Bibliothek verzeichnet diese Publikation in der Deutschen Nationalbibliografie unter www.dnb.de.

Der Midas Verlag wird vom Bundesamt für Kultur für die Jahre 2021–2024 unterstützt.



Midas Verlag AG, Dunantstrasse 3, CH 8044 Zürich
kontakt@midas.ch, www.midas.ch,
Social Media: follow »midasverlag«

# Inhalt

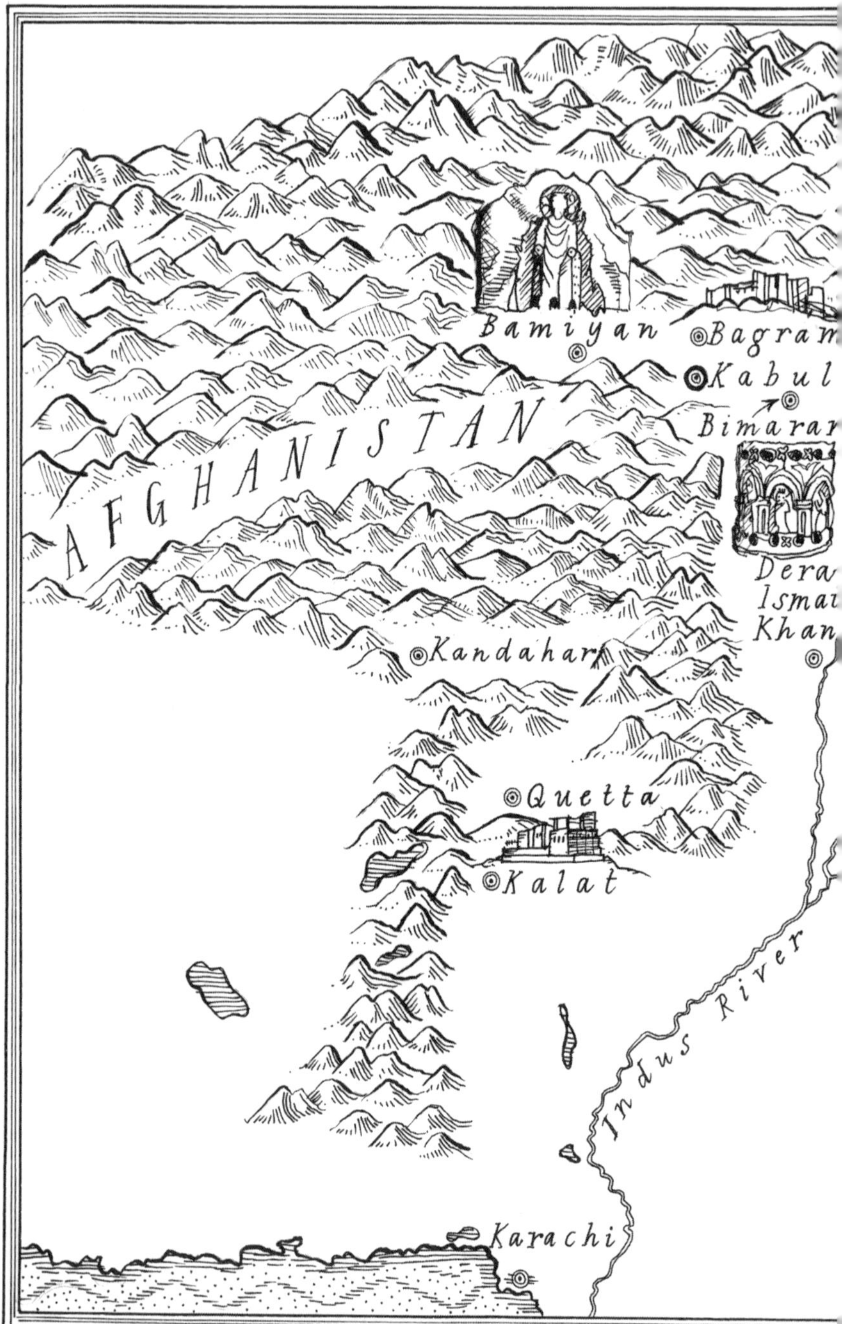
Bamiyan
Bagram
Kabul
Bimaran
Dera Ismai Khan
AFGHANISTAN
Kandahar
Quetta
Kalat
Indus River
Karachi

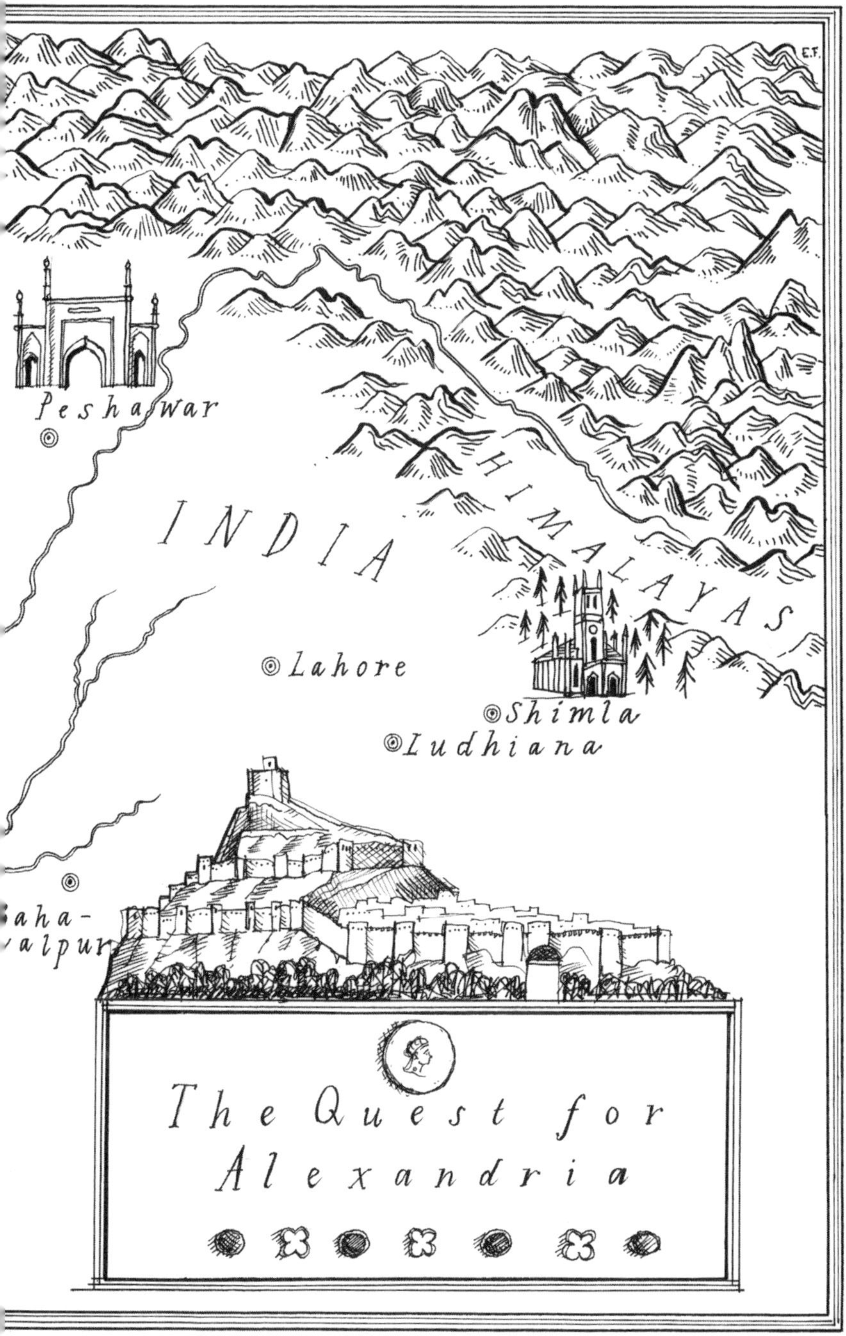
E.F.
Peshawar
INDIA
HIMALAYAS
Lahore
Shimla
Ludhiana
Baha-
walpur
The Quest for
Alexandria

# 1

# Der Ausreißer

4. Juli 1827. Die Morgendämmerung roch nach Schweiß, Weihrauch und Pferdemist.

In Agra[1] erwachte der Soldat James Lewis, ein unauffälliges Mitglied der Armee der britischen Ostindien-Kompanie. Das Armeelager der Briten in Indien war eine Miniaturwelt aus schnarchenden Soldaten, Kochfeuern, Kanonenkugeln und Schießpulver. In der Ferne ragte die Silhouette des Taj Mahal auf, dessen Kuppel von winzigen Vögeln umschwärmt wurde. Bereits um 6 Uhr morgens stand die Sonne hoch über dem Horizont, durchbrach den Nebel am Yamuna-Fluss und verwandelte die alten Mauern des Roten Forts von Agra in flammendes Gold. Auf den Türmen der Festung flatterten die letzten Fledermäuse der Nacht nach Hause.

Für Lewis war es sein Unabhängigkeitstag. Er zog seine Uniform an, trat durch das Tor, vorbei an den schläfrigen Wachen, und kehrte nie wieder zurück. Am Abend würde er ein gesuchter Mann sein.

Lewis bahnte sich seinen Weg durch Agra und brachte so viel Abstand wie möglich zwischen sich und sein Regiment. Britische Bungalows duckten sich um die weiß getünchte St.-Georgs-Kathedrale, die im Vorjahr fertiggestellt worden war. Näher am Fluss rückte die Altstadt wieder in den Blick. Leuchtend grüne Papageien spähten von den Bäumen herab. Halb zerstörte Villen und Gräber säumten das Flussufer. Der Stern von Agra war seit fast zwei Jahrhunderten verblasst: Seine kurze Blüte als Hauptstadt des Mogulreichs war lange vorüber.

Die Briten behandelten die Stadt wie einen riesigen Spielplatz. Die kaiserlichen Gemächer des Roten Forts – in denen Shah Jahan als Gefangener die letzten Jahre seines Lebens verbrachte; durch die Gitterfenster konnte er das Grab seiner geliebten Mumtaz Mahal sehen – hatte Major Taylor von den Bengal Engineers übernommen. Die Leute begannen zu murren, also richtete der Major ein zweites Zuhause ein: im Taj Mahal.[2]

Als er Agra hinter sich ließ, konnte Lewis nicht ahnen, dass er in eine der unglaublichsten Erzählungen der Geschichte wanderte. Er würde am Straßenrand betteln und mit Königen Tee trinken. Er würde mit heiligen Männern reisen und der Meister von einhundert Verkleidungen werden. Er würde Dinge sehen, die kein westlicher Reisender vor ihm gesehen hatte und die auch nach ihm nur wenige sehen würden. Und nach und nach würde er von einem einfachen Soldaten zu einem der größten Archäologen seiner Zeit werden. Er würde sein Leben der Suche nach Alexander dem Großen widmen.

Seine Suche würde ihn über schneebedeckte Berge, in versteckte Kammern voller Juwelen und zu einer verlorenen Stadt führen, die unter den Ebenen Afghanistans begraben liegt. Er würde unbezahlbare Schätze ausgraben und unaussprechliche Gräueltaten erleben. Er würde eine Sprache entschlüsseln, die seit mehr als eintausend Jahren vergessen war. Er würde vom mächtigsten Imperium der Welt erpresst und gejagt werden. Er würde wegen Hochverrats eingesperrt werden und sein eigenes Königreich angeboten bekommen. Er würde die Welt verändern – und die Welt würde ihn zerstören.

Dies ist eine Geschichte darüber, wie man seinen Träumen bis ans Ende der Welt folgt – und was passiert, wenn man dort ankommt.

Hätte er gewusst, was passieren würde, wäre Lewis vielleicht im Bett geblieben.

James Lewis wurde am 16. Februar 1800 in London geboren, als das 19. Jahrhundert gerade erst ein paar Wochen alt war.[3] London war ein stinkendes, überquellendes Ding: Doppelt so groß wie Paris, breitete es sich in alle Richtungen aus und war die dreckigste Stadt der Welt. Lewis wuchs in ihrem verrotteten Herzen auf, im Schatten des Tower of London: einem Labyrinth aus Straßen, düster und übelriechend, übersät mit toten Tieren und bedroht von Banden. »Die unverschämtesten Schurken, Betrüger und Diebe laufen tagsüber durch die Straßen«, schrieb Pierce Egan im Jahre 1821. »Die bösartigsten und hinterhältigsten Schufte, die jede freundschaftliche Regung verloren haben, die Menschen verbindet, tummeln sich in Scharen in der Metropole.«[4] Die Luft war voller Ruß. Die Themse war eine Kloake. London stank. Als Wordsworth in dieser »riesigen, gärenden Masse aus Menschen« durch die Straßen wanderte, fühlte er sich entsetzt und vollkommen allein. »How oft, amid those overflowing streets, / Have I gone forward with the crowd, and said / Unto myself, ›The face of every one / That passes by me is a mystery!‹« (Wie oft in übervollen Straßen ging / ich in der Menge weiter, sagte mir: / ›Ein jedes der Gesichter, das an mir / vorübergeht, ist ein Mysterium.‹)[5]

Schon als Kind wusste Lewis, dass Großbritannien Menschen wie ihm nicht freundlich gesonnen war. Um in London zu überleben, brauchte man Geld, familiäre Verbindungen oder absurde Reserven an Wut und Tücke. »Es scheint«, schrieb Egan, »dass irgendein Dichter London humorvoll als ›den Teufel!‹ beschrieben hat.«[6]

Als Lewis ein Teenager war, stand die britische Wirtschaft am Rande des Zusammenbruchs. Londons Straßen füllten sich mit den neuen Obdachlosen. Leigh Hunt, der erste Herausgeber von Keats und Shelley, schrieb über Proteste gegen »Konkurse, Beschlagnahmungen, Hinrichtungen, Inhaftierungen … große Mietrückstände«.[7] Die Regierung reagierte mit der Sympathie, die seit Jahrhunderten die britische Haltung gegenüber den Armen prägte: Sie verkündete einen Plan zur Hinrichtung der Protestierenden. Lord Byron versuchte 1812 in einer Rede im Parlament vergeblich, Mitgefühl zu wecken: »Nichts als absolute Not konnte eine große und einstmals ehrliche und fleißige Gruppe des Volkes dazu treiben, Exzesse zu begehen, die für sie selbst, ihre Familien und die Gemeinschaft so gefährlich waren. Sie schämten sich nicht zu betteln, aber es gab niemanden, der sie unterstützte … Können Sie ein ganzes County in seine eigenen Gefängnisse sperren? Werden Sie auf jedem Feld einen Galgen aufstellen und Männer wie Vogelscheuchen aufhängen?«[8] Lewis sah in diesem kaputten Land keine Zukunft für sich. Am 5. Oktober 1821, mit einundzwanzig Jahren, trat er in der Hoffnung auf ein besseres Leben in die Armee der Britischen Ostindien-Kompanie ein.

Die Ostindien-Kompanie hatte als Handelsunternehmen gestartet, das Schiffe zwischen Großbritannien und dem Orient hin und her fahren ließ. Getrieben von Angst und Gier breitete sie sich schrittweise von ihren Handelsposten an der Küste aus. Lokale Herrscher wurden schikaniert, erpresst und abgesetzt. Horace Walpole nannte das Unternehmen in den 1770er-Jahren »eine Truppe von Monstern«,[9] dabei hatte man gerade erst angefangen. In den 1820er-Jahren war die Ostindien-Kompanie die vorherrschende Macht in Indien. Kein heutiger multinationaler Konzern könnte sie auf ihrem Höhepunkt übertreffen.[10] Das Unternehmen besaß eine riesige Privatarmee. Es hatte seine Spione überall. Es war der größte Drogenhändler der Geschichte, der jedes Jahr tonnenweise Opium verkaufte. Profit war alles. Es war der Gott des Kapitalismus.

Viele der Beamten der Kompanie kehrten goldbeladen nach Großbritannien zurück: mit dem Gewinn aus dem Handel und der Beute aus indischen Schatzkammern. »Seit langem«, schrieb William Cobbett, »kochen und verschlingen sie die elenden Menschen Englands und Indiens«.[11] Lewis merkte schnell, dass Ruhm und Reichtum für seine Vorgesetzten bestimmt waren und nicht für einfache Soldaten wie ihn. Seine Aufgabe bei der Bengalischen Artillerie bestand darin, für das Wohl der Kompanie zu kämpfen, zu schwitzen, zu jubeln, zu fluchen, zu bluten und, wenn nötig, zu sterben. Jahrelanges Marschieren durch Indien hatte ihn in einen schmächtigen, schüchternen, ängstlichen jungen Mann verwandelt, dürr und rothaarig, mit blaugrauen Augen, die genau beobachteten. Die meisten einfachen Soldaten konnten kaum lesen oder schreiben. Lewis las Latein und Griechisch und lieh sich Bücher von jedem aus, der bereit war, ihm welche zu überlassen. Heute würde man einen solchen Soldaten bemerken, ausbilden und einsetzen. Aber Lewis war nur da, um die Reihen zu füllen: Wasser auf die imperialen Mühlen. Nachdem er sechs Sommer lang geschwitzt hatte, war er genauso arm und wurde genauso ignoriert wie am ersten Tag. (Ein Offizier ließ ihn einmal ein paar tote Schmetterlinge arrangieren, aber das war es auch schon.)[12]

Es war nicht fair, aber die Ostindien-Kompanie hatte nie Fairness versprochen. Lewis beobachtete, wie seine Vorgesetzten reich wurden. 1825 verbrachte er ein haarsträubendes Weihnachtsfest bei der Belagerung von Bharatpur. Die riesige Festung, etwa dreißig Meilen von Agra entfernt, hatte 1805 einer britischen Armee standgehalten. Die Ostindien-Kompanie war entschlossen, keine zweite Demütigung zu riskieren. Als sich am 16. Januar 1826 der Staub über den Ruinen von Bharatpur gelegt hatte, teilten die Briten den dort gelagerten Schatz auf. Der kommandierende Offizier, Lord Combermere, erhielt 595.398 Rupien. Lewis und der Rest der einfachen Soldaten bekamen jeweils 40 Rupien.[13] (Heutzutage entspräche dies etwa 6 Millionen Pfund oder 7,1 Millionen Euro für den kommandierenden Offizier und 400 Pfund oder 470 Euro für den einfachen Soldaten.)[14] Sogar die Betrunkenen und Idioten unter den Offizieren hatten ein weitaus besseres Leben, als er es jemals führen würde. Und wenn sie ihm einen Befehl gaben, musste er gehorchen. Er war von Natur aus kein geduldiger Mann und konnte Dummköpfe nur sehr schwer ertragen.

Er begann, Selbstgespräche zu führen. Sein Traum war ein Leben nach seinen eigenen Vorstellungen. Im Juli 1827, nach Jahren undankbaren Dienstes, geschah es dann.

Was passiert, wenn man beschließt, sein ganzes Leben aufzugeben? Lewis sollte es herausfinden.

Als er Agra verließ, begann die drückende Sommerhitze nachzulassen. Ein paar Tage zuvor war der Monsun über den Golf von Bengalen hochgezogen und wenn die Regenfälle einsetzten, waren sie kühl und unglaublich stark. Sonst jedoch waren die Hügel Nordindiens braun und kahl und flimmerten in der Hitze. Jeder Schritt wirbelte Staubwolken auf. Lewis hatte weder Geld noch Essen. »Ich war mittellos, ein Fremder mitten in Asien, ohne Kenntnis der Sprache – die mir am nützlichsten gewesen wäre – und aufgrund meiner Hautfarbe in jeder Situation auffällig.«[15] Am Leben zu bleiben, würde ein Problem sein.

Lewis hatte jedoch ein noch größeres Problem: die Ostindien-Kompanie. Nachdem man seine Abwesenheit entdeckt hatte, schickte man seine Beschreibung viel schneller durch ganz Indien, als er selbst reisen konnte. Städte, Garnisonen und Grenzbeamte wurden in Alarmbereitschaft versetzt. Das riesige Spionagenetzwerk der Kompanie hatte Freude daran, Deserteure zu jagen und sie der Militärjustiz zu übergeben. Würde Lewis gefasst, könnte er bis zur Bewusstlosigkeit ausgepeitscht, wiederbelebt und dann erneut ausgepeitscht werden. Vielleicht würde man ihn auf besonders unangenehme Weise hinrichten. Die Kompanie war dafür bekannt, ihre indischen Soldaten vor die Mündungen von Kanonen zu binden und sie buchstäblich in Stücke zu sprengen. Lewis würden sie einfach aufhängen, aber das war nur ein schwacher Trost. Die Vögel an den Hinrichtungsstätten der Kompanie warteten praktisch schon.

»Eine Reihe von Schwarzmilanen (ein in Indien sehr verbreiteter Raubvogel) begleitete tatsächlich die wehmütige Gruppe auf ihrem Weg zur Hinrichtungsstätte«, schrieb ein entsetzter britischer Soldat, »als ob sie wüssten, was los war, und dann schwebten sie über den Kanonen, von denen die Übeltäter weggeblasen werden sollten, schlugen mit den Flügeln und kreischten, als erwarteten sie ihr blutiges Festmahl, bis zu dem tödlichen Schuss, der den Körper in der Luft zerfetzte. Sie stürzten sich auf ihre Beute und fingen mit ihren Krallen viele Stücke des noch zitternden Fleisches auf, noch bevor sie den Boden erreichten.«[16]

Lewis hatte gesehen, was die Ostindien-Kompanie mit Deserteuren machte. Bei der Belagerung von Bharatpur war einer seiner Kameraden von der Artillerie, ein Mann namens Herbert, durch die britischen Patrouillen geschlüpft und zur anderen Seite übergelaufen. Die Briten bemerkten dies, als eine Kanonenkugel direkt auf den Beobachtungsposten des befehlshabenden Offiziers zugeflogen kam, Lord Combermere nur um Zentimeter verfehlte und einen seiner Diener zerschmetterte. Das war ein recht bemerkenswerter Auftritt für Herbert, um seinen Rückzug aus der Truppe zu verkünden. Tag für Tag war er auf den Zinnen von Bharatpur »in seiner englischen Uniform zu sehen, wie er über die Stadtmauern spazierte und die Waffen des Feindes auf seine Landsleute richtete«,[17] »wobei er sich kaltblütig allen Risiken aussetzte«.[18] Die Briten konnten es kaum glauben: Herbert hatte bei Waterloo gekämpft, »sein Charakter war anständig, er wurde von jenen, unter denen er gedient hatte, gelobt, und man glaubte, dass er seine Mutter unterstütze«, aber trotzdem versuchte er hier, sie zu töten – und er war unangenehm gut darin.[19] Einige Tage später entzündete ein weiterer geglückter Schuss aus der Festung 20.000 Pfund britisches Schießpulver und sprengte alle Menschen aus der Umgebung in die Luft.[20] Als die Ostindien-Kompanie Bharatpur eingenommen hatte, setzte sie alles daran, Herbert zu jagen. Er wurde lebendig gefangen genommen und nach kurzem Prozess vor der versammelten Armee hingerichtet.[21]

Lewis lief weiter. Er ging nach Westen und orientierte sich dabei an der Sonne und den Sternen. In den Dörfern bettelte er um Essen, er schlief in Gräben und blieb außer Sichtweite. Die Landschaft um Agra war unheimlich ruhig. Die Cholera grassierte und in den Dörfern starben die Menschen in Scharen. Lewis umging Delhi, die Stadt der Dichter und Zauberer, wo der Mogulkaiser Akbar II. im Roten Fort Hof hielt. Dort waren die Augen der Kompanie zu zahlreich und zu scharf, als dass er hätte überleben können. Seine einzige Hoffnung bestand darin, über die Grenze zu entwischen und sich ihrem Zugriff zu entziehen. Also machte er sich auf den Weg in die Einöde der Thar-Wüste, ohne Wasser, Notfallplan oder Karte.

Die Wüste offenbarte sich Lewis ganz allmählich. Felder wichen Buschland, statt Kuhherden sah er Ziegen. Am Horizont tauchte die goldene Stadt Bikaner auf: eine schimmernde Festung, scheinbar aus dem Wüstensand gemeißelt. Lewis wagte es nicht, sich ihr zu nähern. Stattdessen drang er weiter ins Herz der Wüste vor. Die Abstände zwischen den Dörfern vergrößerten sich. Hügel wirkten eher wie Dünen. Die Landschaft veränderte unmerklich ihre Farbe, von Grün zu Braun zu schmutzigem Gelb zu Gold. Staub klebte an ihm, verstopfte seine Nasenlöcher und setzte sich in die Falten seiner Kleidung. Tage vergingen ohne ein Zeichen menschlichen Lebens. Die Sonne hing tückisch am Himmel. Für Tiger war es zu heiß, also konnte er wenigstens ruhig schlafen. Das war das einzig Gute.

Dies war die wahre Wüste. Auch heute noch ist die Thar einer der isoliertesten und trostlosesten Teile Indiens. Die Temperatur kann 50° Celsius erreichen. Gelegentlich rattert ein rostiger Zug entlang der Grenze zu Pakistan und lässt Wasserflaschen und Samosa-Verpackungen im Sand zurück. Menschen dagegen sind selten. Die Nachmittagshitze macht sogar den Kamelen zu schaffen, sie keuchen in den wenigen Schatten und lassen ihre ledrigen grauen Zungen aus dem Maul hängen. Die Nächte sind still und am Himmel hängen zehntausend Sterne. Die Wahrscheinlichkeit, dass jemand die Reise zu Fuß überlebt, ist unglaublich gering.

Doch irgendwie schaffte es Lewis. Einige Wochen, nachdem er Bikaner verlassen hatte, verbreiteten sich Gerüchte am Hof von Ahmadpur im heutigen Pakistan. Ein seltsamer Mann sei aus der Wüste aufgetaucht. Er nannte sich Charles Masson.

Lewis – denn es war er – humpelte auf blasigen Füßen dahin und legte weniger als eine Meile pro Tag zurück. Die Reise hatte ihn fast umgebracht. Seine Kleidung war zerfetzt, er zitterte vor Fieber und konnte kaum laufen. »Ich fand es unmöglich, nach Sonnenaufgang zu reisen, da ich gezwungen war, wo auch immer ich war, den nächsten Schatten aufzusuchen und mich dort auf den Boden zu werfen.«[22] Schließlich stolperte er in eine Grenzstadt, wo er hoffte, unentdeckt zu bleiben und sich erholen zu können.

Dieser Charles Masson mag wie eine rothaarige Vogelscheuche mit Hitzschlag ausgesehen haben, doch der Schein kann trügen. Der Khan von Ahmadpur hatte seine Grenzen genau im Blick. So wurde Lewis feierlich von einem Höfling begrüßt, der »sehr darauf bedacht war, von meinen Angelegenheiten zu erfahren, und kaum glauben konnte, dass ich keine hatte oder dass ich keine Nachricht für den Khan mit mir führte. Vergeblich berief ich mich auf die negativen Beweise meiner Armut und die Tatsache, dass ich allein und zu Fuß unterwegs war.«[23]

Lewis wusste es noch nicht, aber er war nicht der einzige westliche Reisende in Ahmadpur. Da war noch ein anderer Mann, eine blasse, bedrohliche, bärtige Gestalt. Sein Name war Josiah Harlan – und die Ostindien-Kompanie hatte ihn gebeten, nach Deserteuren Ausschau zu halten. Als Harlan von dem Neuankömmling hörte, lächelte er in sich hinein und bemühte sich um ein Treffen mit Mr. Masson.

Lewis erschien in Harlans Zelt »in der Kleidung eines Eingeborenen mit geschorenem Kopf«. Doch Harlan ließ sich nicht einen Augenblick lang täuschen. »Das helle und struppige Haar auf der Oberlippe zusammen mit den blauen Augen offenbarte sofort die wahre Herkunft seiner Klasse. Ich sprach ihn, ohne zu zögern, als einen europäischen Deserteur der berittenen Artillerie an … von dem ich bereits eine Beschreibung gelesen hatte.«[24] Lewis klappte die Kinnlade herunter. Harlan überragte ihn, riesig und wild aussehend. Lewis spürte förmlich das Seil um seinen Hals und hörte die Geier über sich kreisen.

Sichtbar zitternd stammelte er die Geschichte, mit der er sich tarnte und in der er behauptete, dass er »nach Bombay gehöre und lediglich zum Vergnügen in diese Richtung reise, mit der Absicht … über das Land nach Hause zu gehen«.[25] Harlan hätte beinahe laut losgelacht. Er hatte im Laufe der Zeit viele Lügen gehört – und selbst genügend erzählt. Doch dieser elend aussehende Mann musste der schlimmste Lügner sein, den er je getroffen hatte.

Josiah Harlan war im Alter von einundzwanzig Jahren aus Amerika aufgebrochen, mit dem bescheidenen Ziel, König zu werden. Sein Vater beschaffte ihm einen Job auf einem Handelsschiff in Richtung Osten. Harlan lernte, mit Händlern in China zu feilschen und sich in den Gassen von Kalkutta durch Kartenspiele zu tricksen. Er kam reicher und behaarter als zuvor nach Amerika zurück und verliebte sich. Die Dame und er einigten sich darauf, dass er noch eine Reise unternehmen, dann nach Amerika zurückkehren und sie heiraten würde. Er schiffte sich erneut nach Kalkutta ein, doch als sein Schiff Indien erreichte, wartete dort ein Brief auf ihn. In bemerkenswerter Kürze hatte seine Verlobte die Verlobung aufgelöst und einen anderen geheiratet.

Gebrochenen Herzens ging Harlan vom Schiff. Ohne jegliche Ausbildung erschlich er sich einen Job als Chirurg bei der Ostindien-Kompanie, bewaffnet mit kaum mehr als einer Säge und einem unerschütterlichen Selbstbewusstsein.[26] Als seine Zeit dort zu Ende ging, kehrte er nicht nach Amerika zurück, sondern zog ins nördliche Indien, um sein Glück zu finden.

In der Stadt Ludhiana im Punjab, einem der letzten britischen Außenposten in Indien, traf Harlan den im Exil lebenden König Afghanistans, Schah Schudscha. Der Schah wollte unbedingt seinen Thron zurückerobern – und Harlan glaubte, er könne helfen. Als er Lewis begegnete, war Harlan mit einer zerlumpten Truppe Söldner, einer riesigen amerikanischen Flagge und seinem geliebten Hund Dash auf dem Weg nach Afghanistan. Später würde er seine Flagge auf dem Hindukusch hissen und sich selbst zum Prinzen ausrufen. Er hielt sich für die Antwort des 19. Jahrhunderts auf Alexander den Großen.

Als Harlan den zitternden Lewis von oben bis unten betrachtete, witterte er eine Gelegenheit. Es wäre sinnvoll, diesen Unglücklichen an die Ostindien-Kompanie zu verkaufen. Aber noch vorteilhafter wäre es, in den kommenden Wochen einen ausgebildeten Soldaten an seiner Seite zu haben, selbst ein so erbärmliches Exemplar wie dieses. »Als ich am Zittern seiner Stimme und anderen Zeichen der Beunruhigung seine äußerst unangenehme Lage erkannte, beruhigte ich ihn mit der Versicherung, dass ich kein Engländer sei und keine Verbindung zur britischen Regierung hätte und folglich weder Interesse noch Pflicht mich dazu verleiten könnten, ihn jetzt oder später zu verraten.«[27] Lewis hatte kaum Zeit, seinen Dank zu stottern, als Harlan ihn als »vertraulichen Gefolgsmann« des Amerikaners für seine Afghanistan-Expedition verpflichtete. Es gab kaum etwas, was Josiah Harlan nicht über Einflussnahme wusste.

Am 10. Dezember 1827 bereitete sich Harlans kleine Armee darauf vor, Ahmadpur zu verlassen.[28] Während der Amerikaner seine riesigen Stiefel anzog, hatte Lewis das Gefühl, dass er sein früheres Militärleben gegen ein noch verrückteres eingetauscht hatte. Harlan verlangte von ihm, seine abgewetzte alte Uniform der Bengalischen Artillerie anzuziehen, mit Breitschwert und allem Drum und Dran. Er ließ ihn den Namen Charles Masson behalten – und Lewis entschied, dass er ihm besser gefiel als sein alter. (Harlan selbst hatte sich mit seiner üblichen Unverfrorenheit als britischer Offizier gekleidet.) Noch immer vom Fieber geplagt, mit roten Augen und unrasiert, schien dieser Masson eine groteske Parodie auf den gepflegten Soldaten, der er ein paar Monate zuvor noch gewesen war. Dennoch war er froh, am Leben zu sein, und noch glücklicher, auf einem von Harlans Pferden zu sitzen, auch wenn er immer wieder herunterfiel.

Die unwahrscheinliche Expedition kam schon bald gut voran. Harlans Streitmacht belief sich mittlerweile auf rund einhundert Mann, auch wenn er keinem einzigen von ihnen traute. Er und sein Stellvertreter Gul Khan stritten sich ständig. Gul Khan war ein dicker, etwa fünfzigjähriger Mann, dem eine Hand und ein Auge fehlten. Dafür hatte er einen prächtigen Schnurrbart und war bis an die Zähne bewaffnet. Seine Spezialität war ein passiv-aggressives Reden über seine eigene unerschütterliche Loyalität, das Harlan zur Verzweiflung brachte. »Tod den Feinden des Königs und möge sein Salz im Mund der Verräter zu Dreck werden! Zwanzig Jahre lang war ich Seiner Majestät ein treuer Diener – ein Sklave ohne Lohn – aber das ist egal. Jetzt ist die Zeit der Pflicht gekommen – obwohl der König seinen Freund nie vom Feind unterschieden hat – Gott sei Dank ist der König ein großer König!«[29] Gul Khan konnte sich nie genau erinnern, wie er seine Hand verloren hatte: Er erzählte jedes Mal eine andere Geschichte. In Ludhiana ging das Gerücht um, Schah Schudscha habe sie abgeschnitten.

Harlan war auf dem ganzen Weg aufgeregt und besorgt. Entdeckte er auch nur ein einziges schlampig zusammengeschnürtes Bündel, begann er zu wettern. »Das bedeutet eine große Verschwendung körperlicher Kraft, eine Zerstörung von Eigentum und Leid für Mensch und Tier … Diese scheinbar unwichtigen Aspekte bestimmen den Erfolg von Militäroperationen!«[30] Seine Ansprachen waren nicht kurz und bezogen alle ein, von den Römern bis Napoleon.[31] Hinter all dem Wüten verbarg sich eine tiefe Besorgnis: Harlan argwöhnte, dass es eine sehr schlechte Idee gewesen war, seine Männer im Voraus zu bezahlen. Gul Khan hatte es kaum glauben können. In dem Moment, als er Harlans Geld in den Händen hielt, löste sich seine jahrzehntelange Loyalität gegenüber Schah Schudscha in Luft auf. »So viel von seinem [des Schahs] Salz habe ich gegessen«, sagte er grinsend zu Harlan, »und jetzt übergebe ich ihn der Gnade Gottes – lasst die Mutigen den Tapferen dienen – fordert Gnade von den Barmherzigen – das ist es, um eine Handvoll Staub vom Berge zu bitten. Ich war nur zwei Tage im Dienst des Sahib und habe das Geld für zwei Monate im Voraus verdient – möge sein Haus gedeihen!«[32] Damals hatte sich Harlan noch nicht gefragt, wie schnell sich Gul Khans Treue erneut ändern könnte.

Jenseits der Grenzen der Ostindien-Kompanie schien die Macht zum Greifen nah. Im Osten lag Lahore, die Hauptstadt des einäugigen Maharadschas der Sikh, Ranjit Singh, eines der klügsten und rücksichtslosesten Reichsgründers der Geschichte. Der Maharadscha trank britische Gesandte unter den Tisch, besaß den Koh-i-Noor, einen berühmten Diamanten, und versetzte jede Macht in der Reichweite seiner riesigen und sorgfältig ausgebildeten Armeen – von der Ostindien-Kompanie an abwärts – in Angst und Schrecken. (Sein Lieblingscocktail bei Sonnenuntergang: Whisky, Fleischsaft, Opium, Moschus und zerstoßene Perlen.)[33] Im Norden regierte Dost Mohammed Afghanistan unsicher von Kabul aus. (»Er hatte seine Konkurrenten überrumpelt und sich an die Macht gebracht, das große Ziel seines Ehrgeizes«, erinnerte sich Masson später. »Zu versuchen, den Charakter eines Mannes zu beschreiben, der keinen hat, wäre lächerlich. Er war gut oder schlecht, je nachdem, wie es seinen Interessen entsprach.«)[34] Dazwischen jedoch, in den Grenzgebieten und auf den Gebirgspässen, war ihr Einfluss kaum zu spüren. Dort herrschte ein Flickenteppich kleiner Häuptlinge, jeder mit seiner eigenen verfallenen Festung, einer Truppe schlecht bezahlter Diener und rostigen Kanonen. Gegen einen solchen Widerstand hatte selbst ein Möchtegern-Machiavelli wie Harlan eine gute Chance.

Harlan hatte die Hand an der Pistole, aber den Kopf in den Wolken. Als seine Söldnerbande nach Afghanistan aufbrach, »war mein Geist voller Gedanken an die Vergangenheit«, schrieb er. »Ich würde das Land betreten und mich mit den Objekten vertraut machen, die der Welt als Schauplatz und Gegenstand von Alexanders Heldentaten bekannt waren.«[35] Für Männer wie Harlan war Alexander der Große der Leitstern: ein Versprechen, dass ein Mann die Welt neu erschaffen und für immer in Erinnerung bleiben könne. Ein paar Schritte weiter, wackelig auf seinem Pferd balancierend und in seiner alten Uniform schwitzend, hätte sich Masson nicht weniger für die antike Geschichte interessieren können. Aber er tat dem Amerikaner den Gefallen und hörte zu, während Harlan schwadronierte.

Sie nahmen die Straße nach Norden über den Indus nach Afghanistan. Indien war durch ein dichtes Netz von Handels- und Pilgerwegen mit dem restlichen Asien verbunden. Diese staubigen Wege waren die Adern der Welt. Jahrtausendelang waren Reisende und Kaufleute mit Gold und Silber, Seide und Gewürzen, Jade und Lapislazuli, Erfindungen und Religionen auf ihnen unterwegs gewesen. Armeen waren hin und her gezogen und hatten neue Könige und Reiche hinterlassen. Jetzt, am Ufer des Indus, starrte Harlan zu den fernen Hügeln, atmete tief durch und grinste. »Zum ersten Mal einen Blick auf den entferntesten Strom zu werfen, der vor zweitausend Jahren den Sieger der Welt auf sich getragen hatte. Auf die Landschaft zu schauen, die er gesehen hatte. Auf die Erde zu treten, auf der Alexander blutete.«[36] Masson war erschöpft und einsam und nicht in der

Stimmung. Als sie den Fluss überquerten, hatte er seinen Blick nicht auf den Horizont gerichtet, sondern auf ein riesiges Krokodil, sechzehn Fuß lang, das reglos am anderen Ufer lag. Ihr Boot schien direkt darauf zuzusteuern. Dann drehte sich der Wind und er roch es: Das Krokodil war schon lange tot und verrottete in der Hitze. Als Masson in dieser Nacht am anderen Ufer des Indus lagerte, blieb er lange wach und dachte nach über »die Menschen und Szenen, die ich kurz davor war zurückzulassen. Wenn ein Gefühl des Zweifels meinen Geist für einen Moment trübte, vertrieb ihn der Stolz darüber, so weit vorgedrungen zu sein, und ermutigte mich, weiterzumachen.«[37] Außerdem hatte Masson kaum eine Wahl, auch wenn er es nicht sagte.

Während sie in den nächsten Tagen dem Indus nach Norden in Richtung der Stadt Dera Ismail Khan folgten, traktierte Harlan Masson mit Geschichten von Alexander: dem Jungen aus den Bergen, der mit siebenundzwanzig Jahren den größten Teil der bekannten Welt beherrschte. Dem General, der seine Armee weiter führte, als die Götter zu gehen wagten. Dem Träumer, dessen Träume wahr wurden. Harlan interessierte sich nicht für die Feinheiten von Alexanders Politik oder für Intrigen zwischen Griechen und Persern oder für die Orakel ferner Götter. Er interessierte sich für Alexanders Städte: Steine und Mörtel, Gold und Schwerter.

Auf dem Höhepunkt seiner Macht baute Alexander eine Reihe von Städten auf der ganzen Welt, von Ägypten und Kleinasien über das Kernland des Persischen Reiches bis hin zu den Ebenen Zentralasiens und den Bergen Afghanistans. Alle wurden nach ihm benannt: Alexandria. Jeder kennt Alexandria in Ägypten, aber es gab über ein Dutzend weitere Alexandrias, die über Alexanders Reich verstreut waren. In ihnen trafen Perser auf Afghanen, griechische Götter wurden indisch und chinesische Seiden reisten nach Rom. Alexanders Städte waren sein größtes Erbe.

Harlan, der von einem eigenen Imperium träumte, fragte sich vielleicht, wo er sein erstes Harlanville (Harlandria? Harlanopolis?) errichten sollte. »Das Genie, das Alexander bei der Auswahl der Standorte für diesen Zweck an den Tag legte«, so überlegte er, machte ihn »zum unerreichten Architekten von Imperien.«[38] Aber, erklärte er Masson, von Alexanders Städten sei heute nur noch wenig übrig. Fast alle Alexandrias seien zu Staub zerfallen. »Die Verwüstungen von zweitausend Jahren haben meines Erachtens kein einziges architektonisches Denkmal der makedonischen Eroberungen in Indien hinterlassen.«[39]

Masson war sich da nicht so sicher – und ließ sich unwillkürlich vom Enthusiasmus des Amerikaners anstecken.

Unterwegs feierten Harlan und Masson gemeinsam ein sehr seltsames Weihnachtsfest. Masson stopfte sich mit Früchten aus den Obstgärten Afghanistans voll, »frischen Weintrauben, Birnen und Äpfeln«,[40] bis er aufgebläht und glücklich war. Es war ein weiter Weg von der alten Kirche St. Mary Aldermanbury in London, wo er getauft worden war und als Kind Weihnachten gefeiert hatte. Es war auch ein weiter Weg von Harlans Quäker-Versammlungshaus in Pennsylvania. Mittlerweile war der Amerikaner ernsthaft nervös. Mit jedem Tag wurde er unsicherer, ob er das Raubtier oder die Beute war. So sehr er sich auch mühte, er konnte ein afghanisches Sprichwort, das er einmal gehört hatte, nicht vergessen. Andere Nationen, hieß es, »dürfen für ihr Auskommen die Erde pflügen und eggen. Wir ziehen es vor, in den Eingeweiden unserer Brüder zu graben.«[41]

Harlan begann außerdem, an seinem Arbeitgeber zu zweifeln. Seine erste Begegnung mit Schah Schudscha in Ludhiana hatte ihn überwältigt. Er hatte noch nie zuvor einen König getroffen – und der hagere, stille Schudscha, umgeben von den Überresten seines Hofstaats, machte einen bemerkenswerten Eindruck. »Ich sah in ihm einen verbannten und rechtmäßigen Monarchen, Opfer verräterischer Umtriebe, beliebt bei seinen Untertanen.«[42]

Doch als er sich jetzt an die Zeit mit Schudscha erinnerte, kam er nicht umhin zu denken, dass die ganze Sache zutiefst seltsam gewesen war. Die verschlafenen, staubigen Straßen von Ludhiana waren ein unwahrscheinlicher Ort, um Könige zu treffen, und Schudscha war unablässig damit beschäftigt, den Schein zu wahren. »Niemand durfte in seiner Gegenwart sitzen. Dem Generalgouverneur von Indien wäre die Vertraulichkeit einer gleichen Behandlung, die sein Amt ihm erlaubt hätte, nicht gestattet gewesen. Unter keinen Umständen würde Seine Majestät von der Etikette des Kabuler Hofes abweichen, auch wenn sie noch so dringend seien«,[43] schrieb Harlan. »Geißelung war eine übliche Strafe für geringfügige Vergehen, und wir waren schockiert, die barbarische Androhung von Verstümmelung zu hören, die ein Ausrufer als Lohn für Ungehorsam öffentlich verkündete.«[44]

Wenn Schudscha spazieren ging, wurde es noch seltsamer. Ihm voraus durch die verlassenen Straßen von Ludhiana lief eine Phalanx von Höflingen, die »ankündigten, dass der König sich näherte, und den leblosen Winden und menschenleeren Straßen zuriefen: ›Haltet euch fern‹, als befände er sich inmitten gehorsamer Untertanen. ›Haltet euch fern‹ hieß es im tiefen und klangvollen Tonfall eines selbstgefälligen Befehls, der dem ehrfurchtheischenden, feierlichen Anmarsch von Schudscha vorausging, obwohl es niemanden gab, der gehorchen müsste.«[45] Schudscha betrachtete sein Leben in Ludhiana als eine vorübergehende Unannehmlichkeit – ein kurzes und unappetitliches Zwischenspiel, wie ein Urlaubsaufenthalt bei unliebsamen Verwandten, den er ertragen müsste, bevor er auf seinen Thron in Kabul zurückkehrte. Als Harlan ihn kennenlernte, war er bereits achtzehn Jahre im Exil.

Im Moment konzentrierte sich Harlan darauf, seine Truppe zusammenzuhalten und Dash gut zu versorgen. Er lebte nach dem Motto: »Liebe mich, liebe meinen Hund«.[46] Eines Nachts, als er und seine Männer in ein Dorf einmarschierten, hätte er dieses vor Wut fast dem Erdboden gleichgemacht, weil die Dorfbewohner ihm keine Milch für Dash verkaufen wollten. Schließlich wies Harlan »meinen Kammerdiener an, ein Schaf zu kaufen, was er zu einem exorbitanten Preis tat. Ein Teil des Fleisches wurde kurzerhand für Dash gebraten.« Nachdem der Hund satt war, verteilte Harlan das restliche Fleisch unter seinen Gefolgsleuten. Einer von ihnen murmelte ungläubig: »Wir genießen heute Abend das Glück eines Hundes!«[47] Viele Dörfer waren bitterarm. »Wir haben nichts,« sagten einige zu Harlan, »weder Getreide noch Futter oder Mehl.« Harlan jedoch akzeptierte kein Nein. Er schikanierte, polterte und drohte mit Gewalt, bis, wie er es ausdrückte, »das Volk dazu gebracht werden konnte, unseren notwendigen Forderungen nachzukommen«.[48] Masson, dessen alte Uniform rapide auseinanderfiel, empfand Harlan immer weniger als angenehm. Bauern niederzuringen, war nicht seine Vorstellung von Spaß.

Harlans Messias-Komplex blühte auf. Oft nutzte er seine rudimentären medizinischen Fähigkeiten, um Infektionen bei den Dorfbewohnern zu behandeln. Nach einem Eingriff soll eine Frau »geschrien haben ›Lasst mich zuerst auf das Gesicht meines Erlösers blicken, dem ich meine Wiedergeburt verdanke.‹ Sie warf sich vor mir mit dem Ausdruck andächtiger Anbetung zu Boden.«[49] Harlan genoss jede Minute davon. Als seine Truppe in Dera Ismail Khan eintraf, waren seine Zweifel verflogen und er war außerordentlich zufrieden mit sich.

Masson glaubte, Indien zu kennen, doch Dera Ismail Khan war ein Schock. Es war die schlimmste Kleinstadt Asiens, ein Nest aus Spionen und Taugenichtsen. Dort konnte man so ziemlich alles und jeden kaufen.

Es gab Pferdehändler aus Buchara und hinduistische Händler aus Bombay, Heilige und Sünder (hauptsächlich letztere), afghanische Pilger, Nachkommen des Propheten, umherziehende heilige Männer in unterschiedlichen Graden der Glaubwürdigkeit, Karawanen schwer beladener Kamele und Alchemisten, die ihre Geheimbücher an sich pressten. Harlan schlug das Lager am Rande der Stadt auf und entrollte seine amerikanische Flagge.[50] Innerhalb weniger Tage kursierte das Gerücht, er hielte Schah Schudscha in einer Kiste versteckt.[51] Ein solcher Ort war das.

Dem Nawab oder Gouverneur von Dera Ismail Khan gefiel Harlans Anblick überhaupt nicht. Seiner Meinung nach war der Amerikaner insgesamt zu schlüpfrig und hatte viel zu viel verdächtig aussehendes Gepäck. (Wenn Schah Schudscha nicht in Harlans Koffern steckte, dann hatte er mit ziemlicher Sicherheit »ein wunderbares Geschoss der Gewalt, das von Hand in den Bereich einer Festung geworfen werden konnte, wo seine Explosion den Tod der Garnison verursachen und die Mauern sekundenschnell einreißen könnte«.)[52] Der Nawab tat gut daran, sich Sorgen zu machen. Harlan intrigierte mit Höchstgeschwindigkeit. Er hatte ein Auge auf die nahe gelegene Festung Tacht-e Suleiman oder den Thron des Salomon geworfen – einen kalten, unglaublich steilen Gipfel, grau und windgepeitscht, der die darunter liegenden Täler beherrschte. Er hoffte, dass ein paar gut gewählte Versprechungen und eine Handvoll Geld die Garnison zur Meuterei überreden könnten, damit sie ihm den Ort überließe. Als Harlan sich fragte, wie er sie gegen ihren derzeitigen Kommandanten Sirwa Khan aufbringen könnte, hatte er einen Geistesblitz: Er könnte seinen eigenen kleinen Heiligen Krieg starten. »Denkt daran«, sagten seine Männer zur Garnison, »Sirwa ist ein abtrünniger Hund, dessen Blut eure orthodoxen Seelen reinigen wird, und ihr werdet künftig als Ghazi (heilige Krieger) gefeiert – geht und seid erfolgreich.«[53] Der erste Amerikaner, der das heutige Pakistan und Afghanistan betrat, brachte den ersten von Amerikanern unterstützten Dschihad mit sich. »Divide et impera«, dachte Harlan zufrieden.[54] Teile und herrsche.

Während Harlan zusah, wie die Sonne hinter seiner riesigen Flagge unterging, war er in der Stimmung, ein Imperium aufzubauen. »Inmitten dieser wilden Landschaft«, schrieb er, »schien die Flagge Amerikas wie eine verträumte Illusion der Fantasie, doch sie war der Vorbote eines Unternehmungsgeistes, vor dem Entfernung, Raum und Zeit nicht zurückschrecken, denn die unerschrockenen Söhne von Columbia sind wie niemand anderes auf der Suche nach Abenteuern, wo auch immer Menschen sich auf der Welt aufhalten.«[55]

Am nächsten Morgen erwachte Harlan und stellte fest, dass der Großteil seiner Armee desertiert war.

»Was? Alle?«, stotterte er.

»Mit Ausnahme von vier Männern«, antwortete einer seiner wenigen verbliebenen Diener.[56]

Dann merkte Harlan, dass auch Masson verschwunden war.

»Lasst alle gehen«, murmelte er, »und überlasst mich mir selbst.«

Gul Khan und die anderen zogen sich langsam zurück und murmelten Entschuldigungen (»Wie soll ich eine Sprache finden, um meine Verärgerung und Empörung auszudrücken – ich werde nie wieder meinen Kopf heben – ich bin nicht besser als ein toter Mann …«[57]).

Sie kamen zurück, um Harlan mitzuteilen, dass die Meuterei in Tacht-e Suleiman ebenfalls vorüber war. Die Garnison wollte im Voraus bezahlt werden. Diesmal kochte Harlan vor Wut: »Verräter und Feiglinge – habe ich angeboten, sie als Spielkameraden zu verpflichten? Seht ihr diese Berge vor uns? Können solche Schufte, die nicht in der Lage waren, eine leere Festung zu erobern, diese Höhen erklimmen und die Festung bezwingen, die im Besitz wilder Räuber ist? Sie haben sich in Kriegsangelegenheiten als Frauen erwiesen – solche Gefolgsleute brauche ich nicht. Ich kenne ihren Wert. Der Berüchtigte soll den Preis der Schande erhalten. Ich verwerfe und verabscheue sie – abscheuliche Hunde!«[58] Wutentbrannt saß Harlan unter seiner amerikanischen Flagge und änderte seine Erwartungen. Der Aufbau eines Imperiums würde schwieriger werden, als er geglaubt hatte.

Während Harlan wütete, war Masson am anderen Ende der Stadt und trank Tee mit dem Nawab von Dera Ismail Khan. Als er in den Blumengärten der alten Zitadelle saß und den fantastischen Hof des Nawab bewunderte – Ringer und Musiker, Affen und Bären und mutig aussehende Ponys[59] –, konnte er sich kaum noch daran erinnern, James Lewis gewesen zu sein.

Das ist also die Geschichte, wie aus James Lewis Charles Masson wurde. Es ist eine ziemlich gute Geschichte. Es gibt nur ein Problem: Wie viele andere Erzählungen über Charles Masson ist sie möglicherweise nicht ganz wahr.

# 2

# Die Illusionisten

Seit fast zweihundert Jahren suchen Menschen nach der Wahrheit über Charles Masson.[1] War James Lewis sein echter Name oder nur ein anderer Alias?[2] War er überhaupt Brite? Ein britischer Polizist berichtete: »Mr. Masson erzählte mir, er käme aus Kentucky in Amerika«.[3] (Masson war nie in seinem Leben in Amerika gewesen.) Ein französischer Gelehrter setzte noch eins drauf und behauptete, Masson sei Franzose.[4] (Masson war nie in Frankreich gewesen.) Einige Menschen glaubten alles, was er sagte. Andere hielten ihn für einen echten Münchhausen.[5]

»Im Herbst 1826, nach einer Reise durch die rajputischen Staaten von Shekhawati und das Königreich Bikaner, erreichte ich die Wüstengrenze des Khans von Bahawalpur.«[6] Schon dieser erste Satz seiner Autobiografie ist eine Lüge. Im Herbst 1826 war Masson Tausende Kilometer entfernt und schwitzte in der Bengalischen Artillerie seine Uniform durch.[7] Er durchquerte die Wüste erst ein Jahr später.

Zwischen Massons Notizen befindet sich ein kleiner, an den Rändern ausgefranster Zettel.[8] Auf diesem hat Masson den erfundenen Zeitablauf seiner Autobiografie aufgezeichnet, demnach begann seine Reise 1826. Darüber, fast erleichtert, schrieb er das tatsächliche Jahr: 1826 wird zu 1827. In beiden Abläufen ist seine Fahnenflucht mit dem gleichen tintenschwarzen Schulterzucken gekennzeichnet: ~.

Jeder Autor, der sich mit Masson beschäftigte, trug am Ende peinliche Blessuren davon.[9] Ein großer Fehler auf der ersten Seite ist vollkommen normal. Und der Teil seiner Geschichte, den Masson am sorgfältigsten hütete, handelte davon, wie aus James Lewis Charles Masson wurde. Er schrieb ihn nie auf und erzählte ihn nur einer einzigen Person.

Um diesen Teil zu finden, muss man nach Philadelphia reisen und dort einen kleinen grauen Zug nehmen (graue Sitze, grauer Boden, graue Wände, graue Decke, grauhaarige Männer in grauen Anzügen, die in den grauen Himmel starren). Nach neunzehn Stationen nimmt man die Straße Richtung West Chester, Pennsylvania, und begibt sich zur Chester County Historical Society. Dort, in einer perfekten kleinen Stadt, umgeben von heruntergekommenen Motels und Einkaufszentren, liegt alles, was von Josiah Harlan übrig geblieben ist: Briefe, Hoffnungen, Pläne, ein prächtiges Dokument, das ihn als Fürsten bezeichnet, und die komplette Geschichte von James Lewis' Fahnenflucht.

Wir spulen zurück zum 4. Juli 1827 und dem Lager der Bengalischen Artillerie in Agra. Jetzt schleichen sich zwei Deserteure hinaus, nicht nur einer – James Lewis und sein guter Freund Richard Potter. Potter war die ganze Zeit bei Lewis, vom ersten Morgen in Agra bis zum Durchqueren der Wüste Thar, dem Zusammentreffen mit Harlan und der Reise nach Dera Ismail Khan. (Auch Potter änderte seinen Namen, da er aber nicht der Kreativste war, nannte er sich nun John Brown.)[10] Anders als Lewis blieb Potter bei Harlan und sollte den Amerikaner jahrelang begleiten. Potter und Lewis riskierten zusammen ihr Leben, Seite an Seite, in den gefährlichsten Gegenden der Welt. Aber nicht ein einziges Mal sprach Charles Masson im Nachhinein von Potter. Er erwähnte auch nie seine Fahnenflucht oder seinen echten Namen. Den Spuren Massons zu folgen, ist, als würde man durch ein Labyrinth laufen, das sich während seiner Erkundung verändert.

Nachdem er Harlan und Potter verlassen hatte, saß Masson besorgt in den Gärten des Nawab von Dera Ismail Khan. Der Nawab schaute sich seinen Gast genauer an. Wusste Masson etwas über Wunder? Ein Reisender war – leider – vor Kurzem in der Nähe ermordet worden und der Nawab hatte die Besitztümer des Toten bei sich. Darunter befanden sich einige britische Arzneien, die angeblich übernatürliche Eigenschaften besaßen. Ob Masson sich diese anschauen könnte? Masson erkannte auf den ersten Blick, dass dies die übelsten Quacksalbereien waren: Kreidepillen und bunt gefärbtes Wasser, die in den Straßen Londons unter dem Versprechen fantastischer Heilung verkauft wurden. Irgendwie hatten sie ihren Weg nach Asien gefunden. »Ich erklärte ihm die Wunder, die diese Pillen laut ihren Etiketten vollbringen sollten«, erinnerte sich Masson, »riet ihm aber auch, sie nicht einzunehmen.«[11]

Hier merkte Masson, dass das Versprechen eines Wunders ihn weit bringen könnte. Würde aber das Wunder nicht eintreten, könnte also die Medizin nicht alle Krankheiten heilen, wäre es für einen Wunderheiler nicht besonders klug, am nächsten Morgen noch da zu sein, um sich erklären zu müssen. Ein falscher Schritt und alles wäre aus.

Westlich von Dera Ismail Khan erkannte man in der Ferne den Berg Tacht-e Suleiman, den »Thron Salomos«. Nach einer Legende galt er als der letzte Ruheort der Arche Noah. Innerhalb der Mauern, vorbei an verrauchten, stinkenden Gassen voll mit rülpsenden Kamelen und schreienden Händlern, führte man Masson durch eine uralte Tür in den privaten Garten des Gouverneurs. Plötzlich waren Staub und Chaos verschwunden und an ihre Stelle traten »Blumen in eintausend Farben«, Seen, die »Orangen- und Granatapfelbäume mit ihren glänzenden, an den Ästen wogenden Früchten« spiegelten und Hunderte fleckenlos weiße Gänse, die friedlich auf der Oberfläche glitten. Es war das Schönste, was Masson je gesehen hatte.[12]

Der Sohn des Gouverneurs und Wesir, Allahdad Khan, mochte Massons Gesellschaft. Er trank gern. Und wenn er betrunken war, mochte er Massons Gesellschaft besonders. Masson gewöhnte sich an das nächtliche Klopfen an seiner Tür. »Eines Abends kam Allahdad Khan so betrunken nach Hause, dass er auf seinem Pferd festgehalten werden musste.«[13] Als er an Massons kleiner Wohnung vorbeikam, hielt er mitten auf der Straße an und forderte, Masson solle herauskommen und mit ihm trinken. Die gesamte Gefolgschaft des Wesirs hämmerte an die Tür, die Fenster und die Wand, bis Masson schlaftrunken auftauchte, seine Kleidung anzog und lächelte. Noch bevor er sich vollständig angezogen hatte, drückte man ihm einen Becher in die Hand und die Gruppe zog zum Palast. Auf seinem Pferd schwankend und von Poesie und Liebe sprechend, »hielt Allahdad Khan meine Hand und ich war zu Fuß. Ich fürchtete sehr, unter die Hufe seines Pferdes zu geraten … Als wir bei seiner Wohnung ankamen, wurde die Gruppe entlassen und nur zwei oder drei Leute sowie seine Musikanten blieben zurück. Er war sehr begeistert und drängte mich, bei ihm zu bleiben, um, wie er sagte, Granaten zu bauen, den Fluss zu überqueren und die Sikhs anzugreifen. Dann zeigte er mir einige Bilder und sang hinterher Lieder von Hafis, aber nur kurz.«[14] Der Wein wirkte und Allahdad Khan verlor das Bewusstsein, glücklich und sabbernd.

Es ist eine alte Geschichte, und natürlich erzählt Hafis, der große Sufi-Dichter des Begehrens, sie am besten:

Das Haar zerwühlt und schwitzend und mit lächelnder
Lippe und trunken
…
kam er um Mitternacht, gestern an mein Bett und setzte
sich,
beugte seinen Kopf an mein Ohr und sprach in
traurigem Ton:
ach, mein alter Verehrer, hat dich der Schlaf gepackt?

Ein Weiser, dem so ein Pokal zu nächtlicher Stunde
geboten wird,
ist ein Ketzer gegen die Liebe, wenn er nicht zum
Weinverehrer wird.

Geh, du Frömmling, und bekrittle nicht die
Hefeschlürfer,
außer dieser Gabe haben wir nichts bekommen am Tag
des Urvertrags.

Was immer er uns einschenkte, haben wir getrunken,
obs paradiesischer Nektar war oder Säufer-Wein.[15]

Masson schlich auf Zehenspitzen am schnarchenden Wesir vorbei und ging nach Hause ins Bett.

Vielleicht war es der Wein. Vielleicht hatte der Gouverneur begonnen, ihn misstrauisch anzuschauen. Vielleicht wollte er einfach weiterziehen. Was auch immer der Grund war, eines Tages sah Masson »einen Fakir, der, als er hörte, dass ich nach Kabul wollte, anbot, mich in meinem Ansinnen zu unterstützen. Mir gefiel das Äußere des Mannes und da mein Bekannter mir sagte, ich könne ihm vertrauen, beschloss ich sofort, ihm zu folgen.«[16] Fakire – heilige Männer, die zum Überleben auf die Güte Fremder setzten – waren auf den Straßen Indiens ein vertrauter Anblick.

Und vielleicht hatten all diese Lieder des Hafis, gesungen im grauen Licht der Dämmerung mit Wein in seinem Kopf, mit seiner plötzlichen Abreise zu tun.

Du hast nun lange nachgedacht.
Jetzt spring in die See.
Tauch ein in die Wellen.
Fürchtest vor dem tiefen Wasser dich?
Vor Spritzern auf dem Haar?
Gott weiß.
Du wirst es nie erfahren.[17]

Sie waren ein seltsames Paar, Masson und der Fakir, auf der Straße von Tacht-e Suleiman. Nach Jahren des Hin- und Hermarschierens mit der Ostindien-Kompanie glaubte Masson, er könnte jeden halb verhungerten Fakir hinter sich lassen. Schon nach einigen Stunden merkte er, wie falsch er lag. »Mein eigenartiger Freund führte mich durch das Land, ohne sich um einen Weg zu kümmern, wobei er sich auf das Recht und die Freiheit eines Fakirs berief. Ich war schon müde, bevor wir spätabends eine Ansammlung an Zelten erreichten, wo mein Begleiter, zu meiner Freude, wohlbekannt war.« Zur Belustigung des Fakirs und seiner Freunde fiel Masson zu Boden und umarmte seine schmerzenden Füße. »Wir wurden gut in Empfang genommen und unterhalten, aber die Leute versuchten den Fakir zu überzeugen, dass er einen Fehler gemacht hatte, als er sich meiner annahm.«[18]

Es dauerte nicht lange, bis Masson bemerkte, dass er noch ein Problem hatte. Während sie sich ihren Weg über die Hügel bahnten, konnte sich der Fakir auf die Großzügigkeit der Frommen verlassen, um Essen zu bekommen. Rothaarige Fremde konnten das nicht – vor allem rothaarige Fremde, die kaum eine der lokalen Sprachen beherrschten. Eines Morgens erwachte Masson hungrig. Doch es war Ramadan und alle guten Muslime (mit anderen Worten fast jeder in einem Umkreis von einhundert Meilen) fasteten bis zur Abenddämmerung. Niemand hatte Massons Magen über das Fasten informiert. Also lief er ein Stück vom Lager weg zu einem Hain mit Obstbäumen, und »bemühte sich, einige der Früchte mit Ästen und Steinen vom Baum herunterzuholen, als eine Frau, die mich beobachtet hatte, einen dicken Stock aus dem Gebüsch holte, mit ihm gnadenlos auf mich einschlug und mich als Ungläubigen beschimpfte, weil ich das Fasten gebrochen hätte. Protest schien ihre Wut nur noch zu verstärken und ich wusste nicht, was ich tun sollte.« Währenddessen hagelten die Schläge auf ihn herab. In einer Mischung aus Persisch und verstümmeltem Paschtu versuchte er zu erklären: »Warum bist du wütend? Ich bin ein Feringhi« oder Ausländer. »Feringhi« drang durch: Die Frau »ließ ihre Waffe fallen, drückte großes Bedauern über ihren Fehler aus und half mir, einige Früchte herunterzuholen, worin sie deutlich geschickter war als ich.«[19] Masson hinkte zurück, wund, aber wohl genährt. Er erlernte Respekt auf die harte Tour. Zumindest, dachte er sich, lenkte es ihn von seinen Füßen ab.

Bald ging es seinen Füßen noch schlechter: aufgeschürft, voller Blasen und pochend vor Schmerz. Zum Humpeln verdammt, musste Masson sich von seinem neuen Freund, dem Fakir, verabschieden. In den nächsten Jahren würden Massons Füße zur krankhaften und alles verzehrenden Besessenheit werden. Seine Tagebücher berichten ausführlich von seinen Blasen, beschreiben liebevoll das Gefühl, wenn das Blut aus seinen Sandalen fließt, seine rissigen Fersen, die entgeisterten Blicke, die seine unteren Gliedmaßen auf sich zogen, und die unterschiedlichen Arten, auf die Menschen sie zu behandeln versuchten. Er sollte zu einem der großen Reisenden des 19. Jahrhunderts werden, aber sein Körper war für sanfte Spaziergänge in der englischen Landschaft und leichten Frost geschaffen, nicht für den Hindukusch und afghanische Winter.

Masson war nicht sicher, wohin er ging oder was er dort tun würde, aber selbst er wusste: Allein durch die afghanischen Grenzgebiete zu wandern, war selbstmörderisch. Ohne den Fakir hatte er kaum eine Chance zu überleben. Die Plünderer waren so hartnäckig, dass Menschen mit ihren Wertgegenständen auf ihren Dächern schliefen und die Leitern hinter sich hochzogen.[20] Er hatte ein paar kleine Silbermünzen, versteckt im Bund seiner Hose, aber nicht annähernd genug Geld, um ihn sicher durch das Land zu bringen. Er war auf das Wohlwollen Fremder angewiesen.

Sein erster Versuch, »Reisebegleiter«[21] zu finden, nahm kein gutes Ende. Er wurde beinahe umgebracht. Es geschah, als er auf dem Weg zwei Männer traf. Einer »bat mich meinen Arm auszustrecken und da ich dachte, dass er dies tat, um seinen Gefährten zu beruhigen [dass Masson kein böser Geist war], machte ich es.« Dieses Ausmaß an Naivität war praktisch lebensmüde. Was als nächstes passierte, war komplett vorhersehbar. »Er packte mich am Handgelenk und, dieses umdrehend, brachte er mich ohne weiteren Widerstand zu Boden. Er rief nach seinem Freund, damit dieser das Bündel auf meinem Rücken in Augenschein nahm … bis ich hervorbrachte, dass ich ein Diener des Nawab war.«[22] Außer ein Schild mit der Aufschrift »Überfall mich« in einem halben Dutzend Sprachen mit sich herumzutragen oder mit einer Gruppe Diebe in die Berge zu ziehen, hätte Masson kaum mehr tun können, um seine Lebenserwartung zu verkürzen.

Einige Tage später folgte er einer Gruppe Diebe in die Berge.

Nach ein paar Stunden in ihrer Gesellschaft fiel ihm auf, dass etwas nicht stimmte. Seine neuen Freunde verhielten sich sehr eigenartig. »Viele in der Gruppe waren heiter gestimmt und machten Gesten wie beim Durchschneiden einer Kehle und Schießen mit Pfeilen, woraufhin ich nur, genau wie sie, lachte.«[23] Bald klang sein Gelächter eher gezwungen und er umklammerte seine wenigen Habseligkeiten. Die Gruppe hielt über Nacht in einem Dorf. Die Dörfler waren ausgesprochen höflich zu Massons Kameraden und warfen ihm seltsame Blicke zu. Er schlief unruhig und trennte sich am nächsten Tag von seinen Gefährten. Das war der Zeitpunkt, an dem die Dorfbewohner es ihm verrieten. »Die Dorfbewohner sagten, dies wären Diebe … ihre Höflichkeit beruhte also auf Furcht … Die Dörfler fragten mich, wie ich, ein vernünftiger Mann, darauf gekommen wäre, sie in die Berge zu begleiten.«[24]

Masson war offenkundig kein vernünftiger Mann. Wieso, fragen Sie sich vielleicht, ist dieser arme, unschuldige Mann noch nicht tot?

Nach einigen Wochen allein war Masson ein körperliches und geistiges Wrack. Er sah furchtbar aus und roch noch schlimmer. Eines Nachts humpelte er in ein Dorf und wurde in der Moschee untergebracht. Bevor er jedoch in ihrer Moschee schlafen durfte, bestanden die Dorfbewohner darauf, dass er sich wusch. »Der Frisör des Dorfes wurde gerufen und schnitt meine Finger- und Fußnägel, wobei festgestellt wurde, dass sie einer Operation bedürften; und meine Freunde aus dem Dorf kümmerten sich weiter um mich, seiften mir sogar unfreiwillig die Haare ein … bis ich meinen Wunsch äußerte, mich auszuruhen.«[25]

Langsam fiel Masson etwas auf. Jeder, den er traf, wollte seine Tricks durchschauen, aber er hatte keine. Ein oder zwei Male versuchte er, sich als Afghane auszugeben – mit katastrophalen Ergebnissen. Seine Tischmanieren waren schrecklich, seine Gebete grenzten an Blasphemie und er lernte nie den Umgang mit der Wasserpfeife: »Ich erstickte beinahe und spuckte den Inhalt meines Mundes über das Gerät.«[26] Deshalb verwandelte er sich immer wieder in den unschuldigen reisenden Feringhi. Aber auch das nahm ihm niemand ab.

Ein Sikh-Offizier, der Steuern eintrieb, hielt Masson für einen Agenten der Ostindien-Kompanie. Als er mit einer Gruppe von Händlern reiste, waren die Menschen, denen sie begegneten, überzeugt, »dass die Ware mir gehörte, meine Begleiter meine Diener wären und meine Armut nur eine Verkleidung sei, um sicher durch das Land zu reisen.«[27] Es war ein Land der Illusionisten. Alle spielten eine Rolle und jeder versuchte herauszufinden, welche Massons war. Wollte er länger überleben, musste er sich eine zulegen und sie musste gut sein. Aber wie? Für den Moment schlug er sich den Gedanken aus dem Kopf und reiste einfach weiter.

***

Viele Meilen später, ohne Geld, Besitz und den Großteil seiner Kleidung, war Masson dem Tod nahe. Von den Bergen wehte ein eisiger Wind, und er konnte weder Nahrung noch Unterkunft finden. Halbnackt und verängstigt, vor Kälte zitternd und völlig allein, fragte sich Masson, ob er die Nacht überleben würde.

Seine Probleme hatten am Vortag begonnen, in der staubig braunen Landschaft vor Kandahar, als er sich bei einigen Männern zum Essen einlud. Nach dem Essen, als Masson sich selbstgefällig zum Schlafen hinlegen wollte, kam einer der Männer auf ihn zu und ohrfeigte ihn. In der Hoffnung, es handele sich um einen Scherz, setzte er sein bestes verlegenes Lächeln auf. Der Mann bat um Massons Mantel und Massons Lächeln wurde noch verlegener. Natürlich war das nur Spaß. Bevor er es sich versah, lag er auf dem Boden, umringt von den Männern, die an seiner Kleidung zogen, ihn schlugen und beschimpften. Sie hinterließen ihm nur seine Schuhe und einen dünnen Pyjama – nicht annähernd genug, um sich in der kalten Nacht der Berge warmzuhalten – und befahlen ihm, auf dem Boden zu schlafen, mit dem Hinweis »nicht zu versuchen wegzulaufen, da ihn sonst die Hunde einfangen würden. Ich streckte mich auf meinem jämmerlichen Bett aus und grübelte über meine klägliche Situation, beruhigte mich aber damit, dass meine Freunde nicht vorhatten, meinen Pyjama zu stehlen.«[28]

Am nächsten Morgen wurde Masson »von meinem Gastgeber wach getreten, der mich als Kafir oder Ungläubigen bezeichneten, weil ich nicht aufgestanden war, um das Gebet zu sprechen, das er gleich darauf auf den Kleidern wiederholte, deren er mich am Abend zuvor beraubt hatte.«[29]

Massons Körper war steif vor Kälte, sein Gesicht war zerschrammt und brannte. Männer kamen in das Zelt. Einige trugen Stöcke, einige Peitschen, andere wiederum spitze, schwere Steine. Masson versuchte, sein Zittern zu unterdrücken. Sie lachten, begrüßten einander, dann fielen sie über ihn her. Eine Weile spürte er nur noch Schmerz. »Ich hatte keinen Zweifel, dass man mich umbringen wollte … Endlich, die Sonne stand bereits sehr hoch, entließen sie mich in dem Zustand der Nacktheit, zu dem sie mich reduziert hatten.«[30] Blutend, humpelnd, mit einem brummenden Schädel und einem Bündel Angst im Bauch schwankte Masson davon.

Er kam ungefähr dreißig Schritte weit, bevor ihm »von einem Mann zugerufen wurde, ich solle zurückkommen und Brot essen, ehe ich ginge. Ich sah mich zum Umkehren gezwungen, da meine Verweigerung meinen Untergang bedeuten könnte, und kam erneut mit den Rohlingen in Kontakt. Anstatt mir Brot zu geben, begannen sie erneut, über mich zu reden. Ihren Gesprächen entnahm ich, dass sie überlegten, mich zu fesseln und zum Sklaven zu machen.«[31] Die Männer riefen nach einem Weisen, einem islamischen Gelehrten, um ihm eine sehr spezielle Frage zu stellen, »ob es nicht rechtmäßig sei, gemäß dem Koran, mich als Sklaven festzuhalten, mit der Begründung, dass sie in der vorhergehenden Nacht mir gegenüber die Rituale der Gastfreundschaft vollführt hätten.« Masson hielt den Atem an. Er wusste, dass die Männer tun konnten, was immer sie wollten. Die einzige Person, die ihn retten konnte, war der Gelehrte – und das tat er auch, als er den Männern sagte, »dass es weder rechtmäßig noch gemäß dem Koran sei«, Masson zu versklaven.[32] In stockendem Persisch erzählte Masson ihm, »wie ich behandelt worden war. Er drückte sein größtes Bedauern aus, tadelte die Übeltäter streng und forderte sie auf, meine Sachen zurückzugeben. Sie wollten dies nicht machen«, aber der alte Mann »packte den Arm des Räubers und befahl ihm, die Sachen zurückzugeben. Seinem Befehl wurde gehorcht.«[33]

Unglücklicherweise fielen Massons Hosen, in denen er sein Geld versteckt hatte, währenddessen auseinander und das versteckte Silber kam zum Vorschein. Einer der Räuber »riss die Schnur aus meinem Pyjama und rollte mit vor Freude funkelnden Augen das wenige Geld aus, das ich hatte.«[34] Masson blieb nicht, um zu streiten. Er war froh, mit seinen Schrammen, den meisten seiner Kleider, dem Großteil seines Blutes, ein wenig seines Geldes und seinem Leben davonzukommen.

Der schlimmste Teil des Tages musste vorbei sein. Aber das war er nicht. Am selben Abend traf Masson einige Kameltreiber auf der Straße. Noch bevor er ihnen Glück und Wohlstand wünschen konnte, fielen sie über ihn her. »Ach! Ich wurde erneut von einem Raub heimgesucht. Meine Kleider und mein Geld waren jetzt gestohlen, und ich war komplett entblößt. Für meinen eigenen Pyjama gaben sie mir einen zerfetzten, der nicht einmal meine Knie bedeckte; nur meine Schuhe kamen davon, da sie entweder zu groß oder zu klein für ihre Füße waren.« Dieses Mal versuchte Masson in einer Mischung aus Scham und Verzweiflung, sich zu verteidigen. Die Männer grinsten ihn nur an und nahmen, was sie wollten. Er flehte sie an – als Männer und als Muslime –, ihn zu verschonen, »aber das rief nur Gelächter hervor«.[35]

(Einige Zeit später würde Masson auch seine Schuhe verlieren. Zu diesem Zeitpunkt sah jeder für ihn wie ein Räuber aus. Auf der Flucht vor einem verdächtig aussehenden Mann lief er direkt in die Arme einiger anderer. Er hatte wirklich Pech: Das waren auch Räuber. Atemlos deutete er zu der verdächtigen Person am Horizont, als er seinen Fehler bemerkte. »Erneut wurden meine zerfetzten Gewänder durchsucht, und wenn ich noch etwas von Wert gehabt hätte, wäre es sicherlich gestohlen worden. Der Anführer der Männer sagte, ›Was kann überhaupt von dir gestohlen werden?‹ und bat mich im selben Atemzug, meine Schuhe mit seinen schweißigen Sandalen zu tauschen«. Mit einer Grimasse zog Masson sie an.)[36]

Diese Nacht war sehr kalt. Zitternd und halbnackt wusste Masson, dass er einen Unterschlupf finden musste. Er schlich sich an eine Qafela oder Karawane von Händlern an. Mittlerweile sah er so übel aus, dass die Händler misstrauisch wurden. Als Masson den Anführer um Essen bat, antwortete dieser rundheraus, »er würde mir keins geben und setzte hinzu, ich solle die Qafela nicht begleiten«.[37] Nur in seinem Pyjama im Freien kauernd, bettelte Masson bei jedem Zelt und Feuer um Hilfe, wurde aber immer wieder in die Kälte zurückgestoßen. Er zitterte, weinte und war schließlich so weit, aufzugeben.

In dieser Nacht war es kein Händler oder Gelehrter oder Prinz, der Massons Leben rettete, sondern ein bescheidener Kameltreiber. »Er fachte sein Feuer an, setzte sich neben mich und riet mir, nicht niedergeschlagen zu sein, da Gott gnädig war und alles Nötige geben würde.«[38] Die ganze Nacht saß Masson am Feuer des Kameltreibers, »meine Knie bis zum Kinn hochgezogen«, zu kalt und zu verängstigt, um zu schlafen. Kurz vor Morgengrauen erbarmte sich ein Soldat der zusammengesunkenen, zerlumpten Gestalt neben der glimmenden Asche, »kam herbei und warf einen Mantel aus den Häuten von Breitschwanzschafen über meine Schultern ... Ich versuchte aufzustehen und mich zu bedanken, doch waren meine Gliedmaßen durch die Hitze des Feuers vor mir und die Kälte hinter mir in ihrer Position verkrampft.«[39] Zitternd und lächelnd stotterte Masson seinen Dank heraus.

Als er desertiert war, schien es unwahrscheinlich, dass James Lewis die Geschichte verändern würde. Waren die Widrigkeiten gegen ihn damals schon groß, dann waren sie jetzt gewiss noch größer. Wie hielt er durch in Nächten wie dieser, wenn er allein in der Welt war, hunderte Meilen entfernt von seinen Freunden? Was trieb ihn an?

Masson wurde immer besessener – nicht davon, am Leben zu bleiben oder der Ostindien-Kompanie zu entkommen, sondern von Alexander dem Großen. Fast jeder, den er traf, schien eine Geschichte zu haben: ein Gerücht von alten Ruinen hinter dem Horizont, eine zerbeulte Silbermünze, die am Hals eines Kindes hing, ein Mann, der behauptete, Alexander sei sein Vorfahre. »Ich war jetzt in einem Teil des Landes, der zweifelsohne Schauplatz vieler Heldentaten Alexander des Großen gewesen war«,[40] schrieb Masson auf. Wo andere Alexander den Großen als Eroberer sahen, der die »Zivilisation« in den entfernten Ecken der Welt brachte, sah Masson einen einsamen Mann, so weit von seinem Zuhause entfernt wie er, der sich an einem Feuer in den afghanischen Bergen wärmte. Während er die Straßen entlang trottete, über die Blasen an seinen Füßen fluchte und darüber nachsann, woher seine nächste Mahlzeit kommen würde, sprang sein Geist über Berge und Ebenen und stellte sich Armeen aus Elefanten, persischen Bogenschützen, makedonischen Fußsoldaten und Alexander selbst zu Pferde vor.

Masson folgte eigentlich nicht Alexander. Er folgte einem Traum. Könnte er Spuren von Alexanders Expedition finden? Jahrhundertelang hatten Gelehrte sich aus der Sicherheit ihrer europäischen Studierstuben heraus diese Frage gestellt. Masson war tatsächlich vor Ort. Doch wie sollte er eine 2.100 Jahre zurückliegende Reise, die niemand genau aufgezeichnet hatte, nachvollziehen? Wie sollte er überhaupt anfangen, ohne Bücher, ohne Karte, ohne Geld, ohne Unterstützung – und mit einem drohenden Todesurteil? Vorerst war es nur eine Illusion, aber diese hielt ihn nachts warm, wenn es schien, als sei die ganze Welt gegen ihn. Vielleicht, ja, vielleicht könnte er Alexanders Geschichte erzählen.

Tag für Tag erfuhr er die Macht von Geschichten. Auf dem Weg fragte ihn ein junger Mann schüchtern nach einem Liebeszauber, »um sich die Zuneigung einer holden Maid, in die er verliebt war, zu sichern, oder, wie er es ausdrückte, sie zu zwingen, ihm wie ein Hund zu folgen.« Masson lehnte verlegen ab. Der junge Mann wollte ein Nein nicht akzeptieren. »Ich hielt es für notwendig, ihm etwas auf einen Zettel zu schreiben, um ihn zufriedenzustellen, worüber er so erfreut war, dass er mich noch zwei oder drei Meilen auf meinem Weg begleitete«.[41] Niemand hatte Masson in den letzten Wochen so respektvoll behandelt (obwohl sich die Gefühle des jungen Mannes wahrscheinlich änderten, als sein Zauber nicht funktionierte).

Mit den paar Brocken Paschtu, die er beherrschte, hielten immer mehr Menschen Masson für einen Pilger auf der Hadsch. Hadschis waren oft auf den Straßen Indiens und Afghanistans unterwegs und Masson sinnierte, dass »ihr Ruf der Heiligkeit ihnen die beste Unterhaltung garantierte, wofür sie im Gegenzug ihren Segen geben oder, falls sie schreiben können, Papierschnipsel, die … Schutzmittel, Zauber und Gegengifte gegen alle möglichen Krankheiten und Katastrophen enthalten«.[42] Aber eine Sache war nicht allgemein bekannt: Viele der Männer, die sich Hadschi nannten, waren genauso wenig Pilger wie Masson. Sie hatten einfach nur entdeckt, dass der sicherste Weg zu einem vollen Magen und einem Bett für die Nacht die Frömmigkeit anderer Menschen war. Masson hatte die Hadschis häufig beneidet, es aber nicht gewagt, sich als einer von ihnen auszugeben. Vielleicht, dachte er, war er einfach zu vorsichtig gewesen.

Eines Tages antwortete er »allen, die ich traf, dass ich ein Hadschi war«.[43] Sofort verbesserten sich seine Mahlzeiten: Statt fadem Brot und gestohlenen Früchten gab es nun warmes Fleisch und Eintöpfe, heruntergespült mit Bechern voll süßem Tee. Dann versuchte er, sich zu einem Sayyid zu steigern, einem Nachfahren des Propheten. Das funktionierte noch besser. Dörfler wetteiferten miteinander um die Chance, ihn für die Nacht bei sich willkommen zu heißen. Er begann wieder zuzunehmen. Seine zerlumpten Kleider wurden durch feine neue Baumwolle ersetzt. Eines Tages, als er in besonders wagemutiger Stimmung war, stolzierte

Masson in ein Dorf und gab sich als afghanischer Prinz aus. Zu seinem Erstaunen funktionierte selbst dies.

Nach einigen Wochen begann er, die Welt mit anderen Augen zu sehen. Plötzlich erkannte er überall Streiche – und Gauner. Viele Reisende hatten deutlich ausgefeiltere Rollen als er. Eines Nachts war Masson einer von drei Gästen in einer Dorfmoschee. Er fand es sonderbar, dass alle drei – die alle behaupteten, heilige Männer zu sein – eine Ausrede fanden, sich um das Abendgebet zu drücken. »Ich wurde nicht zum Gebet aufgefordert, da es hieß, ich sei ein Fakir, und Fakire auch ohne Glauben seien.« Nun blieben noch die beiden anderen: ein Sayyid und ein Prinz. Die Rolle des Prinzen war bei weitem am einfachsten zu durchschauen: Er wusste wenig von der Welt und noch weniger vom Islam. Der Sayyid »berichtete von seinen Reisen in einem Land jenseits von Tibet, wo Bettler von goldenen Tellern aßen. Seine häufige Erwähnung Delhis verriet mir, wo er hingehörte.« Spöttisch schrieb Masson: »Es muss eingeräumt werden, dass in dieser Nacht drei Hochstapler die Wohltätigkeit ausnutzten.«[44]

Vielleicht, dachte Masson, könnte er doch noch einen Platz in der Welt der Betrüger finden.

Masson hatte etwas Wichtiges gelernt. Wenn man einen Raum voller Fremder betritt, gibt es einen Moment, in dem man werden kann, was man will: ein Prinz oder ein Bettler, ein Pilger oder ein Gelehrter, ein starker Mann oder ein schwacher. Erzählt man seine Geschichte gut genug, dann wird einem geglaubt. Je länger Masson in Afghanistan blieb, umso einfacher wurde es, in die Haut eines anderen zu schlüpfen und die Welt durch dessen Augen zu sehen. Er konnte mit Pilgern über das Elend der Straße reden und mit Alchemisten über Geheimnisse flüstern. Er lernte das Lied der Bettler, die Begrüßung des Prinzen, die Berührung des Doktors. Mit Geschichten entwarf er sich selbst jeden Tag neu.

Auf der Straße wurde Masson »von drei belutschischen Soldaten auf Kamelen überholt. Einer von ihnen sagte auf Persisch zu mir: ›Ah! Ah! Du bist Usbeke!‹ Ich sagte ihm, dass ich das nicht sei, aber er beharrte darauf … Der Mullah, der der Hauptmoschee vorstand, informierte eine große Gruppe mit einem Anflug von Selbstgefälligkeit, dass ich Türke sei … Im selben Ort wurde ich täglich von einer Frau besucht, die immer kleine Geschenke wie Früchte, Konfekt usw. mitbrachte und meinen Segen erbat. Ich konnte nur erahnen, warum sie dachte, dass ich für die

Aufgabe qualifiziert sei, bis ich sie eines Tages zu einer anderen Frau sagen hörte, dass ich der Idiot aus Mastung war.«[45]

In Afghanistan, dem Land der Illusionen, war die Macht des Geschichtenerzählers groß. Und Masson hatte erkannt, dass er ein Geschichtenerzähler war.

# 3

# Der Geschichtenerzähler

Masson war alles andere als in Sicherheit. Kein Mensch aus dem Westen hatte jemals versucht, auf diese Weise durch Afghanistan zu reisen: ohne Geld, ohne Diener und ohne offiziellen Schutz. Mit jedem Tag, mit jedem Monat, der verstrich, verschwand James Lewis, der einfache Soldat, immer mehr und überließ Charles Masson, dem Illusionisten, die Kontrolle. Zögernd wurde er für eine Weile Arzt, der »kaltes Wasser, Spinnweben und Druck«[1] anwendete und aufmerksam in eine abgenutzte Kopie von *The Edinburgh New Dispensatory* starrte. Eine Regenzeit verbrachte er in Ranjit Singhs großartiger Hauptstadt Lahore, in der Villa eines der europäischen Söldner des Maharadschas, Jean-François Allard. Tag für Tag saß er in Allards Blumengärten, lauschte dem Regen, der auf die Dächer prasselte, und zuckte bei den Schreien von Allards Gefangenen zusammen. (Allards Gastfreundschaft für seine weniger bevorzugten Gäste drückte sich in Daumenschrauben und Zwangsarbeit aus.)[2] In der Ferne sah man das Grabmal der großen Mogul-Konkubine Anarkali, einen traumgleichen ersten Entwurf des Taj Mahal. Es beherbergte den Harem eines anderen Söldners des Maharadschas, Jean-Baptiste Ventura. Falls das Grab Masson an seine Tage in Agra bei der Bengalischen Artillerie denken ließ, dann behielt er diese Gedanken für sich.

Jeden Tag fragte sich Masson, wie lange er seine Geschichten aufrechterhalten konnte. Und die Antwort, die die Welt ihm gab, lautete stets: solange er wollte. In einem besonders hastigen und heimwehkranken Augenblick des Jahres 1830 beschloss er deshalb, seinen Akt an den Briten auszuprobieren.

Ein paar Wochen später bemerkte Major David Wilson, der diensthabende Offizier des britischen Postens in Bushehr am Persischen Golf die Ankunft von Mr. Masson, eines amerikanischen Reisenden, der aus seinem Land »seit etwa zehn Jahren abwesend ist«.[3] Tag für Tag breitete

Masson seine Geschichten aus: die Felder von Kentucky, die Partys von St. Petersburg und die Juwelen von Teheran. Sein Akzent mag gelegentlich brüchig gewesen sein, wenn er Geschichten von Ländern erzählte, die er nie gesehen hatte. Über Monate nutzte Masson Wilsons Gastfreundschaft aus. Nicht einen Augenblick lang schöpfte der Offizier den Verdacht, dass er seine besten Weine für James Lewis öffnete, ehemals Soldat bei der Bengalischen Artillerie, gesuchter Deserteur.

Von Bushehr aus zog Masson gemächlich durch die alten Städte des Persischen Reiches und sah sich Täbris und Bagdad an, immer auf Einladung britischer Offiziere. Auf der Straße lernte er einen anderen Geschichtenerzähler kennen.

In dem Dorf Soh, direkt nördlich von Isfahan, wurde er unter den Bögen einer uralten, goldenen Karawanserei dem Hakim Bashi oder Leibarzt des Schahs von Persien vorgestellt. Der ernst dreinblickende junge Mann, der unter einem Haufen Bettzeug ruhte, blinzelte schläfrig zu Masson auf. Er stellte sich selbst völlig unwahrscheinlich als »Signor Turkoni« aus Mailand vor. »Im Verlaufe der Zeit kam die Obrigkeit des Dorfes mit einem Frühstück, das von dem Dorfe geliefert wurde, das vor dem Hakim Bashi des Königs der Könige ausgebreitet lag«.[4] Signor Turkoni vertraute Masson an, dass »in Teheran sein Können gefragt worden war, um Heilmittel für die Leiden der Haremsschönen zu finden«,[5] er im Moment aber auf der Flucht vor seiner armenischen Frau sei, »denn es schien, zumal er sich keine Mühe machte, es zu verschleiern, dass er den Dienst quittiert hatte, ohne offiziell seinen Abschied zu nehmen«.[6] In Bagdad erfuhr Masson, dass »der Signor, eigentlich nur ein Junge, vor einigen Jahren von Konstantinopel aus dort eingetroffen war. Ein Arzt, der beim katholischen Bischof lebte, hatte ihm eine Reihe leerer Phiolen gegeben und ihm gesagt, wenn er auch nur ein bisschen Witz oder Verstand habe, müsste er nichts weiter tun, als seine Phiolen mit verschieden gefärbten Flüssigkeiten zu füllen und er könnte ein Vermögen machen. Ohne die geringste Kenntnis der Medizin, tat der junge Mann, wie ihm geheißen.«[7]

In jedem freien Augenblick las Masson. Er verschlang die antiken Alexanderhistoriker: Plutarch und Arrian, Quintus Curtius Rufus und Diodor. Er war so lange allein gereist und gewandert, und nun fand er in den Büchern die Geschichten, von denen er geträumt hatte. Masson las wie ein Besessener und schrieb mühsam Seite für Seite von Hand ab. Bald schon erkannte er, dass alles, was Harlan ihm über Alexander erzählt hatte, nur an der Oberfläche kratzte.

Es gibt viele Geschichten über Alexander den Großen. Keine von ihnen ist vollkommen wahr.

Die Fakten sind dürftig. Alexander wurde 356 v. Chr. als Sohn von Philip II., König von Makedonien, geboren. Aristoteles selbst hatte ihn unterrichtet. Im Alter von zwanzig Jahren bestieg Alexander nach der Ermordung seines Vaters den Thron. Zwei Jahre später führte er seine Armeen gen Osten und fiel in das Persische Reich ein. Strategisch gesehen war das so, als würde Belgien beschließen, Russland zu erobern: nicht nur einfach tollkühn, sondern selbstmörderisch. Persien war die Supermacht der Welt, mit riesigen Armeen und einer scheinbar bodenlosen Schatztruhe. Alexander jedoch riss in einer Reihe erstaunlicher Feldzüge die Herrschaft darüber an sich. Er gewann jede Schlacht, die er schlug, egal, wie ungünstig es aussah. Schließlich stürzte er Dareios III., König der Könige, und erklärte sich selbst zum Herrn über Asien.

Alexander besaß nun mehr Reichtum und Macht als jeder Europäer in der Geschichte. Er war aber noch nicht zufrieden. Er trieb seine Armeen voran, ostwärts nach Afghanistan und Indien, in Schlachten gegen Elefanten und unbekannte Könige, bis an die Ränder der bekannten Welt und darüber hinaus, bis seine erschöpften Soldaten an den Ufern eines indischen Flusses die Waffen niederlegten und sich weigerten, weiterzugehen. Alexander starb in Babylon im Alter von zweiunddreißig Jahren. Sein Reich zerfiel, noch bevor sein Leichnam erkaltet war.

Schon diese Geschichte ist unglaublich. Und so viel daran ist rätselhaft: Wieso ging Alexander immer weiter? Warum machte er all das? Historiker haben seit seinem Tod versucht, Alexander zu verstehen. Im Großen und Ganzen sind sie daran gescheitert. Wer Alexander war und warum er tat, was er tat, bleiben Mysterien. Über niemanden, abgesehen von Jesus, wurde so viel geredet und niemand wurde so wenig verstanden. Doch je mehr Masson über Alexander las, umso mehr erkannte er eine Sache: Er wollte uns im Ungewissen lassen.

Als Alexander Griechenland verließ, hatte er einen offiziellen Geschichtsschreiber im Gefolge: Kallisthenes. Kallisthenes sollte den endgültigen Bericht über Alexanders Expedition verfassen. Doch bevor er das tun konnte, ließ Alexander ihn hinrichten. Vielleicht wurde Kallisthenes gekreuzigt, auch wenn manche Historiker ihm ein etwas angenehmeres

Ende zubilligten: Nachdem er »sieben Monate in Ketten gelegen hatte«, starb er angeblich an »Fettleibigkeit und etwas, das er sich von einer Laus eingefangen hatte«.[8] Alexander hackte riesige Lücken in seine eigene Geschichte und forderte die Nachwelt heraus, diese zu füllen.

In den Jahren nach Alexanders Tod konnte niemand sich auf die Fakten über sein Leben einigen. Man begann, seltsame und magische Erzählungen über ihn zu verbreiten. In jüdischen Historien bringt Alexander dem Gott Israels im Tempel zu Jerusalem ein Opfer dar. (Nein: Alexander hat niemals einen Fuß nach Jerusalem gesetzt.) In ägyptischen Fabeln schleicht sich ein verbannter Pharao in die Schlafkammer von Alexanders Mutter und wird als Alexanders wahrer Vater enthüllt. (Definitiv nicht.) Es gibt Amazonen, eine Fahrt zum Meeresgrund und selbst eine Reise nach Eden. (In allen Fällen: Nein.) Alexander wurde zur Legende.

Masson wollte Alexander kennenlernen. Wie war er, bevor er zu Alexander dem Großen wurde? So nannte man ihn erst lange nach seinem Tod. Und der Titel selbst wurde möglicherweise erst von den Römern erfunden, nicht von den Griechen. Doch wo sollte man beginnen? Alexander hinterließ keine Tagebücher. Er tötete seinen eigenen Geschichtsschreiber. Es gab allerdings einen Weg in Alexanders Gedankenwelt: seine verlorenen Städte.

Seit Plato zum ersten Mal von Atlantis berichtete, haben verlorene Städte die Welt hypnotisiert:

> Auf dieser Insel Atlantis nun bestand eine große und bewundernswürdige Königsherrschaft, welche nicht bloß die ganze Insel, sondern auch viele andere Inseln und Teile des Festlands unter ihrer Gewalt hatte. Außerdem beherrschte sie noch von den hier innerhalb liegenden Ländern Libyen bis nach Ägypten und Europa bis nach Tyrrhenien hin … Späterhin aber entstanden gewaltige Erdbeben und Überschwemmungen, und da versank während eines schlimmen Tages und einer schlimmen Nacht das ganze streitbare Geschlecht bei euch scharenweise unter der Erde; und ebenso verschwand die Insel Atlantis, indem sie im Meere unterging.[9]

Im 19. Jahrhundert war es nicht der Verlust von Platons Atlantis, der die Träume der Menschen beschäftigte, sondern der von Alexanders Städten.

Alexander gründete Städte, wohin immer er auch ging: Bis heute ist niemand sicher, wie viele Alexandrias es gab. Der antike Historiker Plutarch spricht von siebzig Städten, bei anderen sind es nur zwei Dutzend. Und überhaupt: Was zählt als Stadt? Eine so gigantische Metropole wie Alexandria in Ägypten steht selbstverständlich auf der Liste, doch was ist mit einer Siedlung, die eher ein befestigtes Armeelager darstellt: ein sicherer Ort für Soldaten, die zu alt oder zu schwer verwundet sind, um weiterzumarschieren? 1831 war man sich über zwei Dinge weitestgehend einig: Nahezu keines dieser Alexandrias war gefunden worden und würde man eines finden, wäre dies eine Weltsensation.

In Bushehr legte Masson seine Geschichten über St. Petersburg und Kentucky zu den Akten und dachte sich für Wilson etwas ganz anderes aus. Er kratzte jedes bisschen seiner neuen Kenntnisse zusammen und berichtete davon, wie er vor einigen Jahren zufällig über den Standort einer der verlorenen Städte Alexanders gestolpert war. Alexandreia Bukephalos war eines der seltsamsten Alexandrias: Es hatte seinen Namen zu Ehren von Alexanders Pferd Bukephalos erhalten und war im Mai 326 v. Chr. am Ufer eines Flusses im heutigen Pakistan gegründet worden. Bis heute ist seine tatsächliche Lage ein Geheimnis.

»Ich traf unter unglücklichen Umständen im Punjab ein«, erzählte Masson Wilson, »nachdem ich alle meine Bücher und anderen Besitztümer eine gewisse Zeit vorher verloren hatte, und mein Gedächtnis, obwohl es die groben Züge von Alexanders denkwürdiger Expedition bewahrt hatte, versagte mir die winzigen Einzelheiten, die beim Durchführen einer Untersuchung am dienlichsten gewesen wären.«[10]

> Im Verlaufe meiner Erkundigungen unter den ältesten Menschen in einem kleinen nahegelegenen Dorf erfuhr ich, dass dort früher zwei Städte existiert hatten, eine an jedem Ufer des Flusses. Ich begab mich zu der Stelle, die man mir als eine der Stätten gewiesen hatte, und fand reiche Überreste einer einstmals großen Stadt, doch die Verheerung der Zeit war so vollkommen gewesen, dass keine eindeutige Vorstellung von ihrer Form oder Architektur gewonnen werden konnte. Ich ordnete Leute zum Arbeiten in den Ruinen ab und ihre Anstrengungen wurden durch die Entdeckung von Münzen von Alexander dem Großen in Gold, Silber und Kupfer

> belohnt, insgesamt siebenundzwanzig, mit denselben Bildern und Inschriften, ausgenommen eine. Auf der einen Seite war eine Büste von Alexander und auf der anderen ein abgesessener Lanzenreiter mit der Inschrift »Bukephalia«.[11]

»Ich erinnerte mich nun«, fuhr Masson fort, »dass Bukephalos in einem Kampf an den Ufern des Hydaspes verwundet wurde und an den Folgen verstarb, und dass Alexander in Erinnerung an sein gepriesenes Schlachtross zwei Städte gründete, die er nach ihm benannte, so berichtete zumindest Plutarch. Ich hatte daher keine Schwierigkeiten anzunehmen, dass die Städte, die einst hier standen, die antiken Städte Bukephalia seien.«[12] An dieser Stelle konnte Wilson kaum noch stillsitzen. Da war noch mehr, berichtete Masson ihm: Ein riesiger Hügel war mit hoher Sicherheit das Grabmal von Alexanders geliebtem Pferd, aber er konnte keinen Weg hineinfinden, da »es an allen Seiten verschlossen war, ohne den Anschein oder ein Zeichen eines Eingangs.«[13]

Wilson war beeindruckt. Hatte Masson diese Münzen noch? Könnte er sie sehen? Leider, nein. »Da Mr. Massons Mittel zu dieser Zeit begrenzt waren, konnte er die Ausgrabungen nicht fortsetzen. Leider war er während einer ernsten Erkrankung, die er in Multan auf seinem Weg zurück nach Sindh gehabt hatte, der Münzen beraubt worden, die in seinem Besitz geblieben waren.«[14] Mit Bedauern gestand Masson gegenüber Wilson, dass keine seiner Notizen, Skizzen oder Karten überdauert hatten.

Das aber war nicht überraschend, da Masson sich die ganze Geschichte ausgedacht zu haben scheint.[15]

Wilson unterrichtete schon bald John Campbell, den Gesandten Großbritanniens in Persien, von der bemerkenswerten Entdeckung seines Gastes. Campbell war ebenso fasziniert wie Wilson: Er drängte Masson Geld auf und sagte ihm, er könne mit seiner Unterstützung rechnen, sollte er noch weitere von Alexanders Städten entdecken. Masson war schockiert. Er hatte nicht erwartet, dass sein Märchen so gut funktionieren würde.

Masson war es nicht klargewesen, aber er war kürzlich auf eine echte verlorene Stadt gestoßen. Genauer gesagt, hatte er eine ganze verlorene Zivilisation gefunden. Einige Wochen, nachdem er Lahore verlassen hatte und bevor er nach Bushehr gekommen war, hatte er sich in einer Ecke des Punjab wiedergefunden, durch die seit mehr als eintausend Jahren kein westlicher Reisender gekommen war. Nach einem strapaziösen Tag und »einem langen Marsch« schob sich Masson durch Gestrüpp »der dichtesten Art«, ohne genau zu wissen, wo er war. Dann lichteten sich die Bäume, die Landschaft öffnete sich und er starrte auf die Ruinen von Harappa. In der einen Richtung ragte ein enormer künstlicher Hügel auf, umgeben von Birkenfeigen, deren Stämme vom Alter gerissen und zerbrochen waren. »Gen Westen lag eine unregelmäßige felsige Anhöhe, gekrönt mit den Überresten von Gebäuden.«[16]

Masson war verzaubert. Solange das Licht es erlaubte, suchte er nach Hinweisen: Was war das für ein Ort? Auf dem Boden stieß er auf »zwei runde durchlöcherte Steine, die als Armreifen oder Armringe benutzt worden waren, wie ein angesehener Fakir mir bestätigte.« Doch er konnte wenig mehr finden als Schwärme von Stechmücken. Masson blickte auf die Ruinen einer Stadt, die viel älter war als eines der Alexandrias, ein Ort, der schließlich zu einer der bedeutendsten archäologischen Stätten in Asien werden würde. Vor mehr als 4.000 Jahren war Harappa eine große, blühende Metropole, voller Gold und Bronze, prächtigen Skulpturen und zarten Siegeln mit eingravierten Einhörnern. Seit Tausenden von Jahren hatte kein Europäer sie zu Gesicht bekommen. Doch an diesem Tag fand Masson keine Möglichkeit, ihre Geschichte zu erzählen. So sehr er sich bemühte, die Ruinen blieben störrisch stumm. Er konnte sie nicht zum Sprechen bringen.

In Bushehr hatte Masson keine Eile, weiterzuziehen. Dabei wusste er, dass er eine Entscheidung treffen musste. Was sollte als Nächstes kommen? Der Weg nach London war, wenn auch nicht offen für ihn, so doch zumindest relativ frei. Er war außerhalb der Reichweite der Ostindien-Kompanie. Durch eine Reihe von Wundern war er am Leben und quasi unsichtbar geblieben. Weshalb also ließ er eines Tages die Annehmlichkeiten der britischen Niederlassung hinter sich und machte sich nicht nach London, sondern erneut nach Kabul auf?

Die Antwort war simpel: Alexander. Hätte Masson sich nach London begeben, wäre er mit leeren Händen zurückgekehrt. Doch all die Monate allein in Indien und Afghanistan hatten ihn von einer Sache überzeugt. Er konnte Alexander, den Mann, – nicht Alexander, die Legende – besser verstehen als irgendjemand sonst. Er konnte Alexanders Geschichte auf eine Art erzählen wie niemand jemals zuvor. Doch um die Welt zum Zuhören zu bewegen, musste er etwas Konkretes finden: nicht nur eine

Geschichte über eine von Alexanders verlorenen Städten, sondern ein tatsächliches Alexandria. Und das bedeutete, er musste nach Afghanistan zurückkehren.

Er war nicht von Natur aus tapfer, doch während er zusammengerollt auf einem von Wilsons Sofas lag und Halwa knabberte, schien ihm die Reise das Risiko wert zu sein. Wieso es nicht einfach versuchen? Seine Verkleidung schien narrensicher zu sein – und sicherlich sollte die Ostindien-Kompanie ihn inzwischen vergessen haben. Dies war seine Chance. Masson wusste, dass es Chancen für Menschen wie ihn nur einmal im Leben gab.

Im April 1831 machte er sich erneut auf den Weg nach Kabul.

Seine erste Reise durch Afghanistan hatte Masson fast umgebracht. Dieses Mal würde es anders sein – weil er dieses Mal ein anderer war.

Die ersten Menschen, die den neuen Charles Masson trafen, waren drei unglückliche Soldaten. Er überquerte den Persischen Golf, und die drei Soldaten betraten sein Schiff, als es kurz davor war, in Karatschi Anker zu werfen. Mit der trägen Zuversicht kleinlicher Beamter nahmen sie Masson und die Mannschaft fest. Tage vergingen. Die Soldaten wollten sie ohne ein dickes Bestechungsgeld nicht freilassen, und weder Masson noch die Crew hatten vor, ihre Geldbeutel zu öffnen. »Zwei der drei Soldaten bei mir«, erinnerte sich Masson, »waren so wenig geneigt, höflich zu sein, dass ich der Mannschaft befahl, ihnen nichts zu essen zu geben; nachdem sie zwei Tage lang Hunger gelitten hatten, waren sie gezwungen, ein Fischerboot herbeizurufen, in das sie stiegen und zur Garnison zurückkehrten.« Damit blieb nur noch ein Soldat. »Nachdem er meine Medizinkiste begutachtet hatte, war er erst zufrieden, als ich ihm Medizin gegeben hatte. Da ich die Gelegenheit für günstig hielt, ihn loszuwerden, verabreichte ich eine kleine Dosis Jalape«, ein superstarkes Abführmittel. Der dritte Soldat fand sich schon bald im Würgegriff einer erbärmlichen, unkontrollierbaren Diarrhöe wieder. Blass und zuckend, zusammengekrümmt vor Krämpfen, »war er ebenfalls froh, ein Fischerboot heranzurufen und zu seinen Kameraden zurückzukehren.«[17] Kurze Zeit später ging Masson heiter in Karatschi von Bord.

Was er nicht wusste: Er war immer noch ein gesuchter Mann. Die Ostindien-Kompanie hatte ein sehr gutes Gedächtnis. In der Stadt Ludhiana im nördlichen Indien, nur einige Straßen vom heruntergekommenen Hof von Schah Schudscha entfernt, lauschte ein stiller, finster aussehender

Mann den Gerüchten vom ganzen Subkontinent. Immer mehr von ihnen handelten von einem Deserteur, der sich jetzt Charles Masson nannte.

Von Karatschi aus reiste Masson nach Norden die Küste entlang bis zur Stadt Sonmiani, weil er hoffte, dort einige Händler zu finden, die nach Afghanistan wollten. Was Masson »meine Metamorphose«[18] nannte, wurde nun klar. »Ich saß allein in meiner gemieteten Wohnung im Basar von Sonmiani, als einer der Händler, eine kräftige, gut gekleidete Person vor meiner Bleibe auftauchte, offenbar mit dem Vorsatz, mich anzusprechen, aber nach einem kurzen Blick kehrtmachte und davonging. Tatsache war, ich saß mit gekreuzten Beinen auf meinem Bett und trug nach der hiesigen Sitte kein Hemd; und da ich nicht in der besten Stimmung der Welt war, war meine Erscheinung nicht sehr einnehmend. Ich erriet die Ursache des abrupten Weggangs des Händlers. Um auf einen möglichen weiteren Besuch vorbereitet zu sein, kleidete ich mich in weißes Leinen und setzte mich, nachdem ich Kaffee gemacht hatte, etwas ordentlicher hin. Das Getränk trank ich mangels Porzellan aus einem Becher und vor mir hatte ich zwei oder drei Bücher. Nach kurzer Zeit erschien der Paschtune erneut, wahrscheinlich ohne die Absicht, mich, den er als unter seiner Beachtung wert gefunden hatte, anzusprechen. Doch nachdem er einen Blick in meine Richtung riskiert hatte, schien er erstaunt über meine Verwandlung, und bevor er sich von seiner Überraschung erholen konnte, sprach ich ihn mit einem höflichen und wohlklingenden ›As-Salaam-Alaikum‹ [Der Frieden auf Euch] an. Er gab natürlich den passenden Gruß zurück, ›Wa-Alaikum-Salaam‹ [Und auf Euch der Frieden], und trat zu mir heran. Ich lud ihn ein, sich niederzusetzen.«[19] Der Händler würde noch an diesem Abend nach Norden reisen. »In Gottes Namen«, fragte er Masson, »gehst du mit mir?« Masson antwortete: »›In Gottes Namen, das tue ich‹, als er meine Hände nahm und, während er sie mit seinen eigenen auf seine Augen legte, mir versicherte, dass er auf der Straße mein Kismet sein würde.«[20]

Masson hatte die größte Fertigkeit von allen erworben: wie man verschwindet – und im nächsten Augenblick als derjenige wieder auftaucht, als den man sich ihn wünscht.

Die Paschtunen sagen, als Gott die Welt erschuf, behielt er einen Haufen Felsen übrig, aus denen er Afghanistan machte. Die Reise in das afghanische Grenzland war selbst in guter Gesellschaft eine mühselige Angelegenheit. Für Masson jedoch schien alles seltsam und schön. Staubige braune Ebenen und weite fruchtbare Täler machten Platz für rotgoldene Gebirgsausläufer und schneebedeckte Gipfel. »Fast hätte ich mir vorstellen können, dass ich durchs Feenreich reise.«[21] Er hatte sich in dieses Land verliebt.

Das Leben auf der Straße forderte seinen Tribut. Seine Kleidung begann zu zerfallen. Sein Haar stand in alle Richtungen ab. Seine Augen wurden rotfleckig. Doch nun konnte er seine Rolle ausspielen. Er stolzierte mit einem Anschein von Unbeschreiblichkeit in die uralte Stadt Kalat, ein schmächtiger, verrückt aussehender Mann in Lumpen, der irgendjemand oder irgendetwas hätte sein können. Es dauerte nicht lange, bis die Stadt bei ihm auftauchte. Din Mohammed Khan, ein afghanischer Adliger und gescheiterter Alchemist, war besonders von Masson angetan. »Din Mohammed«, so erinnerte sich Masson, »stellte mir zwei unbedeutende Forderungen – ihm einen Sohn zu liefern und ihn in der Kunst des Goldmachens zu unterweisen.«[22] Der Alchemist achtete genau auf das Kommen und Gehen der Reisenden, und »je unziemlicher das Gewand und das Auftreten des Bettlers war, umso eher glaubte er daran, dass dieser im Besitz des großen Geheimnisses war«. Als Masson in Kalat eintraf, befahl Din Mohammed einem aus seiner Dienerschaft, »alle Limetten zu bringen, die er auftreiben konnte, da er die brillante Idee gehabt hatte, ein entscheidendes Ergebnis könnte aus Limettensaft gewonnen werden. Bei anderen Gelegenheiten suchte er nach sieben Jahre altem Essig.«[23] Für einige Wochen war Masson der glückliche Lehrling eines Alchemisten. Im Land der Illusionisten war er zum Virtuosen geworden.

Das letzte Stück seiner Reise nach Kabul, erneut in Begleitung von Händlern, verlief glatt. Als vier unternehmungslustige Belutschen versuchten, den Reisenden Geld abzunehmen, begrüßte Masson sie herzlich und lud sie ein, eine Pfeife mit ihm zu rauchen. Einige Minuten später lagen die Belutschen »wie durch eine Verzauberung« bewusstlos auf dem Boden.[24] Die Pfeife hatte genügend Haschisch enthalten, um einen Tiger umzuhauen.

Nur wenige Sehenswürdigkeiten in der Welt konnten sich mit dem damaligen Kabul messen. In der Ferne sah man über die Ebene die großen Steinmauern von Dost Mohammeds Zitadelle, dem Bala Hissar, aufragen. Davor erstreckte sich die Stadt: ein Gewirr aus alten Häusern und Basaren, in denen geeiste, mit Rosenwasser besprenkelte Maulbeeren, Haufen süßduftender Melonen, Walnüsse, Feigen und Granatäpfel verkauft wurden. Hinter dem Bala Hissar überragten schneebedeckte Berge die Stadt.

Die Straße nach Kabul führte an Obstgärten, die den Boden mit Blüten bedeckten, und exakt angelegten formellen Gärten vorbei. Ein wenig abseits davon stand im Schatten von Platanen das Grab von Babur, dem großen Mogulherrscher. Als sich die Nachricht von ihrer Ankunft verbreitete, strömten Freunde und Verwandte der Händler aus der Stadt, um sie auf der Straße zu begrüßen, »gekleidet in ihre Festgewänder und mit Geschenken von Rettichen und Salat. Ich hatte keine Verwandten oder Freunde, die mich willkommen heißen konnten, aber als Begleiter durfte ich einen Anteil an den Köstlichkeiten nehmen; und meine Gefühle erlaubten es mir, an der Freude derjenigen um mich herum teilzuhaben.«[25]

Am 9. Juni 1832 durchschritt Masson nach einer Reise, die fast fünf Jahre gedauert hatte, die Tore von Kabul. »Ich sah das Land und seine Bewohner von einem Standpunkt aus, zu dem kein Europäer wahrscheinlich die Gelegenheit haben wird.«[26] Halb benommen ging er durch die Straßen und staunte über den Reichtum der Stadt. »Der Tag meiner Ankunft zeichnete sich durch das Vorhandensein von Kirschen im Basar aus, den ersten Früchten des Jahres … Es ist kaum möglich, Kabul in der Fülle und Vielfalt seiner Früchte zu überbieten, und vermutlich kann keine Stadt in ihrer Jahreszeit einen solch wunderschönen Anblick bieten.«[27] Mit seinem restlichen Silber mietete er im alten armenischen Viertel im Schatten des Bala Hissar ein Zimmer. Wenn er von seinem neuen Zuhause aus über die Stadt blickte, während er einen Becher geeiste Buttermilch trank, dann fühlte er sich nach Jahren der Wanderschaft, als sei er zu Hause angekommen.

Es gibt ein altes afghanisches Sprichwort: »Zuerst kommt ein Engländer als Reisender, dann kommen zwei und erschaffen eine Karte, dann kommt eine Armee und nimmt das Land ein. Deshalb ist es besser, den ersten Engländer zu töten.« Masson wusste es noch nicht, aber er ist der Grund für die Existenz dieses Sprichwortes. Er war der erste Engländer.

# 4

# Der wilde Osten

Joseph Wolff hatte einen schlechten Tag. Er war in Afghanistan. Er war nackt. Und er hatte die Verlorenen Stämme Israels immer noch nicht gefunden.[1] »Oh, wenn seine Freunde in England ihn jetzt sehen könnten, würden sie auf ihn losgehen«, murmelte Wolff, während er Richtung Kabul trottete. »Nackt wie Adam und Eva, und nicht einmal ein Schurz aus Blättern, um sich zu bekleiden.«[2]

Einige Wochen, bevor Masson Kabul erreichte, kam Wolff aus den Bergen in die Stadt getaumelt. Nur ein fußlanger roter Bart bedeckte seine Blöße.[3] Er war eine Ausnahme von der Regel, dass Reisen den Horizont erweitert. Jahrelang war er durch Ägypten, Persien und die Krim gewandert und hatte überall gepredigt. Jeden Tag war er mürrischer und dogmatischer geworden. Nachdem er einigen schwer bewaffneten Afghanen erklärt hatte, dass sie Ketzer seien und sicher in der Hölle brennen würden, herrschte eine lange, nachdenkliche Stille. Schließlich sagte einer der Männer zu ihm: »Wir werden dich in einen toten Esel einnähen, dich lebendig verbrennen und Würste aus dir machen.«[4] Am Ende nahmen die Afghanen ihm lediglich all seine Kleidung ab und ließen ihn laufen. Selbst vollständig bekleidet, bot Wolff einen bemerkenswerten Anblick. »Sein Gesicht ist sehr flach, mit tiefen Pockennarben; seine Gesichtsfarbe ist teigig und sein Haar flachsblond. Seine grauen Augen flattern hin und her und werden manchmal ganz starr vor Angst.«[5] Nackt bot er ein verblüffendes Schauspiel.

In Kabul versuchte Wolff, der nun wieder mit Kleidung ausgestattet war, den Herrscher Afghanistans, Dost Mohammed Khan, zum Christentum zu bekehren. Er verbrachte mehrere Stunden in einer Debatte – wild auf der einen Seite, höflich und auch ein wenig ratlos auf der anderen – mit einem islamischen Gelehrten des Hofes. »In diesem Wettstreit«, schrieb er, »glaubt Wolff, den Sieg errungen zu haben.«[6] Wolff interessierte sich sehr für Fragen wie, was mit den ganzen Fischen passieren würde, wenn während der Endzeit die Meere austrockneten. (»Man könnte sie einlegen!«)[7] Er sprach in einem schweren, nahezu unverständlichen deutschen Akzent, unterstützt von »energischen Gesten«.[8] Gelegentlich schnellte seine Stimme nach oben in »einen äußerst lächerlichen Sopran, dessen Effekt so überraschend war, dass man sich kaum des Lachens enthalten konnte.«[9]

Wolff blieb nicht lange in Kabul. Er schaffte es, bis an den Chaiber-Pass zu gelangen, ohne noch mehr seiner Kleidung einzubüßen, und steuerte schon bald auf die Stadt Gujrat zu, die nördlich von Lahore im Reich von Ranjit Singh lag. Wolff erreichte die Stadt weit nach Anbruch der Nacht, als die Märkte verlassen und die Geschäfte geschlossen waren. Unverzagt begab er sich zum größten Gebäude in der Stadt, dem Palast des Statthalters von Gujrat, und hämmerte an die Tür, bis ein übernächtigter Wächter ihm öffnete. Wolff verlangte, sofort den Statthalter zu sprechen.[10]

Der Wächter führte ihn durch die düsteren Korridore des Palastes. Fackeln flackerten an den Wänden. Die einzigen Geräusche kamen zuerst von ihren Schritten. Als sie jedoch in das Herz des Palastes vordrangen, war Wolff sich sicher, Gesang zu vernehmen. Die Stimme war ein nasales Schniefen. Und das Lied war das letzte, das Wolff erwartet hätte:

> Yankee Doodle went to town
> A-riding on a pony,
> Stuck a feather in his cap
> And called it macaroni.
>
> Yankee Doodle keep it up,
> Yankee Doodle dandy,
> Mind the music and the step,
> And with the girls be handy.

Wolff wurde in das Quartier des Statthalters geführt und fand dort Josiah Harlan mit einer Wasserpfeife vor.

Bevor Wolff seine Gesichtszüge wieder so weit im Griff hatte, dass sie etwas anderes als Schock zeigten, stellte Harlan sich lässig vor: »Ich bin ein freier Bürger der Vereinigten Staaten von Nordamerika, aus dem Staate Pennsylvania und der Stadt Philadelphia. Ich bin der Sohn eines Quäkers. Mein Name ist Josiah Harlan.«[11]

Zum ersten Mal in seinem Leben fehlten Wolff die Worte.

In den vier Jahren, seit Masson ihm bei Dera Ismail Khan entwischt war, hatte Harlan viel zu tun gehabt. Zuerst hatte es ihn nach Kabul getrieben, immer noch in der Hoffnung, Schah Schudscha auf den Thron zu setzen. Seine zusammengewürfelte Armee löste sich schon bald auf. Um auf dem Weg Unterschlupf zu finden, stellte er sich immer wieder als Konvertit zum Islam vor, der »die Operation der Beschneidung nur verschoben hat, bis er Kabul erreicht, wo geübte Chirurgen zu finden sein werden.«[12] Nach seiner Ankunft in Kabul zog Harlan, statt Dost Mohammed Khan zu stürzen, bei dessen Bruder Jabar Khan ein. »Er [Harlan] bemühte sich zu unterhalten: mit Experimenten mit Quecksilber und indem er Öl aus Wachs extrahierte, Stahl zu Pulver reduzierte und anderen solch nutzlosen Zeitvertreiben.«[13] Harlan, der immer noch davon träumte, in Alexanders Fußstapfen zu treten, versuchte, Dost Mohammed zu einem afghanischen Überfall auf Indien zu überreden. Stattdessen übertrug Dost Mohammed ihm die Verantwortung dafür, seinem Bruder Amir Mohammed Khan zu helfen, Gewicht zu verlieren. »Dieser Mensch war bemerkenswert fettleibig – sein Gewicht übertraf die Stärke jedes Pferdes, ihn zu tragen. Er war gezwungen, sich in einer Sänfte herumzubewegen, die von acht Männern getragen wurde, und auf Reisen auf einem Elefanten zu reiten.«[14] Statt eine Armee von Afghanen über den Chaiber-Pass zu führen, fühlte sich Harlan für Kabuls erstes Abnehmprogramm zuständig.

Während er in Kabul war, spielte Harlan »einmal mit der Idee, die Verkleidung eines griechischen Arztes anzunehmen und als dieser die Länder zu durchqueren, die zwischen Kabul und China lagen. An den Grenzen des letzteren Landes würde er sechs Monate bleiben, um die chinesische Sprache zu erwerben, wonach er sich nach Peking begeben, das Vertrauen des Kaisers erlangen, ein bedeutendes Amt in der Armee erwirken und eine Revolution in dem Land auslösen wollte!«[15] (»Was könnte nicht erreicht werden, du frohgemuter Mann«, hatte Masson gemurmelt, als er die Neuigkeiten hörte, »wärst du nur so bereit zu handeln wie zu planen.«)[16]

Der Welt blieb glücklicherweise das Spektakel von Harlan erspart, der versucht hatte, sich seinen Weg in die Verbotene Stadt zu erschwindeln. 1829 hatte er seine Träume von chinesischer Glorie und auch Schah Schudscha aufgegeben und sich stattdessen an den Hof von Ranjit Singh in Lahore gehängt. Bei seinem ersten Treffen mit dem Maharadscha der Sikh versuchte Harlan, »den Eindruck zu erwecken, dass er ein bescheidener, anspruchsloser Charakter sei, zugleich aber außerordentliche Talente und Kenntnisse besäße. Und mithilfe eines lächerlichen Kostüms, eines Hutes von enormen Abmessungen und einer seltsamen Form, die zusammen eine gesittete und geheiligte Erscheinung ergaben, gelang ihm das.«[17] Der Maharadscha betrachtete den riesigen Amerikaner als eine Kuriosität – wie ein ungewöhnliches Haustier – und reihte ihn in seine Menagerie fremdländischer Söldner ein. »Ich werde dich zum Statthalter von Gujrat machen und dir 3.000 Rupien im Monat geben«, sagte er zu Harlan. »Wenn du dich wohl verhältst, werde ich dein Salär erhöhen; wenn nicht, werde ich dir deine Nase abschneiden.«[18] »Dass seine Nase ganz war, bewies, dass er sich benommen hatte«, entschied Wolff.[19]

Harlan hatte sich natürlich nicht benommen. Gerüchte in Gujrat besagten, dass er »seine Zeit in seiner Festung mit der Ausübung der Alchemie zubrachte.«[20] Tatsächlich fälschte er Geld. In der Öffentlichkeit trat Harlan als Fakir auf, »erduldete, dass sein Haar zu beträchtlicher Länge wuchs, sodass es auf seine Schultern hing … sitzt auf einem Leopardenfell und hat in einer Hand einen langen Zauberstab und setzt mit der anderen die Perlen eines Rosenkranzes in Bewegung, der lang genug ist, um den kräftigsten Spitzbuben des Punjab aufzuhängen, während er ernsthaft vor sich hin murmelt oder mit seinen Lippen eine Bewegung macht, als würde er immer wieder ›Bismillah‹ [Im Namen Gottes] sagen.«[21] Selbst nach so vielen Jahren hatten sich einige Dinge nicht geändert: Er war immer noch wütend auf Masson.[22] Und er war immer noch nicht beschnitten.

In Kabul richtete sich Masson in schläfriger Häuslichkeit ein. Er stellte fest, dass er kommen und gehen durfte, wie es ihm beliebte. Kaum jemand nahm Notiz von dem schmächtigen, abgerissenen Fremden, der über die Märkte wanderte und um Früchte feilschte. Tatsächlich gab es an Masson kaum etwas Bemerkenswertes: Er »hatte zwei oder drei Bücher in fremden Zeichen bei sich, einen Kompass, eine Karte und ein Astrolabium. Er war schäbig gekleidet und seine äußere Erscheinung deutete auf seine Not. Er hatte weder Diener, Pferd noch Maultier, um sein Gepäck zu tragen.«[23] Den wenigen, die ihn nach seinem Begehr fragten, beschrieb sich Masson »als Engländer mit dem Namen Masson und von der Sekte der Priester. Er war seinem Land seit zwölf Jahren ferngeblieben, in denen er gereist war.«[24]

»Niedergedrückt von infernalischer Faulheit, habe ich bisher niemals ein Tagebuch geführt«, schrieb Masson einige Wochen nach seiner Ankunft in Kabul, »aber beschließe nun, es getreulich zu tun, von diesem elften Tag des Juli an.«[25] Alte Angewohnheiten sind hartnäckig: Sein erster Eintrag war voller Lücken.

Masson erfuhr schon bald, dass er nicht der einzige Reisende war, der kürzlich diesen Weg genommen hatte. Neben dem wohlbelüfteten Ehrwürden Wolff hatten zwei britische Reisende, Alexander Burnes und Dr. James Gerard, mehrere Wochen in Kabul verbracht, und waren einige Tage vor Massons Eintreffen abgereist. Sie waren nach Norden und Osten unterwegs, Richtung Buchara, der Hauptstadt der alten Seidenstraße, die in den Wüsten Usbekistans versteckt lag. Burnes beteuerte, dass er kein Spion sei, auch wenn ihm niemand glaubte.[26] Er war ebenso besessen von Alexander dem Großen wie Masson und hatte begonnen, sich selbst »der zweite Alexander« zu nennen.[27]

Gegen Ende des Sommers erhielt Masson eine Einladung. Nordwestlich von Kabul, etwa 150 Kilometer von der Stadt entfernt, liegt Bamiyan. Die Bergpässe waren so steil, dass die Region fast vollkommene Unabhängigkeit von der Hauptstadt genoss. Seit Jahren hatte das Volk der Hazara die Steuerforderungen von Dost Mohammed »entsprechend einer alten Hazara-Sitte beantwortet … ein Stein oder eine Ziege; das heißt, sie hielten eine Ziege in der einen Hand und einen Stein in der anderen und sagten, wenn die Afghanen bereit sind, die Ziege anstelle eines Schafes zu akzeptieren, dann werden sie Tribut leisten, wenn nicht, dann sollen sie Steine haben.«[28]

Dost Mohammed wollte das ändern. Er betraute einen seiner gefürchtetsten Befehlshaber, den »sehr einflussreichen und mächtigen«[29] Hadschi Khan Kakur damit, die überfälligen Steuern Bamiyans einzutreiben. Das hatte den zusätzlichen Vorteil, Hadschi Khan aus Kabul zu entfernen. »Die ganze politische Haltung Hadschi Khans war darauf ausgelegt, das Misstrauen eines Anführers zu erregen.«[30] Er hatte in den letzten Monaten stillschweigend eine Privatarmee aufgebaut.[31] Die meisten prominenten Afghanen standen in seiner Schuld. »Bei mehr als einer Gelegenheit« hatte er sogar Dost Mohammed davor gerettet, »von seinem Bruder geblendet, wenn nicht gar getötet zu werden«.[32]

Wenn es eine Verschwörung in Afghanistan gab, dann wollte Hadschi Khan mittendrin sein. Jetzt lud er Masson ein, ihn nach Bamiyan zu begleiten.

Masson hatte seit Jahren Geschichten über Bamiyan gehört. Nur eine Handvoll westlicher Reisender hatte es jemals zu Gesicht bekommen, doch sie berichteten über unglaubliche Dinge: eine Ruinenstadt, die auf einem Hügel sitzt. Riesige Statuen, die in die Felsen gehauen sind, gesichtslos und uralt. Niemand wusste, wer sie gebaut hatte oder was sie darstellten: Könnten es Götter sein oder lange vergessene Könige?[33] Was könnte sich noch dort verbergen? Vielleicht – nur vielleicht – könnte Bamiyan eine der vielen Städte Alexanders sein?

Masson wusste, dass er Bamiyan selbst sehen musste. Die Straße war gefährlich, sogar nach afghanischen Maßstäben, deshalb schien die Einladung Hadschi Khans wie ein Geschenk des Himmels. Er mietete für einige Rupien ein geduldiges Pony und ritt am 10. September 1832 aus der Stadt hinaus zu Hadschi Khans Lager. Masson hatte noch nicht lange in Kabul gelebt, wusste also auch nicht viel über Hadschi Khan. Er hatte keine Ahnung, worauf er sich einließ.[34]

Die Reise erwies sich als aufschlussreich. Einige von Hadschi Khans Männern holten ihn bald ein. Die Straße war vollgestopft mit Schafen, die nach Kabul getrieben wurden,[35] und bei Anbruch der Nacht träumten alle von Hammelbraten. Masson war an das Leben als einsamer Reisender gewöhnt: Essen und Unterkunft waren ein Luxus. Seine Begleiter gingen anders an die Sache heran. Wenn sie für die Nacht anhielten, wurde ein Lager aufgeschlagen und Verpflegung von den örtlichen Dörflern eingefordert. Diese lehnten ab. Die Gäste zogen ihre Schwerter. Die widerstrebenden Gastgeber überlegten es sich anders. Einige »Kuchen aus Erbsen und Gerstenmehl« und »große Schüsseln gekochter Milch« wurden angeboten.[36] »Ihre gastfreundlichen Dienste wurden entrüstet zurückgewiesen«, schrieb Masson. »Es war lächerlich genug, fünf hungrige Afghanen zu erblicken, die es ablehnten, ihren Hunger zu stillen; aber Tatsache war, dass sie jetzt auf eine List setzten. Ein Schaf war gezeigt worden, und obwohl es bei der ersten Gelegenheit abgelehnt worden war, sollte es dem Hinschlachten nun nicht entgehen.« Massons Gefährten bereiteten sich für das Nachtlager vor, während sie ihre Gastgeber lauthals als »ungastliche Ungläubige« verfluchten.[37] Alles in Afghanistan war Verhandlungssache.

Am Morgen »war die List der Afghanen erfolgreich; in der Nacht hatte man ein ganzes Schaf gebraten.« Doch Hadschi Khans Männer gaben immer noch nicht nach: Erst nach viel »Flehen, Weinen und Füßeküssen willigten sie ein, sich sozusagen als besonderen Gefallen zu einem großartigen Frühstück von heißem, gebratenem Schaf, Schüsseln mit Quark und warmen Brotkuchen niederzulassen.«[38]

Masson fühlte sich für seinen Teil an all dem so schuldig, dass er den Besitzer des Schafes ausfindig machte und ihm »dessen Wert in Geld«[39] in die Hände drückte.

Hadschi Khans Lager am Ufer des Flusses Hilmend war ein Durcheinander aus Zelten und hungrig aussehenden Soldaten, Pferden, Kochfeuern und einem überarbeiteten Elefanten. Es gab außerdem einige professionelle mysteriöse Fremde – ein Apothekerteam aus Vater und Sohn, die ihre riesigen Kästen mit Arzneien eifersüchtig bewachten, sowie einige dubios aussehende heilige Männer. Masson wurde zu seinem Leidwesen mit in deren Zelt gesteckt.

An diesem Abend ließ Hadschi Khan noch vor dem Essen nach Masson schicken. Er »war überschwänglich in seinen Äußerungen der Befriedigung, mich zu sehen, und sagte, dass er in Kabul unter dem Druck seiner Angelegenheiten daran gehindert worden sei, mir die Aufmerksamkeit zukommen zu lassen, die er wünschte; nun aber sollten wir ständige Kameraden sein.«[40] Zu Massons Überraschung »wurde er vom Khan an dessen Seite platziert, wo von nun an zu allen Gelegenheiten mein Platz war.«[41] Hätte er seinen Gastgeber besser gekannt, wäre Masson beunruhigt gewesen. Er nahm aber selbstgefällig an, dass Hadschi Khan einfach nur erfreut war, ihn zu sehen.

Während des Abendessens – Haufen aus Pilawreis und gekochtem Fleisch – enthüllte Hadschi Khan, was er dachte. Dost Mohammed, so grummelte er, hätte ihm fünfmal so viele Truppen versprochen, wie tatsächlich aufgetaucht seien.[42] Zwischen den beiden Männern »herrschte seit einiger Zeit ein gegenseitiges Misstrauen«.[43] Hadschi Khan wusste, dass Dost Mohammed nicht übermäßig bestürzt sein würde, wenn eine verirrte Kugel ihn irgendwo auf dem Weg nach Bamiyan treffen würde. Hadschi Khan »war im Prinzip das Produkt seiner Umstände: Sein Hauptziel war es, sich selbst zu schützen.«[44] Im Laufe des Abends brachte er das Gespräch auf die Geschichte »und merkte an, dass jeder, der die Historien des Dschingis Khan … oder eines anderen großen Mannes gelesen habe, der Padschah [König] geworden war, die Notwendigkeit erkennen müsse, familiäre Bindungen zu ignorieren; dass sie durch das Hinmetzeln der Angehörigen den Gipfel der Macht erreicht hätten; und er, der wie sie Glück haben wolle, müsse wie sie grausam sein.«[45] Seine Männer brüllten ihre Zustimmung heraus. Masson rutschte beunruhigt auf seinem Sitz hin und her.

Die Aussicht auf Blutvergießen versetzte seinen Gastgeber in eine ausgezeichnete Stimmung. »Hier«, röhrte Hadschi Khan und packte Masson bei der Hand, »ist ein Feringhi, soll ich ihm erlauben, seinen Landsleuten zu sagen, dass Hadschi Khan mit einer feinen Streitmacht ritterlicher Kavallerie und Gewehren und Elefanten von Kabul losmarschiert ist, und zurückgekehrt ist, ohne einen Schlag auszuführen? Himmel, nein!«[46] Masson erkannte endlich, was jeder andere in dem Zelt bereits wusste: Hadschi Khan hatte nicht vor, nach Kabul zurückzugehen. Er war auf dem Weg nach Bamiyan, um die Macht an sich zu reißen. Masson hatte ein kleines archäologisches Abenteuer geplant. Er steckte nun bei einem von Asiens skrupellosesten Kriegsherren fest – mitten in einem versuchten Staatsstreich.

Einige Tage später lagerten die Reisenden neben einem Drachen.

Das Volk der Hazara berichtet davon, dass einst, vor langer Zeit, ein monströser Drache in einem Tal nahe Bamiyan lebte. Nah und fern verbreitete er seinen Schrecken. Er brannte Häuser nieder und legte ganze Dörfer in Schutt und Asche. Er fraß Bauern und ihre Tiere, verschlang Schafe und spie die Knochen aus. Dann, eines Tages, ritt Hazrat Ali, der Schwiegersohn des Propheten Mohammed, in das Tal, um mit dem Drachen zu kämpfen. Er fand ihn schlafend ganz am Ende des Tales vor und schoss ihm einen Pfeil in das Auge, der ihn auf der Stelle tötete.

Masson wurden die Überreste des Drachens gezeigt: sein Körper, der sich in Stein verwandelt hatte und über den Talboden erstreckte, seine Mähne, die nach Schwefel stank, sein Kopf, aus dem immer noch Gehirn heraustropfte, »das in kleinen, klaren Bächen … über eine Oberfläche aus verschiedenfarbig roten, gelben und weißen Felsen dahinplätscherte«.[47] »Es heißt, dass der lebhaft rote Felsen, der sich am Kopf findet, mit dem Blut des Drachen gefärbt sein soll.«[48]

In dieser Nacht ließ Hadschi Khan, nachdem alle anderen schlafen gegangen waren, Masson zu sich rufen.[49] In den dunkelsten Stunden saßen sie zusammen am Feuer und erzählten einander von ihren Träumen. »Der Khan erklärte, dass er von Visionen beehrt würde und in ihnen erfahren hätte, dass er ein großer Mann werden würde; dass das Land, ob afghanisch oder usbekisch, Bi-Sahib sei, ohne Herr, und er schlug vor, dass er und ich von einem solchen Stand der Dinge profitieren und uns zu Padschah und Wesir machen sollten.«[50] Dost Mohammed konnte sie in Bamiyan »nicht angreifen«: Sie würden ihre eigenen Herren sein.[51] Während

Massons Gedanken die Idee noch gar nicht fassen konnten, zog der Khan seinen Siegelring ab und bot ihm diesen an. Das war Macht: die Macht eines Königs, man musste nur zugreifen.

Masson hatte nicht den Wunsch, König zu werden. Er hatte aber auch nicht den Wunsch, Hadschi Khan zu beleidigen. Er lächelte und lehnte Hadschi Khans Ring ganz vorsichtig ab, »wobei er ihm versicherte, dass er in keiner besseren Obhut sein könne als seiner eigenen.«[52]

Wie in Trance ging Masson zu seinem Zelt zurück. Die Stunden vor der Morgendämmerung waren kalt und klar.[53] Er versuchte zu schlafen. Die Welt, so kam es ihm vor, wurde immer seltsamer. Als er am nächsten Morgen erwachte, schien ihm die vorherige Nacht so weit entfernt wie ein Traum. »Ich vergaß, wer von uns beiden der Padschah werden sollte.«[54]

Nichts, was Masson auf seinen Reisen gesehen hatte, bereitete ihn auf den ersten Anblick von Bamiyan vor. Der Weg in das Tal war schmal und verräterisch: Auf der einen Seite waren die Abhänge zu steil, um auch nur daran zu denken, sie zu erklimmen, während der Abgrund auf der anderen Seite in das Nichts zu stürzen schien. Alexander Burnes, der einige Monate zuvor auf diesem Weg gekommen war, hatte sich hineingeschlichen. »Schreckliche Klippen hingen über uns; und viele Bruchstücke zeugten von ihrer Instabilität. Für etwa eine Meile war es unmöglich, auf dem Pferderücken weiter vorzudringen, und wir gingen zu Fuß weiter, mit einem Abgrund unter uns.«[55] Dann öffnete sich das Tal, gesäumt von steilen Hügeln »auf beiden Seiten, die im Farbton von Tiefrot nach Bläulichgrau wechselten und hier und da lange Linien steil aufragender Klippen bildeten.«[56] Am Ende des Tales, auf einem Hügel hingebreitet, der so steil war, dass er fast senkrecht wirkte, lag die Ruinenstadt Gholghola.

Dann, fast wie eine Erscheinung, kam eine noch größere Felswand in Sicht, in der wabenartig Höhlen zu sehen waren. Zwei riesige, gesichtslose Figuren, die in die Felsen gehauen waren, blickten gelassen auf Masson herunter: die Buddhas von Bamiyan. Über ihnen hingen, schneebedeckt und unglaublich hoch, die Spitzen des Koh-e Baba, des Berges des Vaters.

Das Tal war still und mit Schnee bedeckt. »Der Winter hatte vorzeitig eingesetzt und die Garben mit Korn lagen unberührt unter dem Schnee. Nicht einmal die ältesten Bewohner konnten sich an ein solches Ereignis erinnern.«[57] Die Ufer des Flusses Kundus, der sich durch das Tal schlängelte, waren »mit riesigen Eiszapfen behangen«.[58]

Masson wurde von Ehrfurcht ergriffen. Am Fuße der Felsen stehend und den Blick den Buddhas zugewandt, konnte er nur starren. »Wenn der Blick aus der Ferne auf sie fallen sollte«, hatte der persische Reisende Yahyā ibn Khālid mehr als eintausend Jahre zuvor geschrieben, »müsste ein Mann vor Staunen seine Augen senken. Mangelt es ihm an Aufmerksamkeit oder ist er unachtsam, wenn er sie sieht, dann erweist es sich als notwendig, dass er an einen Ort zurückkehrt, von dem er sie nicht sehen kann, und sich ihnen dann nähert. Er soll sie als ein Objekt für seine Aufmerksamkeit aufsuchen und ihnen Achtung zollen.«[59]

Hadschi Khan und seine Männer schlugen zu Füßen der Buddhas ihr Lager auf.[60] »Der Khan, freigebig beim Verteilen von Geschenken, hatte seinen aus Kabul mitgebrachten Vorrat längst aufgebraucht.« Seine Bediensteten mussten sich daher um eine Lösung bemühen, als die lokalen Würdenträger ihm einen Besuch abstatteten – und erwarteten, mit einem Geschenk begrüßt zu werden, wie es Sitte war. Die eine Lösung, die sie vorschlugen, war eine sehr afghanische Antwort auf die Parabel der endlosen Brotlaibe und Fische: Wenn ein Würdenträger Hadschi Khans Zelt mit seinem Geschenk verließ, wurde er von den Dienern des Khans abgefangen. Das Geschenk wurde zurückgekauft und heimlich wieder in das Zelt gebracht, sodass Hadschi Khan es »einem anderen gewähren konnte«.[61]

Hadschi Khan war nicht den ganzen Weg nach Bamiyan marschiert, um Leuten Geschenke zu machen. Nachdem er sich im Lager eingerichtet hatte, startete er »ein allgemeines System von Beschlagnahme und Plünderung«.[62] Alles, was beweglich war, konnte auch weggetragen werden: nicht nur Geld und Schmuck, sondern auch Viehzeug und Mobiliar. Als einige seiner Männer eine Unterkunft brauchten, übernahm er eine alte Festung, was »mitten im Winter zur Vertreibung von etwa achtzig Familien führte und sie ihres Brennmaterials und des Futters für ihr Vieh beraubte, wobei er seine Ohren vor den Bitten der alten Frauen der Burg verschloss, die vor ihm erschienen, jede mit einem Koran in der Hand und ihn mahnten, in das Antlitz Gottes zu schauen und barmherzig zu sein.«[63] Die Hazara von Bamiyan hatten seit Jahrhunderten Unterdrückung und Diskriminierung ertragen, doch die Grausamkeit machte Masson krank. Er gab sich selbst das Versprechen, dass er in Zukunft allein reisen würde. »Später«, wie ein Hazara-Sprichwort sagt, »könnte es besser sein!«

Masson verschwand heimlich aus dem Lager, um die verlassene Stadt zu erkunden, die über dem Tal von Bamiyan aufragte. Sie war als Gholghola, Stadt des Aufruhrs, bekannt. Ungeachtet der Kälte saß er stundenlang in den schneebedeckten Ruinen und lauschte dem Heulen des Windes, der durch die leeren Straßen blies. »Die Winde, die durch die Zinnen und Türme pfeifen, verursachen durchdringend kummervolle Töne, die selbst das gleichgültigste Wesen in Erstaunen versetzen. Das ist so bemerkenswert, dass mich oft, wenn ich in ihrer Nähe spazieren ging, die schwermütige Melodie des Windes, die meine Aufmerksamkeit unwiderstehlich fesselte, unwillkürlich dazu zwang, meinen Blick nach oben zu richten, und oft saß ich lange Zeit da und erwartete die gelegentliche Wiederholung der einzigartigen Kadenzen.«[64] Die Menschen von Bamiyan »betrachten diese schwermütigen und unwirklichen Töne als die Musik der verstorbenen Seelen.«[65]

Die Stadt lag aus einem einzigen Grund in Trümmern: Dschingis Khan. Als die mongolische Armee Bamiyan im Jahren 1221 erreichte, »strömten [die Menschen der Stadt] aus in Feindseligkeit und Widerstand, und auf beiden Seiten wurden die Hände an Pfeile und Katapulte gelegt.« Das war unklug. Doch laut dem persischen Historiker Ata-Malik Juvayni war das Schicksal der Stadt nach dem, was dann geschah, besiegelt:

> Plötzlich wurde durch den Daumen des Schicksals, das der Zerstörer all dieser Menschen war, ein Pfeil, der keine Atempause ließ, von der Stadt aus losgelassen und traf … den Lieblingsenkel des Dschingis Khan. Die Mongolen beeilten sich nun umso mehr, die Stadt einzunehmen, und als sie eingenommen war, gab Dschingis Khan den Befehl, dass alle lebenden Wesen, von den Menschen bis zu den Tieren, getötet werden sollten; dass keine Gefangenen genommen und nicht einmal das Kind im Bauch seiner Mutter verschont bleiben solle, und dass fortan keine lebende Kreatur hier hausen solle. Er gab ihr den Namen »Ma'u-Baligh, was auf Persisch »Schlechte Stadt« bedeutet. Und bis zum heutigen Tag hat kein lebendes Wesen sie jemals wieder zur Wohnstätte gewählt.[66]

Von den Höhen Gholgholas aus konnte Masson das gesamte Tal sehen. »In tiefem Nachdenken und Staunen«[67] verloren, versuchte er, die Landschaft zu verstehen, die sich vor ihm ausbreitete. Und je mehr er schaute, umso mehr erkannte er, dass er nicht die geringste Ahnung hatte, worauf er hier blickte.

Niemand zu dieser Zeit wusste, dass die Buddhas von Bamiyan tatsächlich Buddhas waren. Afghanistan war eines der größten Zentren der buddhistischen Lehre und Kultur gewesen: Klöster hingen an seinen Berghängen und seine Ebenen waren übersät mit Stupas, Orten des Gebets und der Meditation. Mehr als eintausend Mönche hatten einst in Bamiyan gelebt und ihre Religion ausgeübt, manche in Klöstern im Tal, andere als Einsiedler in den Felsen. In Bamiyan versammelten sich so viele Einsiedler, dass ihre Höhlen – »von den Leuten als Samootch bezeichnet«[68] – sich übereinander an den Klippenwänden stapelten.

Die riesigen Buddhas waren fast 1.500 Jahre alt. Der kleinere Buddha, 115 Fuß (35 Meter) hoch, war in der Mitte des sechsten Jahrhunderts n. Chr. erbaut worden. Etwa ein halbes Jahrhundert später gesellte sich ihm der größere Buddha hinzu, der mit 174 Fuß (53 Meter) deutlich höher war. Die Buddhas markierten nicht etwa eine ruhige Pilgerstätte an den Rändern der bekannten Welt: Bamiyan war damals ein geschäftiger Zwischenstopp auf der Seidenstraße. Die Buddhas waren mit wilden, lebhaften Farben bemalt: leuchtendes Rot für den größeren und blendendes Weiß für den kleineren. Sie waren so üppig und strahlend dekoriert, dass der chinesische Reisende Xuanzang glaubte, einer von ihnen sei komplett aus Messing.

Doch der Buddhismus war im Zuge der islamischen Eroberung der Region aus Afghanistan hinausgefegt worden. Nicht einmal die Geschichten blieben zurück.

Stellen Sie sich vor, Sie würden durch die Straßen Roms wandern und an fast jeder Ecke die Kirchen sehen, aber nicht wissen, was sie darstellen oder zu welcher Religion sie gehören. Bamiyan war der erstaunlichste Ort, den Masson je gesehen hatte, doch zum ersten Mal in seinem Leben, waren »Geheimnis und Ehrfurcht«[69] nicht genug. Er wollte Antworten: Während er zu den riesigen, zerbrochenen Statuen aufblickte, wollte er die Wahrheit über diesen Ort erfahren. Er erkannte, dass Bamiyan – egal was es war – keine der verlorenen Städte Alexanders war.[70] Doch abgesehen davon, wusste er nicht, wo er beginnen sollte. Er kam sich vor wie ein Narr.

Masson stand vor einem der Wunder dieser Welt, einer der wenigen Menschen aus dem Westen, die über die Jahrhunderte hier entlanggekommen waren. Er hatte keine Ahnung, was er tat. Und er hatte nur ein Blatt Papier. »Der Vorrat, den ich aus Kabul mitgebracht hatte, war aufgebraucht«, erinnerte er sich reumütig, »vor allem, um es den Soldaten im Lager zu erlauben, ihren Freunden zu schreiben. Eine weitere Lieferung, die ich in Kabul bestellt hatte, erreichte mich nie, da unsere Kommunikation mit dieser Stadt auf dem ganz normalen Weg durch den Schnee unterbrochen worden war. Von Hadschi Khans Sekretär, der demselben Dilemma gegenüberstand wie ich, hatte ich als großen Gefallen ein Blatt Papier erhalten, für das ich mich verpflichtet sah, es mit Sorgfalt zu benutzen, und nur für solche Zwecke, die mir am lohnenswertesten erschienen. Er war höchst erbärmliches Papier, aber ich sah mich gezwungen, es mir zunutze zu machen und dankbar dafür zu sein.«[71]

Als er am Fuße des kleineren Buddhas stand, erspähte Masson eine Treppe, die in die Felswände hinaufstieg. Unsicher folgte er ihr. Der Durchgang war schmal und dunkel und aus dem roten Gestein der Klippen herausgeschlagen. Wände und Decke schienen ihn erdrücken zu wollen. Masson kletterte höher und höher. Das einzige Licht kam von den schmalen Schlitzen, die in den Felsen geschnitten waren.[72] Durch sie konnte er flüchtige Blicke auf den Buddha erhaschen: eine Falte seines Gewandes, ein gigantischer Arm, ein herabhängendes Ohrläppchen. Die Welt draußen war gedämpft und still. Ein paar Schwaden aus schwarzem Rauch stiegen mit dem Wind auf.

Dann trat Masson über dem Kopf des Buddhas in das Licht hinaus und erblickte eine Welt, die schöner und fremdartiger war, als er sie sich jemals hätte vorzustellen gewagt. Die Wintersonne strahlte auf saubere, leuchtende Schneewehen herunter. Oben an der Felswand in den Höhlen schimmerten Lapislazuli und Gold in den Sonnenstrahlen.[73] Wohin Masson auch schaute, sah er Kuppeln, verschlungene Einritzungen und unglaublich schöne Gemälde.[74] Dies war keine Fußnote der Geschichte: Hier befand sich eine ganze verlorene Zivilisation, der westlichen Gelehrsamkeit unbekannt. Es war, als würde man zum ersten Mal Farben sehen: Er erkannte, dass es hier in Afghanistan eine ganze Welt voller Wunder gab, die nur darauf warteten, entdeckt zu werden.

Masson war ganz benommen vor Staunen. Selbst seine Skizzen erblühen nach Jahren in nüchternem Schwarz-Weiß plötzlich in Farben. In diesem Augenblick, als er auf Bamiyan herabschaute, da wusste er, dass er die Geschichte Afghanistans erzählen wollte. Er hatte keine Ahnung wie: Er wusste, dass er »erst an der Schwelle der Entdeckung stand«.[75] Doch sein Herz tanzte. »Inveni portum«, kritzelte er auf eine Bleistiftskizze der Höhlen. »Spes et Fortuna valete.«[76] »Ich habe einen sicheren Hafen erreicht. Lebt wohl, Hoffnung und Reichtum. Ihr habt euer Spiel mit mir getrieben, spielt es nun mit anderen.«

In dieser Nacht war der Himmel voller Sternschnuppen.[77]

Einige Wochen später taumelte Masson durch die Tore von Kabul. Seine Rückreise, in Begleitung einiger Männer Hadschi Khans, war schrecklich gewesen. Schneewehen reichten ihm bis zu den Hüften und drohten, ihn ganz zu verschlingen.[78] In einigen Nächten war er mit Steinen und Flüchen aus dem Unterschlupf vertrieben worden und hatte auf dem Boden geschlafen, eingerollt in seinen Umhang.[79] Als er Kabul erreichte, war er durchgefroren und von Erfrierungen geplagt. Seine Kleidung war zerfetzt. Seine Füße waren voller Blasen. Er war von den Schneestürmen beinahe erblindet.[80] Doch die Welt schien ihm wie ein Geschenk.

Es war der Erste Weihnachtstag.[81]

1924 kletterten zwei französische Archäologen vorsichtig den Felsabhang von Bamiyan hinunter. Sie wollten zu einer Höhle gelangen, die hoch oben über dem Kopf des höchsten Buddhas in der blanken Felswand verschwand. In den Eingang der Höhle krabbelnd und rutschend, schöpften sie Atem und schauten sich triumphierend um. Eine schwerer zugängliche Stelle war kaum vorstellbar: Es war möglich, dass sie seit Jahrhunderten von niemandem mehr betreten worden war. Ihre Augen brauchten einige Augenblicke, um sich an die Dunkelheit zu gewöhnen, aber sie schauten sich begierig um: Unvorstellbare Schätze könnten auf sie warten.

Dann – und es muss ein harter Schlag gewesen sein – bemerkte einer der Archäologen zwei unhöfliche Verszeilen, die direkt vor ihren Nasen in den Felsen gekratzt worden waren:

> If any fool this high samootch explore,
> Know Charles Masson has been here before.[82] *

---

* Erkundest du diese *Samootch* [Höhle], dann wisse, du Narr,
dass Charles Masson bereits vor dir hier war.

# 5

# Die Stadt unter den Bergen

In den Wintermonaten zogen sich die Einwohner von Kabul in ihre Häuser zurück und wickelten sich in dicke Schaffelle. Der Wein gefror und »Kupfergefäße zerplatzten in der Nacht«.[1] Trotz der bitteren Kälte war Masson glücklich. Niemand wusste, ob er ein Reisender, ein Spion oder ein Irrer war, und niemand scherte sich darum. »Es gibt nur wenige Orte, an denen ein Fremder sich so schnell zu Hause fühlt und mit allen Klassen vertraut wird wie in Kabul. Es kann keine geben,« schrieb er, »wo alle sich so sehr anstrengen, um seine Zufriedenheit und Unterhaltung zu fördern. Er darf nicht unglücklich sein. Sich so etwas einzugestehen, würde, so sagt man ihm, eine Schande für die Gastfreundlichkeit seiner Gastgeber sein. Ich war noch keinen Monat in Kabul gewesen und hatte schon Bekanntschaft mit ich-weiß-nicht-wie-vielen Menschen geschlossen und diese in ihren Häusern besucht.«[2] Moslems, Christen, Juden und Hindus lebten Seite an Seite: Sie aßen zusammen, feierten zusammen und begleiteten einander bei ihren Leichenzügen.[3] »Sie nahmen an den Hochzeitsfeiern der jeweils anderen teil und beteiligten sich an den kleinen Angelegenheiten, die sich in der Gesellschaft ergeben.«[4] Ein Christ würde seinem muslimischen Nachbarn an Nowruz, dem islamischen Neujahr, Geschenke bringen und selbst »zu seinem Weihnachtsfest auch welche erhalten«.[5] Von diesem Afghanistan ist heute fast nichts mehr übrig. Die alte Stadt liegt in Trümmern. An die alten Gebräuche erinnert sich kaum noch jemand. Doch 1833 war Kabul eine der tolerantesten Städte der Welt.

(Kabul war schon fast aggressiv tolerant. Immer wenn einer der Christen der Stadt zum Islam zu konvertieren gedachte, wurde er vom Wesir vernommen, der den unglücklichen Konvertiten fragte, »welches Übel er in seinem eigenen Glauben entdeckt hätte, dass er so bemüht darum sei, ihn zu wechseln, und würde ihn einen nutzlosen, charakterlosen Gesellen schelten.«)[6]

Masson verbrachte seine Tage damit, durch Kabul zu wandern. Der Basar der Stadt war eines der Wunder Asiens. Mohan Lal, ein indischer Gelehrter, der mit Alexander Burnes gereist war (und mehrfach verhindert hatte, dass dieser getötet wurde), war nicht leicht zu beeindrucken: Er war in Delhi aufgewachsen. Doch angesichts Kabuls Basar ergriff ihn die Ehrfurcht. »Die Teile des Basars, die überwölbt sind, übertreffen alles, was die Fantasie sich vorzustellen vermag. Die Geschäfte ragen übereinander auf, in Stufen, die in glitzernder Pracht strahlen, bis sich dank der Wirkung des Aufstiegs das Ganze in einer verwirrenden und blinkenden Masse verliert, wie Sterne, die durch die Wolken scheinen.«[7] Während Masson sich von einem Stand zum nächsten vorarbeitete und die winterlichen Auslagen aus »Wildenten und Spatzen«[8] betrachtete, hatte er keine Ahnung, dass er beobachtet wurde.

Die Ostindien-Kompanie hatte in Kabul einen Spion in ihren Diensten und dieser hielt ein waches Auge auf das Kommen und Gehen von Fremden. Kurz nach Massons Rückkehr aus Bamiyan berichtete der Spion, dass »während ich in einem Geschäft im Basar saß, ein Mann an mir vorbeiging, der das Aussehen eines Europäers hatte, graue Augen, roter Bart, die Haare auf seinem Kopf sehr kurz geschnitten. Er hatte keine Strümpfe oder Schuhe, eine grüne Kappe saß auf seinem Kopf und über die Schulter trug er eine Fakir- oder Derwisch-Trinktasse. Er ähnelte aber nicht unbedingt einem Derwisch und schien alles mit der Neugier eines Fremden anzustarren. Ich bemerkte zu dem Besitzer des Ladens, der in Russland gewesen war, dass der Mann Russe sei; er erwiderte: ›Ja, und alle, die ihn gesehen haben, sagen das auch, aber er ist Afghane.‹ Der Mann hatte sich dann in der Menge verloren, aber ein paar Tage später sah ich ihn wieder und sprach ihn an, bekam aber keine Antwort, und er entfernte sich sehr schnell.«[9]

Der Bericht des Spions war schon bald auf dem Weg über die Berge nach Indien. Er beschloss, den rothaarigen Fremden nicht so schnell entwischen zu lassen, wenn sie sich das nächste Mal trafen.

Masson verbrachte seine Abende derweil damit zu lesen und Alexanders Route aufzuzeichnen. Es ist leicht zu beschließen, eine verlorene Stadt zu finden, doch zu wissen, wo man beginnen sollte, war viel schwerer, das begriff er schnell.

Als Johann Ludwig Burckhardt 1812 Petra suchte, fragte er einfach nach dem Weg.

Burckhardt wanderte in Verkleidung durch den Nahen Osten. Er nannte sich Scheich Ibrahim ibn Abdallah und fragte jeden, den er traf, nach der antiken Handelsstadt in den Bergen Jordaniens. Schließlich wurde ihm von einem Pfad erzählt, der in ein tiefes, verborgenes Tal führte, nahe einem Grab, das angeblich dem Propheten Aaron gehörte. Burckhardt folgte dem Pfad. Die Sandsteinfelsen auf beiden Seiten wuchsen immer höher hinauf. An seiner Kleidung klebte der Staub. Dann schließlich lag Petra vor ihm:

> It seems no work of Man's creative hand,
> by labour wrought as wavering fancy planned;
> But from the rock as if by magic grown,
> eternal, silent, beautiful, alone …
> A rose-red city half as old as time.[10] *

Als Burckhardt nach Europa zurückkehrte, machte seine Entdeckung von Petra ihn zu einer Berühmtheit. In Jordanien war man eher verwundert: Burckhardts »Entdeckung« war seit Jahrhunderten bekannt gewesen. Sultan Baibars von Ägypten hatte Petra im 13. Jahrhundert besucht, mehr als fünfhundert Jahre zuvor.

Masson wusste, dass es nicht so leicht sein würde, eine von Alexanders verlorenen Städten zu finden. Die meisten der Alexandrias sind tatsächlich verloren: Selbst heute sind unsere besten Vermutungen für ihre Standorte kaum mehr als Stecknadeln in einer Landkarte. »In den meisten Fällen existieren die entscheidenden Faktoren einfach nicht, die es uns erlauben würden, diese oder jene antike Stätte mit einer modernen Örtlichkeit zu verbinden, und die Wahl zu diskutieren«, schrieb Peter Fraser kürzlich, »ist unergiebig. In fast jedem Fall führt der Versuch, exakter zu sein als die antike Quelle, in eine Sackgasse.«[11] Doch in Kabul am Feuer sitzend, gehüllt in ein Schaffell, wusste Masson schon bald, welches Alexandria er suchte.

---

* Es scheint kein Werk des Menschen schöpferischer Hand,
durch Arbeit geschaffen, wie es die schwankende Fantasie geplant;
sondern wie durch Zauber aus dem Fels gewachsen,
ewig, still, schön, allein …
Eine rosenrote Stadt, halb so alt wie die Zeit.

Im Jahre 329 v. Chr. stand Alexander am Fuße des Hindukusch und schaute nach Osten in eine unbekannte Welt. Er und seine Armee waren weiter gekommen als irgendwelche Griechen vor ihnen. Sie hatten größere Siege errungen als die alten Helden. Die Enden der Erde waren nahe. »Alexander führte seine Armee zum Berg Kaukasus«, schrieb Arrian, »und dort gründete er eine Stadt und nannte sie Alexandria. Dann, nachdem er all den Göttern geopfert hatte, denen zu opfern er gewohnt war, führte er seine Armee über den Berg Kaukasus.«[12] Dreitausend seiner Männer siedelten sich hier an: Soldaten, die zu alt oder zu krank waren, um weiterzuziehen. Genau wie Masson fanden sie ein Zuhause in einem fremden Land.

Nach Alexanders Tod blühte und gedieh Alexandria am Kaukasus,[13] wie die Stadt auch genannt wurde, für Jahrhunderte. Am Rand von Alexanders Reich gelegen, wurde sie sich selbst überlassen. Eintausend Jahre nach Alexanders Tod fand ein chinesischer Reisender wohlwollende Worte über sie. An den Hindukusch geschmiegt, reich an Obstbäumen, löste sie immer noch Erstaunen aus.[14] Dann schwand sie langsam aus dem Gedächtnis.

Masson wusste, dass Alexandria am Kaukasus eine Stadt voller Wunder gewesen sein könnte. Alexandria in Ägypten, die berühmteste aller Städte des Alexander, war eine der prächtigsten Städte der Antike: Ein kultureller und intellektueller Knotenpunkt wie kein anderer, an dem Gelehrte, Händler, Künstler und Schriftsteller neue Möglichkeiten entwickelt hatten, die Welt zu verstehen. Könnten in Afghanistan ebensolche antiken Theater verborgen liegen? Tempel fremdartiger Götter? Paläste unbekannter Könige? Alles war möglich. Nicht alle verlorenen Städte sind real (niemand wird jemals Atlantis finden), aber diese war es. Irgendwo in Afghanistan, verborgen von Zeit, Staub und Schnee, lagen die Überreste einer sagenhaften Stadt.

Für mehr als eintausend Jahre war Afghanistan ein leeres Blatt im westlichen Wissen. 1833 glaubten Gelehrte, dass Alexandria am Kaukasus sich unter dem heutigen Kandahar befände, etwa 300 Meilen von Kabul entfernt. Masson wusste, dass sie sich irrten: Alexanders Armee hätte Afghanistan in diesem Fall zu Fuß von Norden nach Süden in nur zehn Tagen durchquert.[15] Jede Blase an seinem Fuß sagte ihm, dass das unmöglich war. Die Stadt musste viel dichter an Kabul liegen. Aber wo?

Die antiken Historiker Alexanders waren keine Hilfe: Es gab kaum eine unzuverlässigere Truppe. Der verlässlichste von ihnen, Arrian, hatte nie einen Fuß nach Afghanistan gesetzt. Sein Bericht ist voller eigenartiger Omen und zweifelhafter Anekdoten (wenn seine Schlachten weniger als aufregend wirken, könnte er vielleicht ein Zwischenspiel mit Alexander und den Amazonen anbieten?).[16] Nur wenige Zeilen befassen sich mit der Gründung von Alexandria am Kaukasus. Viel mehr Zeit widmet er der Geschichte einer afghanischen Stadt, die zu suchen mutig wäre: Nysa.

Als Alexanders Armee vor den Mauern von Nysa auftauchte, so berichtet Arrian, schickten die Einwohner eine Delegation aus, die sich mit ihm treffen sollte. Alle waren in ihre besten Gewänder gekleidet. »Als sie Alexanders Zelt betraten, fanden sie ihn dort sitzend vor, staubbedeckt und müde von der Reise. Er trug noch seine Rüstung: Ein Helm war auf seinem Kopf und ein Speer in seiner Hand. Einen Moment lang sprach niemand, und dann warfen sich die Leute aus Nysa vor ihm auf das Antlitz.« Sie erzählten Alexander ihre Geschichte. Ihre Stadt war von niemand anderem als Dionysos, dem griechischen Gott des Weines und des Chaos selbst, erbaut worden. »Auf seinem Weg von Indien nach Hause gründete er diese Stadt in Erinnerung an seine lange Reise und seine vielen Siege. Die Männer, die er hier ansiedelte, waren diejenigen seiner Gefährten und Priester, die nicht weitergehen konnten. Er und du waren sich ganz ähnlich: Denn schließlich hast du Alexandria am Kaukasus und Alexandria in Ägypten und noch viele andere Städte gegründet. Und du wirst noch viele weitere gründen. In der Tat wirst du schon bald mehr erreicht haben als Dionysos selbst.«[17]

Dies war der einzige Beweis, den Masson hatte. Das reichte nicht.

***

Kabul war eine Stadt der Geschichtenerzähler. Selbst mitten im Winter »gibt es in den überfülltesten Teilen der Stadt Geschichtenerzähler, die die Müßiggänger unterhalten, oder Derwische, die die Herrlichkeit und Taten des Propheten verkünden. Wenn ein Bäcker vor diesen Würdigen erscheint, dann verlangen sie einen Kuchen im Namen irgendeines Propheten; und der Anzahl derjenigen nach zu urteilen, die dieser Beschäftigung nachgehen, scheint sie profitabel zu sein.«[18]

Die Geschichten, die sie erzählten, waren wilde, schmutzige, urkomische Dinger. Oft drehten sie sich um die Missgeschicke des Mullah Nasreddin*. Nasreddin war ein Sufi-Satiriker und -Philosoph aus dem 13. Jahrhundert: der perfekte weise Mann und der perfekte Narr. Die Geschichtenerzähler Afghanistans ziehen ihre Zuhörer immer noch in ihren Bann mit Geschichten seiner Narreteien: Irgendjemand erzählt irgendwo genau jetzt eine Geschichte von Mullah Nasreddin.

Eines Tages war Nasreddin hungrig, weshalb er sich in einen Garten schlich und seinen Beutel mit Gemüse füllte. Der Besitzer bemerkte das und kam herübergerannt.

Er sagte zu Nasreddin: »Was genau hast du in meinem Garten zu schaffen?«

»Es tut mir furchtbar leid«, erwiderte dieser. »Es war ein furchtbarer Unfall: Ich wurde vom Wind hierher geweht.«

Daraufhin der Gartenbesitzer: »Warum wurden dann all meine Gemüse aus dem Boden gezogen?«

»Das sollte offensichtlich sein«, antwortete Nasreddin. »Ich versuchte, mich selbst daran zu hindern, weggeblasen zu werden. Ich musste mich an irgendetwas festhalten.«

»Na gut!«, sagte der Besitzer. »Aber sag mir: Wie sind all diese Gemüse in deinen Beutel gelangt?«

»Weißt du,« sagte Nasreddin, »das habe ich mich auch schon gefragt.«[19]

Masson lauschte den Geschichtenerzählern und hoffte auf Hinweise zur Lage von Alexandria.[20] Und zwischen den Schwiegermutterwitzen und den Schwänken über Mullah Nasreddin und seinen Esel hörte er einige sehr seltsame Dinge: »eigenartige Geschichten über die zahllosen Münzen und anderen Relikte, gefunden auf dem Boden« der Ebene von Bagram, etwa vierzig Meilen von Kabul entfernt.[21] Das Vorhandensein antiker Münzen und Artefakte an der Oberfläche konnte bedeuten, dass sich im Boden viel beachtlichere Strukturen versteckten: vielleicht sogar eine ganze Stadt. Masson fragte sich: Würden die Geschichten vom Basar ihm die Richtung zu einem Ort weisen, den kein Gelehrter finden konnte?

Der Frühling kam. Bald könnte er es selbst herausfinden. Als der Schnee schmolz, »gaben die Fundamente vieler Häuser, deren Lehmwände komplett mit Feuchtigkeit gesättigt waren, dem Druck des Gewichts über

* Auf Türkisch ist er als Nasreddin Hoca bekannt, woraus sich seine andere im deutschsprachigen Raum bekannte Bezeichnung Hodscha Nasreddin ableitet.

ihnen nach, und viele Häuser stürzten ein. Jeder Unfall wurde durch einen ungeheuren Schlag angekündigt.«[22] Auf den Feldern rund um Kabul sah Masson das Gras nachwachsen und »eine kleine Blume mit sechs Blütenblättern«[23] schob sich aus dem aufgeweichten Boden. Die Märkte begannen sich mit Spinat und Frühlingsgemüsen zu füllen.[24] Frösche oder »die Nachtigall der Gewässer«, wie die Afghanen sie wehmütig nannten, wurden laut, lüstern und überreichlich.[25]

Der Spion der Ostindien-Kompanie hielt derweil Ausschau nach dem rothaarigen Derwisch. Und er hatte etwas Interessantes erfahren. Eines Tages auf dem Basar nahm ein Mann Masson zur Seite und flehte ihn um Hilfe für seinen kranken Sohn an. Zögernd willigte Masson ein, sein Haus aufzusuchen und »seinen Sohn zu untersuchen, sagte aber, dass er seine Medizin nicht bei sich hätte, oder er würde ihn heilen. Der Mann bat ihn, die Arznei aufzuschreiben, und er würde sie beschaffen; woraufhin der Derwisch sagte, sie wäre in Indien nicht erhältlich. Er bat dann um einen Zauberspruch von dem Derwisch, der, nachdem er etwas zu sich selbst gemurmelt hatte, eine kleine Feder und Tinte hervorholte, etwas auf Papier schrieb, wie heilige Männer üblicherweise Zaubersprüche aufschrieben, »das er in das Feuer warf, und sagte: ›Dein Sohn wird gesund werden.‹« Dann verschwand der Derwisch wieder in der Menge.[26]

Obwohl er dem Mann nicht hatte helfen können, war Masson überzeugt, zumindest in seiner Rolle geblieben zu sein. Er merkte nicht, dass er einen fatalen Fehler gemacht hatte. Als er den Zauber für das kranke Kind niederschrieb, tat er dies instinktiv von links nach rechts, auf westliche Art, statt von rechts nach links.[27] Als der Spion das hörte, lächelte er: Dieser Derwisch war kein Afghane. In Gedanken formulierte er bereits seinen nächsten Bericht.

Masson war zunehmend davon überzeugt, dass Bagram der Ort von Alexanders verlorener Stadt war. Sollte er jedoch unangekündigt mit einer Schaufel dort auftauchen, dann könnte er – selbst wenn er erfolgreich war – so enden wie Mullah Nasreddin in der Geschichte: mit einem Sack voller Fundstücke auf jemandes Land, wie er vergebens versucht, alles zu erklären.

Er beschloss, klein anzufangen.

Einer seiner Freunde besaß ein wenig Land am Rande von Kabul. Die Felder, die die Stadt umgaben, waren übersät mit künstlich angelegten Hügeln: einige von ihnen riesig und eindrucksvoll, andere relativ bescheiden. Masson hatte nicht die Ressourcen, einen der »gewaltigen« auszugraben, »wofür beträchtliche Aufwendungen erforderlich wären; dennoch, die minderen Anzeichen der alten Zeit könnten die Arbeit lohnen, die in sie fließen würde, und indem ich das Gefühl testete, das meine Ausgrabungen auslösten, könnte ich den Weg ebnen für die Zeit, in der ich in der Lage wäre, mir die erhabeneren Monumente vorzunehmen. Ohne mir die Erlaubnis von jemandem einzuholen, begann ich mit der Arbeit an einem Hügel.«[28] Einige von Massons afghanischen Bekannten erklärten sich bereit mitzuhelfen. Er hatte keine Ahnung, was dieser Hügel war oder aus welcher Zeit er stammte: Er war »aus zwei Stufen geschaffen, von denen die untere und überlegenere [größere] mit Höhlen ausstaffiert war«,[29] doch sie konnte ebenso gut zweihundert wie zweitausend Jahre alt sein.

Masson startete mit den Höhlen. »Die Eingänge sind klein, sodass es notwendig ist, hineinzukriechen, aber das Innere einiger von ihnen ist geräumig. Am verschlossenen Eingang einer von ihnen, wo wir einige Fragmente aus Erde sahen, die mit einem Überzug aus Weiß und dem Blau des Lapislazuli bestrichen waren, sahen wir uns genötigt, die Erde zu entfernen, und fanden einen gewölbten Eingang, an dessen Seite ein Bild aus Erde angebracht war, gemalt mit weißer und roter Farbe.«[30]

Nach einigen Tagen des Grabens fand Masson einen Weg in das Herz des Hügels: Innen gab es eine »gewölbte Nische, dekorativ ausgehöhlt und gestützt von zwei schlanken Säulen. Darin fanden wir die Überreste mehrerer irdener Bilder; nur die Köpfe der zwei größeren waren ausreichend ganz, um das Entfernen zu lohnen.«[31] Nach den Wundern von Bamiyan war es ein bisschen enttäuschend, hier nur einige Fragmente von Skulpturen vorzufinden. Dennoch gab es in diesem feuchten, verblichenen Raum immer noch Spuren von Reichtümern und erstaunlichen Farben. »Wir konnten selbst aus den schwachen Spuren feststellen, dass die Bilder ursprünglich mit Schichten aus roter und weißer Farbe bedeckt gewesen waren und dass über dieser letzteren eine Oberfläche aus Blattgold platziert worden war. Das Haar auf den Köpfen, geschmackvoll in Locken arrangiert, war mit einer azurblauen Farbe gemalt worden. Die Nische war ebenfalls mit Blattgold und Lapislazuli ausgeschmückt gewesen.«[32] Wie in Bamiyan hatte er hier Spuren einer verschwundenen Zivilisation gefunden: Der Hügel enthielt vermutlich die Reste einer antiken buddhistischen Einsiedelei. Doch nun dachte Masson wie ein Archäologe, nicht wie ein Reisender. Er gab sich nicht länger damit zufrieden, die Welt zu sehen. Er wollte entdecken, was unter der Oberfläche lag. Er wollte ihre Geheimnisse lüften.

Als seine Freunde erfuhren, was er tat, waren sie entsetzt. Gerüchte verbreiteten sich schnell in Kabul und »meine Nachforschungen wurden Gesprächsstoff in der Stadt«. »Meine Freunde flehten mich an, künftig die Finger von solchen Unternehmungen zu lassen, und mahnten mich, dass das Land schlecht sei, genau wie die Menschen, und ich wahrscheinlich in Schwierigkeiten geraten würde. Ich lächelte, während ich versuchte, meine Freunde zu beschwichtigen, und darauf hinzuweisen, dass von mir wenig Notiz genommen werden würde, solange zerbrochene Götzenbilder die Früchte meiner Anstrengungen seien.«[33]

Als Akbar Khan, der Sohn von Dost Mohammed, Masson einige Tage später in den Palast einbestellte, merkte er, wie sehr er sich geirrt hatte. Nachdem er seine Funde so sorgfältig wie möglich verpackt hatte, stieg Masson durch die gewundenen Straßen Kabuls zu Dost Mohammeds Zitadelle, dem Bala Hissar, hinauf. Dieses stand hoch und kalt und isoliert auf einem Felsplateau über der Stadt. Als er die großen Torbögen durchschritt, fragte sich Masson, was ihn drinnen wohl erwartete. Er hatte sich darauf verlassen, nicht aufzufallen. Das war ganz eindeutig ein schlechter Plan gewesen.

Er hatte keinen Grund, sich Sorgen zu machen: Akbar Khan war erfreut über den abgerissenen kleinen Fremden mit seinem Sack voller antiker Skulpturen. Er bestand darauf, sich Massons Entdeckungen anzuschauen. An diesem Nachmittag saßen der Deserteur und der Prinz stundenlang zusammen, drehten und wendeten ein Stück nach dem anderen und betrachteten diese Locke oder jenes perfekt geformte Auge genauer. Keiner von beiden wusste, was Masson gefunden hatte, aber beide erkannten Schönheit, wenn sie sie sahen. Akbar Khan »war entzückt von zwei Frauenköpfen und beklagte, dass die ideale Schönheit der Skulpturen in der Natur nicht realisiert werden könne«.[34] Als einer seiner Bediensteten murmelte, dass Masson sich Dinge aneignete, die nicht ihm gehörten, »bemerkte er zu denen um ihn herum, die andeuteten, dass ich Schätze suchen könnte, dass mein einziger Zweck sei, die Wissenschaft voranzubringen, was bei meiner Rückkehr in mein eigenes Land zu meinem Ansehen beitragen würde«. Masson hatte einen sehr unerwarteten und sehr wertvollen Freund gewonnen. »Von dieser Zeit an bestand eine Art von

Bekanntschaft zwischen uns. Ich wurde ziemlich regelmäßiger Besucher an seiner Teetafel.«[35]

Zögernd erwähnte Masson Akbar Khan gegenüber seine größeren Ambitionen: die Geschichten, die er von Bagram gehört hatte, und sein Wunsch, dort Ausgrabungen vorzunehmen. Zu seinem Schock und seiner Freude erhielt er bald darauf einen Stapel Briefe von Dost Mohammeds Sohn, adressiert an die lokalen Anführer und Stammesoberhäupter in den Gebieten rund um Kabul. Sie alle sagten dasselbe: Gebt diesem Mann, was er wünscht.[36]

Der Frühling war mittlerweile dem Sommer gewichen. Die Märkte waren wieder voll: Obst, Gemüse und delikate Süßigkeiten füllten die Stände. Sie lagen auf »viereckigen kristallisierten Haufen« aus frischem Schnee, die in der Sonne glitzerten.[37] »Mengen davon werden von den Höhen des Kaukasus durch Eseltreiber und einzelne Träger heruntergebracht, die dem schwitzenden Bettler, der sie danach fragt, niemals einen Schluck Eiswasser verweigern.«[38]

Eines Sommertages, als die Blumen in voller Blüte standen, ritt Masson aus Kabul hinaus. Nach monatelanger Planung war er bereit, sich anzuschauen, ob Bagram wirklich der Ort einer der verlorenen Städte Alexanders sein konnte. »Ein vorrangiges Ziel meiner Streifzüge«, schrieb er, »war es, herauszufinden, ob einige Spuren existierten, von denen ich annehmen konnte, dass sie sich auf Alexandria beziehen … dessen Stätte, davon war ich überzeugt, an den Ausläufern des Hindukusch gesucht werden sollte.«[39] Menschenmengen strömten aus der Stadt, hin zu den sie umgebenden schattigen Gärten. »Vogelliebhaber tragen in abgedeckten Käfigen ihre Lerchen und Nachtigallen hinaus«, während sich in den Gärten »Menschen um die professionellen Geschichtenerzähler scharen«, ihre Mienen »aufgeregt« und voller Erwartung.[40] »Das ernsthafte Bestreben eines Kabuli besteht darin, die Freuden des Lebens zu ersinnen und zu genießen, und dabei enthusiastisch auszurufen: ›Die Freude jedes Augenblicks ist ein Segen – lebt, solange wir leben, denn schon morgen könnten wir tot sein.‹«[41] Das hatte Harlan in seiner Zeit in dieser Stadt begriffen.

Als er die Ebene von Bagram erreichte, verliebte sich Masson. »Ihre sich windenden Flüsse, das malerische Aussehen ihrer Burgen und Gärten, das Grün ihrer Weiden, die schroffen und vielfältigen Erscheinungsformen ihrer Hügel, gekrönt von den verschneiten Gipfeln des Kaukasus, bilden eine Landschaft, deren Schönheit kaum zu fassen ist.«[42]

Auf dem Weg hatte Masson die Geschichte von Mohammed Schah Khan gehört, einem lokalen Weber, »der eines Morgens aufstand und meinte, das Schicksal habe ihn zum Padschah von Delhi bestimmt. Er packte seine Muskete, verließ allein das Haus, erschoss die ersten zwei oder drei Männer, auf die er traf, um zu zeigen, dass er es ernst meine, und machte sich auf den Weg nach Kabul.« Schon bald »begannen Menschenmassen, sich ihm anzuschließen. An der Spitze von vier- oder fünftausend Männern betrat er Kabul.«[43] Es heißt, dass der Weber Kabul einen ganzen Winter lang regierte, bis eine ausreichend große Armee versammelt werden konnte, um ihn zu vertreiben. Mit Glück an deiner Seite war in Afghanistan alles möglich.

Das Glück schien allerdings nicht auf der Seite Massons zu stehen. In einem der ersten Dörfer, die er in Bagram erreichte, waren die Einwohner »geneigt, sich auf meine Kosten lustig zu machen, und beim Betreten des Basars lief ich Gefahr, angepöbelt zu werden, da ein Schurke dem nächsten verriet, dass ein ›seltsamer Vogel‹ eingetroffen sei.«[44] Masson machten die Witze nicht viel aus: Er wusste, dass er selbst an seinen besten Tagen eigenartig aussah. Doch Witze waren alles, was er zu sammeln vermochte. Jeder, den er, Dorf für Dorf, fragte, erzählt ihm das Gleiche: Die Geschichten waren nicht wahr. Niemals waren in der Nähe antike Münzen gefunden worden. In einem Dorf »gab es sieben bedeutende Hindu-Händler«, schrieb Masson, »aber wir erkundigten uns ganz umsonst bei ihnen nach Münzen«.[45] Masson umrundete die Ebene ergebnislos. Wieder und wieder wurde ihm gesagt, dass die Geschichten tatsächlich nur Geschichten waren, nichts weiter.

Masson gab auf. Traurig machte er sich auf den Weg zurück nach Kabul.

In einem Dorf wenige Meilen von Bagram entfernt, hörte er auf einmal wieder diese Geschichten. »Wir hörten neue Geschichten aus Bagram und von den dort gefundenen Schätzen, und meine Neugier war derart angestachelt, dass ich entschlossen war, dort erneut hinzugehen.«[46]

Masson ritt zurück zu der Ebene, einige sehr perplexe afghanische Reiter im Schlepptau, die von einem lokalen Anführer ausgesandt worden waren, um auf den »seltsamen Vogel« aufzupassen. Im ersten Dorf, das er erreichte, versuchte Masson es wieder. Anfangs erhielt er dieselbe Antwort: Niemand hatte irgendwelche Münzen und niemand hatte jemals welche gefunden. Masson stand kurz davor aufzugeben.

Da holte ein alter Mann eine einzelne antike Kupfermünze hervor.[47]

Masson hielt sie ins Licht. Abgenutzt, verunstaltet und unglaublich alt, war sie wie eine Botschaft aus einer anderen Welt. Das Gesicht eines unbekannten Königs und Buchstaben in einer uralten Schrift starrten ihn an. Diese Münze bedeutete, dass die Geschichten wahr sein könnten. Er drückte dem alten Mann Geld in die Hand, und zwar viel mehr, als die Münze wert war.

Auf einmal änderte sich alles. Als die Dörfler erkannten, dass Masson bereit war, für die Münzen zu bezahlen, verschwand einer nach dem anderen stillschweigend und kam mit Beuteln voller antiker Münzen wieder zurück. Aus der Hungersnot wurde ein Festmahl: Masson stürzte sich auf die Beutel wie ein darbender Mann, vor dem man gerade ein Bankett aufgetragen hatte. Er konnte es sich nicht leisten, viele davon zu kaufen, suchte sich aber liebevoll die besten Beispiele heraus, »die meiner Aufgabe nützten. Ich hatte die Befriedigung, auf diese Weise ungefähr achtzig Münzen zu gewinnen, von solchen Arten, die mir strahlende Ergebnisse für die Zukunft verhießen.«[48]

Die Dörfler hatten befürchtet, dass Masson ihnen ihre Schätze einfach mit Gewalt abnehmen würde, wenn sie ihm diese enthüllten. Schlimmer noch, sie könnten genötigt werden, als »Zwangsarbeiter die Ebene nach antiken Überresten abzusuchen, weshalb man entschlossen gewesen war, deren Existenz so weit wie möglich vor mir zu verheimlichen. Ich erfuhr hinterher von einem Goldschmied, dass er zu dem Zeitpunkt, an dem ich mit ihm sprach … alte Münzen im Gewicht von etwa fünfzehn Pfund bei sich gehabt hatte. Seine Gefährten hatten ihn daran gehindert, sie zu zeigen.«[49]

Nach ein paar Stunden fröhlichen Feilschens »hatte sich die Nachricht verbreitet, dass ein Feringhi gekommen war, um Soldaten anzuheuern, und die Menschen kamen aus den benachbarten Burgen, um herauszufinden, ob das wahr ist, und wieviel bezahlt werden würde. Ich hielt es nun für besser, zu verschwinden.«[50]

Masson ritt zurück nach Kabul. Seine Gedanken wirbelten und seine Taschen waren angefüllt mit der Vergangenheit. Die Geschichten über Bagram – jene Geschichten, die man ihm auf dem Markt von Kabul erzählt hatte, zusammen mit den Märchen von Mullah Nasreddin – waren die ganze Zeit wahr gewesen.

Hatte er tatsächlich Alexandria unter den Bergen gefunden?

Er wusste, dass er nah dran war: Möglicherweise ritt er genau jetzt über die Ruinen von Alexanders Mauern. Doch ein paar Münzen bewiesen gar nichts. Sie waren so abgenutzt, dass sie fast nicht zu entziffern waren, und keine von ihnen schien Alexander selbst darzustellen. Und selbst wenn er eine einzige Münze mit Alexander darauf fand, würde das nicht beweisen, dass es die Stätte von Alexanders Stadt war. »Das Vorhandensein von Erdhügeln, die zufällige Entdeckung von Münzen und anderen Antiquitäten, gelten allgemein als Anzeichen für eine Stadt, könnten aber auch nur ihre Begräbnisstätten kennzeichnen.«[51] Masson brauchte etwas deutlich Handfesteres.

Er hatte zu tun.

Auf dem Weg zurück nach Kabul fiel ihm – später als eigentlich gut war – auf, dass er gerade sein ganzes Geld ausgegeben hatte.

# 6

# Das goldene Kästchen

Das Königreich Kachchh lag ganz im Westen Indiens am Rand der großen weißen Wüsten, etwa 750 Meilen von Kabul entfernt. Es war ein wildes, salzüberzogenes Land, gepeitscht von Winden und gekocht von der Hitze des Sommers. Kachchh wurde aus einem heruntergekommenen Palast in der kleinen Stadt Bhuj von Maharadscha Deshalji II. regiert, der seinen Mangel an Macht mit einem Überfluss an Titeln sowie allem anderen, das er in die Finger bekommen konnte, wettzumachen versuchte. Maharadschadhiradsch Mirza Maharao Shri Deshalji II. Sahib Bahadur verwandelte seine Wüstenhauptstadt in das extravaganteste kleine Königreich Indiens. Sein Palast war vollgestopft mit venezianischen Kronleuchtern, Brunnen, aus denen buntes Wasser sprudelte, komplizierten Uhren, Sänften, Buntglas und einem griesgrämigen ausgestopften Nilpferd. An den Wänden hingen Porträts üppiger europäischer Damen neben einem Druck mit dem lakonischen Titel *Revelling with Harlots – Feiern mit Dirnen*. Von den Zinnen seines Palastes aus konnte der Maharadscha über die Stadt hinweg auf die grünen Rasenflächen und weißen Mauern der britischen Residenz blicken. Diese war das Heim des vermutlich wütendsten Mannes in Indien, des Vertreters der Ostindien-Kompanie in Bhuj, Henry Pottinger.

Stellen Sie sich die reizbarste Person vor, die Sie jemals kennengelernt haben. Verdoppeln Sie deren Reizbarkeit. Sie kommen Pottinger nun schon sehr nahe. Würden Sie ihn für ein paar Minuten in einem Raum allein lassen, hätte er vermutlich zum Zeitpunkt Ihrer Rückkehr bereits einen lebenslangen Groll gegen das Sofa und zwei der Dielenbretter entwickelt. Selbst in seinem offiziellen Porträt sieht er aus, als stünde er kurz davor, seine Papiere abzulegen und dem Maler eine »reinzuhauen«: Seine Schnurrbarthaare sind gesträubt und seine Wangen zornig gerötet. Seine Fähigkeit, beleidigt zu sein, wurde nur von seiner Fähigkeit übertroffen, krank zu werden. In ihrer überschaubaren Weisheit hatte ihn die Ostindien-Kompanie für einen der härtesten und heikelsten Bezirke in Indien verantwortlich gemacht. (Sogar heute noch ist Kachchh kein Ort, den man unterschätzen darf. Je näher man der Grenze zu Pakistan kommt, umso eindringlicher warnen die Schilder an der Straße: »Grenzverletzer werden erschossen.«)

Pottinger war als Strippenzieher im goldenen, verfallenen Königreich des Maharadscha denkbar ungeeignet. Im Sommer trocknete die Hitze seinen Mund und seine Augen aus, bis seine Augäpfel sich anfühlten, als würden sie in den Augenhöhlen festklemmen. An den meisten Tagen wachte er morgens auf und wusste nicht, worüber er zuerst wütend sein sollte: die Banditen, den Maharadscha, seine inkompetenten Untergebenen, seine unfähigen Vorgesetzten, das Wetter, seine Feinde oder alles auf einmal. Meist entschied er sich für alles auf einmal.

Eines Tages im Jahre 1833, einige Monate, bevor Masson sich nach Bagram aufmachte, war Pottinger nicht wütend. Er war neugierig. Gerade hatte er einen unerwarteten Brief aus Kabul erhalten. Dieser war auf blauem russischem Papier verfasst, mit dem ängstlichen Bemühen eines Fremden, der versucht, einen ersten guten Eindruck zu hinterlassen. Der Brief war voller Tratsch über Dost Mohammeds Hof und die Intrigen des Hadschi Khan. Allerdings war der Verfasser viel mehr an der Vergangenheit als der Gegenwart interessiert. »Mein spezielles Ziel in diesen Ländern ist es, ihre Antiquitäten zu erringen«, schrieb er. »Ich bin nicht erfolglos gewesen.« Ob Pottinger interessiert wäre, mehr über seine Funde zu erfahren? Falls ja, dann »bin ich für wenigstens die nächsten sechs oder acht Monate in Kabul und jede Kommunikation kann einfach an Masson, Feringhi, in dem Viertel namens Bala Hissar gerichtet werden.«[1]

»Ich muss vielleicht dafür entschuldigt werden«, schrieb Masson, »dass ich mich an Sie wende, dem ich persönlich nicht bekannt bin.«[2] Das war nicht alles, wofür Masson entschuldigt oder, besser gesagt, begnadigt werden müsste. Pottinger hatte keine Ahnung, dass sein neuer Briefpartner ein gesuchter Deserteur war. Massons Brief hatte freimütig alles enthüllt, bis auf die Dinge, die ihn persönlich betrafen. Selbst nach Massons Standards war es waghalsig, eine Korrespondenz mit einem Beamten der Ostindien-Kompanie zu beginnen, der ihn sofort festnehmen lassen würde, wäre ihm die ganze Geschichte bekannt. Doch als Masson in Persien gewesen war, hatte er über Pottinger gehört: Das einzige Ding, das seiner Reizbarkeit ebenbürtig war, so sagte man ihm, wäre seine Besessenheit von der Vergangenheit. Für Masson klang das wunderbar. Und Masson brauchte Freunde.

Man kann einen Berg ganz allein überqueren. Es mag nicht angeraten sein – tatsächlich ist es außerordentlich töricht –, aber es ist gemacht worden. Man kann eine verlorene Stadt nicht allein ausgraben. Das ist niemals gemacht worden. Hat man eine Schaufel und eine hinreichend große Entschlossenheit, könnte man innerhalb einiger Wochen einen Graben ausschachten und vielleicht eine einzige Mauer entdecken. Doch selbst wenn man das ungeheure Glück hat, gleich beim ersten Versuch an der richtigen Stelle zu graben, wie soll man ganz allein riesige Blöcke aus Mauerwerk bewegen? Und Masson wusste, dass dies die wahren Probleme sind. Falls er erfolgreich wäre – falls er, entgegen allen Wahrscheinlichkeiten, mehr finden würde als einige »zerbrochene Götzenbilder«[3] –, was dann? Wie sollte er seine Funde zurück nach Kabul bringen? Wie sollte er dafür bezahlen, sie nach Indien zu transportieren oder gar nach Großbritannien? Wer würde sich auf der Reise um sie kümmern und wer wäre da, um sie auf der anderen Seite in Empfang zu nehmen? (Es sollte unglücklicherweise noch viele Jahre dauern, bevor Archäologen erkannten, dass es eine zutiefst zerstörerische Praxis ist, das Erbe eines Landes ohne die Zustimmung seiner Bevölkerung davonzutragen und die Ausgrabungsstätten ihrer Entdeckungen zu berauben.) Masson hoffte, dass Pottinger helfen könnte.

Als Masson, immer noch benommen von seinen Entdeckungen in Bagram, nach Kabul zurückkehrte, war Hochsommer. Die Märkte waren voller Salate und unreifer Pflaumen, Aprikosen, Rettiche und Gurken. In den Gärten vor den Mauern der Stadt standen die Rosen in voller Blüte und ihr Duft durchdrang die lange Abenddämmerung des Sommers.[4] Masson saß in den Ruinen des Lustgartens von Babur, dem ersten Mogulkaiser – dessen Pavillons ungepflegt, die Rasenflächen nicht gemäht, die Wege von Unkraut überwuchert, das Obst an den Bäumen reichlich und überreif waren –, und beobachtete den Sonnenuntergang. Junge Männer und Frauen aus ganz Kabul versammelten sich hier, die Männer purzelten in chaotischen Bockspring-Wettspielen durcheinander, während die Frauen sangen und die Tamburine schlugen.[5] »Alles geht dem Ruin entgegen«, schrieb er.[6] Dennoch war es vollkommen »entzückend«.[7]

Masson hatte jeden Grund, fröhlich zu sein. Als er in die Stadt zurückkam, erwartete ihn ein Brief von Pottinger. Dieser hatte ihm nicht nur sehr freundlich geantwortet, sondern Masson auch etwas Geld geschickt, um seine Ausgrabungen zu finanzieren. Masson war vor Dankbarkeit nahezu sprachlos. »Nehmen Sie für diesen Ausdruck der Güte meinen allerherzlichsten Dank entgegen«, schrieb er an Pottinger. »Ich hatte das Unglück, einen Gutteil sehr unnützer Zeit in Kabul verbringen zu müssen, da ich aufgrund direkter Beschränkungen nicht in der Lage war, fortzugehen. Ihre Freundlichkeit hat mich davon befreit … Es liegt mir sehr am Herzen, die verschiedenen Orte zu ermitteln, die in dem Indischen Feldzug Alexanders des Großen aufgezählt sind, und ich hoffe, in vielen von ihnen erfolgreich zu sein.«[8]

Masson hatte in diesem Sommer einen weiteren häufigen Besucher: Karamat Ali, den Spion der Ostindien-Kompanie in Kabul. Karamat Ali hatte kein gutes Jahr gehabt. »Er hatte gewünscht, sein Inkognito zu bewahren, doch ein Brief, der für Herat gedacht war, war abgefangen, seine Existenz und das Wesen seiner Beschäftigung waren enthüllt und er war dem Gefängnis von Dost Mohammed Khan übergeben worden.«[9] Dost Mohammeds Bruder Jabar Khan holte den nicht mehr so geheimen Geheimagenten aus dem Gefängnis, nachdem dieser versprochen hatte, künftig kein Wort mehr über Dost Mohammed zu schreiben. Danach entschied Karamat Ali, dass das Herumschleichen in Kabul für die Ostindien-Kompanie eine unglaublich überbewertete Tätigkeit war und zog stattdessen bei Jabar Khan ein.

Eines Tages während des Ramadans tauchte er bei Masson auf. Er stellte sich recht pompös als »Agent der Obersten Regierung Indiens« vor und lud sich selbst zum Essen ein.[10] Karamat Ali fastete nicht gern und Massons kleines Haus im armenischen Viertel war einer der wenigen Orte in Kabul, an denen er das Fasten diskret brechen konnte. Masson hatte für den Rest des Ramadans »viel von seiner Gesellschaft«.[11] Der Spion aß gut und ließ gegenüber der Ostindien-Kompanie nichts mehr über Masson verlauten.

Während er in Baburs Garten saß, versuchte Masson, schlau aus dem zu werden, was er in Bagram gefunden hatte. Er starrte auf die Münzen, die er gekauft hatte, und hoffte, einige Details, irgendwelche Wörter zu erkennen, die ihm helfen könnten zu verstehen, was er vor sich sah. Die Gesichter der unbekannten Könige starrten auf ihn zurück. Waren dies die

Könige von Alexandria? Masson hatte kaum Bücher, sodass er nicht wusste, »was der europäischen Welt bekannt und was ihr unbekannt ist«.[12] Doch selbst wenn ihm die großartigsten Bibliotheken der Welt zur Verfügung gestanden hätten, wäre er nicht in der Lage gewesen, das Rätsel zu lösen. »Als Alexander davonzog, wurde das Land von der Dunkelheit verschlungen«, dokumentierte ein zeitgenössischer Historiker.[13] Wenn er Alexandria finden wollte, musste Masson eine Frage beantworten, für die seit eintausend Jahren niemand eine Lösung gefunden hatte: Was passierte, nachdem Alexander Afghanistan verlassen hatte?

Pottingers Brief war nicht die einzige Überraschung, die auf Masson wartete, als er aus Bagram zurückkam. Einige Meilen vor den Mauern der Stadt traf er auf einen schatzsuchenden Siebenbürger Reisenden namens Johann Martin Honigberger, »beschäftigt mit dem Zerstören« einer Struktur, die Masson seit Monaten ins Auge gefasst hatte: »eines der zahllosen antiken Gebäude«,[14] die die Stadt umgaben. Honigberger zitierte gern Cicero, praktizierte gern Homöopathie und machte gern Dinge kaputt. Er hatte die letzten vier Jahre am Hof von Ranjit Singh in Lahore verbracht und »durch die Praxis der Physik und das Herstellen von Schießpulver gab er den Anschein, etwas Schönes vollbracht zu haben, und er ist jetzt auf dem Weg nach Europa«.[15] Honigberger hatte Ranjit Singhs Lieblingscocktail erfunden: »heißer als jeder Whisky, brennt er tatsächlich wie Feuer. Das gab er [Ranjit Singh] vor allem englischen Reisenden zu trinken, um ihnen Neuigkeiten zu entlocken.«[16]

Für Honigberger sahen Afghanistans antike Stätten wie Geld aus. Den ganzen Sommer hindurch beobachtete Masson, wie er sich durch eine Ruine nach der anderen hackte, immer auf der Suche nach etwas Wertvollem. »Ich hätte mir gewünscht, der Erste gewesen zu sein, der sie öffnete – dass man mir zuvorkam, ist allein meinen beschränkten Mitteln geschuldet«, schrieb er traurig. »Ich habe mich bemüht, in Kabul Geld aufzutreiben, und kann auch welches bekommen, aber unter so großen Verlusten, dass ich beim jetzigen Stand der Dinge nur schweigen kann.«[17] Honigberger prahlte gegenüber Masson mit seinen Funden und zeigte ihm eine »prächtige goldene Medaille«, die er nahe Kabul ausgegraben hatte. Er verkündete Masson freudestrahlend, dass er »in alter Geschichte nicht bewandert« sei und keine Ahnung habe, was seine Entdeckungen bedeuteten, »nur dass sie wertvoll waren«.[18]

(Massons eigene Ausgrabungstechniken würden natürlich ebenfalls jeden heutigen Archäologen vor Schrecken erblassen lassen. Spitzhacken und Hoffnung sind schon lange durch bodendurchdringenden Radar und Pinzetten verdrängt worden. Doch im Vergleich zu vielen Archäologen des 19. Jahrhunderts war Masson sehr sorgfältig. Als Heinrich Schliemann Jahrzehnte später das antike Troja ausgrub, tat er dies mit Dynamit.)

In der Hoffnung, Honigberger abzulenken, schlug Masson vor, sie sollten gemeinsam aus Kabul ausreiten und ein paar Tage auf dem Land verbringen. »Unsere Ziele sind unterschiedlich«, schrieb Masson hoffnungsvoll, »da der Doktor seine Aufmerksamkeit auf Objekte der Naturkunde richtet und ich auf jene der Antike und der Geografie des Landes«.[19] Honigberger erschien mit einem Maultier, einem Sekretär, der »auf einem bösartigen Pony aus dem Punjab«[20] saß, und einer Reihe sehr großer, leerer Säcke. Er »sammelte jede Pflanze, die ihm vor Augen kam«, zog sie aus der Erde und drückte sie in ein dickes, schwarzes Buch. Mit entsetzter Faszination schaute Masson seinen geschäftigen Fingern zu, die – klebrig vom Pflanzensaft – buddelten und quetschten.[21]

Im Herbst erreichten zwei weitere Reisende Kabul. Dr. James Gerard und Mohan Lal waren 1832 mit Alexander Burnes, »dem zweiten Alexander«, durch die Stadt gekommen.[22] Jetzt waren sie auf dem Weg zurück nach Indien. Gerard war von Afghanistans antiker Geschichte beinahe so fasziniert wie Masson. Er verliebte sich schwer in den schüchternen, abgerissenen Geschichtenerzähler. »Massons Leben war unstet und voller Wechselfälle«, schrieb er. »Es wird nicht unbemerkt bleiben, dass ich als Reisender zugunsten von Mr. Masson voreingenommen bin … aber er besitzt Vorzüge von ganz außergewöhnlicher Art«:[23]

> Seine nachfolgenden Forschungen, mit denen ich teils vertraut bin, bewiesen eine Art von Intelligenz und Fleiß, die nur selten ihresgleichen haben … Seine neuesten Entdeckungen umfassen Altertümer in Afghanistan, von denen Bamiyan und Bagram Objekte ganz besonderen Interesses sind: Das Erstere ist berühmt für seine riesigen Götzenbilder, von denen sich allerdings all unsere Informationen auf diese dürren Fakten beschränken. Mr. Masson fand nach Besteigen der Berge zahllose Bilder, Legenden und Inschriften. Die letztere Stätte [Bagram] ist wahrscheinlich gleichzusetzen mit Alexandria …

> Hochgebildet und dem allgemeinen Maß der gesellschaftlichen Bekanntschaften deutlich überlegen, richtet er seine Aufmerksamkeit auf alles um ihn herum.[24]

Die Einzigartigkeit von Massons Besessenheit und seine Bereitschaft, jeden Tag alles dafür zu geben, hatten etwas an sich, das ihn zu einer mitreißenden Begleitung machten. Gerard konnte sich nicht erinnern, wann er das letzte Mal jemanden getroffen hatte, der so leidenschaftlich lebendig war.

Hinter verschlossenen Türen tobte in Kabul ein wildes Leben. Babur nannte die Stadt gern »den allerbesten Ort in der Welt, um Wein zu trinken«.[25] Nachdem er jahrelang seine Höflinge unter den Tisch getrunken hatte, hatte Dost Mohammed kürzlich »dem Wein abgeschworen, und unter Androhung strengster Strafen sollten seine Untertanen gleichermaßen abstinent bleiben«.[26] Seine Prohibition war so erfolgreich wie vermutlich jede andere Prohibition: »eine einzige Rupie« kaufte weiterhin »vierzig Flaschen Wein oder zehn Flaschen Brandy«.[27] Während seiner Zeit in Kabul hatte Harlan einmal einen besonders rauschenden Abend erlebt, an dem »der Chefmusiker betrunken war und den Nawab [Jabar Khan] in der freien Rede eines verrückten Bacchanals schmähte, worüber seine Hoheit herzlich und mit ungerührter Nachsicht lachte. Einen Mullah, der einen großen Schluck von dem starken Brandy genommen hatte, erwischte es mitten im Kniefall und er konnte sich nicht mehr erheben. Doch was immer bei diesen Orgien auch geschah, passierte ganz im Vertrauen unter den Afghanen, die gegenüber den Strengen und Vorbildhaften der Gemeinde niemals etwas verrieten.«[28] Die Partys der Stadt ließen Masson den Atem stocken.

Jahrelang hatte Masson von einem Tag, einem Schritt, zum nächsten gelebt. Nun begann er sich vorzustellen, was die Zukunft für ihn bereithalten könnte.

Seine Funde mehrten sich. »Die Entdeckung eines so interessanten Ortes wie Bagram verschaffte mir neue, erfreuliche und, wie ich hoffte, nicht unprofitable Beschäftigung. Ich nutzte jede Gelegenheit, es zu besuchen«, schrieb Masson. »Vor dem Eintritt des Winters, wenn die mit Schnee bedeckte Ebene natürlich für die Nachforschungen verschlossen ist, hatte ich eintausendachthundertfünfundsechzig Kupfermünzen gesammelt, dazu einige Silbermünzen sowie viele Ringe, Siegel und andere Relikte.«[29] Masson war schon weit gekommen: vom Fälschen seiner eigenen Tagebücher bis zum sorgfältigen Auflisten Hunderter Münzen, von seinen frühesten zaghaften Skizzen bis zu Bagrams Notizbüchern voller akribischer Einzelheiten.

Und zum ersten Mal seit langer Zeit hatte Masson Freunde. Pottinger und Gerard – zwei Männer, die den Soldaten James Lewis niemals beachtet hätten – bewunderten Charles Masson. Massons erster schüchterner Brief an Pottinger eröffnete eine Korrespondenz, die so schnell warm, dann geschwätzig, dann fröhlich wurde, dass es beide Männer überraschte. Gerard wiederum behielt »einen Eindruck des höchsten Respektes für seine Fähigkeiten, sein Vorhaben und seinen unverdrossenen Fleiß an Forschungen, die so interessant und nützlich sind«.[30]

Doch Massons neues Leben stand auf brüchigen Fundamenten. Pottingers Rupien waren nach wenigen Wochen verschwunden: »Von den 164 Rupien, die ich hier in Kabul empfangen hatte, blieben mir nur 80, nachdem ich alle Verbindlichkeiten erfüllt hatte, die während des Winters entstanden waren, und diese habe ich nun erschöpft.«[31] In dem verzweifelten Bemühen, seine Ausgrabungen fortzusetzen, nahm er überall in Kabul Schulden auf. Er hatte keine Ahnung, wie er diese zurückzahlen sollte.

Eine gute Nachricht gab es jedoch: Als seine Säcke gefüllt waren, »bereitete sich Honigberger nun auf seine Abreise nach Buchara vor, um dann über Russland nach Deutschland zu gelangen«, schrieb Gerard, »nachdem er eine große Anzahl an Mausoleen geplündert und zerstört hatte … in dem kopflosen Eifer, seinen weniger glücklichen, aber deutlich verdienstvolleren Zeitgenossen [Masson] zu übertrumpfen, und zu seinen [Massons] lobenswerten und interessanten Entdeckungen noch viel tatsächlichen Schaden hinzuzufügen, von seiner Unfähigkeit oder Unwilligkeit, über das reine Sammeln von Relikten hinaus Nachforschungen anzustellen, die, wie ich mir vorstellen kann, dazu gedacht sind, an den höchsten Bieter unter den bedeutenden Gebildeten seines Landes zu gehen. Mr. Massons Ziele waren auf eine höhere Sache gerichtet und umfassten die Identifizierung der antiken Stätten und ihrer Verbindung zu historischen Aufzeichnungen, in denen die Forschung viele gespannte Informationen erwarten dürfte, doch die Knappheit seiner Mittel hat ihn weit hinter seinen glücklicheren Konkurrenten zurückfallen lassen.«[32]

Ungeachtet seiner Armut und der Schwierigkeiten, denen er sich gegenübersah, stellte Masson jedoch fest, dass das antike Afghanistan langsam seine Geheimnisse preisgab.

Masson zeigte Gerard und Mohan Lal den Hügel am Rande von Kabul, in dem er seine ersten Entdeckungen gemacht hatte.[33] »Am 7. November 1833«, notierte Mohan Lal, »eilten wir zu dem obigen Ort und stellten neun Männer zum Graben an.« Nach mehreren Tagen stießen sie auf einen großen und wunderbar überdachten Platz; er muss sich lange in einem solchen Erhaltungszustand befunden haben, weil man annehmen konnte, er wäre gerade frisch mit Kalk verputzt worden. Die Zelle war schön vergoldet und mit Lapislazuli gefärbt.«[34] Wenn man nur einen Hammer hat, sieht alles aus wie ein Nagel – und für jemanden, der Alexander sucht, sieht alles griechisch aus: Masson fragte sich, ob der Erdhügel »unmittelbar nach der Expedition Alexanders des Großen gebaut worden war«.[35] Als Mohan Lal eintrat, brauchte er kaum eine Sekunde, um zu erkennen, was sie hier sahen: Dies war eine buddhistische Kultstätte, genau wie die Dutzenden vergleichbaren Erdhügel rund um Kabul.[36]

Derweil begannen die Münzen aus Bagram, ihre Geheimnisse preiszugeben. Masson breitete einige der am besten erhaltenen aus und erkannte, als er ihre Inschriften – einen abgenutzten Buchstaben nach dem anderen – kopierte, dass er Altgriechisch vor sich hatte. Münze für Münze zeigte dieselben Wörter: »Basileus Basileon«, »König der Könige«. Masson besaß nun zwei Teile seines Puzzles: An irgendeinem Punkt nach Alexanders Expedition hatten die Herrscher von Afghanistan Altgriechisch geschrieben – und an irgendeinem Punkt war Afghanistan ein buddhistisches Land gewesen. Wie der Rest des Bildes aussah, blieb vorerst ein Rätsel.

Immer wenn er nach Bagram zurückkehrte, wurden Masson in jedem Dorf händeweise antike Münzen angeboten. Das bedeutete nur eines: Er hatte nicht etwa nur einen unbedeutenden Flecken gefunden, sondern eine antike Stadt »immenser Ausdehnung«, die sich einst über die Ebene erstreckte, »wenn wir anhand ihrer Überreste urteilen, die eine Fläche von vielleicht dreißig Meilen im Durchmesser bedecken. Dass diese in der Zeit der griechischen Oberherrschaft florierten, schließe ich aus den Münzen, die hier zu finden sind.«[37] Die Größe der Stätte war schwindelerregend.

Egal, ob dies nun Alexandria war oder nicht, Masson brauchte nun mehr als jemals zuvor Geld. Er schätzte, dass »1.500 Rupien es mir ermöglichen würden, die Arbeiten hier für ein Jahr oder vielleicht mehr fortzusetzen«.[38] Die Summe war nicht riesig: Heute wären es ungefähr 15.000 Pfund oder 17.500 Euro. Doch Masson wusste, dass er Pottinger nicht um so viel bitten konnte. Das ließ ihm nur eine Möglichkeit: die Ostindien-

Kompanie selbst. »Sollten Sie der Angelegenheit eine ausreichende Bedeutung beimessen, dann habe ich keine Einwände dagegen, wenn Sie die Regierung von Bombay darum ersuchen, mich mit den Mitteln auszustatten, um die Ausgrabungsarbeiten fortzusetzen«, schrieb er an Pottinger. »Und im Gegenzug werde ich alles, was sich ergibt, ihnen zur Verfügung stellen.« Am Ende des Briefes hatte Masson es sich anders überlegt und ein kurzes Postscriptum hinzugekritzelt: »Nach kurzem Nachdenken glaube ich, dass es besser ist, keine Anträge an Bombay zu stellen – selbst nach Summen, die es mir erlauben würden, viel zu schaffen und mich zu unterhalten … Es wäre demütigend, eine Absage zu erhalten, und ich weiß nicht, weshalb ich mich für eine so kleine Summe, wie sie hier notwendig ist, in Abhängigkeit bringen sollte.«[39] Trotz aller Verzweiflung wollte er nicht, dass Angestellte der Ostindien-Kompanie Nachforschungen zu Mr. Charles Masson anstellten.

Es ging zumindest keine weitere Gefahr mehr von Karamat Ali, dem Spion der Ostindien-Kompanie, aus. Ende 1833 hatte Karamat Ali aufgehört, über irgendetwas zu berichten – außer darüber, wie toll er (Karamat Ali) war. Und wie wenig Anerkennung er erfuhr. Und dass seine Spesen überfällig waren. »Welchen Nutzen habe ich davon, wenn ich keine Belohnung oder wenigstens einen Dank für das erhalte, was ich getan habe«, beschwerte er sich. »Oh, Gott verhüte, dass irgendjemand einen Herrn hat, der es an Großzügigkeit mangeln lässt – obwohl es unter den Weisen höchst ehrlos ist, sein eigenes Lob zu preisen, habe ich doch ohne jedwede Übertreibung nichts als die reine Wahrheit geschrieben, dass keiner meiner Dienste bisher richtig anerkannt wurde.«[40]

Als man ihn bedrängte, die Ostindien-Kompanie über andere Dinge zu informieren als nur Karamat Ali, begann er, wilde Geschichten über seine Abenteuer in Kabul zu erfinden. Statt zuzugeben, dass er von Dost Mohammed eingesperrt worden war, erzählte er den Briten, dass die Elite Afghanistans nichts weiter wären als seine Puppen. »Ich bin ihnen inzwischen fast unentbehrlich geworden«, schrieb er, »sie sind in meiner Macht und nicht ich in ihrer. Seien Sie unbesorgt, ich möchte nur, dass Sie erfahren, dass ich das Vertrauen aller gewonnen habe und diese entsprechend durch meine Ratschläge geleitet werden.«[41] »Sie haben deshalb kein Geheimnis, das sie mir nicht anvertrauen, und in niemanden setzen sie so viel Zuversicht wie in mich.«[42]

Ein guter Spion sollte unvorhersehbar sein: Wenn man nach links schaut, geht er nach rechts. Karamat Ali war ein guter Spion gewesen. Jetzt aber war er ein sehr schlechter Spion: Wenn man nach links schaut, geht er nach links, versucht dann, nach rechts zu gehen, stolpert über seine eigenen Füße und schlägt der Länge nach hin. Mit den wenigen wirklichen Informationen, die er weitergab, wurden seine Fantasien immer ausführlicher. Gegen Ende 1833 berichtete er, dass Dost Mohammed und seine Brüder am vorherigen Abend zusammengekommen seien und beschlossen hätten, »ihr Land an die Engländer zu übergeben«.[43]

Karamat Ali skizzierte die Szene: ein Privatgemach im Palast und ein Geheimtreffen der mächtigsten Männer in Afghanistan. Jabar Khan hätte eine leidenschaftliche Rede gehalten: »Ich, der ich dein ältester Bruder bin, sage dir«, habe er Dost Mohammed gesagt, »wenn du meinem Rat nicht folgst, darfst du deine Hoffnung nicht in mich setzen, denn ich werde meiner eigenen Sache folgen.« Karamat Ali hielt über den Mann, der ihn aus dem Gefängnis geholt hatte, fest: »Ab dem ersten Tag meiner Ankunft war es sein Wunsch gewesen, dass die Engländer Besitz von diesem Land erhalten sollten.« Dost Mohammed und seine Brüder »schlagen deshalb vor, dass ein Sahib hierherkommen solle, dass die Regierung des Landes an die Engländer übergeben werden solle. Sie selbst sollten sechs oder sieben Annas pro Rupie erhalten oder was auch immer beide Parteien aushandeln, und dann würden sie sich ins Privatleben zurückziehen ... Diejenigen, deren Rede zuerst voller Drohungen war, habe ich so weich und sanft gemacht, dass Sie sie ganz nach Ihrem Willen formen können«, endete er. »Es ist meine bescheidene Meinung, dass es umso besser ist, je eher die britische Regierung die Angelegenheiten dieses Landes übernimmt.«[44]

Münchhausen wäre errötet, hätte er eine solche Geschichte erzählt. Doch Karamat Ali hing an ihr, auch wenn nicht ein einziges Wort davon wahr war. Er entrüstete sich, als der oberste Spion der Ostindien-Kompanie ihm nicht glaubte und (wie dieser resigniert in seinem eigenen Bericht vermerkte) »bejammerte, dass man ihm all sein Geschriebenes nicht glaubte, während es wie das Evangelium aufgefasst werden würde, hätte ein Sahib an seiner Stelle gestanden.«[45]

Karamat Alis rapide Abwärtsspirale hatte eine unerwartete Nebenwirkung. Massons schwatzhafte Briefe an Pottinger wurden die besten Geheimdienstinformationen, die die Ostindien-Kompanie aus Afghanistan erhielt.

Anfang 1834 war Masson in Bimaran, einem winzigen, heruntergekommenen Dorf aus zwanzig Häusern, das etwa neunzig Meilen von Kabul entfernt an einer uralten Handelsstraße stand.[46] Fünf riesige künstliche Erdhügel ragten über dem Dorf auf. Masson wusste inzwischen, dass dies buddhistische Stätten waren. Um genau zu sein, handelte es sich um die Ruinen von Stupas: riesige Kuppeln aus Ziegeln und Lehm, die geheiligte Relikte enthielten. Während der Jahrhunderte, in denen Afghanistan ein buddhistisches Land gewesen war, waren die Stupas Kultstätten gewesen. Pilger bekränzten sie mit Blumen und umkreisten sie im Gebet. Jeder Stupa besaß in seinem Herzen einen Schatz: manchmal einfache Weihegaben, manchmal Gebete, die auf Rollen aus dünnem Papier geschrieben waren, und manchmal Gold und Edelsteine.

In Bimaran wartete Masson wie gebannt auf die Arbeiter, die er angestellt hatte, um in das Zentrum eines der Stupas vorzudringen. »Nachdem seine Spitze gereinigt worden war, öffnete ich ihn und erblickte schon bald verheißungsvolle Vorzeichen«, schrieb er. »Zu meiner Freude stießen die Arbeiter auf eine Kammer, die aus Schieferplatten geformt war, nach dem Öffnen aber nichts weiter als ein wenig lockeren Moder offenbarte, in dem nach einer genaueren Untersuchung und dem nachfolgenden Auflösen in Wasser kein einziges Knochenfragment oder andere Trümmer gefunden werden konnten.« Masson war enttäuscht. Nach mehreren Tagen hatte er nur ein bisschen Staub und eine einsame Spinne gefunden, die ihr Netz in dem Stupa gesponnen hatte »und aus diesem lange versteckten Rückzugsort entfloh, als unsere profanen Hände die Privatsphäre ihres Asyls verletzt und das Einfallen von Licht verursacht hatten.«[47]

Nahebei gab es einen weiteren Stupa. Dieser war das Ziel einer der zerstörerischen Plünderungen Honigbergers gewesen. Allerdings hatte der Siebenbürger Abenteurer es nicht geschafft, dort irgendetwas herauszuholen, und musste mit leeren Händen abziehen. Masson hatte eine Ahnung, dass tief in dem Stupa noch etwas vergraben sein könnte. Mit seinen letzten Mitteln ließ er die Arbeiter weitergraben, wobei er nicht erwartete, mehr zu finden als eine weitere Spinne.

Im Herzen des Stupa entdeckten die Arbeiter erneut »eine kleine Kammer, die wie üblich aus quadratischen Schieferplatten geformt war.« Die jedoch war nicht leer. Auf dem Boden stand ein Behälter aus schwerem, grauem Speckstein, neben einigen Münzen, in die die mittlerweile vertrauten Wörter eingeprägt waren: »Basileus Basileon«, »König der Könige«.

Masson hatte nur Augen für den Behälter. Langsam und vorsichtig hob er den Deckel. Innen schimmerte und glänzte das Licht auf Metall und Juwelen. Der Steinbehälter war voller »gebrannter Perlen, Kugeln aus Saphir« und wertvollen Edelsteinen. »In der Mitte stand ein Kästchen aus purem Gold.«[48]

Voller Ehrfurcht hob Masson es heraus. Es war sechseinhalb Zentimeter hoch, mit Granaten in der Farbe alten Rotweins besetzt und fast 2.000 Jahre alt. Zu irgendeinem Zeitpunkt im ersten Jahrhundert nach Christus hatte einer der Kunsthandwerker Afghanistans ein Blech aus Gold so lange gehämmert und bearbeitet, bis es acht perfekt ausgeprägte Miniaturfiguren zeigte. In der Mitte befand sich Buddha. Seine Kleidung war in Falten gelegt, fast wie die Wellen einer griechischen Tunika, und seine Pose hätte direkt aus dem antiken Athen oder dem Florenz der Renaissance kommen können: Er stand im Kontrapost mit einem gebeugten Knie, das Gewicht hauptsächlich auf dem anderen Fuß ruhend. Begleitet wurde er von den zwei Hindu-Göttern Brahma und Indra.

Bilder von Buddha sind heute allgegenwärtig: Jedes Jahr werden Millionen davon produziert und sie finden sich in allen Ecken und Enden der Erde. Dabei lehnten die Buddhisten die Darstellung Buddhas in menschlicher Form ab. Die frühe buddhistische Kunst ist symbolisch: Sie bildete vielleicht einen Bodhi-Baum ab oder die Fußabdrücke Buddhas. Masson hielt eines der frühesten datierbaren Bilder Buddhas in Händen, das jemals gefunden wurde. Es war eine Entdeckung, die die Welt veränderte: vergleichbar mit der frühesten bekannten Darstellung Jesu. In einer Pose wie ein Grieche, flankiert von Hindu-Göttern, hält Buddha seine Hände in einer Mudra, einer Geste mit einer einfachen Botschaft: Alle sind willkommen, lebt in Frieden.

# 7
# Pothos

Wohin Alexander auch ging, immer hinterließ er Geschichten. In Ägypten wurde er als Gott verehrt: In der westlichen Wüste, in der Oase Qasr el-Miqisba ist ein Tempel für Alexander entdeckt worden. In Griechenland war er als Barbar verschrien. »Er ist kein Grieche«, sagte der athenische Redner Demosthenes über Alexanders Vater Philip und in der Folge auch über seinen Sohn. »Er ist nicht wie ein Grieche. Er ist noch nicht einmal ein anständiger Barbar. Er ist ein Virus. Er ist aus Makedonien. Man kann aus Makedonien nicht einmal einen anständigen Sklaven kaufen.«[1]

Alexander reiste weit. Doch die Geschichten über ihn reisten noch weiter. Es gibt eine isländische *Alexander Saga* und ein armenisches Epos, ein balinesisches Gedicht und eine französische Romanze. Und im Laufe von mehr als zweitausend Jahren sind die Geschichten immer größer geworden und Geschichte hat sich in Legende verwandelt. Im mittelalterlichen Europa fliegt Alexander zu den Sternen, getragen von Greifen. Er findet seinen Weg in den Koran (als der »Zweihörnige«) und in jüdische Volksmärchen im Irak, in denen er ebenfalls Hörner besitzt, sich ihrer aber so sehr schämt, dass er sich die Haare lang wachsen lässt, um sie zu verstecken, und immer wieder seine Barbiere tötet. In Äthiopien entdeckt Alexander eine magische Stadt mitten in der Wüste, die voller tanzender Roboter ist. In *Tausendundeine Nacht* baut er stattdessen selbst eine magische Stadt: die Messingstadt, »zu finden in der andalusischen Wüste« und »wegen eines Ringes aus Zaubern unzugänglich«.[2] Alexander ist der König der Geschichten. Seit mehr als zweitausend Jahren ist er die universelle Projektionsfläche unzähliger Geschichten. Ein Historiker nannte ihn »eine Flasche, die man mit jedem Wein füllen könnte«.[3]

Es gab allerdings einen Ort, an dem man Alexanders Geschichte für eine lange Zeit ganz unmöglich erzählen konnte: Persien.

Als Alexander im Jahre 334 v. Chr nach Asien übersetzte, wurde das Persische Großreich von Dareios III., König der Könige, regiert. Den Griechen erschienen Dareios' Reich und Reichtum unendlich. Alexander schaffte es jedoch, seine Macht innerhalb weniger Jahre zu zerschlagen. Ägypten fiel. Babylon öffnete seine Tore. Die königlichen Armeen wurden im Kampf aufgerieben. Dareios' Macht schmolz dahin: Seine Städte waren erobert worden, seine Armeen waren geflohen und seine Ratgeber wandten sich gegen ihn. Im Jahre 330 v. Chr. war Alexander dann Dareios selbst auf den Fersen und holte ihn ein. Der griechische Historiker Arrian schrieb über die letzten Augenblicke des Königs der Könige:

> Alexander holte die Perser direkt vor Sonnenaufgang ein. Ihre Disziplin war vergessen und ihre Waffen waren schon lange verloren. Nur einige von ihnen setzten sich zur Wehr: Nachdem sie Alexanders ansichtig geworden waren, flohen die meisten um ihr Leben, noch bevor der erste Schlag fiel … Als Alexander beinahe mit ihnen aufgeschlossen hatte, erstachen zwei Höflinge, Nabarzanes und Barsaentes, den Dareios und ließen ihn neben der Straße liegen. Dann flohen auch sie zusammen mit den letzten sechshundert Reitern. Dareios starb an seinen Wunden, noch bevor Alexander ihn erreichte.[4]

Alexander war nun König der Könige. Für die Perser hatte sich die Welt auf den Kopf gestellt: Die Vorstellung, von Alexander regiert zu werden, war für die Perser so verrückt, wie die Vorstellung von Dareios als König von Griechenland für die Griechen gewesen wäre. Alexanders Sieg war ein Augenblick der tiefsten Demütigung für die Perser und daher eine Geschichte, die man in Persien für lange Zeit nicht erzählen konnte.

Etwa 1000 n. Chr. verfasste der persische Dichter Firdausi schließlich sein *Schahnameh*. Das *Schahnameh* oder *Buch der Könige* war die Geschichte Persiens: von den frühesten Legenden bis zum Zeitalter der Geschichte. Nicht viele Bücher behalten über eintausend Jahre ihre Popularität. Das *Schahnameh* ist eine Ausnahme. Firdausis Werk besitzt heute im Iran den Stellenwert, den Shakespeares Stücke in der englischsprachigen Welt haben.

Im Herzen des *Schahnameh* findet sich eines der großartigsten Stücke kultureller Aneignung der Geschichte. Firdausi erzählt die Geschichte von Alexander oder Sikandar (oder auch Iskander). Zunächst kommt sie einem bekannt vor. Sikandar führt ein Heer gegen Persien, das von Dareios oder Dara (bei Firdausi) regiert wird. Sikandar schlägt Dara in die Flucht und holt ihn ein, als dieser gerade von seinen Höflingen niedergestochen wird. Doch dann ändert sich die Geschichte. Als Sikandar Dara einholt, merkt er, dass der König noch lebt:

> Geschwind wie der Wüstenwind, bettete Sikandar auf
> seinem Schoß
> Den sterbenden König,
> Und wartete, kaum atmend,
> Dass Dara sprach.
> Er berührte Daras Gesicht und sagte:
>
> »Alles wird gut werden.
> Du und ich, gemeinsam,
> Wir werden die Herzen unserer Feinde brechen.
> Komm, versuch' zu stehen –
> Hier ist eine goldene Trage, dich heimzubringen.
> Falls du die Stärke besitzt,
> Ist hier dein Pferd, für dich bereit.
> Alle Ärzte des Ostens,
> Alle Ärzte des Westens
> Sollen zu dir gebracht werden.
> Für jede deiner Tränen
> Werde ich eine aus Blut vergießen.
> Das Land ist dein.
> Der Thron ist dein.«
>
> Dara hörte dies und sprach:
>
> »Möge Weisheit dich immer begleiten.
> Gott wird dich für deine Worte belohnen, das weiß ich.
> Iran ist dein.
> Doch habe Acht. Niemals sage:

»Ich eroberte dieses Land der Legenden,
Ich eroberte dieses Volk
Mit meiner eigenen Stärke.«

Alle Freude kommt von Gott.
Alles Leid kommt von Gott.
Jeden Tag, den er dir im Licht gibt,
Sei dankbar.«[5]

Alexander ist nun nicht mehr der Thronräuber, sondern der ausgewählte Nachfolger des sterbenden Königs. Firdausi geht aber noch weiter: Im *Schahnameh* ist nicht Philip von Makedonien Alexanders Vater. Stattdessen ist Alexander der geheime Sohn von Darab, dem König von Persien (laut Firdausis Bericht) vor Dareios. Alexander war die ganze Zeit also Perser. Er ist Dareios' Halbbruder und der rechtmäßige Erbe des persischen Throns. Als er seine Armee gegen Persien führt, erhebt er einfach nur Anspruch auf sein Königreich.

Persien wurde von Alexander nicht zerstört. Persien konnte stolz auf seinen Alexander – seinen Sikandar – sein.

Im 16. Jahrhundert saß Kaiser Babur in Kabul in seinem Garten – wo Masson Jahrhunderte später seine Sommerabende verbringen würde – und lauschte den Rezitationen von Firdausi. Babur schätzte sein *Schahnameh*: Er trug es sein ganzes Erwachsenenleben bei sich, von den Tagen des Exils bis zu den Tagen des Ruhmes, und vermachte es zusammen mit seinen Schätzen seinem Nachfolger.[6] Im 19. Jahrhundert war Firdausis Alexander in Indien und Afghanistan immer noch allgegenwärtig. Ranjit Singh gab für sich und seinen Hofstaat eine spektakuläre neue Ausgabe des *Schahnameh* in Auftrag.[7] In Kaschmir hatten die Schreiber zwei Bestseller. »Sie schreiben den Koran oder das *Schahnameh* und eine sehr geringe Anzahl weiterer Bücher ab, die Objekte eines kleinen, aber regelmäßigen Handels sind. Für die Besten wird eine Rupie pro eintausend Reimpaare des *Schahnameh* bezahlt.«[8]

Für islamische Autoren wollte Alexander die Welt nicht erobern, sondern verstehen. Er war nicht von Gier oder Blutdurst getrieben, sondern von einer unersättlichen Neugier. Seine Welt bestand nicht nur aus Kämpfen, Allianzen, Heiraten und dem Geschrei einer siegreichen Armee. Sie war voll mit riesigen Kreaturen, Magie und Wundern sowie Reisen zu unmöglichen Orten. Alexander war der große Entdecker. Er ging weiter und sah seltsamere Dinge als irgendein Mensch zuvor.

Diesen Alexander charakterisierte nicht nur seine Stärke, sondern auch seine Intelligenz.[9] Er konnte jedes Rätsel lösen. Jeden Tag erfand er etwas Neues (rot-heiße Statuen! Trainierte Mäuse! Automaten!). Einmal erfand Alexander sogar eine Methode, um das Unerkennbare zu erforschen, die Welt unter Wasser. Nach seiner Rückkehr aus den Tiefen, erzählte er von seinen Abenteuern:

> Ich machte einen eisernen Käfig, und in diesen stellte ich einen riesigen Topf, zwei Fuß breit und aus Glas gefertigt. In den Boden des Topfes ließ ich ein Loch machen, gerade groß genug für den Kopf eines Mannes. Ich hatte einen Plan: Ich würde mich hinabsenken lassen und selbst herausfinden, was es auf dem Meeresboden gab … Dann ließ ich eine riesige Kette fertigen, fast zweitausend Fuß lang. Ich befestigte das eine Ende an dem Käfig und wies meine Männer an, mich erst dann hochzuziehen, wenn die Kette anfing zu zittern.
>
> »Wenn ich den Grund des Meeres erreiche«, sagte ich ihnen, »werde ich den Topf schütteln. Bringt mich dann zurück an die Oberfläche.«
>
> Alles war vorbereitet. Ich stieg in den Glastopf, bereit, das Unmögliche zu versuchen.[10]

Heute verstecken sich in den hohen, verblassten Galerien des Indischen Museums in Kolkata, dem früheren Kalkutta, Fossilien und Dinosaurier in dunklen Holzschränken, Mumien grinsen unheimlich aus Glasvitrinen heraus und unaussprechliche Dinge in ihren Gläsern lauern in den Schatten. Das Museum ist eines der größten und seltsamsten Schatzhäuser der Welt, eine viktorianische Fantasie aus grünen Rasenflächen, Kolonnaden und Mollusken, reingewaschen in den Regenfällen des Monsuns. Auch hier nimmt Firdausis Alexander einen Ehrenplatz ein: Lebhafte Mogulgemälde demonstrieren in Gold-, Grün- und Indigotönen Alexanders Faszination für die Welt und zeigen, wie er Zeuge der Erfindung von Spiegeln wird und den Debatten indischer Philosophen zuschaut.

Doch bei Firdausi wird Alexander von seinem unstillbaren Wissensdurst langsam zerrissen. Seine Besessenheit, jedes Geheimnis zu lüften, jeden verlorenen Schatz zu finden und jede Ecke der Welt zu sehen, kann niemals befriedigt werden. Es gibt im Altgriechischen ein Wort für diese Art der Suche: Pothos. Es bezeichnet ein Sehnen, das so groß ist, dass es einem schier das Herz zerreißt. Ein Streben nach dem Unmöglichen. Für die Griechen galt: Wollte man Alexander verstehen, dann musste man sein Pothos verstehen: Was trieb ihn von einer unmöglichen Sache zur nächsten, immer seinen Träumen hinterher, bis zu den Enden der Welt und darüber hinaus?

Für die Griechen war Pothos nicht nur eine Besessenheit, die unweigerlich zu weit führen würde. Es war Verlangen, Sehnsucht und Bedauern. Firdausis Alexander erkennt schließlich, dass auch er nur ein Mensch ist: Auch wenn seine Träume unendlich sind, sind seine Stärke und seine Zeit es nicht.

***

Am 30. April 1834 begann die Welt, Notiz von Charles Massons eigener Suche zu nehmen. Kalkutta, die Stadt der Bücher, liegt ganz im Osten Indiens am Fluss Hugli in Bengalen. Über Jahrhunderte war Bengalen eines der intellektuellen Zentren der Welt. Während britische Angestellte in den Räumlichkeiten von Fort William und dem riesigen Writers' Building schwitzten und grummelten, entfaltete sich in den nahebei gelegenen Buchläden von Bowbazar ein weniger normales Leben. Bengalische Gelehrte, die tagsüber für die Briten Übersetzungsdienste leisteten, versammelten sich abends, um Poesie und Philosophie, Geschichte und Legenden zu diskutieren. Einer der wenigen Orte, an denen sich die bengalischen und britischen Welten trafen, war ein niedriges, weiß gestrichenes Gebäude in der Park Street neben den ausgedehnten Rasenflächen des Maidan, Kalkuttas riesigem, zentralem Park. Es handelte sich um die Asiatic Society of Bengal, Kalkuttas Kuriositätenkabinett.

Hätten die Protagonisten einer viktorianischen Komödie beschlossen, eine wissenschaftliche Gesellschaft einzurichten, dann hätte diese vermutlich der Asiatic Society of Bengal geähnelt. Im April 1834 versuchte die Society, das Problem einer gestrandeten Mumie zu lösen. Sie war von Lieutenant Archbold, einem Offizier der britischen Armee, gestiftet worden. Sie jedoch von Ägypten nach Kalkutta zu befördern, erwies sich allerdings als problematisch. Sie befand sich in einem derartigen Zustand der Zersetzung, dass das erste Schiff, auf das Archbold sie verladen wollte, sich weigerte, sie mitzunehmen, sodass er und seine unglückselige Fracht an den Docks zurückblieben. Schließlich willigte ein britisches Kriegsschiff ein, die Mumie zumindest bis Bombay zu transportieren, von wo aus sie dann auf irgendeine andere Weise bis Kalkutta kommen musste. Hitze und Feuchtigkeit setzten der Mumie derweil weiterhin schwer zu. Nach fast 4.000 Jahren war der Geruch unsäglich. (Heute bilden die Schätze der Asiatic Society den Kern des Indischen Museums von Kolkata. Als vor einer Weile einmal die Klimaanlage des Museums ausfiel, begann die Mumie erneut zu verrotten: Die *Times of India* berichtete daraufhin, dass »Besucher gezwungen waren, sich die Nasen zuzuhalten, um sich des Gestanks zu erwehren«.)[11]

Nachdem die Reisearrangements für die Mumie getroffen waren, wurde es still. Dr. James Gerard, der britische Reisende, den Masson in Kabul getroffen hatte, hatte der Society einen Brief von diesem geschickt. Masson berichtete zögernd von seinen ersten Entdeckungen. Entschuldigend schrieb er: »Ich war nur schlecht in der Lage, eine solche Untersuchung durchzuführen, da ich nicht über die Autoren verfügte, auf die man eigentlich hätte Bezug nehmen sollen, und ich mich daher auf mein Gedächtnis verlassen musste, um die Überreste an Informationen herauszuholen, die es bewahrt hatte, seit ich sie in meiner Jugend gelesen hatte, als ich kaum davon ausgehen konnte, dass die Ereignisse meines künftigen Lebens es notwendig machen würden, zu ihnen zurückzukehren.«[12] Dennoch war der Stolz in seinen Worten unmissverständlich, wenn er von seinen Funden in Bagram sprach. »Die Münzen waren von einer solchen Art und Form, dass sich natürlich mein Eifer in ihrer Erforschung verstärkte; und da es mir gelang, das Misstrauen der Finder zu zerstreuen, erhielt ich bis zu diesem Zeitpunkt (28. November 1833) weitere Pakete und habe 1.865 Kupfermünzen und vierzehn Gold- und Silbermünzen zusammengetragen.«[13]

Ausgehend von dem, was er gesehen hatte, schätzte Masson, dass »nicht weniger als dreißigtausend Münzen, wahrscheinlich aber eine viel größere Anzahl, jährlich auf der Ebene von Bagram gefunden werden«. Unabhängig davon, ob Bagram nun Alexandria war oder nicht, so stellte er fest, ist es ein Ort der Wunder, der darauf wartet, seine Geheimnisse preiszugeben, »ein zweites Babylon«.[14] Aus einer Entfernung von Hunderten Meilen wandte er sich an einen Raum voller Menschen, die er noch nie gesehen hatte, und sprach aus tiefstem Herzen: »In den letzten sechs oder sieben Jahren habe ich mein Augenmerk auf die Altertümer Zentralasiens gerichtet … Trotz schwierigster Umstände machte ich viele Entdeckungen, die ich eines Tages, so der Allmächtige das will, veröffentlichen werde. Ich werde in meinen Bemühungen nicht nachlassen: ungeachtet der unausweichlichen Opfer, die die Zeit mit sich bringt.«[15]

Der Applaus war so laut, dass man ihn beinahe bis nach Kabul gehört hätte.

Anfang 1834 wurde das Leben in Kabul weniger friedlich. Schah Schudscha, der lange exilierte König Afghanistans, war auf dem Vormarsch. Im Jahr zuvor hatte er sich von Ludhiana im Norden Indiens aus in Bewegung gesetzt, in der Hoffnung, seinen Thron zurückzugewinnen. »Kabul«, beobachtete Masson, »ist aufgewühlt durch eintausend Gerüchte bezüglich des Vorankommens von Schah Schudscha«.[16] Briefe von Schudscha wurden in der Stadt herumgereicht. Selbst Harlan, der Hunderte Meilen entfernt war, blieb nicht unbeteiligt: Einer seiner Diener trug »sechs oder sieben« Briefe zwischen Schudscha und Hadschi Khan hin und her.[17]

Je weiter Schudscha kam, umso größer wurde seine Armee. Und je größer seine Armee wurde, umso wütender wurden seine Briefe. »Abscheuliche Hunde, setzt ihr eurem Herrn Bedingungen? So Gott will, werde ich euch einen solchen Schlag versetzen, dass es der ganzen Welt ein Beispiel sein wird. Die einzige Möglichkeit, mit einem tollwütigen Hund fertigzuwerden, besteht darin, ihm einen Strick um den Hals zu binden. Kommt ihr, um mich anzugreifen? Kommt nur, kommt, ich bin bereit, euch entgegenzutreten, und fürchtet euch nicht. Gott lenkt die Ereignisse; das Land soll dem Eroberer gehören.«[18]

Offiziell hatte die Ostindien-Kompanie nichts mit Schah Schudschas Feldzug zu tun. Jeder seiner vorangegangenen Versuche, seinen Thron zurückzuerobern, war von einem offiziellen Schulterzucken aus Kalkutta begleitet worden. »Was den Glauben anbelangt, den Schah Schudscha offensichtlich zu ermutigen wünscht«, dokumentierte ein Beamter im Jahre 1816, »dass die britische Regierung bereit ist, seine Sache zu unterstützen, so hält Seine Lordschaft im Rat es für notwendig, sich vor allem zu hüten, was dazu führen könnte, solche Berichte zu unterstützen.«[19] »Ich höre, dass er [Schudscha] es geschafft hat, allen Klassen die Überzeugung zu vermitteln, dass er insgeheim von der britischen Regierung in Indien unterstützt wird«, informierte Pottinger Masson, »dem Glauben zu schenken ich aber keinen Grund sehe.«[20]

Inoffiziell war Captain Claude Wade, der Oberspion der Kompanie, in Schudschas sämtliche Pläne eingeweiht. »Wenn die Sonne das Sternzeichen Libra [Waage] betritt und die Jahreszeit gemäßigt wird«, schrieb Schudscha an Wade, »werde ich meine Reise zum Ort meiner Bestimmung fortsetzen und hoffe durch Gottes Segen schon bald mein Ziel zu erreichen und Besitz von Kandahar zu nehmen, das dann zu einer Wohnstätte meiner Freunde (der Ehrenwerten Kompanie) werden wird, da zwischen uns immer Harmonie und Eintracht bestehen.«[21] Wade antwortete: »Ich habe keinen Zweifel an einer Fortführung seines guten Glücks und dass er den Anforderungen seiner Situation mit derselben Vorsicht und Weisheit begegnen wird, die lange bestehendes Ungemach und das intime Wissen, das er über unsere Institutionen erworben hat, ihm auferlegt haben.«[22]

Im Mai 1834 zerfielen Schudschas Pläne, als Dost Mohammed ihn aus Kandahar vertrieb. Der Schah, der seine zuvor ausgestoßenen blutrünstigen Drohungen offenbar vergessen hatte, floh, noch bevor die Schlacht halb vorüber war. Prompt löste sich seine Streitmacht auf. »Schah Schudscha ist ein Wanderer in der Wildnis seines Ungemachs geworden«, frohlockte Dost Mohammed nach der Schlacht. »Der ganze Besitz, der ihm gehörte, ist von unseren siegreichen Truppen gewonnen worden.«[23] Bald war der Schah wieder in Ludhiana, wo er an einem weiteren Plan arbeitete, um sein Königreich wiederzuerlangen.

Masson bemühte sich, Distanz zu diesen ganzen Intrigen zu wahren. Karamat Ali dagegen, der Spion der Ostindien-Kompanie in Kabul, hatte nicht so viel Glück. Sein Leben nahm eine Wendung vom Schlechten zum Schlimmeren. Gerade als die Kompanie sein Spionagenetzwerk am dringendsten brauchte, löste es sich auf. Hari Singh, der neue Sikh-Militärführer von Peschawar, teilte die Stadt nicht gern mit britischen Spionen. Er brachte seine Gefühle zum Ausdruck, indem er das Haus eines der »Nachrichtenschreiber« von Karamat Ali beschlagnahmte, eine Geldstrafe von 700 Rupien verhängte und schließlich befahl, Karamat Alis Briefe nach Indien abzufangen und »in Stücke zu reißen«.[24] Als es Karamat Alis Berichte an ihr Ziel schafften, wusste die Ostindien-Kompanie nicht, worauf sie weniger vertrauen sollte: auf seine Neuigkeiten aus Kabul oder seine finanziellen Aufwendungen. »Es ist bei exakten Buchhaltern nicht Sitte«, sagte man dem Spion, »Abrechnungen auf solch lockere Art einzusenden, wie Sie das getan haben.«[25] Masson amüsierte sich insgeheim über all das. Seine Briefe nach Indien durften »ungeöffnet passieren«.[26]

Masson hatte keine Zeit für Verschwörungen. Er war in einer Welt der Götter und Dämonen verloren.

Vor 1.500 Jahren war Hadda, 100 Meilen östlich von Kabul gelegen, ein buddhistisches Wunderland gewesen. Stupas, Klöster und Kapellen überzogen die Hügel und Täler. Sie übertrafen einander an Reichtum und Wildheit: Abscheuliche Geister grinsten mit riesigen Augen und gefletschten Zähnen auf Masson herunter. Ein sorgfältig geschnitzter Mann nahm seinen eigenen Kopf ab und hielt ihn über seinem Hals hoch. In allen Richtungen gab es Skulpturen zu Tausenden. Und je genauer Masson hinschaute, umso überraschender wurden einige von ihnen.

Atlas, der legendäre Titan der Griechen, verdammt, für alle Ewigkeit den Himmel zu tragen, hielt hier einen buddhistischen Tempel hoch. Eine muskelbepackte Figur neben dem Buddha sah fast genauso aus wie Herakles, komplett mit Keule und Löwenfell, war tatsächlich aber Vajrapani, einer der Anhänger Buddhas. An den Wänden floss Wein aus griechischen Amphoren und ein junger Mann mit einem Korb voller Blumen bediente Buddha. Er war mithilfe von Techniken geformt worden, die aus den Werkstätten von Alexandria, Ägypten, stammten.

Masson war unglaublich glücklich. Ausnahmsweise musste er sich nicht einmal Sorgen um Geld machen. Einige Wochen zuvor war ein Brief von Pottinger eingetroffen, der seine Rettung enthielt. Als Gegenleistung für seine künftigen Funde sowie die Münzen, die er bereits in Bagram[27] gesammelt hatte, würde die Ostindien-Kompanie Massons Ausgrabungen finanzieren. Pottinger informierte ihn: »Die Regierung in Bombay hat mich autorisiert, Ihnen fünfzehnhundert Rupien zur Verfügung zu stellen, und mich damit bevollmächtigt, alle Kommunikationen oder Relikte der Antike entgegenzunehmen, die Sie fortan zu übersenden wünschen.«[28] Masson konnte es kaum fassen. »Ich muss es vermutlich gar nicht andeuten, wie sehr ich den Gefallen zu schätzen weiß, den Sie mir zugutekommen lassen«, antwortete er, »und ich bin sehr glücklich darüber, dass diese Information mich hier erreicht hat, als ich im Begriff war, einige sehr interessante Relikte zu opfern, um meine weiteren Nachforschungen fortführen zu können.«[29] Er versprach Pottinger, dass das Geld gut eingesetzt werden würde.

Masson war erstaunt, dass Pottinger ihn der Ostindien-Kompanie beschrieben hatte: »Ich glaube, er ist ein amerikanischer Gentleman, der dem Ehrenwerten Gouverneur im Rat dem Namen nach vermutlich nicht unbekannt sein dürfte«.[30] Aber, sagte er sich, die wahre Identität von Charles Masson müsste der Kompanie »unbekannt« sein: Nach so vielen Jahren und so vielen Meilen hatte man sicher keine Ahnung, wer er wirklich war.

In Haddas größtem Stupa fand Masson nahe dem Fundament ein ramponiertes Kupfergefäß, halb gefüllt mit Flüssigkeit. In dem Kupfergefäß befand sich ein kleineres, silbernes Kästchen, voll mit schimmernden Münzen und einem sattblauen Stein. Darunter verborgen waren eine »Menge an Kristallen« und ein letztes Kästchen, das aus purem Gold gefertigt und mit Edelsteinen besetzt war. Es enthielt eine farblose klare Flüssigkeit mit dem wunderbarsten Moschusduft«, doch sofort, nachdem Masson den Geruch wahrgenommen hatte, »verflüchtigte« er sich.[31]

In dem Kupfergefäß fand Masson eine Handvoll Goldmünzen in fast perfektem Zustand, auf denen die Porträts drei verschiedener Herrscher zu sehen waren: »Theodosius, Marcian und Leo«. Dies war die Art von Hinweis, die er erhofft hatte: Falls er herausfinden konnte, wann jeder von ihnen an der Macht gewesen war, würde ihm das eine Vorstellung davon vermitteln, wann man den Stupa erbaut hatte. Doch so sehr er auch sein Gedächtnis durchforstete, er konnte keinen der drei einordnen. Ratlos schrieb er an Pottinger und bat um Hilfe.[32]

Hunderte von Meilen und viele Wochen gefährlicher Reisen von jeder Bibliothek entfernt, die ihm hätte helfen können,[33] war es Masson schmerzhaft bewusst, dass »ich keine andere Autorität befragen konnte als mein eigenes Gedächtnis«.[34] Er bettelte Pottinger um Bücher an, irgendwelche Bücher, »einfache Schulbücher gar, die mir hier aber nützlich sein könnten, Lemprières *Classical Dictionary*, Potters *Grecian Antiquities*, Moors *Hindu Pantheon*, eine griechische Grammatik von irgendeinem Autor und ein Wörterbuch – und auch wenn ich sehr dankbar für jedes von ihnen sein würde, bitte ich doch, dass kein großer Aufwand darum getrieben wird«.[35] Außerdem, wenn das nicht zu schwierig ist, einige Bleistifte, ein Band von Alexander Pope[36] und ein bisschen Opium.[37]

Als er Massons Brief über die drei Goldmünzen erhielt, brachte Pottinger Stunden damit zu, jedes Buch zu durchkämmen, das er in die Finger bekommen konnte, bis er schließlich erkannte, wo er nachschauen musste.

Er schnappte sich seine Ausgabe von Gibbons *The History of the Decline and Fall of the Roman Empire* und schickte Masson »ein kurzes Memorandum über die Ären von Theodosius, Marcian und Leo, aus Gibbon entnommen, an dem Sie sehen werden, dass sie alle im 5. Jahrhundert unseres Zeitalters herrschten«.[38] Alle drei waren römische Kaiser, allerdings Kaiser des Ostens, die in Konstantinopel regierten. Theodosius II. war der jüngste Kaiser der Geschichte: 402 n. Chr., als er weniger als ein Jahr alt war, wurde er zum Herrscher eines Großteils der bekannten Welt ausgerufen. Sobald er laufen und sprechen konnte, regierte er auf ängstliche Weise bis zu seinem Tod im Jahre 450 n. Chr.: Er bezahlte alle, die er nicht bekämpfen konnte. Massons Münze war in der kaiserlichen Münzstätte von Konstantinopel geprägt worden und hatte irgendwie ihren Weg in das Zentrum Afghanistans gefunden. »Unser Herr Theodosius, erfolgreich und glücklich« stand in Latein auf der Münze. Masson hatte sein erstes eindeutiges Datum: Wenn Theodosius II. zwischen 402 und 450 n. Chr. regiert hatte, dann war der Stupa wahrscheinlich etwa 1.500 Jahre alt.

Durch winzige Bruchstücke an Wissen, die von Hand zu Hand weitergegeben und von Kamelkarawanen über die Pässe Afghanistans getragen wurden, begann Masson die Welt zu verstehen, die er aus der Erde hob. Jahre zuvor hatte er wie besessen jedes Detail seiner eigenen Vergangenheit ausgelöscht. Nun jedoch wollte er unbedingt eine wahre Geschichte erzählen.

Östlich von Kabul, in einem Tal zwischen der Stadt und Bagram, befindet sich der Stupa von Topdara. Für Masson war es »vermutlich das vollständigste und schönste Monument solcher Art in diesen Ländern«:[39] eine enorme Trommel, dreißig Meter hoch, die über die sie umgebende Landschaft aufragt. Masson hatte 1833 erstmals hier gegraben. Die örtlichen Dorfbewohner waren an das Kommen und Gehen des »seltsamen Vogels«[40] gewohnt und hießen ihn willkommen. »Ich hatte es geschafft, Bekanntschaft mit all den Dörfern auf der Etappe zu schließen«, notierte er, »und konnte gewiss sein, mit Höflichkeit empfangen zu werden, wenn ich in einem von ihnen einkehrte.«[41] Stunde um Stunde saß Masson skizzierend neben einem Bach, der an einem nahe gelegenen Hügel entsprang. Sorgfältig hielt er jedes Details des Mauerwerks und der Reliefs fest. Er war äußerst akkurat. Viele Jahre später, als Topdara 2016 von einem afghanischen Archäologenteam restauriert wurde, griff man auf Massons angeschmutzte, verblichene, vollkommen exakte Skizzen zurück.

Die Welt öffnete sich für Masson. »Wenn ich das Mittel sein kann, um Ihre interessantesten Entdeckungen der Welt bekannt zu machen«, schrieb ihm Pottinger, »dann habe ich mein einziges Ziel erreicht.«

> Zum Thema Ihrer Manuskripte habe ich Ihnen in meinem letzten Schreiben mitgeteilt, dass ich, wenn Sie sie mir anvertrauen würden, dafür sorgen würde, sie unter der Schirmherrschaft der Regierung in Bombay oder einer der wissenschaftlichen Gesellschaften von Großbritannien veröffentlichen zu lassen, die alle froh wären, einen solchen Preis zu schnappen … Ich würde sogar anbieten, sie selbst durch die Presse zu geleiten (um einen solchen technischen Begriff zu benutzen), doch mein Lebensweg, der ich als Junge von vierzehn Jahren nach Indien gekommen bin, erlaubt mir nicht, ein solches Unterfangen anzugehen, und ich bedaure es außerordentlich, hätten Sie Grund zur Enttäuschung in der Art und Weise, wie sie [die Manuskripte] herausgebracht werden.[42]

Der Geschichtenerzähler von Kabul erkannte, dass seine Geschichten sich bewahrheiteten. Jeden Morgen wachte er mit dem breitesten Grinsen auf und machte sich ans Werk.

Dann, eines Tages Anfang 1835, erhielt Masson einen Brief. Er las ihn und spürte, wie es ihm den Boden unter den Füßen wegzog.

Er war vom obersten Spion der Ostindien-Kompanie, Claude Wade. Wade wusste alles. Er wusste, dass Charles Masson der Soldat James Lewis von der Bengalischen Artillerie war. Er wusste, dass er ein Deserteur war. Er wusste, dass er seit fast einem Jahrzehnt auf der Flucht war. Und er hatte eine einfache Botschaft für Masson: Jetzt gehörst du mir.

# 8

# Unser Mann in Kabul

»Du suchst nach etwas«, notierte Rumi einst. »Etwas sucht nach dir.«

Claude Wade hatte nach dem Soldaten James Lewis gesucht, seit dieser 1827 der Ostindien-Kompanie davongelaufen war.

Wade war ein gedrungener, ständig hungriger Mann mit einem Grübchen am Kinn, einem struppigen Schnurrbart und dem Aussehen einer schläfrigen Spinne.[1] Jede einzelne Geheimdienstinformation aus Afghanistan ging an ihn: Der französische Reisende Victor Jacquemont nannte ihn »den König der vordersten Grenze«.[2] Geld war sein Vergnügen – seine Vorliebe für Schmiergelder verschaffte ihm den Spitznamen »Bakschisch-Sahib« oder »Mr. Payoff«[3] (Mr. Bestechung) –, aber Informationen waren seine Leidenschaft. Von einem unauffälligen Haus im staubigen Ludhiana aus – einer Stadt, die so verschlafen ist, dass heutzutage Kühe mitten auf ihren neugebauten Schnellstraßen wiederkäuen und Traktoren an heruntergekommenen Herrenhäusern vorbeituckern – spann er seine Netze und wisperte in die Ohren von Königen. Merkte man, dass man etwas wollte, hatte Wade es längst weggeschlossen.

Im Herbst 1827 hatte Wade einen Bericht über zwei Deserteure der Bengalischen Artillerie, James Lewis und Richard Potter, erhalten. Zu dieser Zeit hielt Josiah Harlan sich gerade in Ludhiana auf. Der Amerikaner versuchte, Schah Schudscha davon zu überzeugen, dass er ihm seinen Thron in Kabul wiederbeschaffen könne. Wade zeigte Harlan den Bericht und bat ihn, die Augen nach den beiden Männern offenzuhalten. Als Harlan einige Wochen später in Ahmadpur Masson über den Weg lief, hatte er dank der Depesche, »die ich kurz vor meiner Abreise von dem Regierungsbeamten in Ludhiana erhalten hatte«, keinen Zweifel daran, wer der abgerissene Fremde in Wirklichkeit war. »Ich kam zu dem Schluss, dass diese Männer wahrscheinlich die Individuen waren, auf die dieses Dokument anspielte. Später bestätigte sich meine Schlussfolgerung.«[4]

Harlan sagte Masson, dass er »keine Verbindung zur britischen Regierung habe und entsprechend weder Interesse noch Pflicht mich bewegen konnten, ihn jetzt oder später zu verraten«.[5] Doch wie viele Dinge, die mit Josiah Harlan zu tun hatten, war das nicht vollkommen richtig. Harlan hatte auf Wades Gehaltsliste gestanden, seit er Ludhiana verlassen hatte. Als der Amerikaner Kabul erreichte, machte er sich daran, Informanten für die Ostindien-Kompanie zu rekrutieren. Er trat sogar an Dost Mohammeds Bruder Jabar Khan heran und »empfahl ihm, ein freundliches Sendschreiben an den britischen Agenten in Ludhiana zu richten«.[6] Nachdem er sich von Schah Schudschas Sache abgewandt hatte und an den Hof von Ranjit Singh geflohen war, lieferte Harlan über alle Begebenheiten Informationen an die Ostindien-Kompanie, bis hin zu Ranjit Singhs Stuhlgang. »Seit meiner Ankunft hier in Lahore«, hat der Maharadscha »einen leichten Durchfall. Der Bericht über den ernsten Rückfall des Maharadscha, den Sie erwähnen, ist nicht wahr.«[7] Als Wade 1833 einen Bericht über einen Mr. Masson aus Kabul empfing, der in der Stadt angekommen war und behauptete, er »sei seit zwölf Jahren, in denen er gereist sei, aus seiner Heimat fort«,[8] hatte er schon eine gute Vorstellung davon, wer dieser mysteriöse Fremde wirklich war: »ein Deserteur aus unserer Artillerie«.[9]

Während sich Masson zufrieden in Kabul einrichtete, begann Wade, eine Akte über ihn anzulegen. Als Masson nach Bamiyan ritt, um sich Hadschi Khan anzuschließen, wusste Wade, wohin er ging, was er tat und wie viel er bezahlt hatte, um sein Pony zu mieten. Als Masson seinen Freunden in Kabul schrieb, und um »etwas Tee und Wein, ein bisschen Schreibpapier und einige Kleidungsstücke« bat, wusste Wade darüber Bescheid.[10] Er hatte nur noch nicht genügend Beweise, um tätig zu werden.

Das letzte Puzzleteil lieferte Dr. James Gerard, der britische Reisende. Gerard war von Massons Gesellschaft in Kabul entzückt gewesen, »und obwohl ich immer noch im Zweifel hinsichtlich eines war, dessen Situation und Unternehmungen so mysteriös schienen, strebte ich doch nicht danach, meine Neugier auf Kosten seiner Gefühle zu befriedigen; und es gab auch keine Neigung seinerseits, seinen Charakter zu offenbaren«. Doch je mehr Zeit Gerard mit Masson verbrachte und je mehr er über seine Entdeckungen hörte, »umso bestrebter« wurde er, »das Geheimnis seiner Geschichte zu ergründen«.[11]

Auf seinem Weg zurück nach Indien kam Gerard auch durch Lahore. Ranjit Singhs ausländische Söldner waren besessen von antiker Geschichte, sodass Gerard sie mit Erzählungen von dem schüchternen »Entdecker« unterhielt, den er in Kabul getroffen hatte, seinen »Verdiensten nicht alltäglicher Art« und »dem Licht, das seine interessanten Nachforschungen wahrscheinlich auf die Geschichte, Altertümer und den aktuellen Zustand von Afghanistan werfen werden«. Als Gerard seinen Bericht ausbreitete, kam aus einer Ecke des Raumes ein Ausruf des Staunens. Josiah Harlan begann zu brodeln. Und dann »hob sich der Schleier«, wie Gerard es ausdrückte.[12]

Harlan erzählte Gerard die ganze Geschichte. Der Mann, den der Doktor so bewunderte, war »ein flüchtiger Diener der Artillerie der Ehrenwerten Kompanie, der gemeinsam mit einem anderen Soldaten namens Potter seine Treue in Bharatpur abgeworfen hatte (wenn auch erst nach der Eroberung des Ortes); sein eigener (ich nehme an vorgeblicher) Name zu der Zeit war Lewis. Es scheint, dass er zuerst mit Dr. Harlan (der jetzt im Dienst Ranjit Singhs steht) gereist ist, da ihm aber das ungestüme und törichte Betragen dieses Gentlemans missfiel, das sich ihm zeigte, entkam er heimlich (laut Dr. Harlan ließ er ihn im Stich), als er sich darauf vorbereitete, in eine befestigte Stellung vorzudringen, und begab sich unter Schah Schudschas Autorität.« In dem Bewusstsein, dass er seinen neuen Freund möglicherweise zu einem sehr schmerzhaften Tod verdammte, fügte Gerard in seinem Brief an Wade noch müde hinzu: »mein neu erworbenes Wissen über die Geschichte der oben genannten Person hat, trotz seines [des Wissens] unangenehmen Wesens, meine eigene Hochachtung vor ihm nicht geschwächt oder mich gegen seine Talente eingenommen«.[13]

Nach seinen jahrelangen Beobachtungen hatte Wade nun alles gegen Masson in der Hand, was er brauchte. »Mr. Masson«, schrieb er triumphierend, »war ein Soldat in der Bengalischen Artillerie, und sein wahrer Name ist Lewis. Er erregte die besondere Aufmerksamkeit von Major General Hardwick, als dieser der Kommandeur dieser Einheit war, und wurde von ihm angestellt, seine zoologischen Exemplare zu sichten und abzubilden. Zum Zeitpunkt seiner Desertion war er Kavallerist in der 3rd Troop 1st Brigade der Horse Artillery unter dem Kommando von Captain Hyde und diente in ihr bei der Belagerung von Bharatpur. Kurz nach diesem Ereignis desertierten er und ein weiterer Mann namens Potter, der zur selben Truppe gehörte, aus Agra und gingen in den Punjab. Potter steht heute in Diensten des Radschas Gulab Singh von Jammu.«[14]

Nachdem er nun wusste, wer Masson war, fragte sich Wade, was er mit ihm machen sollte. Gerards Bericht enthielt einige faszinierende Details. »Mr. Massons zurückhaltendes Benehmen bringt ihm Sicherheit und Respekt ein. Der hochmütige Herrscher von Kabul lässt sich kaum dazu herab, ihn zu bemerken, und nur bei einer Gelegenheit äußerte er ein gewisses Misstrauen gegenüber seinen Zielen«, erzählte er Wade.[15] Gerard bewunderte Masson und war der Ansicht, die Ostindien-Kompanie sollte ihn durch Erpressung dazu bringen, Spion zu werden. »Der politische Zustand des Staates Afghanistan ließe sich durch seine Fähigkeit erläutern. Nichts würde unseren Fortschritt [die Ausweitung des britischen Einflusses] so voranbringen, wie eine bestehende Bekanntschaft mit dem Land durch eine Person wie Mr. Masson, dessen eigene eigentümliche Unternehmungen, die bisher durch Armut geprägt und eingeengt wurden, zu sehr von der Quelle abhängen würden, die seiner Hand durch Amnestie und Hilfe gereicht werden würde, um nicht begierig zu sein, alle irgendwie vorgeschlagenen …… Gegenleistungen zu erfüllen.« Wade betrachtete die lange, suggestive Auslassung und lächelte.

Wade war verzweifelt darauf bedacht, einen neuen Spion in Kabul zu installieren. Der glücklose Karamat Ali machte ihn verrückt. Masson, so überlegte er, wäre perfekt für den Job. »Sein langer Aufenthalt in Afghanistan hat es ihm nicht nur ermöglicht, ein komplettes geografisches und statistisches Wissen über dieses Land zu erwerben, die Tatsache, dass er fast wie ein Einheimischer dort lebte und sich mit den Einwohnern vertraut gemacht hat, bot ihm Gelegenheiten für Beobachtungen, die andere europäische Reisende so nicht machen konnten. Im Verlauf seiner Reisen hat er verschiedene Teile Afghanistans besucht, die diese niemals gesehen haben. Sie sind auf den bekannten, ausgetretenen Wegen geblieben und waren bevorzugte Gäste seiner Anführer. Er ist in die hintersten Winkel des Landes vorgedrungen.«[16]

Langsam begann Wade, sein Netz zu spinnen.

Anfang 1834 setzte er einen zuckersüßen Brief an Masson auf, in dem er peinlich genau jeden Hinweis darauf vermied, dass er um sein Geheimnis wusste: »Die einzigartigen Entdeckungen, die Sie im Begriff waren zu machen, sind von tiefem Interesse für die gelehrte und wissenschaftliche Welt … Es würde mich mit wahrer Befriedigung erfüllen, wenn Sie sich für ihre Verfolgung meiner bescheidenen Dienste bedienen könnten. Sollten Sie zu irgendeiner Zeit finanzieller Mittel bedürfen, dann hoffe ich, dass Sie sich zu diesem Zweck an mich wenden … und hoffe, dass Sie der Aufrichtigkeit vertrauen, mit der mein Angebot guter Dienste gemacht ist.«[17]

Einige Tage später schrieb Wade an die Ostindien-Kompanie in Kalkutta und breitete seinen Plan aus. »Desertion ist ein Verbrechen, das, so glaube ich, von unserer Regierung mit einem Grad von Unerbittlichkeit betrachtet wird, der kaum einmal ein Pardon zulässt, doch wenn auch die Ernsthaftigkeit unserer Gesetze von einer Art ist, die die Ausweitung der Gnade Eurer Lordschaft ihm gegenüber ausschließt, so hoffe ich dennoch, dass mir die Korrespondenz nachgesehen wird, die ich mit Mr. Masson eröffnet habe … Die Beobachtungen, die er gemacht, und die Informationen, die er über die Regierung und die Ressourcen eines Landes gesammelt hat, das von täglich zunehmendem Interesse für die britische Regierung ist, dürfen kein Gegenstand der Indifferenz sein.« Was die Misslichkeit betrifft, einen gesuchten Deserteur zu beschäftigen, »so könnte die Tatsache, dass Mr. Masson einen neuen Namen angenommen hat, in gewisser Weise die Verlegenheit beseitigen, ihn in seiner aktuellen Situation wiederzuerkennen«.[18]

Als er Wades ersten Brief erhielt – dem noch zwei weitere folgten, die immer schmieriger wurden –, hatte Masson das ungute Gefühl, dass etwas nicht stimmte. Gerard erzählte ihm von Wade: »Seine Politische Hoheit ist immer bereit, in Fragen, die ihm zuvor vollkommen unbekannt waren, Vorschläge anzunehmen oder den Schritten anderer zu folgen … Er kümmert sich nur wenig um Forschungen wie Ihre, es sei denn, es geht darum, sich dem Streben eines anderen in Rivalität zu widersetzen.«[19] Aber »da ich keinen Grund habe, die Aufrichtigkeit seiner Bekundungen anzuzweifeln, habe ich ihm in entsprechender Weise geantwortet«, schrieb Masson an Pottinger. »Ich weiß nicht, wohin meine Korrespondenz mit Captain Wade führen könnte oder ob sie überhaupt zu etwas führt, hielt es aber für richtig, Sie von deren Natur in Kenntnis zu setzen, und zwar im Vertrauen – falls Vertraulichkeit notwendig sein sollte.«[20]

In Kalkutta wurde Wades Bericht von William Macnaghten, Sekretär bei der Regierung von Indien, ungläubig aufgenommen. Macnaghten blickte durch riesige blaue Brillengläser auf die Welt und blinzelte nicht einmal. «Er spricht persisch fließender als englisch, arabisch besser als persisch, zieht für vertrauliche Unterredungen aber Sanskrit vor.«[21] Während

Wade schweißbefleckt und habgierig war, war Macnaghten kalt und bürokratisch – so trocken und erbarmungslos wie die Wüsten von Kachchh. Einige Wochen zuvor hatte er sich der Menge im Gebäude der Asiatic Society in der Park Street zugesellt, um gebannt Massons Mitteilungen aus Kabul zu lauschen. Er war überaus überrascht, erneut von Charles Masson zu hören. Macnaghten ließ sich nicht gern überraschen. Er dachte, Masson würde einen vorzüglichen Spion abgeben, doch anders als Wade war er nicht geneigt, ihn zu erpressen, diese Aufgabe zu übernehmen – zumindest noch nicht. »Es wird im Augenblick noch nicht als notwendig erachtet, Mr. Masson von der Regierung anzuerkennen«, schrieb er. »Um seine eifrigen Dienste zu sichern, wird es vermutlich reichen, wenn Sie ihm Ermutigung zukommen lassen, die Kommunikation aufrechtzuerhalten.«[22] Wade hatte andere Ideen.

Anfang 1835, an einem der ersten schönen Frühlingstage, hielt Masson sich in Jabar Khans Landhaus auf, das sich einige Meilen von der Hauptstadt entfernt in eine Biegung des Kabul-Flusses schmiegte, als ein Paket von Wade eintraf. Wenige Augenblicke später hatte sich Massons Leben für immer verändert.

»Die Regierung hat sich auf meine Empfehlung hin bereiterklärt, Sie zu unserem Agenten in Kabul zu ernennen, um geheime Informationen über den Stand der Angelegenheiten in dieser Gegend zu übermitteln«, schrieb Wade.[23] Mit wirbelnden Gedanken las Masson weiter. Wade legte nun seine Karten auf den Tisch. Er riet Masson, »deutlich Ihrem Wunsch Ausdruck zu verleihen, den Stand in der Gesellschaft, den zu verlieren Sie das Unglück hatten, durch ihren [der Ostindien-Kompanie] Gefallen wiederzugewinnen«. »Für den Fall Ihrer kontinuierlichen Bemühungen, der Regierung zu dienen und die Erwartungen zu erfüllen, die man Ihnen gegenüber nun hegt«, könnte Masson irgendwann darauf hoffen, begnadigt zu werden. »Das Vergehen, das Sie unglücklicherweise begangen haben, ist aus militärischer Sicht zweifellos ein sehr schweres, wird aber, so hoffe ich, der Strafmilderung für würdig befunden werden.«[24] Arbeite hart, erklärte Wade seinem neuen Spion, weil dein Leben davon abhängt.

Und wenn Masson ablehnte? Er musste nicht an die Folgen erinnert werden. Er hatte die Worte seit Jahren im Hinterkopf behalten. »Falls eine Person aus den Diensten der besagten Kompanie desertiert«, ob in den »Territorien, die unter der Regierung der genannten Kompanie sind oder sein könnten, oder in fremden Gegenden, ob zu Land oder zur See, innerhalb oder außerhalb der Satzung der genannten vereinigten Kompanie«, soll diese Person »den Tod, die Deportation oder eine andere Bestrafung erleiden, die ein Kriegsgericht bestimmt.«[25]

Wenn Masson etwas zustieße, würden nur wenige Menschen davon erfahren, und noch weniger würde es kümmern. Einige Monate zuvor hatte Dr. John Gilchrist, ein schottischer Chirurg, das Direktorium der Kompanie in London mit ihren Gräueltaten konfrontiert. Man hatte ihn ausgelacht:

> Er [Gilchrist] hatte in den Zeitungen Berichte über schreckliche Gemetzel gesehen, die jüngst in Indien verübt wurden – über Männer die für bestimmte Vergehen von Kanonen zerfetzt wurden. Nun wünschte er zu erfahren, ob das Direktorium Darstellungen von diesen Geschehnissen erhalten hätte oder ob es sich nur um Gerüchte ohne Grundlage handele.
>
> Der Vorsitzende: Ich kann ohne zögern sagen, dass uns nicht eine Silbe solcher Berichte erreicht hat …
>
> Dr. Gilchrist: Wenn solche Gräueltaten erlaubt wären, dann würde sie [die Ostindien-Kompanie] mit Sicherheit Indien nicht mehr lange im Besitz haben. Schon der Gedanke, Männer von Kanonen zersprengen zu lassen, lässt einen erschauern. Gentlemen mögen lachen, doch es war sicher nicht zum Lachen für die unglückseligen armen Schufte, deren Haut von der [neunschwänzigen] Katze in Madras und Bombay zerfetzt wird. Die Gentlemen hinter der Sperre mögen lachen; dabei sollten sie seiner Meinung nach ein ganz anderes Beispiel setzen.[26]

Das Leugnen der Kompanie war natürlich eine Lüge. Nur einige Wochen zuvor hatte ein Militärgericht in Kalkutta ganz nüchtern »den besagten Tippoo, Havildar [Sergeant] und Drill-Havildar, Budderodeen, Grenadier, Shaikh Ismail, Havildar, und Kullunder Beg, Grenadier, zum Tode durch das Zersprengen mit einer Kanone verurteilt … auszuführen zu einer Zeit und an einem Ort, die Seine Exzellenz, der Oberbefehlshaber, freundlicherweise bestimmen mögen«.[27] Das Schicksal der Männer wurde in einem kurzen Absatz in einem obskuren Journal festgehalten. Masson wäre ebenso schnell vergessen. »Ich wurde daher in dem Glauben belassen«, hielt Masson fest, »dass ich keine Wahl hätte.«[28]

Nach dem Lesen des Briefes blickte Masson über den Kabul-Fluss und die Hügel, die voller Maulbeerbäume standen. Seine Hände zitterten. Er wusste, dass nichts mehr so sein würde wie vorher.

Was nun? Sollte er fliehen? Er könnte eine von Dutzenden Verkleidungen anlegen, Afghanistan auf der Stelle verlassen und im Hinterland Asiens verschwinden. Wade würde ihn niemals einholen. Aber er würde jede Chance verspielen, Alexandria zu finden. Bliebe er, wäre er der Gnade Wades und der Ostindien-Kompanie ausgeliefert, könnte aber vielleicht auch Alexanders Stadt finden. Er musste sich entscheiden.

Masson blieb. Um seines Traumes willen wurde er zum Spion für die Menschen, die er am meisten auf der Welt verabscheute.

In Kabul gab es nur wenige Geheimnisse und so war schon bald bekannt, dass Masson für die Ostindien-Kompanie arbeitete. Alte Freunde hielten sich plötzlich fern. Manche behandelten ihn mit »deutlicher Grobheit«[29] oder behaupteten, »wegen der Ruhr ans Haus gefesselt zu sein und sprachen sogar vom Sterben«,[30] wenn er nach ihnen schickte. Masson war in Kabul nun so willkommen wie ein explosiver Durchfall.

Über Jahre hatte er es geschafft, die Politik der Stadt, ihre Intrigen und Gegenintrigen auf Abstand zu halten. Seine neue Anstellung schob ihn mitten hinein.

Dost Mohammed Khan war seit fast zehn Jahren an der Macht. Er wurde, so erinnerte sich Masson, vom afghanischen Volk »geliebt«.[31] »Er war fair und unparteiisch, frei von Hochmut und allen Bevölkerungsschichten zugänglich. Wachsam in der Verwaltung des Landes, traten weniger Verbrechen auf. Die Menschen verübten sie einfach nicht mehr, weil sie wussten, dass sie zur Verantwortung gezogen werden würden.«[32] Der britische Reisende Alexander Burnes war gleichermaßen beeindruckt: »Niemand verdient den hohen Charakter besser, den er erworben hat. Der Händler kann ohne Wache oder Schutz von einer Grenze zur anderen reisen – etwas, das man in der Zeit der Könige noch nie gesehen hatte.«[33]

Dost Mohammeds Gerechtigkeit war sprichwörtlich. Noch Jahrzehnte später fragten die Afghanen einander: »Ist Dost Mohammed tot, sodass es keine Gerechtigkeit mehr gibt?«[34] Dost Mohammeds Fähigkeit zur Gewalt war genauso sprichwörtlich. »Er hat viele Anführer des Landes getötet«, schrieb Mohan Lal, der indische Gelehrte, der mit Burnes reiste, »nachdem er siebenmal bei der heiligen Seele Mohammeds und sogar auf den Koran geschworen hat«, dass er ihnen nichts antun würde. Seine geplanten Opfer entspannten sich dann: Kein guter Muslim würde einen Schwur auf den Koran brechen. Bevor er jedoch den Schwur tat, vertauschte Dost Mohammed den Koran mit einem »gewöhnlichen Buch« mit identischer Bindung.[35] Seine Opfer bemerkten nichts davon. Es war eine sehr tödliche, sehr afghanische Version des Hütchenspiels.

Der Herrscher Afghanistans war ein Rätsel und er arbeitete hart daran, dass es so blieb. Er »teilte eine Menge Sarkasmus aus und war immer bereit, die Tricks seiner Gegner zu übertrumpfen«.[36] Wenn er gegen seinen Anwalt Schach spielte, gewann Dost Mohammed immer. Niemand wusste genau, ob der Anwalt ihn gewinnen ließ – oder ob Dost Mohammed den Anwalt denken ließ, dass dieser ihn gewinnen ließe.[37] Lal bekannte: »Ich bin möglicherweise in der Lage, ihn auf Persisch zu beschreiben«, aber es war unmöglich, »seinem Charakter auf Englisch gerecht zu werden«.[38]

1835 war Afghanistan ein kleines, armes Land, das von großen, hungrigen Ländern umgeben war. Im Osten hatte sich Ranjit Singh erst vor kurzem der afghanischen Stadt Peschawar bemächtigt, die die uralte Seidenstraße über den Chaiber-Pass beherrschte. Er hatte Sultan Mohammed Khan, einen von Dost Mohammeds Brüdern, aus der Stadt vertrieben und war mit seinen eigenen Streitmächten eingezogen. Jenseits von Ranjit Singhs Imperium saß die Ostindien-Kompanie, beobachtete die Lage und wartete. Im Westen lagen die Armeen des Schahs von Persien kampfbereit direkt hinter der Grenzstadt Herat. Im Norden beobachteten russische Agenten die Steppen Zentralasiens. Nur für den Fall, dass Dost Mohammed einen weiteren Grund brauchte, mit offenen Augen zu schlafen, gab es auch noch Schah Schudscha: Der frühere König war immer noch in Ludhiana und er war immer noch entschlossen, sich den Thron zurückzuholen.

Dost Mohammed wusste, dass die meisten Menschen um ihn herum ihn gern tot sehen würden. Er vertraute niemandem: »Dost Mohammed Khan könnte einen Komplizen haben, aber niemals einen Freund.«[39] Die einzige Ausnahme war sein Bruder, Jabar Khan. »Niemals war ein Mann bescheidener und beliebter«, berichtete Alexander Burnes. »Er lässt sich nur von einem einzigen Diener begleiten, und die Menschen auf den Haupt- und Nebenstraßen halten an, um ihn zu segnen.«[40] Masson hatte immer geglaubt, Jabar Khan wäre überaus sanftmütig. Doch kurz nachdem er Wades Brief empfangen hatte, bestellte Dost Mohammeds Bruder ihn zu sich und ließ die Maske fallen.

»Mir wurde zum ersten Mal die Tatsache bewusst, dass der Nawab [Jabar Khan] in fast schon schändlich zu nennende Geschäfte mit Karamat Ali verwickelt war«,[41] schrieb Masson ungläubig. Dieser heitere, weißbärtige alte Mann, der aussah, als könne er keiner Fliege etwas zuleide tun, hatte fast ein Jahrzehnt lang gegen seinen eigenen Bruder intrigiert. 1828 hatte er Harlan zur Seite genommen und dem Amerikaner gesagt, dass er für den richtigen Preis mit Freuden Dost Mohammed absetzen und Schah Schudscha wieder auf den Thron hieven würde. »Seine Majestät wird in mir einen fähigen und ergebenen Diener finden«, hatte Jabar Khan gesagt. Aber Achtung! Ohne diese Hilfe wird keine heimische Fehde mich dazu bringen, meine familiären Interessen zu opfern.«[42] Masson bekannte: »Ich war vollkommen ignorant gegenüber der Natur seiner Intrigen.«[43]

Währenddessen brauchte Wades früherer Spion Karamat Ali eine ganze Weile, um zu begreifen, dass er gefeuert worden war. Diese Erkenntnis passte ihm gar nicht. »Hören Sie meine Klagen und erweisen Sie mir Gerechtigkeit«, schrieb er wütend an den Generalgouverneur der Ostindien-Kompanie in Kalkutta. »Ich bin mir nicht bewusst, welches Fehlers ich bezichtigt werde, aber ich weiß, dass ich mir nie das geringste Fehlverhalten habe zuschulden kommen lassen. Ich habe der Ehrenwerten Kompanie gedient und nicht Captain Wade.«[44]

Im Frühling, als der Schnee an den Hängen des Hindukusch schmolz und die Wildblumen zu blühen begannen, ritt Masson unbehaglich aus Kabul heraus. Er hatte den Winter frohgemut damit zugebracht, Pläne zu schmieden, um in Bagram nach Alexanders Stadt zu suchen. Doch nun war er auf dem Weg nach Peschawar. Dost Mohammed – der sich unlängst in einer bemerkenswert abgedroschenen Zeremonie selbst zum Emir von Afghanistan gekrönt hatte – stand an der Spitze einer Armee, die die Stadt wieder einnehmen sollte. Die Ostindien-Kompanie hatte Masson angewiesen, den Feldzug im Auge zu behalten.

»Mit all unseren Brüdern und begleitet von unseren triumphierenden Truppen und der donnernden Artillerie werden wir mit Ihnen die Punkte klären, die einer Erklärung bedürfen«,[45] versicherte Dost Mohammed Ranjit Singh. Im Lager »erklärte er vernehmlich, sodass alle um ihn herum es hörten, dass er eine schwache Fliege sei, die auf einen riesigen Elefant treffen werde, und dass die Fliege, wenn es Gott gefiel, den Elefanten überwinden könnte, und er flehte Gott an, ihm den Sieg zu gewähren«.[46] Tatsächlich war ein Krieg das Letzte, was der Emir sich wünschte.

Dost Mohammed war pleite. Seine Kommandeure waren »mittellos« und konnten sich kaum selbst etwas zu essen kaufen. Hadschi Khan musste ein Schwert verpfänden, »um 20 Rupien zu erhalten, und die Anstrengungen, die er (und andere) unternehmen mussten, um das nötige Geld aufzutreiben, sind ganz beträchtlich«.[47] Dost Mohammed hoffte, dass die Briten sich mit ihm gegen Ranjit Singh verbünden oder zumindest den Maharadscha überzeugen würden, sich von seinen Grenzen zurückzuziehen, bevor er sich genötigt sah, eine Schlacht zu schlagen. »In der kritischen Situation, in der sich der Emir befindet«, schrieb Masson an Wade, »würde er [Dost Mohammed] sich allzu gern in der Lage sehen, sich zurückzuziehen, ohne einen Kampf zu riskieren, hat aber das Gefühl, dass einer gewagt werden muss, wenn die Sikhs darauf bestehen, Peschawar zu behalten«.[48]

> Er scheint große Hoffnungen auf britische Vermittlung gesetzt zu haben, und dass er das immer noch tut, geht aus der Besorgnis hervor, die er – wie alle anderen hier – beim Erhalt von Nachrichten aus Indien zum Ausdruck bringt.
>
> Vielleicht wird sich nie wieder eine Gelegenheit wie im jetzigen Augenblick ergeben, die britische Vermittlung mit einem gewissen Anstand anzubieten – und falls dazu Einwände mit Hinweis auf die Interessen der Sadozai [der Familie von Schah Schudscha] gemacht werden sollten, so sollte man beachten, dass der Stern dieser Dynastie gesunken zu sein scheint. An den jüngsten Bemühungen von Schah Schudscha gibt es wenig Zweifel. Wenn ein einziger britischer Offizier ihn begleitet hätte, nicht einmal als Verbündeter oder Helfer, sondern als bloßer Berichterstatter für seine Regierung, wäre der Schah eingesetzt worden. Aber da dies nicht der Fall war, gibt es wenig Hoffnung für seine persönlichen Versuche ohne fremde Hilfe. Man wird gesehen haben, dass die Sache des Schahs nicht sehr populär war – da niemand von Rang und Namen ihr beigetreten war oder sie unterstützt hatte.[49]

»Afghanistan«, erklärte Masson, »ist der natürliche Verbündete der Briten.«[50] Doch aus Kalkutta kam keine Antwort.

Auf dem Weg nach Peschawar traf ein Bericht ein, der jedermann ungeheuer aufleben ließ. Ranjit Singh hatte Harlan aus seinem Palast in Gujrat beordert und ihn zu Verhandlungen mit Dost Mohammeds Bruder, Sultan Mohammed Khan, geschickt. Sultan Mohammed informierte seinen Bruder »von Mr. Harlans Ankunft und dass man diesen getötet habe, während seine Elefanten und Besitztümer zur Beute erklärt wurden. Diese Nachricht sorgte für Aufregung im Lager und die Menge frohlockte. Die Brüder waren eins geworden und hatten ihre Feindschaften in Feringhi-Blut weggewischt.«[51]

Als Dost Mohammeds Armee Peschawar erreichte, warteten Ranjit Singhs Truppen bereits auf sie. Der Maharadscha selbst war jedoch noch ein ganzes Stück entfernt und hatte seine Befehlshaber angewiesen, »ein allgemeines Handeln zu vermeiden und sein Eintreffen abzuwarten. Als Konsequenz dieser Befehle nahmen die Sikhs die Verhandlungen wieder auf, um den Emir zu unterhalten.«[52] In Dost Mohammeds Lager stolzierte ein hochgewachsener, bleicher Mann, mit einem »großen Kopf und einem hageren Gesicht«, gekleidet »wie ein Scharlatan« in allen Farben des Regenbogens.[53] Die Nachricht von Josiah Harlans Tod war stark übertrieben gewesen.

Harlan glaubte, er würde über das Schicksal von Nationen verhandeln. Tatsächlich war er da, um Zeit zu schinden. Ranjit Singh brauchte einige Stunden, um seine Armeen in Position zu bringen und hatte daher den größten Angeber des Punjab entsandt, um Dost Mohammed abzulenken. Harlan redete und redete und redete. »Ich sprach in begeisterter Anstrengung von der Effizienz der Sikh-Armee«, schrieb er, »und stellte den Reichtum und die Militärmacht des Ranjit zur Schau.« Masson verstand aber: »Mr. Harlan merkte, dass der Emir nicht so oberflächlich war wie sein Bruder, und wurde für seine Einmischung in Angelegenheiten gerügt, die ihn nicht betrafen … Mr. Harlan hielt es für notwendig, dem Emir einen Koran zu übersenden und viele Versprechungen zu machen.«[54] Dost Mohammed schaute Harlan missmutig an. »Als Sikandar (Alexander) dieses Land besuchte«, sagte er dem Amerikaner, »schickte er einen geheimen Vertreter zu dem Fürst in dieser Gegend, und die Bergbewohner ermordeten Sikandars Botschafter.«[55] Die Geschichtsstunde wurde unterbrochen, als Dost Mohammed merkte, dass sein Lager gerade auf drei Seiten von Ranjit Singh umstellt worden war.

Die Schlacht war vorbei, noch bevor sie begonnen hatte. Dost Mohammed wusste, dass »ihm nur eine von zwei Alternativen blieben, nämlich zu kämpfen oder sich unverzüglich zurückzuziehen. Er war für den Augenblick verwirrt.«[56] Nach einem halbherzigen Versuch, Harlan zu entführen, entschloss er sich zum Rückzug. Er »hatte zu viele Erfahrungen mit afghanischen Lagern, um nicht zu wissen, dass ein geordneter Rückzug fast eine Unmöglichkeit ist«,[57] und tatsächlich, sobald zum Rückzug kommandiert wurde, begann die eine Hälfte seiner Armee, die andere Hälfte auszuplündern. Er hatte einige Truppen an der Straße nach Kabul stationiert, »die den Befehl hatten, alle Flüchtlinge aus der Armee zurückzuschicken, die versuchten, Kabul zu erreichen. Die erste starke Gruppe, die eintraf … überwand die Wachen und stahl ihnen ihre Pferde, Waffen und Ausrüstungen. Angewidert unternahm der Emir keinen weiteren Versuch, die Flucht seiner Männer aufzuhalten, und erreichte Kabul schließlich heimlich bei Nacht.«[58] Er hatte nun noch weniger Geld und noch schlechtere Laune als zu dem Zeitpunkt, an dem er losgezogen war.

Als Masson nach Kabul zurückkam, stellte er fest, dass sein früheres, friedliches Leben nur noch eine ferne Erinnerung war. Die sich zurückziehende afghanische Armee hatte Chaos hinterlassen, »die Straßen waren Schauplätze ständiger Konflikte und Gemetzel, von denen niemand Notiz zu nehmen schien, und die Stadt wirkte, als sei sie kurz davor, in Anarchie zu versinken«.[59] Masson erhöhte seine Wachsamkeit. Selbst Bagram hatte sich verändert. Das, was Masson ganz vorsichtig als »Ruhestörungen« bezeichnet hatte, nahm zu, als lokale Anführer und Räuberbanden um die Vorherrschaft kämpften.[60] Mehr als einmal war er gezwungen, »aufgrund des unruhigen Zustandes des Landes« halb fertige Ausgrabungen abzubrechen. »Die Ebene von Bagram«, schrieb er an Pottinger, »ist ein gefährlicher Ort, doch ich vertraue darauf, dass die Sicherheitsvorkehrungen für meine Arbeiter ausreichend sind.«[61]

Sein neues Leben als Spion bedrückte Masson beträchtlich. Es gab Tage, an denen »meine Angelegenheiten eine so seltsame Wendung nahmen, dass mein Geist zu sehr von ihnen in Anspruch genommen wurde, als dass ich meinen früheren Nachforschungen mit Freude hätte nachgehen können«.[62] Er hatte aber nicht die Absicht, aufzugeben. Wade hatte ihm ein kleines Salär versprochen, das Masson gleich für seine Ausgrabungen einzusetzen plante. Er hatte immer noch viele Freunde. Und er hatte noch einen oder zwei Tricks im Ärmel.

Kurz nach seiner Rückkehr nach Kabul begannen Masson und einige Männer, einen Stupa nahe Bagram auszugraben. »Für einen oder zwei Tage liefen die Arbeiten ungestört, doch eines Morgens rief ein Mann … meinen Freund, der Baloch Khan genannt wurde, und sagte ihm, jemand im Dorf unter uns wünsche ihn zu sprechen.« Als Baloch Khan das Dorf erreichte, fand er es von einer der lokalen Banden besetzt vor.

> Sie brachten zum Ausdruck, dass es ein großer Segen für ihre Seelen war, dass sie von seiner Anwesenheit erfahren hatten, da ihnen zugetragen worden war, ein Feringhi würde Schätze ausgraben … sechzig von ihnen hatten sich gegenseitig geschworen, ihn anzugreifen, und waren nun gekommen, entschlossen, zuerst eine Salve abzufeuern und dann mit ihren Messern anzugreifen, aber sie fragten nun: »Was machst du hier, Baloch Khan? Warum bringst du den Feringhi her?« Baloch Khan antwortete, dass er ein Freund des Feringhi sei und bestrebt, ihm zu gehorchen, dass ein Schatz außer Frage stünde, ein paar Paisa [Hundertstel einer Rupie] wäre alles, was zu finden sei, und noch vieles in diesem Stil mehr.[63]

Die Räuber »erwiderten, wenn das der Fall sei und überdies er das berichte, dann würden sie die Arbeit nicht unterbrechen … Außerdem verpflichteten sie sich, die Gruppe zu beschützen, sollte die andere [lokale] Bande auftauchen und die Arbeiten stören.«[64]

Was immer geschah, sagte Masson sich, was immer die Welt ihm entgegensetzen würde, er hatte seinen Traum. Er hatte seinen Pothos. Er hatte Alexandria. »Wenn du bei all deinem Tun immer der gesunden Vernunft folgst, dasjenige, was dir im Augenblicke zu tun obliegt, mit Eifer, Kraft, Freundlichkeit betreibst und, ohne auf eine Nebensache zu sehen, den Genius in dir rein zu erhalten suchst, als ob du ihn sogleich zurückgeben müsstest«, analysierte der römische Kaiser Marcus Aurelius in seinen *Selbstbetrachtungen*, »wenn du so ohne Furcht und ohne Hoffnung handelst, dir an der jedesmaligen naturgemäßen Tätigkeit und heldenmütigen Wahrheitsliebe in deinen Reden und Äußerungen genügen lassest, so wirst du ein glückliches Leben führen, und es gibt niemanden, der dich hindern könnte, so zu handeln.«[65]

# 9

# Seltsamer als Fiktion

Massons Identität war nun ein offenes Geheimnis. Alle, die ihn als James Lewis gekannt hatten, erfuhren nach und nach, dass ihr alter Freund noch lebte. 1835 saß Charles Brownlow, der mit Masson bei der Bengalischen Artillerie gedient hatte, in der gedämpften Kühle der St. Andrew's Library von Kalkutta und fragte sich, wie er seinen Brief an »meinen lieben Lewis« beginnen sollte.

> Obwohl fast dreizehn Jahre verstrichen sind, seit ich Sie das letzte Mal gesehen habe, und obwohl ich seit dieser Zeit wahrscheinlich selten Ihre Gedanken gekreuzt habe, kann ich der Versuchung nicht widerstehen, ein paar Zeilen an Sie zu richten. Mir sind aktuelle Dokumente bewusst, die durch die Hände der bengalischen Regierung gegangen sind. Sie holen einen in das Land der Lebenden zurück, den all seine Freunde seit Jahren im Grab vermutet haben. Ich weiß nicht, ob Ihnen die Tatsache bekannt ist, aber es lief ein Bericht um und wurde geglaubt, dass Sie sich selbst zerstört [Selbstmord begangen] hätten, kurz nachdem Sie den Dienst bei der Ostindien-Kompanie verlassen haben. Ich beglückwünsche Sie, dass das Gerücht nicht wahr ist, und dass Sie noch leben, um sich einen Namen zu machen. Ich bin Mitglied der Asiatic Society und habe viel Freude beim Lesen Ihrer antiquarischen Artikel im *Journal of the Asiatic Society* verspürt. Ich hätte es mir kaum träumen lassen, dass dies Vergnügen einem geschuldet ist, der mir so lange bekannt und vertraut ist.[1]

Brownlow richtete Grüße von einem anderen der alten Freunde Massons aus: George Jephson. Jephson hatte vor kurzem Massons alten befehlshabenden Offizier getroffen und die beiden »hatten ein langes Gespräch über Sie, den sie nicht im Land der Lebenden vermuteten«. »Sie müssen«, schrieb Brownlow, »ein ganz eigenartiges Spiel zu spielen gehabt haben.«[2]

Das Spiel wurde immer eigenartiger. Im Sommer 1835 gewöhnte sich Masson gerade an sein neues Leben als Spion. Er hasste es. »Sein hässliches Wesen, seine Tendenz, mich den Leuten gegenüber zu kompromittieren, mit denen ich lange und erfolgreich zusammengelebt hatte, die Beschränkung der Altertumsforschungen, die ich verfolgt hatte, der Verlust an Unabhängigkeit und Freiheit, mich nach Belieben zu bewegen, gehörten zu den Gründen meiner Unzufriedenheit«, offenbarte er traurig.[3] Zu seinem Unglück war er jedoch ein ausnehmend guter Spion.

Innerhalb weniger Monate hatte Masson die versprengte Spionageoperation Karamat Alis wieder aufgebaut. Schon bald wurden ihm sämtliche Gerüchte Kabuls zugetragen. Dost Mohammed und seine Ratgeber waren wütend über den schmachvollen Rückzug aus Peschawar. »Wenn ich dir sage«, wütete Hadschi Khan gegenüber dem Emir, »dass du mit zwanzigtausend Männern losgezogen bist und dich vor siebzigtausend Sikhs gestellt hast, dass du deine Gewehre auf sie abgefeuert, du gegen sie gekämpft und ihre Oberhäupter in dein Lager gebracht hast – dann bist du wütend. Wenn ich dir sage, dass du ihnen deine Nacktheit gezeigt und davongeschlichen bist – dann bist du wütend; man kann nichts sagen, was dich zufriedenstellt.«[4] Viele beschuldigten die Briten: Hätte die Ostindien-Kompanie ihr Flehen nach Hilfe nicht ignoriert, murrte Dost Mohammeds wichtigster Minister Sami Khan, hätten die Dinge ganz anders enden können.[5]

Zum Ende des Sommers breiteten sich Massons Netzwerke über ganz Zentralasien aus. Seine Reisen verschafften ihm Freunde in fast allen Orten und Städten, ganz zu schweigen von den Händlern, deren Kamelkarawanen, beladen mit Seide und Gewürzen, hin und her über die Berge zogen. Als in der großartigen Seidenstraßen-Metropole Buchara, Hunderte von Meilen entfernt, ein verdächtig aussehendes Individuum auftauchte, das sich Mirza Jafar nannte, erfuhr Masson davon. Während Mirza Jafar in der zentralen Moschee seine Gebete verrichtete, wurde er von Massons Agenten beschattet. Er sprach, so notierte Masson, »Arabisch, Persisch und Türkisch« und behauptete gelegentlich, Franzose zu sein. Gerüchte besagten, dass der russische Gouverneur von Orenburg »Mirza Jafar [aus St. Petersburg] mitgebracht«[6] und über die Grenze geschickt habe, um Informationen zu sammeln.

Wade konnte »die Menge und Genauigkeit der Informationen«, die aus Kabul eintrafen, kaum fassen.[7] Er dankte Masson »für die diensteifrige Aufmerksamkeit, die Sie bei der Erfüllung der Pflichten zeigen, die Ihnen auferlegt wurden«.[8] Massons Berichte fanden schon bald ihren Weg nach Kalkutta. Er wurde »zu einer Autorität, auf die man sich bei der indischen Regierung unbedingt verließ«.[9]

Wade war auch besorgt. Macnaghten hatte ihn angewiesen, Masson nicht länger als »unseren Agenten« in Kabul[10] zu bezeichnen, da dies implizierte, dass Masson einen offiziellen Auftrag habe. »Ich habe es vermieden, Mr. Masson irgendeine andere Benennung zu geben, als dass er ›mit meinem Büro verbunden‹ sei«, versicherte Wade, alles andere als aufrichtig.[11] Er hoffte, dass Masson nicht zwischen den Zeilen lesen würde. Vor allem jedoch hoffte er, dass Masson nicht merken würde, dass er bereits begnadigt worden war.

Anfang 1835 erreichte Wades Bericht über Masson London. Er landete auf dem Schreibtisch von Lord Ellenborough, dem Präsidenten des *Board of Control* der Ostindien-Kompanie. Ellenborough war hingerissen von Massons Abenteuern. Wade hatte geplant, Masson die Möglichkeit einer Begnadigung auf unbestimmte Zeit vor der Nase baumeln zu lassen. Ihm war es egal, ob sie gewährt werden würde oder nicht.[12] Wichtig war nur die Macht, die dieser Anreiz ihm verlieh. Ellenborough hatte andere Vorstellungen. Er schrieb an den König und »ersuchte darum, dass James Lewis alias Charles Masson [sofort] die Begnadigung gewährt würde«,[13] nicht etwa wegen seiner Arbeit als Spion, sondern wegen seiner archäologischen Entdeckungen:

> Er hat den Namen Charles Masson angenommen. Er besitzt viel Wissen und Können. Er hat viele nützliche Informationen erworben und übermittelt, wobei er den Zustand der Menschen und Territorien, die an den Indus grenzen, respektiert. Nun ist er dabei, seine Nachforschungen zu betreiben, die eher wissenschaftlicher als politischer Natur sind … Angesichts der Umstände rät Lord Ellenborough Eurer Majestät in aller Bescheidenheit, die Begnadigung zu gewäh-

> ren, um die der Generalgouverneur von Indien für diese Person gebeten hat, deren persönlicher Charakter tadellos zu sein scheint, abgesehen von dem Verbrechen der Desertion, und die geneigt scheint, soweit es ihr möglich ist, dafür zu sühnen, indem sie nützliche Beiträge zur antiken Geschichte und zu unserem gegenwärtigen Wissen über die Nationen in der Nachbarschaft des Indus liefert.[14]

Drei Tage später unterzeichnete König William IV. eine Begnadigung, die man siegelte und für die Übersendung nach Indien vorbereitete.[15] Masson wusste es nicht, aber Alexandria hatte ihn befreit.

Als die Begnadigung in Ludhiana ankam, war Wade alles andere als erfreut. Er konnte es nicht vermeiden, die Neuigkeit nach Kabul zu senden, sagte Masson jedoch, dass die Ostindien-Kompanie die Begnadigung selbst bei sich behalten würde, »aus Gründen, die Sie sicher anerkennen können«,[16] und entschieden habe, dass sie geheim gehalten werden solle. Masson rätselte: Warum war er begnadigt worden und gab es irgendwelche Bedingungen? Er hatte keine Ahnung, »ob ich nun ein freier Agent war oder nicht«,[17] aber er wusste, dass es ihn das Leben kosten könnte, wenn er falsch riet.

Seit Jahren hatte Masson Geschichten erzählt, um zu überleben. Jetzt war er in Wades Netz gefangen und wurde Tag für Tag immer weiter hineingezogen. Nach fast zehn Jahren auf der Flucht hatte ein Teil von ihm nie aufgehört, Angst zu haben. Er fürchtete, dass er nur wegen seiner Arbeit als Spion begnadigt worden war und seine Begnadigung jederzeit zurückgezogen werden könnte. Nichts davon stimmte. Es ist leicht, ein Spion zu werden. Aufzuhören, ist viel schwieriger.

Masson war zunehmend an Kabul gebunden. Traurig erzählte er Pottinger in einem Brief: »Wie Sie sich leicht vorstellen können, hat mich die offizielle Ernennung zum Agenten, die mir neue Aufgaben aufbürdet und meinen Aufenthalt gleichsam auf Kabul beschränkt, daran gehindert, die angenehmeren Altertumsforschungen fortzusetzen, mit denen ich beschäftigt war.«[18] Doch er vertraute seinen afghanischen Helfern. Sie waren für einen Großteil des Jahres unabhängig tätig, kauften Münzen in Bagram auf und führten Ausgrabungen durch. »Einer von ihnen, Hassan genannt, ist ein junger Mann, der mich begleitet, seit ich nach Kabul gekommen bin, das sein Heimatort ist. Er hat sich mir mit bemerkenswerter Treue durch alle Umstände hindurch angeschlossen. Für mich war er in meinen verschiedenen Operationen von allergrößtem Nutzen, da er absolut verlässlich ist und den Scharfsinn besitzt, überall, wohin er geht, zurechtzukommen, was keine einfache Sache ist.«[19]

Es war eine langsame, teure Arbeit. Doch jede Rupie, die Wade springen ließ, wanderte direkt in Massons Ausgrabungen, und auch Pottinger sandte Gelder, wann immer ihm das möglich war. Neben den typischen Kosten einer Ausgrabung – »Schärfen der Werkzeuge usw.« – musste Masson ein Vermögen an Schmiergeldern ausgeben. Jeder lokale Beamte hatte seine Schwäche: Einer »vertrieb meine Arbeiter mit einer bewaffneten Gruppe. Auf eine Erklärung hin wurde er mit einigen von ihm geforderten Medikamenten amüsiert, und ich hielt ihn während der Arbeiten mit gelegentlichen kleinen Obstgeschenken bei Laune.« Und jede der »zahllosen Personen, die man sich gewogen halten« wollte, musste einzeln bezahlt werden. »Sollte einer der Punkte für anstößig gehalten werden«, schrieb Masson entschuldigend an Pottinger, als er seine Abrechnungen übersandte, »dann bitte ich darum, ihn zu streichen.«[20]

In Bagram nahmen die Umrisse einer Stadt Gestalt an. Masson notierte: »An vielen Orten hat sich gezeigt, dass beim Graben in einer Tiefe von etwa einem Yard Linien aus Zement gefunden werden können, die die Umrisse von Gebäuden und Wohnräumen zu kennzeichnen scheinen.«[21] Und Hassans Funde häuften sich. In jedem Zimmer von Massons winzigem Haus lagen Beutel mit Münzen, Haufen aus Schmuckstücken und Kästchen in den Ecken. Eine unbekannte Welt enthüllte sich. »Es wurde nicht nur starkes Licht auf die Dunkelheit geworfen, die so viele Zeitalter und Nationen verdeckt hatte, sondern viele Theorien, die zuvor die Zustimmung der Gelehrtenwelt gefunden hatten, wurden nun verdrängt.«[22]

Masson wusste, dass er schnell sein musste, wenn er die Geschichte des antiken Afghanistans erzählen wollte.[23] Nach Jahren sorgfältiger Arbeit könnten andere ihm zuvorkommen.

Tausende Meilen entfernt verfasste Johann Martin Honigberger, der Siebenbürger Schatzsucher, einen Brief an das British Museum. »Während meines Aufenthalts in Kabul (mehr als vier Monate)«, schrieb Honigberger, habe er die Stupas »der Stadt und ihrer Umgebung bis nach Jalalabad [ausgegraben]. Ich habe sie alle geöffnet.«

> Ermutigt durch das Streben, die Wissenschaft voranzubringen, und mit der einzigen Absicht, in die Lage versetzt zu werden, dem British Museum Schätze anzubieten, die bislang in Europa unbekannt waren, gleichzeitig aber den Preis für meine Dienste zu berechnen … Es wäre vollkommen unmöglich für mich, Objekten von solch großer und unschätzbarer Bedeutung einen bestimmten Wert beizumessen, doch indem Sie mir erlauben, Ihre besondere Aufmerksamkeit auf die immensen Kosten von nahezu 1200 Pfund zu lenken, die ich für die Überlandreise von Lahore nach London auf mich genommen habe, sowie die Gefahren, denen ich ausgesetzt war, den Vorsichtsmaßnahmen, die ich vorgenommen, die Erschöpfung, die ich erlitten, und die Schwierigkeiten, die ich zu überwinden hatte, nur um diese Schätze sicher in England zu sehen, werden Sie eine angemessene Vorstellung von der Entlohnung bekommen, die ich verdiene.[24]

Als Edward Hawkins, Leiter der Antikenabteilung des Museums, Honigbergers Funde aus Afghanistan sah, war es Begierde auf den ersten Blick: »Das Museum muss, ja, muss, sie kaufen, auch wenn es irgendetwas anderes verpfänden muss, um das Geld zu beschaffen«[25] 1200 Pfund waren allerdings eine enorme Summe, die heute ungefähr 120.000 bis 150.000 Pfund entsprechen würden, also 140.000 bis 175.000 Euro. Honigberger ging mit dem Preis schon bald auf 700 Pfund herunter. Die Kuratoren des Museums murrten über seinen »offensichtlichen Unfug«[26] und versuchten, genügend Geld zusammenzukratzen, um ihm ein Angebot zu unterbreiten. »Versäumen Sie es auf gar keinen Fall«, bettelte Hawkins, »sich einen Teil der Schätze des abscheulichen Deutschen zu sichern.«[27]

Das goldene, juwelenbesetzte Bimaranreliquiar, ein Fund, der wichtiger war als die gesamte Sammlung Honigbergers, kostete die Ostindien-Kompanie insgesamt nur fünf Rupien:[28] 50 oder 62 Pfund heutzutage (58 bis 72 Euro). Masson war der Meinung, dass die Kompanie dort einen sehr guten Handel gemacht hatte. Es war unvorsichtig, Wade das so zu sagen.

Im Herbst 1835 erhielt Masson vollkommen unerwartet einen wütenden Brief von Pottinger. Wade hatte ihm erzählt, dass Masson sich über ihre Partnerschaft und das Geld, das er angeboten hatte, ärgerte. »Sie können es ihm kaum übelnehmen«, beschwichtigte Wade, »dass er mein

Angebot einer Anstellung bevorzugt, wenn Sie deren große Bedeutung für sein künftiges Glück bedenken.«[29] Masson hatte nichts dergleichen gesagt, aber Pottinger schnappte den Köder. Er teilte Masson eisig mit, dass dieser keine einzige Rupie mehr von ihm für seine Ausgrabungen erhalten würde. Er wollte nie wieder von Masson hören.[30]

Masson war am Boden zerstört. Er schrieb drei lange, unglückliche Briefe an Pottinger, in denen er ihn bat, »ihn nicht der Angelegenheiten für schuldig zu halten, die er weder behauptet noch vorgeschlagen habe«.[31] »Ich fühle nicht nur reines Bedauern, dass der problemlose und angenehme Verlauf der Korrespondenz, die zwischen Ihnen und mir besteht, gestört werden sollte, und dass nicht nur Versuche unternommen wurden, eine Verbindung aufzulösen, die ich sehr schätze, sondern unangenehme Gefühle in Ihrem Gemüt zu wecken und mich selbst mit Vorwürfen zu überhäufen.« Wade habe Worte bis zur Unkenntlichkeit verdreht und »obwohl er Freundschaft und Desinteresse vortäuschen mag, stelle ich ganz sicher sowohl das eine als auch das andere infrage«.[32]

Für Wade musste sein Spion hilflos, allein und völlig von ihm abhängig sein. Jetzt zog er die Schrauben an. Massons Funde wurden auf unbestimmte Zeit in Ludhiana festgehalten.[33] Alle Briefe über seine Ausgrabungen mussten zuerst genehmigt werden. »Ich betrachtete es als verwerflich«, beschwerte sich Wade, »dass Sie zu dem Thema über einen anderen Kanal als den durch mein Büro kommunizieren.«[34] Massons Gehalt blieb aus. »Er muss geahnt haben, dass ich keine [andere] Möglichkeit hatte, meine Ausgaben zu decken, als in Kabul Schulden aufzunehmen«, schrieb Masson. »Ich vermute, sein Ziel war es, dass meine Hände gebunden waren und blieben, was er in einem gewissen Maße auch erreichte.«[35] Doch Wade hatte Masson unterschätzt.

Abends, wenn die Lampen entzündet waren und der Gebetsruf über Kabul erschallte, breitete Masson seine Fundstücke aus Bagram aus und versuchte, sie zu verstehen. War dies Alexanders Stadt oder war sie es nicht? Die Münzen waren abgenutzt und entstellt. Die Inschriften, geschrieben auf uralten Blättern aus Rinde, waren so fragil, dass sie oft schon zerfielen, bevor er sie kopieren konnte. Immer noch hatte er kaum Bücher. »Etwa achtzehn Monate« nachdem er erstmals seine Hilfe versprochen hatte, »schickte Captain Wade ein paar Dutzend englische Werke, unter denen sich Robertsons Histories [von Schottland und Amerika] und Youngs Algebra befanden … vermutlich mit der Absicht, mich über die Geschichte des antiken Baktrien [Zentralasien] zu unterrichten.«[36] Als Masson jedoch eines Tages zum vielleicht hundertsten Mal eine Münze umdrehte, erkannte er plötzlich, was er da sah.

Auf der einen Seite der Münze waren das Porträt eines Königs und eine Inschrift in Altgriechisch. Auf der anderen Seite befanden sich Symbole in einer unbekannten Schrift. Weder Masson noch jemand anderes auf der Welt wusste, wie man sie las. Seit Jahren hatte sich Masson gefragt, ob er jemals einen Weg finden würde, um die Symbole zu entziffern. Dann wurde ihm klar, dass das Geheimnis ihm die ganze Zeit vor Augen gestanden hatte.

Mit »Basileus« begann die Inschrift auf der Vorderseite immer: »König«. Auch auf der Rückseite stand immer wieder dieselbe Serie aus Symbolen. Die Münzen waren zweisprachig: Die unbekannte Schrift auf der Rückseite besagte dasselbe wie das Griechisch der Vorderseite. Könnte er das Griechische lesen, dann könnte er auch die verlorene Sprache entschlüsseln. Jede Münze war wie ein Mini-Rosetta-Stein.

Die unbekannte Schrift wurde als Kharoshthi bezeichnet. Sie wurde etwa einhundert Jahre nach Alexanders Feldzug eingeführt und verbreitete sich entlang der Seidenstraße durch das heutige Afghanistan und Pakistan bis nach China. Im vierten Jahrhundert n. Chr. war sie in Afghanistan außer Gebrauch geraten, im siebten Jahrhundert starb sie dann ganz aus. Für mehr als eintausend Jahre war niemand in der Lage gewesen, sie zu lesen.

Um 150 v. Chr. wurde sie von König Menander I. benutzt. Menander war auf der Ebene von Bagram in einem kleinen Dorf nahe Alexandria geboren worden.[37] Er hatte ein Königreich regiert, das hauptsächlich in Afghanistan lag und sich nach Süden bis auf die Ebenen des Punjab erstreckte. Masson hatte mehr als 100 seiner Münzen gefunden. »Basileus Soteros Menandrou« stand auf der Vorderseite der Münzen: »König Menander der Retter«. »Maharadschasa tratarasa Menamdrasa« lauteten die Worte in Kharoshthi auf der Rückseite, über die Masson so lange gerätselt hatte: »König Menander der Retter«.

Je besser Masson seine Entdeckungen verstand, umso rätselhafter wurden sie. 1835 erzählte fast jedes britische Geschichtsbuch dieselbe Geschichte: Es konnte zwischen Ost und West keine Gemeinsamkeiten geben. Alexanders Feldzug markierte genauso wie die Geschichte der Ostindien-Kompanie den Triumph der »Disziplin und Furchtlosigkeit der

Griechen und Makedonier … über barbarisches Handwerk und planlose Wut«.[38] Alexanders Imperium wurde gestürzt wegen »seiner Neigung, den Charakter eines Griechen aufzugeben, der einen Gegensatz zu dem eines Barbaren bildete«.[39] Und nach seinem Tod »tilgten schließlich die Barbaren [in Indien und Afghanistan] … alle Spuren der europäischen Zivilisation, die Alexander dort hinterlassen hatte«.[40]

Die Geschichte, die Masson aufdeckte, enthielt keinen dieser Teile. Es war eine Geschichte über Alexander den Großen, doch anders als bei anderen ging es auch um buddhistische Kunst und chinesische Reisende. Es war eine Geschichte über die Griechen in Asien, aber anders als bei anderen war es keine Geschichte über den Sieg des Westens über den Osten. Jeder Tag, den Masson in Afghanistan verbrachte, jede neue Entdeckung warf einen Zweifel auf die Vorstellungen, mit denen er aufgewachsen war. Die kühlen, grauen Gewissheiten Großbritanniens, des Empire, der westlichen Überlegenheit verblassten.

Masson konnte sich nicht entscheiden, ob er seinem Material trauen oder seine Ideen an die alten, verstaubten Modelle anpassen sollte. »Ich fürchte mich davor zu schreiben«, bekannte er.[41] Das Fehlen von Referenz- und Vergleichsstellen, das ich bei all meinen Nachforschungen schmerzlich spürte, zumal viele von ihnen sich auf unerwartete und neuartige Themen richteten, hätte mich vielleicht zögern lassen sollen.«[42] Dennoch konnte er seine Aufregung nicht zügeln. Während er in seinem Haus im armenischen Viertel saß und über die Dächer von Kabul blickte, breitete er seine neuen Fundstücke vor sich aus und griff zur Feder. Er war so in seiner Arbeit gefangen, dass er nicht so genau aufpasste, wie er es hätte tun sollen, als einer von Dost Mohammeds Vertrauten »andeutete, dass ich zu viel von den Angelegenheiten in Kabul wusste«.[43]

Als Massons Notizen Kalkutta erreichten, konnte James Prinsep, der Sekretär der Asiatic Society, kaum glauben, was er da las. Wenn Masson recht hatte mit der unbekannten Schrift, dann würde es schon bald möglich sein, die ganze verlorene Sprache »zu enträtseln«.[44] In Kalkutta war es nahezu unmöglich, an der Vergangenheit festzuhalten. Die Luft war schwer von Schweiß und Verwesung. An frisch gestrichenen Gebäuden wuchs der Schimmel. Ausgestopfte Tiere verrotteten. Gemälde verzogen sich und bekamen Risse. Auf dem Park Street Cemetery, einem Friedhof in derselben Straße wie die Asiatic Society, krochen Ranken unaufhaltsam über die Säulen und Portikusse der britischen Gräber und dickes grünes

Moos bedeckte ihre Grabinschriften. Jeden Tag erinnerte Indien Großbritannien daran, dass nichts für die Ewigkeit ist.

Die Asiatic Society bemühte sich zwar sehr darum, die Vergangenheit zu bewahren. Sie kämpfte jedoch auf verlorenem Posten gegen die Unausweichlichkeit. Die Ostindien-Kompanie war dabei keine große Hilfe. Als Prinsep um deren Unterstützung bei der Veröffentlichung der Meisterwerke der Sanskrit-Literatur bat, beschied die Kompanie ihn mit der Auskunft, dass man nicht vorhabe, »Lager mit Altpapier anzulegen« und ihre Geldmittel dazu »dienen sollten, der eingeborenen Bevölkerung die Kenntnis der englischen Literatur nahezubringen«.[45] (Als er das hörte, begann Macnaghten, der mit seiner blauen Brille ganz prachtvoll aussah, wütend auf Lateinisch zu brüllen.)[46] Massons Versprechen, dass man die verlorene Sprache der Münzen wieder verstehen könnte, war wie ein wahr gewordener Traum. Massons Brief aus Kabul zu lesen, war der »verführerischste« Augenblick, an den Prinsep sich erinnern konnte.[47]

Masson erkannte, dass die Stadt, die er in Bagram gefunden hatte, alles änderte. Diese Griechen waren nicht darauf aus gewesen, andere Kulturen auszulöschen. Sie wollten von ihnen lernen. In den Jahrhunderten nach Alexanders Tod waren Blut und Chaos seines Feldzugs fast vollkommen in Vergessenheit geraten. Was blieb, war Neugier.

In der islamischen Legende »brach [Sikandar] in das Land der Brahmanen auf, um etwas von ihrer uralten Weisheit zu lernen«,[48] und forderte den weisesten Mann in Indien zu einem geistigen Wettstreit heraus:

> Um den weisen Meister zu prüfen, übersandte Sikandar ihm einen Becher voller Öl, um ihn damit zu salben; der Weise goss ihn in eintausend Nadeln und schickte sie zurück an Sikandar, der daraus einen Ring formen ließ, den er an den Meister sandte, der ihn strahlend als Spiegel polierte und zurückschickte … Sikandar wollte sagen: »Ich bin weiser als alle Philosophen« und der Inder hatte entgegnet: »Sikandar und sein Wissen sind vergänglich«; der König hatte den Ring geschickt, um seine Macht auszudrücken; der Weise hatte den Spiegel geschickt, damit er sich selbst sehe.[49]

Menander I., der König, der im Schatten Alexanders geboren wurde, prägte seinen Münzen Athene ein, die griechische Göttin der Weisheit.

Man vermutet aber auch, dass er zum Buddhismus konvertierte. Ein antiker buddhistischer Text, *Die Fragen des Milinda*, verzeichnet einen Dialog zwischen Menander und einem buddhistischen Mönch. Der Mönch sagte zu Menander: »Wenn jemand eine Lampe in ein dunkles Haus bringt, dann vertreibt das Licht der Lampe die Dunkelheit, wirft Licht in alle Richtungen und erhellt die Räume. Solcherart, mein König, ist das Werk der Weisheit. Wenn sie in uns ist, dann vertreibt sie die Dunkelheit unserer Ignoranz und wirft das Licht der Erkenntnis. Sie entzündet den Funken des Wissens und erleuchtet alles, was wahr ist.«[50]

Während Menanders Herrschaft brach von Alexandria unter den Bergen ein großer Pilgerzug auf. Die Pilger zogen über die Pässe und durchquerten Indien in seiner gesamten Länge, bevor sie über das Meer nach Sri Lanka kamen. Laut einer uralten Chronik »kam aus Alexandria, der Stadt der Griechen, der ältere Grieche Mahadhammarakkhita mit dreißigtausend Mönchen« zur Weihung eines buddhistischen Stupa in der sri-lankischen Stadt Anuradhapura.[51] Indische Herrscher waren von den Griechen gleichermaßen fasziniert: Ein König schickte Botschafter zu Alexanders Nachfolgern und bat um »süßen Wein, getrocknete Feigen und einen Philosophen«. (Wein und Feigen wurden ordnungsgemäß übersandt, ansonsten lautete die Antwort: »Unsere Philosophen stehen nicht zum Verkauf«.)[52]

Die Zivilisation, die Masson gefunden hatte, war weder griechisch noch afghanisch. Sie war weder heidnisch noch buddhistisch. Sie war von allem etwas. Diese Kultur passte nicht zu den Modellen aus den Geschichtsbüchern. Alexanders Städte waren keine isolierten Bastionen griechischer Kultur in einem fernen Land. Obwohl viele von ihnen als düstere Militärgarnisonen gegründet worden waren, wurden sie zu Vorposten der Neugier. Aus Sicht Alexandrias unter den Bergen waren Osten und Westen keine Gegensätze, sondern hatten mehr als zweitausend Jahre lang Seite an Seite gelebt und voneinander gelernt.[53] Masson erkannte, dass die Geschichte der Welt genau wie die zwei Seiten seiner Münzen miteinander verbunden war: Griechisch und Buddhistisch, Alexander und Sikandar.

Masson hatte die Geschichte gefunden, der er seit Jahren hinterherjagte. Sie handelte von Alexander, aber auch von ihm selbst: von Fremden, die in einem fremden Land ein Zuhause finden.

»Die Wahrheit ist seltsam«, schrieb Brownlow an Masson, »seltsamer als die Fiktion. Ihre Geschichte ist eine Romanze! Und so ist die Tendenz, trotz der ausgiebigen Hingabe, die Sie Ihren Wanderneigungen bereits gewährt haben, immer noch so stark wie eh und je – sie wächst durch das, wovon sie sich nährt.« Er war sich sicher, dass sein alter Freund kurz vor »der Aufklärung einer Geschichte, die seit zweitausend Jahren ein Geheimnis bildete« stand.[54]

Dann kamen die Attentäter, um Masson zu töten.

Eines Nachts riss ein plötzliches Geräusch ihn aus dem Schlaf. Er zwang sich, aufzuwachen und stolperte zur Tür. Mit Messern bewaffnete Männer rannten die Treppe hinauf.[55]

# 10

# Das Zeitalter von allem

Es dauerte einen Augenblick, bevor Masson begriff, was los war. Die Gesichter der Männer waren »verhüllt« und sie hielten ihre Messer fest gepackt.[1] Sie kamen direkt auf ihn zu.

Masson war kein Streithammel. Seine bevorzugten Überlebensstrategien waren Reden und Rennen. Die Männer waren nicht an einem Gespräch interessiert und er konnte nirgendwo hinrennen. Er verbarrikadierte die Tür zu seinem Zimmer und schrie so laut er konnte um Hilfe. Glücklicherweise warteten die Männer nicht ab, ob welche kommen würde. Sie verschwanden so schnell, wie sie gekommen waren, wieder in den Gassen Kabuls.

In der nächsten Nacht kamen sie zurück.[2]

Von diesem Augenblick an schlief Masson nur noch unruhig – falls er überhaupt schlief.[3] Verzweifelt darüber, Wade zufriedenstellen zu müssen, schickte er alle paar Wochen einen weiteren Bericht nach Ludhiana. Beim Schreiben verfluchte er den Oberspion. »Ich wage es nicht, seinen Namen [zu schreiben], da ich so daran gewöhnt bin, ihn in Kabul zusammen mit dem Beinamen ›Hund‹ zu hören, dass ich befürchte, ich könnte einen Fehler machen und ihn ebenfalls so nennen.«[4] Jedes Mal, wenn Masson seinen Stift zur Hand nahm, um an Wade zu schreiben, juckte es ihn in den Fingern, mit »Lieber Hund« zu beginnen.

Massons Meldungen waren Großbritanniens einziger Einblick nach Afghanistan, und sie wurden nicht nur von Wade mit wachsendem Interesse gelesen, sondern auch von den Männern, die von Kalkutta aus die Ostindien-Kompanie steuerten. Ihre Blicke richteten sich begehrlich auf Afghanistan. »Die Politik der Grenze, an der Sie sich befinden, kann nicht lange friedlich bleiben«, warnte Brownlow Masson, »und wenn der Schlag erfolgt ist – was geschehen wird, wenn Ranjit sein Auge schließt –, dann braucht man gewiss keine Wahrsagerei, um festzustellen, was das Ergebnis sein wird: die Ausweitung unserer Grenze.«[5]

Anfang 1836 stieg Masson den steilen Weg zum Bala Hissar hinauf, zu Dost Mohammeds Hof. Er schlich sich in den hinteren Teil der Menschenmenge, wo er beobachtete und zuhörte. Beim Klang einer vertrauten nasalen Stimme schaute er plötzlich auf. Ein groß gewachsener Mann mit einem dichten Bart sprach gerade, »gekleidet in eine leichte, glänzende, erbsengrüne Satinjacke, kastanienbraune Seidenwäsche, Lederstiefel, einen Hüftgürtel aus Silberspitze, verschlossen mit einer quadratischen Gürtelschnalle, die größer war als der Brustpanzer eines Soldaten und einer weißen Feldmütze aus Katzenhaut auf dem Kopf, die mit einem glitzernden Goldband und Quasten verziert war«.[6] Josiah Harlan war zurück.

Harlan war im Punjab nicht mehr willkommen. Ranjit Singh hatte seine Fälscheroperation entdeckt[7] und den riesigen Amerikaner einbestellt, damit er sich erkläre. Als Entschuldigung »konstruierte [Harlan] einen Talisman« für den Maharadscha und zeigte ihn seinem wichtigsten Ratgeber, Fakir Azizuddin. Wie die Hofchronik vermerkte, ging es mit seinem Plan nun bergab. Azizuddin, »ein gelehrter und fähiger Mann, war überrascht beim Anblick einer Goldkette um ein Schwein herum, das den Talisman des Lebens repräsentierte, und gab dem Maharadscha darüber Bericht, der sagte, dass er Harlan-Sahib eine Vorstellung von einer ansehnlichen Belohnung vermitteln solle, sodass dieser große Gefälligkeiten bei Gesundung des Maharadscha erwarten würde. Die erwähnte Person [Harlan] verlangte 100.000 Rupien [heutzutage 1.000.000 bis 1.250.000 Pfund bzw. 1.170.000 bis 1.460.000 Euro], bevor er die Behandlung des Maharadscha beginnen würde«, und »begann Nonsens und Unfug zu reden«. Ranjit Singhs Höflinge »erklärten dem Maharadscha die Einzelheiten seines Verhaltens, und dieser wurde wütend und befahl, dass er barfuß aus der Stadt geworfen werde«.[8]

Harlan behauptete daraufhin, dass er missverstanden worden sei. Er wolle die 100.000 Rupien nicht für den Schweine-Talisman haben. Stattdessen wolle er »eine galvanische Batterie« konstruieren und Ranjit Singh an diese anschließen. »Sein Plan, den Maharadscha zu galvanisieren, traf auf die bereitwillige Zustimmung des letzteren«,[9] bis Harlan die Kosten erwähnte. Die Materialien, so sagte er Ranjit Singh, würden sich auf exakt 100.000 Rupien belaufen.

Wade, der hoffte, seinen Informanten in Lahore halten zu können, schrieb an Ranjit Singh, dass »Harlan-Sahib eine sehr weise und intelligente Person wäre und der von ihm vorbereitete Talisman ziemlich akkurat und exakt funktioniere, und er pries ihn über alle Maßen«.[10] Doch es war zu spät. Ranjit Singh »drohte, Dr. Harlan seine Vergeltung spüren zu lassen, wenn er nicht zügig sein Herrschaftsgebiet verließe. Dr. Harlan, der den Charakter des Mannes, mit dem er zu tun hatte, nur zu gut kannte, verlor keine Zeit, nach Ludhiana zu entkommen.«[11]

Als er in Ludhiana eintraf, war Harlan nahezu mittellos. Er nahm die Straße nach Kabul, wobei er wütend vor sich hin murmelte. Wades Stellvertreter beobachtete ihn dabei. »Seine erklärte Absicht ist es, eine Armee zusammenzubringen, um sich an seinem früheren Herrn [Ranjit Singh] für die Verletzungen, die er durch seine Hände empfangen hat (sagt er), zu rächen. Er ist ein exzentrischer und zweifellos unternehmungslustiger Mann; aber dass er das Talent hat, einen solchen Einfluss auf den Herrscher von Kabul zu erreichen, dass es ihm möglich wird, seine Drohung auszuführen, ist meiner Meinung nach mehr als zweifelhaft.«[12]

Als er in Kabul eintraf, legte Harlan sein bestes Verhalten an den Tag. Er hatte Dost Mohammed ein Gedicht geschrieben: »Ihr steht als Kämpfer inmitten des Krieges! / Hier, um einen Thron zu finden oder ein Heldengrab zu füllen«, tönte er. »Für Gott, den Propheten und Eure Ruhmestaten, / Eines Märtyrers Paradies oder eines Siegers Name.«[13] Wie die meisten Dinge in Bezug auf Harlan klang es beeindruckend, hielt aber einer näheren Untersuchung nicht stand. Dost Mohammed machte ihn »als zeitweise Maßnahme«[14] für eine Handvoll Soldaten verantwortlich. Harlan begann, sich als »Berater des Staates, Flügeladjutant und Generalstabschef von Dost Mohammed Khan, Emir von Kabul«[15] vorzustellen.

In Bhuj war Henry Pottinger noch ärgerlicher als gewöhnlich. Nachdem er einige Monate zuvor seine Korrespondenz mit Masson abgebrochen hatte, erhielt er nun eine Reihe herzzerreißender Briefe aus Kabul. Beim Lesen erkannte er, dass Wade ihn zum Narren gehalten hatte. An einen Freund schrieb er: »Ich hatte die wirkliche Freude, ein sehr großes Paket an Briefen von Mr. Masson zu erhalten, in denen er mir die vollste Erklärung seines Anteils an dem Geschäft gewährt und ganz klar beweist, dass Captain Wade aus Gründen, die ihm selbst am besten bekannt sind, einen Auszug aus einem privaten Brief, der vor nahezu zwei Jahren geschrieben worden war, genutzt hatte, um Zwietracht zwischen

Mr. Masson und mir zu säen und unsere weitere Korrespondenz zu unterbinden. Zu sagen, dass Mr. Massons Brief mir Freude bereitet hätte, vermittelt nur eine sehr schwache Idee von meinen Gefühlen zu diesem Thema.«[16] An Masson richtete er: »Da meine Freundschaft Ihnen wertvoll ist, gebe ich sie Ihnen in aller Ehrlichkeit«.[17] »Von Captain Wades Verhalten will ich lieber nicht sprechen«, fügte er hinzu.[18] (Pottinger überlegte es sich bald anders: Briefe, die ausgereicht hätten, »einen Band zu füllen«, gingen aus Bhuj an Wade, Wades Vorgesetzte und die Behörden in Bombay und Kalkutta. »Ich würde ungern in Captain Wades Haut stecken«, bemerkte einer von Pottingers Bekannten.)[19] Masson und Pottinger nahmen die Fäden ihrer Freundschaft wieder auf. »Ich bin hoch erfreut«, gestand Masson.[20]

Allerdings hatte Masson sonst nur wenig, um ihn aufzumuntern. 1836 war mit Lord Auckland ein neuer Generalgouverneur für Indien benannt worden. Sowohl Masson als auch Dost Mohammed hofften auf einen neuen Anfang. »Die Ankunft von Lord Auckland weckt erneut Hoffnungen, und wenn der Verkehr zwischen Indien und Kabul nicht gefördert wird, dann nicht wegen der Einwände des Emirs Dost Mohammed, der sich ständig darüber beschwert, dass keine ordnungsgemäß autorisierte Person geschickt wurde, um mit ihm zu verhandeln«,[21] merkte Masson an. »Das Feld meiner Hoffnungen«, schrieb Dost Mohammed an Auckland, »das zuvor durch den kalten Wind der Zeiten gekühlt worden war, wird nun durch die glückliche Nachricht von der Ankunft Eurer Lordschaft vom Paradies selbst beneidet«.[22] Allerdings blieben Dost Mohammeds Briefe unbeantwortet und der Emir ließ seinen Frust an Masson aus.[23] In der Zwischenzeit nahmen Massons Schulden wieder zu. Und das Leben in Kabul änderte sich schneller als je zuvor.

Eines Tages, als er mit einem Freund nahe der Stadt unterwegs war, sah Masson »einen rennenden Mann mit einer Muskete in der Hand«. Er schrie: »Ist der Feringhi weg?« Jemand wies aus der Ferne auf Masson und der Mann kniete nieder, richtete sein Gewehr auf dem Boden neben einem Fluss ein und zielte sorgfältig. »Dieser Bursche«, murmelte Masson, »will schießen.« »Nein«, antwortete sein Freund, »das macht er bestimmt nicht.« »Himmel, er tut's!« Kaum hatten »die Worte meinen Mund verlassen, als der Schuss ertönte und etwa einen Fuß vor uns einschlug«.[24]

Grimmig fragte sich Masson, wie lange sein Glück noch anhalten werde: Früher oder später würde ein Messer oder eine Kugel durchkommen. Er schickte seine Papiere zu Pottinger, an »einen Ort der Sicherheit«.[25] »Ich würde mich glücklich schätzen, wenn ich schrittweise alle meine Manuskripte übersenden könnte«, schrieb er, »da ich dann weniger Angst vor einem Unglück haben werde, das mir irgendwann in diesen Ländern zustoßen könnte, und mich nicht sorgen müsste, falls es passiert.«[26] Pottinger erwiderte: »Ich werde sie wie einen heiligen Auftrag betrachten.«[27] »An einem künftigen und glücklicheren Tag«, antwortete Masson wehmütig, »kann ich sie vielleicht in Ruhe vorbereiten.«[28] Er war erschöpft und kam einem Zusammenbruch immer näher.

Das Spionieren für die Ostindien-Kompanie war schon schrecklich gewesen, bevor die Menschen begannen, auf ihn zu schießen. Nun aber war das Leben als Wades Marionette, »sein Werkzeug und sein Narr«, unerträglich. »Wenn ich seine Ungeheuerlichkeit nach dem Elend bemesse, das er mir bereitet hat«, reflektierte Masson, »dann ist sie tatsächlich sehr groß.«[29] Von Kalkutta aus riet Brownlow ihm, sich unauffällig und ruhig zu verhalten: »Ich muss besorgt zur Kenntnis nehmen, dass es einen Bruch zwischen Ihnen und Captain Wade gegeben hat. Er besitzt großen Einfluss und es steht in seiner Macht, Ihr Glück zu machen oder aber auch zu verderben.«[30] Doch Masson hatte genug davon, ruhig zu sein. »Ich weiß nicht, ob ich ungehörig viel Wert auf Unabhängigkeit lege und ob damit mein Grauen vor Abhängigkeit gerechtfertigt ist oder nicht, aber ich denke, dass jeder ehrliche Mann zugeben muss, dass eine Person ohne Glück ist, deren Schicksal von einem bürokratischen Schreiben abhängt.«[31] Er hatte eine Begnadigung. Nun wurde es seiner Meinung nach Zeit, herauszufinden, ob damit irgendwelche Bedingungen verbunden waren.

Masson schickte einen Brief direkt nach Kalkutta, in dem er »die verzweifelte Chance wahrnimmt, von der Anstellung zum Agenten in Kabul zurückzutreten«,[32] da »ich dazu gebracht worden bin, die Schirmherrschaft der obersten Regierung als Fluch zu betrachten«.[33] »Ich habe mich zu diesem Schritt erst entschlossen, nachdem ich fünf oder sechs Monate der schlimmsten mentalen Qual erlitten hatte, die mir jemals begegnet war«, endete er. »Ich habe wenig, auf das ich in Zukunft vertrauen kann, außer Gott und meinen eigenen Ressourcen.«[34] Als er den Brief siegelte, zitterten ihm die Hände. Während er seinem Kurier nachblickte, der durch die Tore von Kabul auf der Straße nach Indien davonritt, war ihm bewusst, dass er sich möglicherweise gerade zum Tode verurteilt hatte.

Massons Brief kam nie in Kalkutta an. Als er Ludhiana erreichte, fing Wade ihn ab, öffnete ihn, las ihn und behielt ihn. Er schickte eine geschickt verbrämte Warnung zurück nach Kabul:

> Ich bitte Sie, zuerst Ihre eigenen Interessen zu bedenken … Sie sind Verpflichtungen eingegangen, die ein besonderes Nachdenken verdienen, bevor Sie die Rücksicht aufgeben, die Ihnen entgegengebracht wurde.
>
> Der Verzicht auf persönliche Vorteile mag für Sie keine Rolle spielen, aber ich glaube kaum, dass Ihnen die Ansprüche, die eine großzügige Regierung auf Ihre Dankbarkeit und Hingabe an ihren Dienst zu stellen scheint, ebenso gleichgültig sind, wenn Sie das Ausmaß dieser Ansprüche gründlich erwogen haben.
>
> Ich hoffe, Sie haben Verständnis für die Gründe, die mich veranlasst haben, Ihr Schreiben nicht an den Regierungssekretär weiterzuleiten, ohne Ihnen eine weitere Gelegenheit zu geben, Ihr Urteilsvermögen zu üben, und vertraue darauf, dass es Sie veranlassen wird, das Thema sowohl in seiner Beziehung zur Regierung als auch in seinen Auswirkungen auf Ihre zukünftigen Lebensaussichten abzuwägen.[35]

Wade bluffte natürlich: Masson hätte einfach alles hinter sich lassen können, als freier Mann. Doch der Brief schien seine schlimmsten Ängste zu bestätigen. Er war mit der Ostindien-Kompanie »Verpflichtungen eingegangen«, und seine »zukünftigen Lebensaussichten« würden ganz anders aussehen, wenn er sie ignorierte. Seine Begnadigung war an Bedingungen geknüpft. Er müsste Spion bleiben. Es gab keinen Ausweg.

***

Im Sommer 1836 ritt Godfrey Vigne, ein englischer Reisender mit einem riesigen weißen Hut, auf die antike Stadt Ghazni etwa 100 Meilen südlich von Kabul zu. Hassan, Massons afghanischer Freund, war mit Ausgrabungen an einem nahegelegenen Stupa beschäftigt. Vigne kam, um sich vorzustellen und war ein wenig überrascht von dem, was als Nächstes geschah. Hassan und seine Arbeiter »leerten den Brunnen, der üblicherweise im

Zentrum dieser Bauten zu finden ist«. Vigne sagte Hassan, »dass ich mich in Kürze mit Mr. Masson bekannt machen würde und dass ich sicher war, dass dieser Gentleman keine Einwände dagegen haben würde, den Brunnen geöffnet zu sehen. Der Mann ließ sich daraufhin oben auf dem Brunnen nieder, schlug mit seiner Maurerkelle darauf ein und gab mit gutmütigem Blick zur Auskunft, dass das unmöglich sei.«[36]

Masson vermerkte zufrieden: »Hassan gab ihm zu verstehen, dass ihm nicht erlaubt wäre, in seine Arbeiten einzugreifen, und er zog verblüfft nach Kabul weiter.«[37] Masson und Jabar Khan trafen Vigne vor der Stadt. »Auf ihren Ratschlag hin«, schrieb Vigne, »hatte ich meinen englischen Jagdrock und den breitkrempigen Hut gegen einen hübschen seidenen Multan-Turban und ein heimisches Gewand aus bedrucktem englischem Kaliko eingetauscht, die mir vom Nawab überreicht worden waren.«[38]

Masson nahm den neu eingekleideten Vigne mit zum Essen bei Dost Mohammeds wichtigstem Minister Sami Khan. Nach dem Mahl gab es wie immer Gesang. Vigne, der »kaum eine Silbe« Persisch konnte, verstand nicht, weshalb Masson ihm »von Zeit zu Zeit einen sehr bedeutungsvollen Blick«[39] zuwarf. »Hört Ihr nicht, was er singt?«, fragte Sami Khan schließlich seine Gäste. »›Wenn wir keine Antwort von der einen Stadt erhalten, dann bekommen wir sie von einer anderen! Mein Herz ist voller Leid, und wie lange werden meine Hoffnungen warten müssen?‹ Es ist überraschend«, fügte er hinzu, »wie schnell sie etwas aus meinen Lehren lernen. Wenn sie woanders hingehen, dann singen sie die Lieder von Hafis; kommen sie jedoch in mein Haus, dann finden sie andere Themen für ihre Lieder.« Sami Khan erinnerte Masson auf diese Weise daran, dass Neuigkeiten über »die Absichten der indischen Regierung in Bezug auf Kabul« lange überfällig waren.[40]

Vigne lächelte und stolperte sich durch das Leben in Kabul. »Ich erinnere mich gut an ein Maultier, das mit Gras beladen war und in eine enge Straße eintrat, aus der ich gerade herauskam. Ich konnte mein Pferd nur mit der größten Schwierigkeit wenden und bedeutete dem Treiber, dass er zurückgehen solle. Er tat dies, rief aber laut aus: ›Ist Dost Mohammed tot, dass es keine Gerechtigkeit mehr gibt?‹«[41] Unter Maulbeerbäumen sitzend, Aquarellfarben in der Hand, einen Brandy neben sich, verbrachte Vigne seine Tage mit Malen. Seine Kombination aus Heiterkeit und Beschränktheit war bemerkenswert überzeugend: Die meisten Mitglieder der Elite von Kabul, einschließlich Dost Mohammed, saßen ihm schließlich

Modell. Sogar Masson ließ zum ersten Mal in seinem Leben ein Porträt von sich malen. Nachdem es fertig war, beanspruchte es jedoch Akbar Khan, Dost Mohammeds Sohn, für sich selbst. »Der Sohn des Emir ist hier und schwört, Sie müssen kommen«, bat Vigne Masson. »Er hat sofort, als er es gesehen hat, Besitz von Ihrem Porträt ergriffen.«[42]

Im August ritten Masson und Vigne gemeinsam nach Bagram.[43] Massons Aufregung über seine Entdeckungen war immer noch unbezähmbar. Als er Bagram das erste Mal sah, war die Ebene für ihn eine leere Leinwand. »Oh«, hatte er nachgedacht, als er an einigen uralten Tamariskenbäumen vorbeigeritten war, »wenn sie mir doch nur sagen könnten, von wem und in welchem Zeitalter sie gepflanzt wurden.«[44] Dann waren die ersten feinen Kritzeleien aufgetaucht: Kupfermünzen, die er weder lesen noch verstehen konnte. Aus den Kritzeleien wurden Figuren: Könige und Dynastien, die aufeinander folgten, eine nach der anderen. Farben tauchten auf: Gold und Lapislazuli, Koralle und Silber. Die leere Leinwand war zu einem riesigen, schimmernden Gemälde geworden. Dann drehte sich einer der gemalten Menschen plötzlich um und sprach zu Masson, und er begann, ihre lange vergessene Sprache zu verstehen. Plötzlich redeten alle auf diesem Bild. Und wenn Masson nun über die Ebene von Bagram ritt, spürte er, wie die Geister sich um ihn drängten und ihre Geschichten erzählten.

Generationen von Königen hatten von Bagram aus regiert. Zwei Jahrhunderte nach Menander I. übernahm ein neues Reich die Macht. Das Imperium Kuschana wurde von nomadischen Stämmen gegründet, die auf dem Pferderücken von China aus nach Westen zogen. Als die Kuschan Afghanistan erreichten, waren viele von Alexanders Städten zerstört oder im Niedergang begriffen. Die Kuschan bauten ihre Festungen aus den Ruinen Alexandrias. Doch Bagram war während der Kuschana-Zeit nicht der Dunkelheit anheimgefallen.

Im ersten Jahrhundert n. Chr. erbaute Kujula Kadphises, der erste Herrscher des Kuschan-Reiches, in Bagram seine Sommerhauptstadt. Eine der seltsamsten Münzen, die Masson gefunden hatte, war in seiner Münzstätte geprägt worden. Genau wie die anderen trug sie auf der Vorderseite eine Inschrift in Griechisch und auf der Rückseite eine in Kharoshthi. Doch statt seines eigenen Porträts auf der Vorderseite der Münze hatte der Herrscher der Kuschan ein Bild des Augustus gewählt, des ersten Kaisers von Rom. Auf der Rückseite der Münze saß Kujula Kadphises auf einem kurulischen Stuhl, der traditionell den höheren Beamten des Römischen Reiches vorbehalten war. Ein buddhistischer König, der aus einer Stadt regierte, die von Alexander dem Großen erbaut worden war, feierte die Gründung seiner eigenen Dynastie mit einer Münze, die den ersten Kaiser Roms darstellte und Inschriften in Griechisch und Kharoshthi enthielt. Es war atemberaubend: eine multikulturelle Welt jenseits der Vorstellungskraft der meisten Gelehrten des 19. Jahrhunderts. Doch eine Entdeckung nach der anderen rückte sie immer weiter in den Fokus. Masson fand Elfenbein aus Indien,[45] Münzen aus der Tang-Dynastie,[46] Silber aus Konstantinopel und zarte römische Siegel, die aus rotem chinesischem Bernstein geschnitzt waren.[47] Dies war das Zeitalter von allem. Masson hatte den »Knotenpunkt der antiken Welt« gefunden.[48]

Masson war sich immer noch nicht sicher, ob er Alexandria unter den Bergen gefunden hatte. Aber er hatte etwas noch viel wichtigeres als Alexanders Stadt entdeckt: Alexanders Erbe.

1937 stolperte eine Gruppe französischer Archäologen in Bagram über einen Hort an Schätzen aus der Kuschan-Zeit, der in einem versteckten Raum einige Fuß unter der Oberfläche der Ebene eingemauert war. Was sie fanden, brachte sie zum Staunen. Es gab Glasfische mit Einlagen aus Lapislazuli. Auf durchscheinenden römischen Glaswaren war eine Jagdszene aus Afrika zu erkennen. Ein junger Mann starrte sie von einem Medaillon aus Gips herunter an. Sein langes Haar schien im Wind des Hindukusch zu wehen. Der Leuchtturm von Alexandria in Ägypten, der Pharos, streckte sich ihnen auf einem Glasbecher entgegen.[49] Das Licht eines der sieben Wunder der antiken Welt strahlte mehr als eintausend Jahre lang über das Mittelmeer. »Er kann aus mehr als siebzig Meilen Entfernung gesehen werden«, schrieb der Reisende Ibn Jubair al-Battani im Jahre 1183, »und wetteifert mit dem Himmel um die Höhe. Beschreibungen werden ihm nicht gerecht, die Augen können ihn nicht erfassen und Worte reichen nicht, so riesig ist dieses Schauspiel.«[50] Trotz seiner Berühmtheit gibt es kaum noch bildliche Darstellungen des Pharos: Der Glasbecher aus Bagram ist nicht nur die früheste, sondern wahrscheinlich auch die exakteste, die jemals gefunden wurde.

Je mehr Masson fand, umso mehr wollte er. Münzen stapelten sich in schimmernden Haufen: Abertausende, goldene, silberne und kupferne, afghanische, griechische, römische und chinesische. Pottinger versuchte, ihn zu bremsen. »Sie haben schon genug geschickt, um sämtliche Numismatiker in Europa zufriedenzustellen«,[51] protestierte er. Doch Masson konnte nicht aufhören. Nacht für Nacht schlich er sich in Verkleidung aus Kabul heraus, um seine Ausgrabungen zu überprüfen. »Die gleiche Notwendigkeit zur Vorsicht jedoch, die mich dazu gebracht hat, die Stadt zu verlassen, ohne jemanden zu informieren, begleitete auch meine Rückkehr in sie, und ich erreichte sie, ohne vermisst zu werden.«[52] »Die Sammlung war nicht – wie es auch keine Sammlung je sein könnte – zu groß.«[53]

Die Geschichte von Alexander hat eine unerbittliche Moral: Je schneller man einem Traum hinterherjagt, umso schneller läuft er vor einem davon. Im *Schahnameh* erreicht Sikandar schließlich den Ort »jenseits dessen das Nichts ist: das Ende der Welt«.[54] Am äußersten Rand der Wirklichkeit wächst ein magischer Baum. Und als Sikandar unter dessen Zweigen steht, beginnt dieser zu ihm zu sprechen:

> Wieso reist Sikandar so weit?
> Er hat genug und noch mehr
> Von den schönen Dingen der Welt.
> Und wenn sieben Jahre und nochmal sieben Jahre
> verstrichen sind
> Wird auch er dahingehen …
>
> Sikandar,
> Ist es wirklich dein Herzenswunsch,
> Die Welt zu durchstreifen
> Und denen, die du triffst, Schmerzen zu bereiten?
> Du hast nicht lange zu leben.
> Sei vorsichtig.[55]

Jahrelang hatte Masson einen Zettel mit Versen aufbewahrt. Er stammte aus einer alten persischen Grammatik und berührte ihn, den Jäger, der niemals zufrieden sein konnte: »Weshalb bist du gekommen? Wenn du gekommen bist, um die Wissenschaft der alten und modernen Zeiten zu erlernen, dann hast du nicht den richtigen Weg genommen. Weiß nicht der Schöpfer aller Dinge alles? Und wenn du gekommen bist, um ihn zu suchen, so wisse, dass er dort war, wo immer du zuerst warst.«[56]

Als das Jahr 1836 in 1837 überging, geriet Massons Leben ins Wanken. Einer von Dost Mohammeds Kommandeuren »drängte den Emir auf meine Festnahme, indem er ihm die Vorstellung vorgaukelte, in meinem Haus wären zwanzigtausend Rupien zu finden«.[57] Währenddessen waren Massons Finanzen so desolat, dass seine Gläubiger damit drohten, bei ihm einzuziehen, bis er seine Schulden bezahlt hätte, wie es Sitte war.[58] Tag für Tag wurde er von verheerenden Kopfschmerzen gequält. »Ich bin unfähig, mich hinzusetzen und zu schreiben, da ein fester Schmerz im oberen Teil meines Kopfes mich ablenkt.«[59]

»Wenn Sie durchhalten und Ihre Zeit abwarten können, dann werden Sie keinen Grund haben, das zu bedauern«, riet Brownlow ihm.[60] Doch Masson fiel es immer schwerer, an bessere Zeiten zu glauben. »Ich habe nur ein einziges Bedauern, und das ist, dass ich nicht auf einer Kündigung bestanden habe«, offenbarte er traurig. »Ich bin für die Welt und für mich selbst nutzlos geworden.«[61]

»Mein lieber Masson«, schrieb Brownlow, »erlauben Sie mir, Sie damit zu trösten, dass die schlimmsten Ihrer Schwierigkeiten vorüber sind.«[62]

Masson wusste es noch nicht, aber seine Schwierigkeiten fingen gerade erst an.

# II

# Der Zweite Alexander

Eine Berühmtheit war auf dem Weg nach Kabul.

Alexander Burnes nannte sich selbst gern »der Zweite Alexander«.[1] Er war an der schottischen Küste in dem Städtchen Montrose geboren worden. Das war ein geduckter, windgepeitschter Ort voller Walfänger und Abenteurer, gefangen zwischen den Hügeln und dem Meer. Man wusste, wer man war, wenn man aus Montrose kam.

Burnes war aufgeweckt, großzügig, charmant und unglaublich optimistisch; er besaß die Energie und den Enthusiasmus eines Hundewelpen. Leider hatte er auch die Diskretion und die Moral eines solchen. Im Herbst 1836 entsandte die Ostindien-Kompanie ihn nach Kabul, »um ihr Verhältnis so gut wie möglich zu stärken und um den Handel im Inneren auf eine gute Grundlage zu setzen«.[2] Burnes hatte keine Ahnung, was er tat.

Im Jahre 1831 hatte sich Burnes zusammen mit dem indischen Gelehrten Mohan Lal und Dr. James Gerard auf eine der bemerkenswertesten Reisen dieser Zeit begeben. Getrieben, wie Burnes es ausdrückte, von »einem Verlangen, das ich immer verspürt hatte, neue Länder zu sehen und die Eroberungen des Alexander zu besuchen«,[3] überquerten die Reisenden den Punjab, nahmen den Chaiber-Pass nach Afghanistan und erreichten Kabul am 1. Mai 1832. »Die Menschen kennen mich unter dem Namen Sikandar, Persisch für Alexander, und was für ein großherziger Name das ist«, schrieb Burnes. »Bei all meiner vermeintlichen Armut habe ich einen Beutel mit Dukaten um meinen Leib, und Wechsel für so viel Geld, wie ich haben möchte. Ich gürte meine Lenden und binde mir bei allen Gelegenheiten mein Schwert um, auch wenn ich freimütig eingestehe, dass ich eher auf Silber und Gold, denn auf kalten Stahl setzen würde. Wenn ich in eine Gesellschaft komme, dann lege ich meine Hand auf mein Herz und sage mit aller Bescheidenheit zum Herrn des Hauses: ›Friede sei mit dir‹, wie es Sitte ist.«[4]

In Kabul blieb die Gruppe bei Jabar Khan und Burnes verliebte sich auf seine ganz eigene Weise in Afghanistan: »Die Menschen dieses Landes sind gutherzig und gastfreundlich. Wenn sie mich fragen, ob ich Schweinefleisch esse, schüttele ich mich natürlich und sage, dass nur Ausgestoßene solche empörenden Dinge tun. Gott möge mir vergeben, denn ich liebe Schinken und mir läuft das Wasser im Mund zusammen, wenn ich das Wort schreibe. Ich wünschte, ich hätte welchen zum Frühstück, zu dem ich mich gleich niederlassen werde.«[5]

Nach achtzehn Tagen in Kabul nahmen die Reisenden die Straße nordwärts nach Buchara. Von dort kehrten Gerard und Lal nach Indien zurück, während Burnes durch die Wüsten Zentralasiens nach Persien ging und schließlich im Januar 1833 wieder Indien erreichte. Als er im selben Herbst nach London zurückkam, geriet Großbritannien schier aus dem Häuschen.

»Ich bin mit Besuchen von Autoren, Verlegern, Gesellschaften und sonst noch was überschwemmt worden«, berichtete Burnes. »Ich bin ein perfektes wildes Tier. ›Da ist der Reisende‹, ›Da ist Mr. Burnes‹, ›Da ist der Indus Burnes‹ und was ich sonst noch zu hören bekomme.«[6] Burnes täuschte ironische Distanziertheit vor, liebte aber jede Minute davon. Er unterzeichnete einen gigantischen Vertrag mit dem schottischen Verleger John Murray und machte viel Aufhebens um das Porträt für den Buchumschlag. »Ich hätte es jedoch lieber, wenn Sie einige Änderungen an meinem Gesicht vornehmen könnten«, schrieb er an Murray, »da man sagt, es sei so gerissen und spitzbübisch, dass ich vermutlich als wahrer Tatar an die Nachwelt überliefert werde!« Er bettelte den Verleger an, es »ein wenig aufzuhübschen«[7] und es »Die Tracht von Buchara« zu nennen, statt eine Darstellung des Autors. »Es wird wohlbekannt sein, dass es ein Porträt ist, und erspart mir den Anschein der Eitelkeit.«[8]

Burnes bestand darauf, seinen eigenen Werbetext zu schreiben. »Dieses Werk«, behauptete er, »eröffnet uns den Blick auf ein weites Land, das in der Neuzeit noch nicht von Europäern besucht wurde, obwohl es durch frühe Eindrücke und klassische Assoziationen voller Interesse ist.«[9] Sein Buch *Travels into Bokhara* wurde zum Bestseller und brachte Burnes ein Vermögen ein. »Darf ich fragen«, richtete er sich hoffnungsvoll an Murray, »ob Aussicht darauf besteht, dass mein Buch eine zweite Auflage erlebt?«[10]

In Afghanistan hatte Burnes sich oft vorgestellt, dort zu stehen, wo Alexander der Große einst stand, und in dieselben Weiten zu blicken.[11] Doch es reichte ihm nicht, in Alexanders Fußstapfen zu treten. Genau wie Harlan wollte Burnes selbst Alexander *sein*: ein neuer Alexander für eine neue Welt. »Wir werden täglich informiert, dass wir der ›Zweite Alexander‹ seien, der ›Sikandar sani‹, weil wir eine so gefährliche Reise geschafft haben«, schrieb er glücklich.[12]

Burnes war fasziniert von Gerüchten, dass Alexanders Nachkommen immer noch in entlegenen Dörfern in Afghanistan lebten, abgeschnitten vom Rest der Welt: die letzten Überbleibsel seiner Städte. »Wenn ich von der Existenz griechischer Kolonien in den entlegenen Regionen Asiens spreche, die angeblich von Alexander von Makedonien abstammen, muss ich vorausschicken, dass ich mich nicht in Spekulationen ergehe, sondern eine Abstammung verschiedener Volksstämme behaupte, die von ihnen selbst behauptet wird und daher unsere Aufmerksamkeit verdient.«[13] Solche Geschichten werden heute noch erzählt.

Das Dorf Malana liegt hoch oben an den Hängen des Himalaya, in einem steil aufsteigenden Tal, umgeben von Kiefern und Rhododendren. Weit unter ihm schweben Adler im Wind und Nebel bedeckt die Talsohle. Die Bewohner von Malana sind stolz auf ihren Urahnen: Es ist Alexander der Große. Das Geschäft der Familie ist nicht länger die Eroberung der Welt, sondern der Anbau des stärksten Marihuanas der Welt.

Burnes war nicht der erste »Zweite Alexander« und er würde nicht der letzte sein. Nader Schah, der im 18. Jahrhundert eine persische Armee nach Indien führte, wobei er sich sowohl Delhis als auch des Koh-i-Noor-Diamanten bemächtigte, bezeichnete sich ebenfalls als der »Zweite Alexander«. Dabei war dies keine Rolle, die man leichtfertig übernehmen sollte. Es heißt, dass Ala ud-Din Khalji, der Sultan von Delhi im 14. Jahrhundert, gegenüber einem seiner Ratgeber geklagt habe: »Was nützen mir mein Reichtum und Elefanten und Pferde, wenn ich mich mit Delhi zufriedengebe und keine neuen Eroberungen unternehme? Was wird man über meine Regentschaft sagen?« »Dies sind nicht die Tage Alexanders«, warnte ihn der Ratgeber. »Und wo wird man einen Wesir wie Aristoteles finden können?«[14] Burnes merkte es noch nicht, aber es war riskant, in die Sandalen Alexanders zu treten.

Rudyard Kipling verfasste die Erzählung »Der Mann, der König sein wollte«. Es ist die Geschichte zweier Weltenbummler – der eine sieht verdächtig aus wie Burnes und der andere wie Harlan –, die sich als »Söhne des Alexander« ausgeben. Sie schließen einen Pakt, nach Afghanistan zu reisen und sich zu Königen zu machen. »Indien ist nicht groß genug für solche wie uns«, sagt der eine. »Wir sind keine Krüppel, in keiner Hinrichtung, und fürchten nichts auf der Welt außer das Saufen; aber diesbezüglich haben mir bereits einen Kontrack miteinander abgeschlossen. No, was soll ich lang reden: Mir haben vor, Könige zu werden.« Einer der Könige beschließt seine Tage in einer Irrenanstalt in Indien. Von dem anderen bleibt kaum mehr als ein »verwitterter, vertrockneter Kopf« in einem Rosshaarbeutel.[15] Selbst Kipling wusste, dass nur Narren sich »Söhne des Alexander« nannten.

Als Burnes triumphierend nach Indien zurückkehrte, wurde er als Henry Pottingers Assistent nach Bhuj geschickt. Ein staubigerer, enttäuschenderer Posten ist kaum vorstellbar. Der »Zweite Alexander« richtete sich widerwillig in einem Leben aus Papierkram und warmem Gin ein. Pottinger war unglaublich eifersüchtig auf seinen glamourösen Untergebenen – »er hat ein gewisses Talent mit sehr wenig Urteilsvermögen, und selbst dieses bisschen war verdreht«, murmelte er[16] – und redete schon bald nicht mehr mit ihm. »Nicht nur ist jede redende Bekanntschaft zwischen diesem Offizier (Captain Burnes) und mir selbst zum Erliegen gekommen«, schrieb er an Masson, »ich habe auch noch Grund zur Annahme, dass er einer der größten der wenigen Feinde ist, die ich in meinem Leben getroffen habe.«[17] Burnes ärgerte und schwitzte sich durch die Monate, bis die Gelegenheit, nach Afghanistan zurückzukehren, ihn erneut auf die Straße trieb.

Masson und Dost Mohammed waren beide erfreut, dass Burnes nach Kabul unterwegs war. Masson hoffte, das würde ihm die Messer im Rücken fernhalten. »Ich fürchtete, dass meine Position, solange nicht etwas geregelt wurde, nicht für weitere sechs Monate haltbar war. Aus dieser Verlegenheit hat die Ernennung von Captain Burnes, die allgemeine Befriedigung hervorrief, mich befreit. Ich vertraue aufrichtig darauf, dass seiner Mission keine Hindernisse in den Weg geräumt werden.«[18] Dost Mohammed hoffte ebenfalls darauf, dass dies die Messer in seinem Rücken fernhalten würde. Im Westen hatte Persien ein Auge auf die Grenzstadt Herat geworfen. Im Osten sahen die Armeen von Ranjit Singh eine freie Straße nach Kabul. Seine Schatzkammern waren fast leer und seine Höflinge sahen hungrig aus.

Eines Abends klopfte es sehr spät an der Tür von Massons Haus. Draußen standen zwei Diener Dost Mohammeds, die »sagten, dass der Emir mich zu sehen wünsche. Ich merkte an, dass die Uhrzeit unpassend sei, da ich aber noch auf war, würde ich mitkommen.«[19] Masson wurde durch die Straßen Kabuls geführt, die nur vom Mond und den Laternen der Männer beleuchtet waren. Er erkannte, dass sie nicht zum Palast gingen. Die Gassen nahmen Kurven und Windungen. Die Wände auf beiden Seiten waren leer, abgesehen von den »niedrigen quadratischen Türen« der Häuser, »zwischen denen dann und wann eine größere Tür auftauchte, der Eingang zum Wohnsitz eines bedeutenderen Mannes, und Maulbeerbäumen, die gelegentlich über die Mauer spähten«.[20] Schließlich hielten die Männer an und eine Tür öffnete sich knarrend. Akbar Khan, Dost Mohammeds Sohn, grinste Masson an, ganz eindeutig erfreut über dessen Überraschung. Dann »bat er mich, ihm zu folgen und führte mich in einen dunklen Durchgang. Ich rief ihm zu, dass er mir seine Hand geben solle, da ich keine Katze sei, die im Dunkeln sehen könne, und er lachte und tat es. Nachdem wir uns den Weg durch etliche Durchgänge ertastet hatten, erreichten wir das Dach einer Wohnung.« Dort saßen Dost Mohammed und Sami Khan im Licht einer Papierlaterne. Masson und Akbar Khan gesellten sich zu ihnen und dann saßen sie eine Weile still beieinander, die Sterne über ihnen und die Dächer Kabuls zu ihren Füßen. Schließlich kam Dost Mohammed zur Sache. »Ich stellte fest, dass er nach mir gesandt hatte, um erstens herauszufinden, ob Captain Burnes wirklich nach Kabul kam, und zweitens zu erfragen, welches die Ziele seiner Mission waren.« Masson »konnte ihm nicht sagen, was ich selbst nicht wusste«.[21] Es sollte der letzte friedliche Augenblick sein, den die vier jemals zusammen verbrachten.

Burnes selbst wusste nicht, ob er nach Kabul ging, um mit britischen Waren hausieren zu gehen oder um eine Allianz auszuhandeln. Masson ließ er wissen: »Bisher habe ich keine weitere Autorität als die, einen geschäftlichen Auftrag auszuführen; doch verschiedene Hinweise und Briefe … haben mich davon überzeugt, dass eine mitreißende Zeit politischen Handelns gekommen ist, und ich werde zeigen müssen, aus welchem Zeug meine Regierung gemacht ist und auch ich selbst.«[22]

In der Zwischenzeit verbreiteten sich Berichte über Massons Entdeckungen in der Welt, als seine Funde in London eintrafen. »Die erste Ladung Münzen und Relikte ist zu Hause angekommen«, teilte Pottinger ihm mit, »und hat die Bewunderung aller gefunden, die sie gesehen haben. Er heißt, die Sammlung sei ›viel erlesener und umfangreicher als die von Mr. Martin Honigberger, über die so viel gesprochen wurde.‹«[23] Zeitschriften berichteten über »die sehr bedeutenden Entdeckungen eines Mr. Masson, die er während eines Aufenthaltes im Land des antiken Baktrien gemacht hat. Am Fuß des Hindukusch-Gebirges wurden die Ruinen einer großen Stadt aufgespürt, die mutmaßlich Alexandria ist.«[24] Zeitungen priesen »den herausragenden Altertums- und Naturforscher Mr. Charles Masson«.[25] Die größten Gelehrten der Welt schrieben ehrfürchtige Briefe.

In Afghanistan dagegen war Masson krank und unglücklich. Großbritanniens imperiales Projekt und seine Rolle darin widerten ihn zunehmend an. »Die Diener der Ehrenwerten Ostindien-Kompanie tauchten aus den engen Grenzen ihrer ursprünglichen Faktoreien an der Meeresküste Indiens auf und erweiterten ihre Eroberungen bis weit in den Kontinent hinein. Ein Staat nach dem anderen wurde von ihnen unter unterschiedlichen Vorwänden eingenommen«, reflektierte er. »Wie der unrechtmäßige Eigentümer eines Anwesens, der sich des Mangels seiner Besitzurkunden bewusst ist oder sie ganz vermisst, war sich die indische Regierung offenbar so sehr des prekären Charakters ihrer Autorität bewusst, dass sie dazu neigte, Alarm zu schlagen.«[26] Er wollte nichts mehr mit der Ostindien-Kompanie zu tun haben. Sein Leben als Spion hatte »mir mehr Elend eingebracht, als ich noch ertragen kann«.[27]

Als er aus Kabul hinausritt, um den »Zweiten Alexander« zu treffen, war Masson vor Fieber und Durchfall halb von Sinnen. Burnes und Masson hatten seit Jahren Geschichten voneinander gehört, waren sich aber noch nie persönlich begegnet. Burnes schrieb an Masson: »Ich habe schon oft Ihren Weg gekreuzt und habe dabei immer die Eindrücke bestätigt gefunden, die ich von Ihren Talenten, Ihrer Ehre und Ihrem Eifer gewonnen hatte.«[28] »In unserem Lager«, notierte Burnes in sein Tagebuch, »waren wir froh, Mr. Masson zu treffen, den berühmten Reisenden und Illustrator der Münzen und Altertümer dieses Landes, der mehr davon gesehen hat und besser damit vertraut ist als jeder andere Europäer. Ich verbrachte den Tag in der Gesellschaft dieses Mannes und hörte mir seine Ansichten von Kabul an.«[29] »Der Zweite Alexander«, bemerkte Masson, schien sehr von seiner Bedeutung eingenommen zu sein. »Ich hatte mich entschlossen, ihn [Dost Mohammed] sofort darüber zu informieren, dass die britische

Regierung wahrscheinlich kein Kokettieren seinerseits zulassen würde«, ließ Burnes Masson wissen. »Die Ehre, einen Agenten, wie bescheiden auch immer, zu haben, der mit ihm verhandeln könne, ist keinesfalls als klein zu erachten.«[30] Burnes blickte zu der wunderbaren Stadt Kabul in der Ferne und auf Dost Mohammeds Palast, der über ihr aufragte, und murmelte, dass »die Afghanen wie Kinder behandelt werden sollten«.[31]

Charles und Alexander waren vom Wesen vollkommen gegensätzlich. Sie betrachteten die Welt durch ganz unterschiedliche Augen. Burnes sah Afghanistan von oben, Masson von unten; Burnes war voller Strategien und Ambitionen, Masson hatte Dreck unter den Fingernägeln und war besessen davon, am Leben zu bleiben.

Akbar Khan geleitete Burnes auf einem Elefanten und mit all dem Prunk nach Kabul hinein, den Dost Mohammeds Hof aufbringen konnte.[32] Am nächsten Tag ritt Burnes den Bala Hissar hinauf, um dem Emir seine Beglaubigungsschreiben zu übergeben. »Ich informierte ihn, dass ich ihm einige Raritäten aus Europa mitgebracht hätte und er erwiderte, dass wir selbst die wahren Raritäten aus Europa seien.«[33] Burnes war wegen seiner »Raritäten« besorgt gewesen. »Wir sind jedoch nicht mit Geschenken beladen«, hatte er Masson gestanden, »aber machen die Sache so, wie es ›Handelsbotschaftern‹ ansteht – und wenn wir notgedrungen zu politischen Botschaftern gemacht werden, dann wird der Emir von Kabul auch sehr damit zufrieden sein, ohne dass eine Ladung Tand aus Birmingham uns begleitet.«[34] Alles, was er Dost Mohammed anzubieten hatte, waren »ein Paar Pistolen« und ein Teleskop zusammen mit einem Beutel »Stecknadeln, Nähnadeln, Scheren, Federmessern, seidenen Taschentüchern, Spielzeugen, Uhren, Spieluhren« für die Frauen am Hof.[35] Doch Dost Mohammed akzeptierte die Geschenke »auf eine sehr schmeichelhafte Weise mit vielen Äußerungen der Hochachtung über die Ehre, die ihm zuteil geworden ist«.[36] Burnes zog sich mit vor der Brust verschränkten Händen zurück, sehr zufrieden mit sich selbst.

Sofort nachdem Burnes den Raum verlassen hatte, warf Dost Mohammed die Geschenke auf den Boden und »kehrte sein Gesicht ab«. »Siehe«, schäumte er, »ich habe gefastet und diesen Feringhi in einer Höhe von sechstausend Rupien geehrt und habe für meine Narretei einen Haufen Nadeln und lächerliche Spielzeuge erhalten!«[37]

Unbeirrt ließ Burnes sich in Kabul nieder. »Ich ritt durch die Stadt und bin gewiss das Objekt einiger Neugierde«, reflektierte er. »Was für eine schöne, aktive, geschäftige Stadt das ist.«[38] Als er durch die Straßen trabte, schrien die Leute: »Kümmern Sie sich um Kabul!«, »Zerstören Sie Kabul nicht!«[39]

»Was der Ausgang der Mission sein wird, weiß ich kaum zu sagen«, bekannte Masson, »und ich bin nicht sicher, dass er [Burnes] in der Lage wäre zu sagen, mit welcher Aufgabe er nach Kabul gekommen ist, oder dass die Regierung sagen könnte, wieso er geschickt wurde.«[40] »Ein Fatalist bin ich«, hatte Burnes einst geschrieben, »ein skeptischer Holzkopf, dessen Kopf, gefüllt mit seinen eigenen Eitelkeiten, sich selbst für fähiger hält, als er ist.«[41]

Die Politik in Kabul war schon in den besten Zeiten verworren, und dies waren nicht die besten Zeiten. Masson und Burnes verbrachten viele Stunden miteinander, in denen sie das Netz aus Fehden, Gefallen und Ängsten verfolgten, das Afghanistan zusammenhielt. »Sie haben mir die Felsen vor Augen geführt, die jede Bewegung gefährden«, dankte Burnes Masson, »und der Weg ist so verdorben, dass ich befürchte, selbst mit einem solchen Leuchtfeuer in große Schwierigkeiten zu geraten.«[42] An Macnaghten berichtete Burnes: »Ich werde Mr. Masson viel zu verdanken haben, dessen hohe literarische Leistungen, langer Aufenthalt in diesem Land und exakte Kenntnisse von Menschen und Ereignissen mir auf Schritt und Tritt die Möglichkeiten bieten, zu einem korrekteren Urteil zu kommen, als ich bei dem abrupten Wechsel nach Kabul normalerweise hätte bilden können.«[43]

Dost Mohammed war es leid, selbst im Schlaf wachsam sein zu müssen. Er wollte frei sein von der Gefahr einer Invasion aus Persien und von Ranjit Singh. Außerdem wollte er, dass Ranjit Singh Peschawar zurückgab, die Stadt, die den Chaiber-Pass und die Handelswege von Indien nach Afghanistan beherrschte. Ranjit Singh hatte sie 1834 einem von Dost Mohammeds Brüdern abgenommen. »Ich hatte und habe den großen Wunsch, Freundschaft mit der britischen Regierung zu schließen«, schrieb Dost Mohammed an Burnes, »und die Sikhs auf Anraten dieser Regierung aus Peschawar zu vertreiben.«[44] Es gab leider eine beträchtliche Schwierigkeit. Wie Pottinger Masson schon vor Monaten gesagt hatte: »Was auch immer Captain Burnes' Mission sein mag, ihm ist zur Zeit selbst die kleinste Einmischung in politische Angelegenheiten streng verboten«.[45] Burnes war geschickt worden, um über Zollgebühren zu sprechen, nicht über große Allianzen.

Zollgebühren langweilten Burnes. »Angenommen, es würde sich herausstellen, dass Dost Mohammed Khan all den Einfluss und all die Fähigkeiten besitzt, die ihm allgemein zugeschrieben werden«, teilte er der Ostindien-Kompanie mit, »so würde es uns wohl kaum in Verlegenheit bringen, wenn wir diesem Häuptling versprechen oder einen Geheimvertrag mit ihm schließen würden, dass wir unseren Einfluss in seine Hände legen.«[46] Ohne eine Antwort aus Indien abzuwarten, begann er mit Verhandlungen.

Hätte Burnes auf Masson gehört und Kabuls Spiele wie ein Afghane gespielt, dann wären die Dinge vielleicht ganz anders verlaufen. Aber das tat er nicht. Masson schrieb: »Zu mir war er immer sehr freundlich und zuvorkommend, obwohl wir uns traurigerweise in allen Ansichten unterschieden. Diese habe ich ihm gegenüber immer nur aus Gewissensgründen und mit dem Wunsch geäußert, dass er erfolgreich sein möge. Ich war auch nicht verärgert, dass er sie nicht anhörte, denn mir war bewusst, dass es anmaßend sein könnte, sie vorzubringen. Und wie er einmal sagte, als ich ihn bat, ein wenig diskret zu sein: ›Ich bin der Verantwortliche, Masson, und ich muss nach meinem eigenen Dafürhalten handeln.‹«[47]

Burnes hatte die beste Zeit seines Lebens. Masson merkte schon bald, warum er darauf bestanden hatte, ein Haus zu haben, das »nicht zu übersehen« war.[48] Burnes verbrachte seine Abende in einem lüsternen Dusel in den Armen der Frauen von Kabul. »Ihre geisterhaften Gestalten, wenn sie umhergehen, machen einen melancholisch; doch wenn alles wahr ist, was von ihnen berichtet wird«, grinste er anzüglich, »entschädigen sie einen in den eigenen vier Wänden gründlich für all diese düsteren Zurschaustellungen in der Öffentlichkeit.«[49] Die Afghanen mochten ihren Augen kaum glauben. War es so einfach, mit den Briten zu verhandeln?

Kurz darauf hatte Masson einen Besucher. Sami Khan schlug »nach einigen langwierigen Beobachtungen vor, dass ich dem Beispiel meines illustren Vorgesetzten folgen und mein Haus mit schwarzäugigen Damen füllen sollte. Ich merkte an, dass mein Haus kaum groß genug sei.« Sami Khan bot Masson daraufhin ein größeres an. »Ich fragte dann, woher die Frauen kommen sollten, und er erwiderte, dass ich mir alle aussuchen könnte, die mir gefielen, und er würde sich darum kümmern, dass ich sie bekäme. Ich sagte ihm, seine Güte überstiege alles Lob, dachte aber, dass es besser sei, stillschweigend so weiterzumachen wie bisher.«[50]

In der Kabuler Politik gab es eine Konstante: Nichts war so, wie es schien. »Die Afghanen sind Glieder meines Körpers«, pflegte Dost Mohammed zu sagen, »und wie kann ich sie da nicht beschützen? Wie die Sprichwörter sagen, wenn ein Glied des Körpers große Schmerzen leidet, können die anderen nicht ruhig sein.«[51] Allerdings erwartete Dost Mohammed nicht, dass Ranjit Singh ihm tatsächlich Peschawar übergab. Schließlich hatte er Peschawar ja eigentlich nie kontrolliert: Die Stadt war von seinem Bruder regiert worden. »Jabar Khan forderte Captain Burnes nachdrücklich auf, den Vorschlag entschieden abzulehnen, den man ihm unterbreiten würde«, schrieb Masson. »Ich tat dasselbe, so energisch ich konnte.«[52] Doch Burnes war zu entzückt von Dost Mohammed, um darauf zu hören. »Ich habe noch nie einen solch freundlichen Empfang erlebt«, berichtete er Masson. »Er ist alles für uns!«[53] »Der Emir ließ mich heute Nachmittag privat zu sich kommen«, hielt Burnes in seinem Tagebuch fest, »und sagte unter anderem zu mir, dass er in seinen Ansichten und Interessen englisch sei, und in allem tun würde, was wir wünschten.«[54]

Eines Abends fand Masson Burnes in seinem Haus am Feuer sitzend vor, ohne eine »schwarzäugige Jungfer«. Er wirkte nachdenklicher als gewöhnlich. »Masson«, sagte Burnes, »ich bin aufs Ganze gegangen.«[55]

Dost Mohammeds Minister »hatten als Gegenleistung für die Abtretung von Peschawar an den Emir vorgeschlagen, dass einer von dessen Söhnen als Unterpfand für das Wohlverhalten seines Vaters beim Maharadscha in Lahore leben sollte«. Burnes hatte darauf sofort »erwidert, dass alles so eingerichtet werden würde, wie sie es wünschten«.[56] Sein Angebot war schon bald »jedem Kürbisverkäufer auf dem Basar bekannt«.[57] Masson schrieb: »Ich konnte nur meinen Befürchtungen Ausdruck verleihen, dass das Schlimmste daraus erwachsen würde.«[58]

Und Burnes berichtete einem Freund: »Dost Mohammed Khan hat sich all unseren Ansichten angeschlossen und hat dabei entweder selbst nachgedacht oder ist meinem Ratschlag gefolgt, aber für das Erstere zolle ich ihm jede Anerkennung. Oh! Was sagst du dazu, nach allem, was über Dost Mohammed und seine extravaganten Ansprüche berichtet wurde? Ranjit wird dem Plan zustimmen, da bin ich sicher.« Am Horizont war nur eine einzige Wolke zu sehen. »Ich habe keine Ahnung«, bekannte Burnes, »was die Regierung von Indien von meinen Maßnahmen hält.«[59]

Im Dezember verdunkelte sich der Himmel beträchtlich. Eine riesige persische Armee belagerte Herat. Und kurz vor Weihnachten stolzierte ein Mann, der sich Iwan Wikewitsch nannte, nach Kabul hinein und behauptete, Dost Mohammed einen Brief des Zaren von Russland zu überbringen.

Wikewitsch war als Jan Prosper Witkiewicz in Vilnius geboren worden. Als Teenager hatte er sich in der falschen Art von Politik betätigt. Es war nichts Dramatisches – er hatte einige unkluge Plakate aufgehängt und einige unbedachte Briefe geschrieben –, aber es reichte, um ihn in die Steppen Zentralasiens zu verbannen, dazu verdammt, den Rest seines Lebens als Fußsoldat in der Armee des Zaren zu verbringen. Genau wie Masson träumte er jahrelang von der Freiheit. Er las unablässig und gab jeden Rubel, den er ergattern konnte, für Bücher aus. Die russische Armee war in diesem Fall aufmerksamer als die Ostindien-Kompanie: Wikewitsch wurde aus der Truppe entfernt und zur Arbeit als Spion eingesetzt.[60]

Masson hatte geplant, einige Wochen aus Kabul wegzugehen, um dem zu entkommen, »ein Beobachter dessen zu sein, was passiert, denn mehr bin ich nicht«.[61] Doch gerade, als er aufbrechen wollte, traf eine panische Nachricht von Burnes ein. »Ich wäre Ihnen sehr verbunden, wenn Sie herüberkommen könnten, da ich speziell mit Ihnen sprechen möchte – der Russe ist hier!!! und der Emir ist bei mir gewesen, um zu erfahren, was er tun soll.«[62] »Wir sind in Schwierigkeiten«, alarmierte Burnes einen Freund. »Herat wird belagert und könnte fallen, und der Kaiser von Russland hat einen Boten nach Kabul geschickt, um Dost Mohammed Geld für den Kampf gegen Ranjit Singh anzubieten!! Ich mochte meinen Augen und Ohren nicht trauen, aber Captain Wikewitsch, denn das ist der Name des Agenten, traf hier mit einem feurigen Brief von drei Fuß Länge ein, und sprach sofort bei mir vor, um mir seine Aufwartung zu machen. Ich habe ihn natürlich empfangen und zum Essen eingeladen.«[63]

Höflich lächelnd erschien Wikewitsch in voller Kosakenuniform zum Weihnachtsessen. Das war nicht die Art von Geschenk, die Burnes sich erhofft hatte.

Masson war misstrauisch. Irgendetwas stimmte mit diesem russischen Agenten nicht. Sein Auftreten war zu geschmeidig. Sein Brief vom Zaren war nicht unterzeichnet. Masson und Burnes brachten Stunden damit zu, ihn genau zu untersuchen. »Ich kann keinen Makel in der Korrespondenz finden und bin verpflichtet, sie als authentisch zu behandeln«, stellte Burnes fest.[64] Masson dagegen glaubte, dass Wikewitsch kein kaiserlicher Bote sei. Sein Brief musste »eine Fälschung« sein. Darauf »zuckte Captain Burnes mit den Schultern, hob die Augenbrauen und rollte seine Zunge durch die Wangen«.[65] Genau wie Masson war Wikewitsch ein zwanghafter Geschichtenerzähler, der selten denselben Alias zweimal benutzte. Doch dieses Mal, in Kabul, war er exakt derjenige, der er zu sein vorgab. Er war ein Bote der russischen Regierung und sein Brief war echt. Masson hatte einen kolossalen Fehler gemacht.

Trotz ihrer Unstimmigkeiten war Burnes immer freundlich zu Masson. Er half ihm, seine Bezahlung von Wade zu bekommen, den er ebenso verabscheute, wie Masson es tat. »Ich schulde ihm nichts«, schrieb er an Masson, »eher im Gegenteil. All dies sage ich als einen gewissen Trost für jemanden, dessen Gefühle so missbraucht worden sind wie die Ihren.«[66] Als Wade sich mit der Bezahlung Zeit ließ, bot Burnes an, Massons Ausgrabungen selbst zu finanzieren. »Wenn meine Geldbörse Ihnen nützen kann und wenn Sie jetzt oder später davon Gebrauch machen wollen, dann wird dies für mich immer ein sehr befriedigender Beweis Ihres Vertrauens sein – ich weiß, dass Sie Freunde haben, die Ihnen diesen Dienst erweisen würden, aber diese sind nicht hier, doch ich bin es.«[67] Masson gab sich das Versprechen, dass er seine Suche nach Alexandria fortsetzen würde, sobald seine Gesundheit besser und der Himmel ein wenig klarer sein würden.

»Kennen Sie die Geschichte vom hungrigen Fuchs?«, fragte Dost Mohammed Harlan eines Tages. Ein halb verhungerter Fuchs hatte nach Futter gesucht, »als er plötzlich einem großen Schafbock von der breitschwänzigen Rasse gegenüberstand«. Nun war der Bock viel größer als der Fuchs, doch »der Fuchs, der ihm wehmütig hinterherblickte, während er sich langsam entfernte, war erstaunt, den großen, hin und her wackelnden Schwanz zu sehen, der wie ein Haufen Fleisch wirkte, das bedenklich herunterhing und scheinbar fast abzufallen schien. In seinem hungrigen Bauch erwachte neue Hoffnung und er schlich dem Schafbock vorsichtig hinterher«, weil er erwartete, dass der Schwanz im nächsten Moment abfallen würde. Das tat er natürlich nicht und »als der Schafbock schließlich seinen Pferch erreichte, ging er hinein und ließ den enttäuschten Fuchs hungrig und hoffnungslos an der Tür stehen«. »Das ist nun meine Lage«, sagte Dost Mohammed zu Harlan, »ich werde diesem europäischen

Agenten in der momentanen Erwartung, dass etwas abfallen könnte, hinterherblicken und mich schließlich wie der elende Fuchs abwenden, um mich weiter von der harten Kost zu ernähren, die seit jeher das Schicksal von uns Bergbewohnern gewesen ist.«[68]

»Unser Land ist gut«, sagte man Burnes. »Es ist wie eine wunderschöne Witwe, die freiwillig ihre Bindung erklärt, sodass man es nicht ablehnen kann, sie zur Frau zu nehmen.«[69] Einer seiner afghanischen Freunde »sah die Feringhis in einer Vision auf Baburs Grab sitzen, wo sie die Grüße der Afghanen entgegennahmen. Der morgendliche Gebetsruf weckte ihn und er wusste nicht, was folgte.«[70] Doch da waren noch Burnes Versprechen an Dost Mohammed: Aus Indien gab es keine Antwort und der Emir begann sich zu fragen, »ob seine Vorgesetzten in Kalkutta die Zuversicht von Captain Burnes im Hinblick auf Peschawar teilen würden«.[71] Burnes wandte sich erneut an Lord Auckland und teilte ihm mit, dass »es nun ein Kopf-an-Kopf-Rennen zwischen Russland und uns sei«.[72] Er hatte ganz einfach vergessen, dass er der Ostindien-Kompanie versprochen hatte, »Dost Mohammed nicht zu erlauben, irgendeine andere Macht gegen uns auszuspielen«.[73]

Während Burnes und Dost Mohammed auf eine Antwort aus Indien warteten, stifteten Harlan und Wikewitsch fröhlich Unruhe. »Der Emir ist von Mr. Harlan in seinen Ansichten gegen uns bestärkt worden, einem Amerikaner in seinen Diensten, der ihm gesagt hat, dass wir danach streben, ihn abzusetzen«, schrieb Burnes. »Gegenüber Mirza Sami habe ich darauf hingewiesen, dass Mr. Harlan ein schlechter Ratgeber ist – dass er im Dienst Ranjit Singhs gestanden hat, ein Agent von Schudscha war und jetzt ein Diener des Emir ist –, aber das sind alles Einwände gegen den Mann und nicht gegen die Politik.«[74]

Eines Tages bestellte Dost Mohammed Burnes zu sich. »Er war ungemein entzückt von einem aufgeblasenen Papierglobus der Erde«, den Burnes besaß. Der Emir und der »Zweite Alexander« drehten zusammen den Globus, »suchten nach den Namen der verschiedenen Länder – grübelten darüber nach, die Landengen von Suez und Darien (Panama) zu durchschneiden«. Dost Mohammed sagte zu Burnes, dass »Afghanen von Beruf und Neigung aus Soldaten seien und die Briten jetzt irgendetwas aus ihnen machen könnten, obwohl es eine Zeit gegeben hatte, in der sie sich nicht so leicht hatten sichern lassen und dass es wieder so werden könnte. Ich stimmte ihm zu.«[75]

»Wir werden«, sagte Dost Mohammed zu Burnes, »uns an Sie halten, bis Sie uns fallen lassen.«[76]

Die Ostindien-Kompanie entschied, ihn fallen zu lassen. Sie distanzierte sich von den Versprechen, die Burnes Dost Mohammed gegenüber abgegeben hatte. »Seine Lordschaft sieht in den Tatsachen, die ihm berichtet wurden, nichts, was ihn bewegen könnte, sich in die Gefahr einer solchen Verlegenheit zu begeben, wie sie mit dem Kurs verbunden wäre, den Sie ihm auferlegt haben«, schrieb Macnaghten an Burnes. »Diese Versprechen wurden durch keine unserer Anweisungen autorisiert.«[77] Burnes wurde angewiesen, jede Vereinbarung, die er gemacht hatte, aufzulösen, und zwar in einer Weise, die keinerlei Zweifel aufkommen ließ. Für jemanden, der immer jedem genau das sagte, was er zu hören wünschte, vor allem sich selbst, war das eine grässliche Erfahrung. Aber er hatte keine Wahl.

Im März 1838 sagte Burnes zu Dost Mohammed: »Sie dürfen ohne unsere Zustimmung niemals Agenten anderer Mächte empfangen oder etwas mit ihnen zu tun haben; Sie müssen Captain Wikewitsch in aller Höflichkeit wegschicken, Sie müssen alle Ansprüche auf Peschawar freiwillig aufgeben, da diese Oberherrschaft dem Maharadscha Ranjit Singh gehört; Sie müssen mit diesem Potentaten auf freundlichem Fuß leben.« »Sollten wir«, so ging es weiter, »Ihnen wirklich erlauben, in Kabul zu sitzen, mit Russland und Persien Kontakt zu pflegen, Agenten aus diesen Ländern hereinzuholen und öffentlich zu erklären, dass Sie den Frieden eines Freundes an Ihren Grenzen zu stören wünschen?«[78]

Als Burnes fertig war, gab es eine lange »peinliche Stille«.[79] Dost Mohammed »behauptete, dass er von unserer Regierung als Niemand betrachtet worden sei, dass seine Freundschaft wenig wert sei, dass man ihm gesagt habe, er solle sich glücklich schätzen, dass wir es verhindert hätten, dass die Sikhs nach Kabul gekommen seien, wovor er sich nicht gefürchtet hätte«.[80] »Es ist unmöglich, alles zu schreiben«, bekannte Burnes später gegenüber Masson, »und wenn ich vor dem Abendessen zu Ihnen oder Sie zu mir kämen, könnte das unsere schlechte Laune zeigen. Ich gab meine Botschaft vorsichtig und er war wütend, als ich ging, aber ich habe kein Wort von dem ausgelassen, was ich für ihn vorbereitet hatte. Er kam mit der alten Geschichte – keine Unterstützung – niemand kümmert sich um eine scheiternde Nation – ich bot meine Waren zum Verkauf an und niemand griff zu.«[81]

Dann gab Burnes »sich der Verzweiflung hin. Er band sich nasse Handtücher und Taschentücher um den Kopf und nahm Zuflucht zum Riechfläschchen«.[82] »Ich kann nicht mehr viel länger durchhalten«, notierte er in seinem Tagebuch. »Sie glauben, sie könnten den Mann zu ihrem Freund machen, ohne dass er etwas davon hat.«[83]

Dost Mohammeds Minister waren verblüfft. Sami Khan nahm Masson eines Tages zur Seite und fragte: »›Worauf sollen wir uns einigen?‹ Keine Frage könnte verwirrender sein. Meine Antwort lautete: ›Um Himmels willen! Ich weiß nicht mehr als Sie, aber ich bin mir sicher, dass man nicht von Ihnen verlangt, sich auf etwas Schädliches einzulassen‹, und fügte dann hinzu, ›Wir müssen allem zustimmen, ohne zu wissen, was es ist, und dann werden wir es herausfinden.‹«[84]

Wikewitsch konnte sein Glück kaum fassen. Als der Winter dem Frühling wich, wurde Dost Mohammed »immer vertraulicher mit ihm, sprach mit ihm in der Öffentlichkeit und lud ihn ganz offen ein, die Abende mit ihm zu verbringen und im Palast mit ihm zu speisen«.[85] Niedergeschlagen setzte Burnes Macnaghten über all dies in Kenntnis. Niemand in Kabul erkannte, wie sehr dieser einzelne russische Offizier die Ostindien-Kompanie ängstigte. Für viele in Kalkutta und London sah Wikewitschs Mission aus wie der erste Schachzug in einer riesigen, sinistren Verschwörung, die damit enden würde, dass eine russische Armee über den Chaiber-Pass nach Indien einfallen würde. Afghanistan und Russland mussten voneinander ferngehalten werden, koste es, was es wolle.

Burnes hörte Gerüchte, dass er »ergriffen« werden solle. Jemand im Basar »erklärte, dass er bestochen worden sei, dies für 200 Rupien zu tun«.[86] Massons schlaflose Nächte hielten an.[87] Männer beschatteten ihn weiterhin und beobachteten sein Haus. Er wusste, dass Kabul nicht länger sicher für ihn sein würde, wenn Burnes es nicht schaffte, die Beziehung zwischen der Ostindien-Kompanie und Dost Mohammed zu kitten. Großbritannien und Afghanistan drifteten von Freundschaft zu Feindseligkeit.

»Die Dinge in Kabul sind vorbei«, resümierte Burnes. »Unsere Position hier ist unsicher, und je eher wir unsere Sichtweise verändern oder Kabul verlassen, umso besser.«[88] Er saß zu Hause und aß trübselig Weintrauben. Jeder Brief, den er aus Indien erhielt, machte es deutlicher, dass die Ostindien-Kompanie bestürzt war von Dost Mohammeds Weigerung nachzugeben. Burnes warnte, dass der Emir bald »bereuen würde, dass er nicht hört … Der Emir könnte durchaus zur Besinnung kommen, bevor er die Freundschaft zur britischen Regierung abbricht.«[89] »Da meine Hoffnungen in Ihre Regierung verschwunden sind«, erwiderte Dost Mohammed, »werde ich gezwungen sein, mich anderen Regierungen zuzuwenden. Es ist für den Schutz Afghanistans, zur Rettung unserer Ehre und, Gott verhüte, nicht wegen irgendwelcher übler Absichten gegen die Briten.«[90]

»Einige der Leute, die sich seit der Ankunft der Mission ferngehalten hatten, wagten es eines Abends, den Emir zu fragen, was er mit Sikandar mache. Er antwortete, er wisse es nicht. Er hatte ihn aufgefordert zu gehen, aber er war geblieben.«[91] »Hätte ich mich der afghanischen Angewohnheit angeschlossen, an Träume zu glauben«, schrieb Burnes, »dann hätte ich in jeder einzelnen Woche meines Aufenthalts in dem Land Beweise unseres endgültigen Erfolgs und unserer Überlegenheit gesehen.«[92] Doch Träume brachten ihn letztlich nicht weiter. »Es gibt zahlreiche Berichte, dass Dost Mohammed mit den Briten fertig ist«, vermerkte er traurig in sein Tagebuch.[93] Es wurde Zeit zu gehen.

Masson wurde von der Plötzlichkeit des Ganzen überrascht. »Ich war auf eine solch abrupte Abreise absolut nicht vorbereitet«, bekannte er.[94] Seine Freunde sagten ihm alle dasselbe: In Kabul zu bleiben, war jetzt viel zu gefährlich. »Masson geht mit mir«, schrieb Burnes. »Er kann nicht bleiben, glaubt er, und ich stimme ihm da zu.«[95] Masson war so kurz davor gewesen, das Rätsel um Alexandria zu lösen. Doch nun musste er seine Sachen packen und verschwinden. Die Arbeit eines halben Jahrzehnts begleitete ihn: Tausende von Münzen, in Kisten geschüttet, Artefakte, die hastig in Säcke gestopft wurden. Er hatte die glücklichsten Tage seines Lebens in Kabul verbracht. Als er 1832 die Stadt betreten hatte, war er ein mittelloser Landstreicher gewesen. Doch dann hatte er eine verlorene Stadt entdeckt, eine vergessene Sprache enträtselt und die Welt mit einem neuen Blick gesehen. Er hatte keine Ahnung, wann er zurückkehren könnte oder was die Zukunft für ihn bereithalten würde.

Am 25. April 1838 nahm Burnes »am Abend meinen Abschied vom Emir. Es war eine schwierige Szene und ich kann sie nicht beschreiben. Alle waren aufgeregt und das wundert nicht – ich war bis Mitternacht auf.«[96]

Es war alles vorbei.

Eine alte jüdische Geschichte über Alexander den Großen berichtet, dass er einst wochenlang durch ein unbekanntes Land reiste, bis er an die

Tore des Gartens Eden kam. Er klopfte dreimal. Ein Engel erschien, der einen Schädel aus purem Gold in den Händen hielt. Alexander begehrte, nach Eden eingelassen zu werden, doch der Engel verwehrte ihm den Zutritt:

> »Nur die Rechtschaffenen, die den Menschen Frieden bringen, dürfen das Paradies lebendig betreten«, sagte der Engel freundlich.
>
> Alexander ließ verlegen den Kopf hängen. Dann bat er mit vor Rührung gebrochener Stimme, dass man ihm wenigstens ein Memento seines Besuches gäbe. Der Engel händigte ihm den Schädel aus und sprach: »Nimm dies und denk' über seine Bedeutung nach.« Dann verschwand er und die goldene Tür schloss sich.
>
> Der Schädel war so schwer, dass Alexander ihn trotz seiner Stärke kaum tragen konnte. Als er ihn in eine Waage legte, um sein Gewicht zu ermitteln, stellte er fest, dass er schwerer war als all seine Schätze. Keiner seiner weisen Männer konnte dieses Mysterium erklären und so suchte Alexander unter seinen Soldaten einen Juden auf, der bei den Rabbis studiert hatte. Der Jude nahm eine Handvoll Erde, legte sie auf die Augen des Schädels und dieser wurde so leicht wie Luft. »Es ist ganz klar, was das bedeutet«, sagte er. »Erst wenn das menschliche Auge mit Erde bedeckt ist – im Grab –, ist es zufrieden. Erst nach dem Tod kann der Mensch darauf hoffen, in das Paradies zu gelangen.«
>
> Alexander eilte aus dieser seltsamen Gegend fort, so schnell es nur ging, doch viele seiner Soldaten erklärten, dass sie sich an den Ufern des Flusses des Lebens niederlassen würden. Am nächsten Morgen jedoch war der Fluss verschwunden. Wo alles schön gewesen war, befand sich nun nur noch eine trostlose Ebene, begrenzt von nackten, felsigen Bergen, die bis zu den Wolken reichten. Schweren Herzens begannen Alexanders Männer ihren Marsch zurück.[97]

Der »Zweite Alexander« hätte diese Geschichte wahrscheinlich verstanden. Es ist aber unwahrscheinlich, dass er sie zu schätzen gewusst hätte.

Als die Sonne am 26. April 1838 unterging, ritt Masson aus Kabul hinaus. Er konnte sich nicht überwinden, zurückzublicken. »Und Bagram, so vermute ich, wurde teilweise vernachlässigt, oder seine antiken Schätze fielen, genau wie in der Zeit, bevor ich sie an mich nahm, in die Hände von Kupferschmieden und wurden von ihnen oder den Münzbeamten in der Stadt eingeschmolzen.«[98] Es brach ihm das Herz.

# 12

# Letzter Ausweg

Am Morgen des 2. Mai 1838 versammelten sich die Direktoren der Ostindien-Kompanie in London. Ihre Kutschen ratterten die breite graue Leadenhall Street hinunter, vorbei an Bordellen und Kirchen, Kaffeehäusern und hebräischen Buchhandlungen, bis sie vor einem langen Steingebäude hielten: East India House. Von hier aus wurde Indien regiert, gierig und ängstlich. Angestellte plagten sich in seinen Kontoren ab. Geheimnisse, Skandale und Geld (vor allen Dingen Geld) strömten durch seine Türen. East India House war zum Greifen geronnenes Raubgut.

Der Court Room, in dem sich die Direktoren trafen, war ein hoher, goldener Raum, in dem samtbezogene Stühle standen. Über dem Kamin saß Britannia »auf einem Globus am Ufer des Meeres und nahm die Huldigung dreier Frauenfiguren entgegen, die Asien, Afrika und Indien verkörperten. Asien bietet mit ihrer rechten Hand Gewürze dar und führt mit der linken Hand ein Kamel; Indien präsentiert eine große Kiste voller Edelsteine, die sie halb offen hält ... Das Ganze wird von zwei Karyatiden gestützt, die Brahmanen darstellen sollen, aber in Wirklichkeit schöne alte europäisch aussehende Philosophen sind.«[1] Hier trafen Neugier und Staunen auf Kapitalismus und Bürokratie. Neugier und Staunen hatten niemals eine Chance.

In den letzten zwei Jahren hatten Massons Unterstützer versucht, die Kompanie von der Großartigkeit seiner Funde zu überzeugen. Sie hatten keinen Erfolg gehabt. H. H. Wilson, der Bibliothekar der Kompanie, wäre »beim Untersuchen der ersten Ladung« von Massons Entdeckungen beinahe in Ohnmacht gefallen. Er bot den Direktoren an, »einen Vortrag darüber zu halten. Jeder von ihnen sagte: ›Oh, wie wunderbar!‹ – aber als sie im Rat darüber sprachen, zeigte sich, dass einige von ihnen es offensichtlich für eine nicht ratsame Neuerung hielten, Lektionen von ihrem Bibliothekar entgegenzunehmen, und das Ganze wurde abgesagt.« Wilson sandte ihnen stattdessen einen Stapel Notizen. Er hätte es besser wissen müssen. »Sie haben sich sehr dankbar gezeigt«, merkte er reumütig an, »aber vermutlich haben sie nicht viel davon gelesen.«[2]

An diesem Tag im Jahre 1838 stand erneut Masson auf der Tagesordnung. Die Direktoren – ein in geradezu Dickensscher Manier benannter Haufen: Mr. Lushington und Mr. Muspratt, Mr. Thornhill und Mr. Shank – befürchteten, ihm für seine Arbeit zu viel Geld gezahlt zu haben. »Eine genaue Schätzung des Wertes von Gegenständen wie derjenigen, die Gegenstand unserer Betrachtungen sind, ist vollkommen undurchführbar«, befanden sie hochnäsig. »Er hängt von willkürlichen und abstrusen Vorstellungen über ihre Seltenheit und Merkwürdigkeit ab.« Nachdem sie jedoch Massons Funde genauer untersucht hatten, waren sie überzeugt, einen anständigen Gewinn gemacht zu haben. »Die Sammlung ist viel mehr wert als die Summe, die sie gekostet hat. Wir sind daher zufrieden, dass die Ausgabe völlig durch den Wert der Artikel gerechtfertigt wurde, die damit beschafft worden sind.«[3] Im East India House war dies das Einzige, was zählte.

Die Direktoren schickten einen Brief über Masson nach Indien, der oberflächlich betrachtet bemerkenswert warm und großzügig wirkte. »Es ist unser Wunsch, dass das Feld seiner [Massons] Arbeiten so weit ist, wie sich das mit seinen offiziellen Pflichten vereinbaren lässt, und dass es so umfassend wie möglich untersucht wird.« Eine Reihe von Bleistiftkritzeleien an den Rändern zeigte jedoch, was die Direktoren tatsächlich dachten: »Wir sollten lieber aufhören, denke ich« – »Wir sind keine Sammler oder Antiquare« – »Ein Licht auf die Geschichte werfen, aber das ist nicht unsere Aufgabe« – »Besser stoppen«.[4] Die Ostindien-Kompanie, der hungrige Gott des Kapitalismus, würde nicht damit beginnen, verlorenen Städten nachzujagen. Man sollte Masson herzlich danken, wiesen die Direktoren an, ihm einen symbolischen Geldbetrag zahlen und ansonsten jeder weiteren Hilfe bei künftigen Ausgrabungen eine Absage erteilen. Er war ein Spion und würde fortan nur noch fürs Spionieren bezahlt werden. Falls er immer noch hoffte, Alexandria zu finden, müsste er dies allein bewerkstelligen. Für Pothos gab es keinen Platz im East India House.

Zwei Tage später trafen Masson und Burnes in Peschawar ein, der Stadt des letzten Auswegs.

Ihre staubigen Lehmmauern erstreckten sich über die Basis des Chaiber-Passes. Wollte man nach Afghanistan hinein oder aus ihm heraus gelangen, konnte man Peschawar kaum vermeiden. Spione und Händler, fußlahme Kamele und ängstliche Flüchtlinge passierten die Tore der Stadt, auch wenn die meisten kaum länger blieben als absolut notwendig.

Masson und Burnes waren unglücklich. Der erste Blick, den sie auf Peschawar warfen, reichte nicht aus, um sie aufzumuntern. Rund um die Mauern der Stadt und so weit das Auge reichte, strahlte die untergehende Sonne über Felder mit Leichen. Tote Körper hingen von Galgen herunter, waren an verkümmerte Palmen gebunden und an Pfosten gefesselt. Einige waren nur noch ausgebleichte Skelette, die vom scheidenden Licht gold gefärbt wurden. Andere waren noch nicht einmal richtig kalt. Gierige Vögel hackten ihnen die Augen aus und zerrten an ihrem Fleisch. Die Toten waren die »stillen Wächter«[5] – und der besondere Stolz – von General Paolo Avitabile, Peschawars Gouverneur.

Avitabile sah aus wie ein wütender Kloß: Groß, mit dicken Lippen und Wülsten an den falschen Stellen, »genau wie das Bild eines der Satyrn von Rubens«, meinte Henry Lawrence, einer der britischen Offiziere, aber »eines der Genies der Welt«.[6] Alles in allem war er einer der schlimmsten Menschen der Welt. Der abgewrackte ehemalige Leutnant aus einer der weniger bemerkenswerten Armeen Napoleons war 1827 an Ranjit Singhs Hof gekommen, eine Ladung Pornografie im Gepäck.[7] Schon bald nannte er sich »General« Avitabile. Mangels anderer interessierter Kandidaten übertrug Ranjit Singh ihm 1834 die Verantwortung für Peschawar. Die Stadt war zu dieser Zeit im Griff einer ausgewachsenen Anarchie: Niemand erwartete, dass der neue Gouverneur mehr als ein paar Wochen überleben würde. Avitabile erzählte nur allzu gern, wie er es allen gezeigt hatte.

»Als ich das erste Mal nach Peschawar einmarschierte«, so begann er, »schickte ich eine ganze Reihe Holzpfosten voraus, die meine Männer rund um die Mauern der Stadt aufstellten. Die Leute machten sich über diesen neuen Wahnsinn des Feringhi lustig, umso mehr, als meine Männer anschließend aufgerollte Seile zu Füßen dieser Holzpfosten niederlegten. Gewehre und Schwerter, so wurde geflüstert, sind die Waffen, um eine Stadt zu regieren, nicht Stöcke und Stricke. Als meine Aufbauten jedoch fertig waren, sah man eines schönen Morgens plötzlich fünfzig der schlimmsten Charaktere aus Peschawar an den Querbalken baumeln. Die Ausstellung wurde an jedem Markttag mit neuen Subjekten wiederholt, bis ich die Banditen und Mörder erledigt hatte. Dann musste ich mich mit den Lügnern und Zuträgern befassen. Meine Methode sah vor, ihnen die Zungen herauszuschneiden. Und dann tauchte ein Chirurg auf und behauptete, ihnen die Sprache wiedergeben zu können. Ich ließ nach diesem Chirurgen schicken und auch diesem die Zunge herausschneiden. Danach war Ruhe: Und innerhalb von sechs Monaten – ecco! – war Verbrechen etwas Unbekanntes in Peschawar.«[8]

Avitabile trat niemals ohne einen oder zwei Scharfrichter vor die Tür.[9] An den meisten Tagen ließ er vor dem Abendessen ein Dutzend Menschen töten.[10] Als Masson und Burnes eintrafen, langweilte er sich und experimentierte herum. An einem Tag ließ er jemanden kopfüber aufhängen. Oder er wurde kreativ und ließ jemandem lebendig die Haut abziehen. »Der Scharfrichter beginnt dies, indem er die Haut an den Fußsohlen anhebt, die dann in Streifen nach oben abgerissen wird, sodass die arme Kreatur vergebens die Erlösung herbeiwünscht, die der Tod manchmal erst nach zwei Stunden gewährt.«[11] Jeden Tag bei Sonnenuntergang versammelten sich Peschawars Geier zum täglichen Festmahl, mit »misstönenden Schreien, die Gouverneur Avitabile Gesundheit und Wohlstand wünschten, während sie über ihrem abscheulichen Mahl kreisten«.[12]

Avitabile oder Abu Tabela, wie die Peschawaris ihn nannten, war im wahrsten Sinne des Wortes ein Kinderschreck, der sprichwörtliche Schwarze Mann. Bis weit in das 20. Jahrhundert mahnten Mütter in Peschawar ihre Kinder, sich zu benehmen – da sonst Abu Tabela kommen und sie holen werde.

Avitabile veranstaltete jedoch eine ziemliche Party. Für die meisten Besucher reichte das, um ihn zum Engel zu erheben. Seine acht Köche waren »hinreichend bewandert in allen Geheimnissen der persischen, englischen und französischen Gastronomie«.[13] Es würde Musik und Feuerwerk geben, und der riesige Hof seines Hauptquartiers würde erleuchtet werden wie im Märchenland. Avitabile würde sich am Kopf der Tafel fläzen und sich durch einen riesigen Berg Reis essen, während zwei dürre afghanische Jungs hinter ihm zitterten. Für Gäste mit schwachem Magen war der Fleischgang alles andere als angenehm. »Ich gestehe, dass die Galgen, die alles umgaben, mir am Tisch ziemlich zu schaffen machten«, erinnerte sich einer, »ich konnte mich selbst nur schwer davon überzeugen, dass das gekochte Zicklein und die gebundenen Kapaune nicht irgendwelche neuartigen Delikatessen waren, die man kunstvoll aus einem gehäuteten Kriminellen herausgeschnitten hatte!«[14]

Anschließend würde es mehr Wein geben und Nautch-Tänze und unglaublich schöne Frauen[15] – Avitabile hielt manchmal mit der einen Hand ein offizielles Dokument, in dem er las, und begrapschte mit der anderen Hand eine Frau: »ein Bild von Neros Gastmahl«.[16] (Es war nicht ratsam, Bemerkungen über Avitabiles sexuelle Vorlieben zu machen. Nach dem vorlauten Kommentar eines Ratgebers wurde – so erzählte es eine Legende in Peschawar – »befohlen, ihn auf der Stelle von der Spitze des Minaretts zu schleudern. Der Unglückliche wurde hinabgeworfen, konnte sich aber auf halben Weg nach unten an einem hervorstehenden Gesims festhalten, von wo er Avitabile laut um ›Gnade, im Namen Gottes!‹ anschrie. Avitabile entgegnete ungerührt: ›Gott mag dir Gnade gewähren, wenn er will, ich aber nicht. Stoßt ihn von der Kante!‹«)[17]

Natürlich sollten Avitabiles Getöse und Blutdurst einfach nur seine Todesangst kaschieren. In seinen ersten Monaten als Gouverneur »schlief er nie zweimal im selben Raum, sondern wechselte täglich das Bett. Unter einem privaten Torbogen seines Palastes stand jederzeit ein gesatteltes Pferd für ihn bereit«.[18] Er »fürchtete sich vor seinen Männern«, schrieb Henry Lawrence, »und vor seiner Regierung und auch vor unserer«.[19] Als Joseph Wolff, der gelegentlich nackt herumlaufende Missionar, durch Peschawar kam, nahm Avitabile ihn beiseite, ließ die Maske fallen und bettelte um Hilfe: »Um der Liebe Gottes willen, helfen Sie mir, aus diesem Land wegzukommen!«[20]

Masson und Burnes waren nicht in der Stimmung für Festmahle oder Nautch-Tänze. Beide hatten das Gefühl, verloren zu haben, und zwar auf ganzer Linie. Burnes war zum ersten Mal in seinem Leben am Boden zerstört. »Das Spiel ist aus«, informierte er einen Freund, »die Russen haben mir den Gnadenstoß versetzt, und ich konnte nicht länger in Kabul bleiben.« Vor allem jedoch war er wütend: Wütend, dass ihm in Afghanistan der Boden unter den Füßen weggezogen worden war, wütend, dass er ignoriert wurde, wütend – wie nur Burnes es sein konnte –, dass er mit allem recht hatte. »Alles, was ich sagte und schrieb, fand großen Beifall, herzliche Zustimmung und so weiter – doch als das Schiff unterging und ich schrie: ›An die Lenzpumpen!‹, da sagten sie mir, ich solle nicht zu voreilig sein, sondern abwarten – so sei es.« »Ich wünschte, der Fehler läge bei mir und nicht bei meinem Land«, seufzte er unaufrichtig.[21]

Burnes hatte keine Ahnung, was auf ihn zukam: Würde man erwarten, dass er die Schuld auf sich nahm? Oder die Dinge in Ordnung brachte?

Jetzt, da die Briten es geschafft hatten, Dost Mohammed vor den Kopf zu stoßen, hatte er den Verdacht, dass sie sich Schah Schudscha, dem exilierten afghanischen König, zuwenden würden, der die letzten Jahrzehnte damit zugebracht hatte, in Ludhiana zu konspirieren und Ohren abzuschlagen. Wenn das der Plan war, dann wollte Burnes nichts damit zu tun haben. »Ich warte in Peschawar auf Befehle und werde entweder nach Shimla beordert oder … muss den Ex-König gegen die Barakzais [Dost Mohammed und seine Familie] führen. Das werde ich jedoch nicht tun. Die Barakzais hatten sich uns anvertraut und lediglich darum gebeten, dass Persien abgeschreckt wird, und das haben wir nicht getan. Aus Angst haben sie sich deshalb von uns abgewandt.«[22] In seinem Tagebuch notierte er: »Nach all meinen Mühen hoffe ich nun, dass man mich in Ruhe lässt.«[23]

Masson war sogar in noch schlechterer Gemütsverfassung. »Unser Rückzug aus Kabul mutete ein wenig wie eine Flucht an«, schrieb er reumütig. »Es ist ein eigenartiges Geschäft, und eines, das wir noch bedauern werden.«[24] Nachdem er nun Zeit hatte, nach dem Chaos der letzten Wochen seine Gedanken zu sammeln, erkannte er, dass die Folgen für seine Arbeit schrecklich waren. Viele der Schätze, die er zu katalogisieren versucht hatte, waren wieder komplett durcheinander. Seine Pläne waren in der Schwebe: Er hatte keine Ahnung, ob einer seiner afghanischen Mitarbeiter mit ihm wieder Kontakt aufnehmen würde oder auch nur weitersenden könnte, was er gefunden hatte. Möglicherweise wäre er in der Lage, in Peschawar einige Münzen zu kaufen, aber das würde ihn Alexandria nicht näher bringen. Jeder Tag, den er nicht in Afghanistan war, fühlte sich an wie eine Tortur.

Masson wurde klar, dass seine Beziehung zur Ostindien-Kompanie einen Wendepunkt erreichte. Jahrelang hatte er das Gefühl gehabt, von seinen Verpflichtungen erdrückt zu werden, hatte sich aber nicht getraut, sie aufzugeben. In Kabul hatte er sich zumindest eine rationale Erklärung für die Beziehung einreden können: Sie machte ihn unglücklich, erlaubte es ihm aber – gelegentlich, ängstlich –, den Dingen nachzugehen, die ihm wichtig waren. Doch dank Burnes hatte er nun nicht einmal mehr das. Er hoffte, dass die Ostindien-Kompanie ihm gegenüber das Richtige tun und ihn freigeben würde, damit er seine Träume verfolgen konnte.

Er fühlte sich wie betäubt: Beschämt über sich selbst und für die Arbeit, die er nicht machen konnte. Seit Monaten hatte er es vermieden, an Pottinger zu schreiben.[25] Er hatte Jahre verbracht, ohne die Feder zur

Hand zu nehmen und an seine Freunde in Großbritannien zu schreiben. »Seit meiner Einsetzung [als Spion] habe ich nicht mehr auf Briefe aus Europa geantwortet, so sehr hat mich das getroffen – vorher schrieb ich, um meine Hoffnungen und Absichten auszudrücken, doch ich stellte fest, wenn ich das weiterhin tat, lief ich Gefahr, als Schwindler angesehen zu werden oder als einer, der bereit ist, andere zu täuschen. Nichts hat mir mehr Schmach bereitet.«[26] Es fühlte sich an, als sei ein Teil von ihm, nämlich der Teil, der so zuversichtlich nach Afghanistan geschlendert war, seit Jahren erstarrt.

Nun aber, so versprach er sich selbst, mussten die Dinge sich ändern. Er wusste genau, dass das bedeutete, dass er sich selbst ändern musste. Er musste aufhören, sich immer an die Wünsche der anderen um ihn herum anzupassen. Er musste definitiv mit dem Spionieren aufhören. Aber wie? Vielleicht sollte er einfach verschwinden: Da er nicht mehr in Kabul war, könnte die Ostindien-Kompanie beschließen, dass er nicht länger von Nutzen war. »Wenn dann meine Dienste am Ende waren, sollte meiner Bitte um Entlassung eigentlich bereitwillig nachgekommen werden.« Ihm graute vor dem Gedanken, wieder zur Arbeit befohlen zu werden. »Wenn man das versuchen sollte«, schrieb er in dem Bemühen, sich selbst Mut zu machen, »werde ich widersprechen.«[27] »Wenn ich nachgebe, bin ich für immer ruiniert.«[28]

Nachdem sie mehrere Wochen in dem Ort geschmort hatten – Peschawar wurde auch bei näherer Kenntnis nicht angenehmer –, erhielten Masson und Burnes salbungsvolle, schmierige Briefe von Macnaghten. »Würden Sie die Freundlichkeit besitzen, mir mitzuteilen, welche Gegenmaßnahmen zur Politik von Dost Mohammed Khan Sie empfehlen würden, und ob Sie glauben, dass sich die Sikhs mit irgendeinem (und welchem) Instrument afghanischer Hilfe in Kabul festsetzen könnten?«[29] Als er das las, wurde Burnes klar, dass die Ostindien-Kompanie sein Scheitern hingenommen hatte. Während er sich, bis auf die Haut durchnässt, auf dem metaphorischen Fluss aus Kabul heraus am Rettungsfloß festklammerte, hatte Macnaghten darauf hingearbeitet, Dost Mohammed zu stürzen. »Sie werden meine Meinung deutlich genug zu spüren bekommen«, schrieb Burnes an Masson. »Was ihre ist, weiß ich nicht, aber Sie dürfen gern raten.«[30]

Bald darauf wurde Burnes zu einem Treffen mit Macnaghten in Ranjit Singhs großartigen Sommerpalast in Adinagar einbestellt. Masson blieb in

Peschawar zurück, in Gesellschaft von Avitabile und den Geiern. Bevor Burnes abreiste, sprachen die beiden über ihre Zukunft. Großzügig wie immer, versprach Burnes, Masson dabei zu helfen, von Wade und der Ostindien-Kompanie loszukommen. (Beide waren so paranoid, dass Wade ihre Briefe lesen würde, dass sie komplizierte Pläne ausarbeiteten, um den Greifarmen aus Ludhiana zu entgehen. Burnes riet Masson, inoffizielle Kuriere zu nutzen und »das Paket unter einem persischen Deckmantel zu senden«, damit Wades Leute keinen Verdacht schöpfen würden, dass es von ihm kam.)[31] Auf dem Weg nach Adinagar wurde Burnes von einem Staubsturm aus dem Norden überzogen. »Der Staub hüllte uns derart ein, dass wir kein Yard weit sehen konnten. Die Hitze war unerträglich – ich kann nicht sagen, welche Temperatur wir hatten, schätze aber, sie muss zwischen 126 und 130 [52–54°C] gelegen haben.«[32] Verbrannt, geblendet und verloren stolperte er voran.

Adinagar war die Szene einer diplomatischen Katastrophe, die Burnes' Ungeschicklichkeit in Kabul regelrecht meisterhaft aussehen ließ: Macnaghtens Versuch, Ranjit Singh zu überlisten.

Macnaghten – gekleidet in eine gestreifte Hose und eine gelbe Weste[33] – schlich über die Teppiche auf Ranjit Singh zu, wobei er aussah wie ein tropischer Käfer, der Gefahr läuft, zerquetscht zu werden. Draußen »wurden die Truppen des Maharadscha, die von Kopf bis Fuß mit Silber, Juwelen und vielerlei wunderschönen Kleidungsstücken bedeckt waren, vor den Türen zusammengezogen, und ihr Erscheinungsbild war derart großartig, dass die Juwelenmine vor Eifersucht einen Stein auf ihren Kopf zog, [und] der Fluss auf dem Sand der Schande saß«, wie der Hofschreiber berichtete.[34] Der Maharadscha bedachte Macnaghten mit einer unerwarteten Umarmung. Dann setzte er sich, ganz in Weiß, am Arm geschmückt mit dem strahlenden Koh-i-Noor-Diamanten, mit gekreuzten Beinen auf einen goldenen Stuhl und nahm sich den Botschafter vor.[35] »Trinken Sie Wein?« »Wie viel?« »Haben Sie den Wein gekostet, den ich Ihnen gestern geschickt habe?« »Wie viel davon haben Sie getrunken?« »Welche Art von Artillerie haben Sie mitgebracht?« »Haben diese Granaten?« »Wie viele?« »Reiten Sie gern auf Pferden?« »Die Pferde welchen Landes sind Ihnen am liebsten?« »Sind Sie in der Armee?« »Was gefällt Ihnen besser, Kavallerie oder Infanterie?« »Trinkt Lord Auckland Wein?« »Wie viele Gläser?« »Trinkt er ihn am Morgen?« »Welche Stärke hat die Armee der Kompanie?« »Ist sie sehr diszipliniert?«[36] Am Ende des Treffens war Macnaghten außer Atem, benommen und verwirrt.

Innerhalb weniger Tage gerieten die Briten ernsthaft ins Straucheln. Jedes Treffen verlief ähnlich: ein endloser Ansturm von nicht zu beantwortenden Fragen von Ranjit Singh. »Haben Sie meine Kaschmiri-Mädchen gesehen?« »Wie haben sie Ihnen gefallen?« »Sind sie hübscher als die Frauen aus Hindustan?« »Sind sie so hübsch wie englische Frauen?« »Welche von ihnen haben Sie am meisten bewundert?« »Ich werde sie Ihnen heute Abend schicken und es wäre besser, wenn Sie die behalten, die Ihnen am besten gefällt.«[37] »Ist Lord Auckland verheiratet?« »Was! Hat er überhaupt keine Frauen?« »Wieso heiratet er nicht?« »Warum heiraten Sie nicht?« »Sind englische Frauen sehr teuer?« »Ich wollte vor einiger Zeit selbst eine und habe an die Regierung geschrieben, aber man hat mir keine geschickt.«[38] Am Ende der Verhandlungen war Macnaghten mattgesetzt. Bei seiner Ankunft hatte er gehofft, Ranjit Singh überzeugen zu können, eine Armee gegen Dost Mohammed auszusenden. »Sollte er [Ranjit Singh] zu einem Instrument Schah Schudschas werden«, besagten Macnaghtens Anweisungen, »werden Sie ihm bestätigen, dass der Generalgouverneur der Person des Ex-Königs eine zu große Bedeutung beimisst, als dass er einen anderen Weg als den des fast sicheren Erfolgs zulassen könnte.«[39] Stattdessen zog Macnaghten ab, nachdem er einen ganzen Sack teurer Versprechen gemacht hatte, für die er im Gegenzug so gut wie nichts vorweisen konnte.

Während die Verhandlungen sich entspannen, antworteten Masson und Burnes beide zögerlich auf Macnaghtens öligen Brief. Beide hielten ihn für pervers. Wieso sollte man versuchen, jemanden zu stürzen, der so klar dein Freund sein will? »Es sollte noch einmal überdacht werden«, hinterfragte Burnes vergebens, »wieso wir nicht mit Dost Mohammed zusammenarbeiten könnten. Er ist ein Mann mit unbestrittenen Fähigkeiten und trägt in seinem Herzen eine hohe Meinung von der britischen Nation. Wenn Sie die Hälfte von dem, was Sie für andere tun müssen, für ihn tun würden, und ihm Angebote unterbreitet werden würden, die seinen Interessen dienlich sind, würde er Persien und Russland schon morgen fallenlassen.«[40] Die ganze Angelegenheit wirkt umso unappetitlicher, als sowohl Burnes als auch Masson ihre Freunde in Kabul der guten Absichten Großbritanniens versichert hatten. Macnaghten eine Gebrauchsanleitung für einen Regimewechsel zu geben – und nichts anderes wollte er haben –, fühlte sich nicht nach guten Absichten an. Es fühlte sich an wie Verrat.

»Von Schah Schudscha al-Mulk persönlich habe ich, also von ihm als Ex-König der Afghanen, keine besonders hohe Meinung«, schrieb Burnes. Dann strich er es wieder aus. »Was Schah Schudscha al-Mulk betrifft«, versuchte er es von Neuem – und man kann an dieser Stelle fast das resignierende Seufzen hören –, »so muss die britische Regierung ihn einfach nur mit einem Agenten und zwei seiner eigenen Regimenter als Ehrengarde nach Peschawar schicken, und einer Bekundung für die Afghanen, dass wir uns seiner Sache angenommen haben, um sicherzustellen, dass er für immer auf dem Thron bleiben kann ... Es ist jedoch immer zu bedenken, dass wir direkt auftreten müssen, da die Afghanen ... glauben, dass Schudscha kein Glück beschieden ist; aber unser Name wird ihm dieses bringen.«[41] Burnes begann, seinen Schwur zu überdenken, Schah Schudscha nicht nach Afghanistan hineinzuführen. Für sich privat hielt er fest: »Ich bin davon überzeugt, dass wir Schah Schudscha einsetzen sollten, und Ihr bescheidener Diener ist ausgesandt worden, um das zu erreichen. Bei meiner Treu, das ist eine herkulische, aber durchaus mögliche Aufgabe, und das ist sie umso mehr durch unsere eigenen Patzer.«[42]

Massons Antwort war noch unsicherer. Vor allem hoffte er es vermeiden zu können, etwas zu sagen, das einen ausgewachsenen Krieg provozieren könnte. Eine Invasion Afghanistans durch Ranjit Singh – mit Avitabile möglicherweise verantwortlich für das Befrieden Kabuls – konnte nur katastrophal sein. »Können die Sikhs hoffen, aus eigener Kraft Kabul zu erobern? Ich würde nicht wagen zu behaupten, dass sie es nicht könnten.« »Obwohl sie meiner Meinung nach mit Vorsicht die Ebenen von Kabul und Umgebung vielleicht überrennen könnten, würden sie diese in etwa so in Besitz halten, wie sie gezwungen sind, Peschawar zu behalten.« Masson hatte keinen Drang, Kabul, die Stadt seiner Hoffnungen und Träume, in ein weiteres Peschawar zu verwandeln. Und noch weniger wollte er Avitabile auf seine Freunde loslassen. Das einzige Ergebnis einer groß angelegten Invasion würde gegenseitige Verwüstung sein«, schrieb er. »Wäre ich entschlossen, Kabul der Zerstörung anheim zu geben, und auch Ranjit Singh eine faire Chance auf Zerstörung zu bieten, dann würde der beste Plan darin bestehen, ihn darin zu ermutigen, gegen diesen Ort vorzugehen.«[43]

So blieb nur noch Schah Schudscha. Genau wie Burnes stellte sich Masson vor, dass diese Möglichkeit relativ einfach wäre: Der Schah könnte sich Afghanistan nähern, begleitet von einem Zwinkern und einem Wink an den richtigen Stellen, ein bisschen Geld, das den Besitzer gewechselt hätte, und einem oder zwei britischen Offizieren in seinem Gefolge, um anzudeuten, dass irgendwo noch mehr Geld zu haben sei. »Wäre der Schah, wie es meiner Meinung nach hätte geschehen sollen, nach Peschawar geschickt worden, anerkannt von der britischen Regierung und begleitet von zwei oder drei britischen Offizieren, dann hätten die Afghanen selbst ihn mit hoher Wahrscheinlichkeit im Triumph nach Kabul getragen, oder sie hätten Dost Mohammed zu ihm gebracht, gefesselt an Händen und Füßen.«[44]

Es war kein hehrer Plan, aber er hatte zumindest eine gewisse Chance zu funktionieren und den zerbrechlichen Frieden zu wahren. Leider besaß er nicht die geringste Ähnlichkeit zu dem Plan, der momentan einige hundert Meilen entfernt in Shimla ausgeheckt wurde.

Stellen Sie sich eine britische Stadt in Miniaturform vor, perfekt in jedem Detail – Kirchtürme, Häuser im Pseudo-Tudor-Stil, lodernde Kamine und Teetassen aus Porzellan sowie Klatsch und Tratsch –, die sich entlang eines Bergkammes im Vorland des Himalaya erstreckt, und Sie haben Shimla vor Augen. Lord Auckland hatte sich hier eingerichtet, mit Tausenden von Gefolgsleuten. Es war der perfekte Ort zum Pläneschmieden. In diesem Sommer drehte sich alles um die Invasion von Afghanistan und um Amateurtheater, und das zu ungefähr gleichen Teilen. »Es gibt eine Art kleines Theater in Shimla, winzig und heiß und auch ein bisschen schmutzig, aber es läuft ganz gut«, berichtete Emily Eden, Lord Aucklands Schwester. »Aber dann zerstritten sich die Schauspieler. Ein Mann hatte einen Anfall von Niedergeschlagenheit, und ein anderer, der die Frauenrollen spielte, wollte seinen Schnurrbart nicht abschneiden, und noch ein weiterer zog los, um in der Nähe der Snowy Range Bären zu schießen. Dieser Mann wurde für seine Wankelmütigkeit bestraft; der Schnee hat ihn geblendet und er wurde in eine Decke eingerollt zurückgebracht.«[45] Wenn es um Afghanistan ging, waren viele von Aucklands Ratgebern, von denen noch keiner einen Fuß in das Land gesetzt hatte, für den Start einer Invasion und davon überzeugt, dass die Bedrohung aus Russland real war. (»Jeder, der eine Erklärung der Worte ›Russischer Einfluss‹ verlangt oder es wagt, die Macht und Bösartigkeit seiner Auswirkungen auf sein Land zu bezweifeln«, schrieb einige Jahre später ein indischer Zeitungsredakteur,

»muss damit rechnen, dass man seine geistige Gesundheit, seine Ehrlichkeit oder seinen Patriotismus infrage stellt.«)[46] Doch als zwei russische Briefe abgefangen wurden – sicherlich Beweis irgendeiner großen Verschwörung –, »konnte leider niemand in Indien sie lesen. Die Adjutanten sind den ganzen Tag dabei gewesen, Abschriften davon anzufertigen, um sie nach Kalkutta, Bombay usw. zu schicken, in der Hoffnung«,[47] einen Übersetzer zu finden.

Tausende konnten auf den Ebenen unter ihnen sterben, doch in Shimla würde die Band einfach immer weiterspielen. Seine Illusionen waren zerbrechlich, aber sie hielten stand. Sicher, es konnte passieren, dass die perfekte englische Teegesellschaft durch eine Bande marodierender Affen gestört wurde, die alles wegschleppte, was herumstand (noch heute warnen große Tafeln in Shimla vor der »Monkey Menace«, der Affenplage, und große graue Affen jagen unbekümmert von den Menschenmassen über die Mall Road), aber man müsste sich niemals direkt um die Konsequenzen des Imperiums kümmern.

Burnes reiste von Adinagar nach Shimla hinauf, um selbst bei Lord Auckland vorstellig zu werden. »Ich sagte ihnen, dass sie ihren Einfluss verloren haben«, schrieb er, »und man antwortete: ›Kommen Sie zu uns, lassen Sie uns hören, was getan werden kann, wir sind nun bereit zu handeln‹«.[48] Er war besorgt und immer noch schlechter Laune. »Sie sind jetzt bedauerlicherweise im Unrecht und haben sich mit Sicherheit als Esel dargestellt.«[49]

Burnes sah sehr verlassen aus, als er dem Pfad hinauf in den Himalaya folgte. Dieser zog sich um einen Hügel nach dem anderen, wand sich langsam nach oben auf die Wolken zu. Dank Auckland bewegte sich eine Unmenge an Papierkram auf Maultieren auf diesem unbefestigten Weg hoch und runter. Zum ersten Mal seit Wochen ließ die Hitze nach und Burnes spürte eine kühle Brise im Gesicht. Nebel breitete sich über und unter ihm aus, ein leichter Regen setzte ein und die Hügel ragten bis in den Himmel auf und fielen in den Abgrund hinab. Burnes fragte sich, ob man ihn zum Scheitern bringen wollte. »Ich hatte die Befriedigung, dass man mir sagte, ich wäre ausgesandt worden, um unmögliche Dinge in Kabul zu vollbringen, sodass man von meinen erfolglosen Bemühungen auch gar keinen Erfolg erwartet hatte! Politik ist eine seltsame Wissenschaft.«[50] Die Bäume waren nun hoch und die Hügel sahen eher aus wie Berge: feste Mauern aus Grün, durchzogen von Wolken. Er war nun dichter an Tibet als an seinem alten Zuhause in Schottland. Die schmale Straße wirkte wie ein Pfad in die Welt der Götter – wenn auch einer, der von fetten, schmerbäuchigen Affen kontrolliert wurde.

In Peschawar hatte Avitabile eine herrliche Zeit. Geschichten über ihn kursierten überall. Ein Dorf musste seine Steuern in abgeschnittenen Köpfen bezahlen.[51] Als einige Afghanen nicht in der Lage waren, das Geld, das er verlangte, aufzubringen, sperrte er sie in eine Zelle und ließ den Eingang zumauern, »wobei er täglich eine Reihe Ziegeln aufschichtete. Sie hielten mit ihrer Ration an Brot und Wasser durch, bis nur noch die letzte Schicht fehlte, obwohl einer aus ihren Reihen gestorben war und sie seine Leiche tagelang bei der Hitze bei sich hatten. Die armen Kerle hatten sich die Nasenlöcher mit Leinenlumpen zugestopft, um den Gestank fernzuhalten.«[52] Avitabile zweigte einen beträchtlichen Anteil des Gewinns aus dem Distrikt direkt in seine eigene Tasche ab. Alle paar Monate wurden Säcke mit Silber auf Kamele geladen und nach Ludhiana geschickt, wo Wade Avitabiles geraubte Rupien, die er den Verzweifelten, den Toten und den Sterbenden abgepresst hatte, vergnügt in frische Aktien der Ostindien-Kompanie umtauschte.[53]

Masson hatte immer noch keine Vorstellung, was die Zukunft für ihn bereithielt. Verzweifelt wandte er sich an Pottinger: »Ich wünsche mir die perfekte Freiheit – von der Politik habe ich genug.«[54] Tag für Tag wurde er in Atem gehalten. »Zwei, drei, vier oder fünf Tage sollten mir irgendwelche Nachricht bringen.«[55] Er war immer noch von einer Sache überzeugt, die nicht wahr war: dass die Ostindien-Kompanie sich sorgte, dass ein vollkommen amoralisches, kapitalistisches Imperium auch freundlich sein konnte.

# 13
# Kein Zurück

In Shimla begann Burnes, sich wieder mehr wie er selbst zu fühlen. Die Luft war klar und kühl. Jeder schien erfreut, ihn zu sehen. Er zog in die Secretaries' Lodge, gleich den Hügel hinunter von Lord Aucklands eigenem Haus. Im abendlichen Licht verwandelten sich die grünen Rasenflächen, die weißen Mauern und die rotgedeckten Dächer in schimmerndes Gold. Nach Osten hin erstreckten sich Hügelkette um Hügelkette bis an den Horizont und verfärbten sich unmerklich von Grün bis zum dunkelsten Blau. Drinnen wurden in den langen, holzgetäfelten Räumen die Lampen entzündet und der Tisch zum Abendessen gedeckt. Denjenigen, die zu weit gereist sind und zu viele Horizonte gesehen haben, bietet Shimla Komfort. Es gibt einen Sessel am Feuer, einen Stapel Decken auf einem alten Messingbett und eine Tasse heißen, süßen Morgentee. Von diesem Sessel aus könnte man sogar anfangen zu glauben, dass man Indien verstanden habe. Das ist Shimlas großer Trost und deshalb war dies 1838 einer der gefährlichsten Orte der Welt.

Als Burnes, der sein Bestes versucht hatte, um respektabel auszusehen, bei Lord Auckland zum Bericht vorsprach, »kamen [zwei von Aucklands Privatsekretären] zu ihm gerannt und flehten ihn an, nichts zu sagen, was Seine Lordschaft beunruhigen würde: dass sie sich alle Mühe gegeben hätten, ihn in das Geschäft zu bringen, und dass er selbst jetzt noch froh über jeden Vorwand wäre, sich daraus zurückzuziehen«.[1] »Dieses Geschäft« stellte sich als eine groß angelegte Invasion Afghanistans heraus.

Im Laufe weniger Wochen war aus dem kleinen, unauffälligen Plan, den Burnes und Masson vorgeschlagen hatten – ein britischer Offizier hier, eine Handvoll Geld da –, eine gigantische Militäroperation geworden. Burnes' erste Reaktion war Schock. Seine zweite Reaktion war, dass er die Verantwortung übernehmen wollte. »Wir planen nun eine großartige Kampagne, um den Schah wieder auf den Thron von Kabul zu setzen«, schrieb er. »Welche Rolle ich genau spielen werde, weiß ich noch nicht, aber wenn volles Vertrauen und stündliche Konsultationen eine Zusicherung sind, dann werde ich der Anführer sein. Ich kann ihnen geradeheraus sagen, dass es aut Caesar aut nullus [entweder Caesar oder nichts] ist, und wenn ich nicht das bekomme, was mir zusteht, wird man mich schon bald auf direktem Weg nach England sehen.«[2] Trotz Burnes' Zuversicht hatte John Colvin, einer von Aucklands Sekretären, bereits »einen privaten Brief an Macnaghten über die Übernahme der diplomatischen Leitung der Expedition des Schah« gesandt.[3] (Als Masson schließlich davon erfuhr, dachte er, dass »der unglückselige Sekretär der letzte Mann in Indien war, der so forsch sein sollte«.)[4]

Aucklands riesige Truppe von Sekretären lechzte nach Blut. »Militärische Schwarzseher haben unsere Armee immer unzulänglich genannt«, beschwerte sich Colvin, »aber das war immer unbegründet.«[5] Einige Wochen zuvor hatte Burnes jeglicher Beteiligung an der Neuetablierung Schah Schudschas in Kabul abgeschworen. »Dieses letzte werde ich nicht tun«,[6] beteuerte er. Doch nun, da er das Schachbrett gesehen hatte, machte er einen anderen Zug und begann, darauf zu bestehen, dass »die Briten keinen Ausweg haben, als in sofortiger Bewegung und freundlichster Unterstützung von Schah Schudscha.«[7] Nun sagte er jedoch: »Man muss Schah Schudscha als Marionette einsetzen und eine Vormachtstellung in Afghanistan einrichten oder man wird Indien verlieren.«[8] Auckland selbst war nicht besonders entscheidungsfreudig. Er verbrachte den ganzen Sommer schwankend und unentschlossen. »Wenn wir ihn nur dazu bringen könnten, die Waffe zu heben, die er geladen hat. Aber Seine Lordschaft zögert«,[9] beschwerte sich Burnes.

Tag für Tag gab es heftige Regenfälle und durch das Dach der Secretaries' Lodge tröpfelte es unablässig. Burnes saß beim Essen unter einem Regenschirm, den ein Diener über ihn halten musste.[10]

In Peschawar versuchte Masson, positiv zu bleiben. »Ich hoffe und glaube es beinahe, dass ich die Chance auf eine gewisse Veränderung meiner Situation habe, wie auch immer sie aussehen wird. Ich vertraue auf Gott, dass ich meine Freiheit wiedererlangen werde.«[11] Er hatte immer noch nichts Endgültiges von Burnes gehört, und Avitabiles Stadt war kein Ort für Gelehrte. (»Ah, mein Freund!«, pflegte Avitabile auszurufen, »Hör auf zu lesen! Das ist sehr schlecht für dich!«)[12] Überall schwirrten Gerüchte über die kommende Invasion Afghanistans herum. »Das Geschäft« sorgte bei Masson regelrecht für Übelkeit. Er gestand gegenüber einem alten afghanischen Freund, dass »ich fürchtete, nicht in der Lage zu sein, mich an den beschlossenen Maßnahmen zu beteiligen, und er antwortete: ›Deine Leute werden hierher kommen – sie wissen nichts von unserer Art und wir nichts von ihrer – du bist mit uns und mit ihnen vertraut – du wirst uns von Nutzen sein – denk nicht daran, uns zu verlassen.‹«[13]

Masson wollte unauffällig verschwinden und in Afghanistan wieder an die Arbeit gehen. Doch er hatte Angst: War seine Begnadigung wirklich bedingungslos? So sehr er es sich auch wünschte, fand er doch nicht den Mut, alle Brücken zur Ostindien-Kompanie abzubrechen, wenn die Konsequenzen so katastrophal sein konnten.

Anfang August traf schließlich ein Brief aus Shimla ein.

Am Vormittag des 27. Juli hatte Burnes sich mit Lord Auckland getroffen, um für Massons Fall einzutreten. In einem ruhigen, überfüllten Zimmer versuchte er, Massons Not in Worte zu übersetzen, die die Ostindien-Kompanie verstehen würde. Er »sagte dem Generalgouverneur geradeheraus, dass ich nicht der Meinung sei, dass Ihre Dienste anständig belohnt worden waren, dass ich gezwungen war, mich den Meinungen anzuschließen, von denen ich wusste, dass Sie sie vertreten, dass die Tätigkeit für die Regierung zwischen Ihnen und Ihrem verdienten Ruhm in der literarischen Welt gestanden hat«. Auckland, der an Männer gewöhnt war, die verzweifelt sein Wohlwollen suchten, war verwirrt. »Sicherlich kann Mr. Masson nicht wissen«, sagte er zu Burnes, »wie wir alle über ihn denken.« Burnes fühlte sich genötigt, darauf hinzuweisen, dass gute Wünsche kaum ein Ausgleich für die Jahre waren, die Masson mit Wade zu tun hatte. »Dazu sagte er [Auckland], ›Geben Sie mir einen Rat, wie ich Mr. Masson dienen kann.‹ Ich habe geantwortet, dass Sie Freiheit wollen, dass Sie sich zwar nicht beschweren, aber Ihr Lohn völlig unzureichend ist, dass Sie von allen Zwängen befreit werden sollen, dass Sie gehen können, wohin Sie wollten, vom Ozean bis nach China – frei von allen Anweisungen, und dass Sie im Gegenzug der Regierung von Indien ganz nach Ihrem Ermessen die Vorzüge Ihrer Beobachtungen zukommen lassen, alles andere ist Ihre Sache.«[14]

Nur wenige Menschen hatten den Mut, so mit dem Generalgouverneur zu sprechen. Doch »Lord Auckland sagte, dass er dem bereitwillig zustimmen werde, und nur wünschte, dass ich [Burnes] ihm sagte, ob ich die volle Zustimmung von Ihnen hätte. Ich sagte, dass habe ich nicht, aber aus der langen Erfahrung hinsichtlich Ihrer Denkweise dachte ich, ich könnte in Ihrem Namen antworten.« Das war die Stelle, ab der die Dinge schiefgingen. »Nun gut«, sagte Auckland, »aber Mr. Masson kann seiner Tätigkeit in Kabul nicht nachgehen, wenn wir im Krieg liegen, und es ist daher klar, dass er seinen eigenen Neigungen jetzt nicht folgen kann. Abgesehen davon ist er ein Gentleman« – das war vermutlich einer der wenigen Fälle, in denen ein mittelloser Deserteur als Gentleman bezeichnet wurde – »von solchem Wissen, dass man ihn nicht entbehren kann, und uns im Augenblick auch nicht verlassen würde, vor allem wenn wir ihn in der von Ihnen vorgeschlagenen Art und Weise befreien, nachdem der Schah auf den Thron gesetzt wurde.«[15]

Es war dasselbe leere Versprechen, das Masson schon seit Jahren hinnehmen musste: Morgen könnten Sie vielleicht Ihr eigener Mann sein – aber heute gehören Sie uns. Für Burnes, der von seinem eigenen Ruhm träumte, klang Aucklands Vorschlag wunderbar. »Ich antwortete an dieser Stelle sofort für Sie«, schrieb er unbekümmert an Masson, »und sagte, dass ich mich in sieben Monaten niemals vergeblich an Sie gewandt habe und dass ich sicher war, derselbe Eifer würde Sie auch jetzt in dieser Krise anspornen, wobei ich klar verstanden habe, dass Sie hinterher Ihren eigenen Weg gehen würden, wie ich es vorgeschlagen hatte. ›Dann ist das geregelt‹, sagte Seine Lordschaft.«[16]

In Peschawar kam Masson zum Ende dieses Briefes und spürte, wie die Verzweiflung nach ihm griff. Burnes hatte, wie er reumütig erkannte, »meine Wünsche und Gefühle nicht nur falsch, sondern sogar lächerlich wiedergegeben«.[17] In Wahrheit hatte Burnes das gemacht, was er immer tat. Auch mit den besten Absichten konnte er niemals die Welt durch die Augen eines anderen sehen. Wenn er gebeten wurde, für jemand anderen zu sprechen, sprach er am Ende immer für sich selbst. Alles in allem war es eine unschöne Eigenschaft für einen Diplomaten.

Aucklands Sekretäre fassten nach, um sicherzugehen, dass Masson seinen Platz kannte. »Schreiben Sie an Masson und teilen Sie ihm mit, dass Lord Auckland sich seines Wertes bewusst ist«, wies Colvin Burnes an. »Solange die aktuelle Krise anhält, sind seine Dienste zu wertvoll für dieses Land, um ihn zu entlassen.«[18] Und Burnes berichtete Masson: »Seine Exzellenz würde den Nachrichtendienst aufgrund Ihrer großen Ortskenntnis und anerkannten Eignung Ihnen unterstellen.«[19] Masson sollte

Spion bleiben, solange die Ostindien-Kompanie einen Spion brauchte. Warum also nicht einfach gehen?

Was wäre, wenn man in eine strahlende Zukunft geht, und fällt und immer weiter fällt? Masson musste sich in Peschawar nicht viel umsehen, um zu erkennen, wie das aussah. Die letzten Jahre hatten einen Großteil seiner Hoffnung zerstört. Was wäre, wenn es im Leben nicht darum ginge, Träumen hinterher zu jagen, sondern seinen Frieden mit dem Unglücklichsein zu machen? »Ich hätte lieber meine Chance ergriffen und sofort meine Freiheit erlangt«, schrieb er, »aber unter diesen Umständen hielt ich es für das Beste, Lord Auckland zu diesem Zeitpunkt nicht weiter zu bedrängen.«[20] Selbst an einem Bruchteil seiner Träume festzuhalten, war besser als nichts.

Niemand in Großbritannien oder sonst wo in Europa kannte Afghanistan so gut wie Masson. Der von Gallensteinen geplagte Pottinger drängte ihn, die Gelegenheit zum Ruhm zu ergreifen und schnell ein Buch zu schreiben. Er hatte genügend Notizen Massons gesehen, um zu wissen, dass sein Freund »ausreichend Material für ein höchst wertvolles und interessantes Werk hat, und ich wünschte nur, es wäre möglich, es innerhalb einer angemessenen Zeit herauszubringen, da der Hunger nach Informationen über Kabul … bei John Bull [der britischen Öffentlichkeit] unstillbar sein wird, für den etwas ›der Hit‹ sein muss, und über den drohenden Krieg wird man sicher nicht nur in England, sondern in ganz Europa sprechen. Ich bin nicht sicher, aber es wäre ein guter Plan, wenn Sie es erlauben, Ihre Tagebücher und Papiere nach England zu schicken, wo zweifellos eine effiziente Person zu finden sein dürfte, um sie zu ordnen, und ein Verleger, der froh ist, sie zu großzügigen Bedingungen herauszubringen.«[21] Denken Sie nicht darüber nach, ob der kommende Krieg richtig oder falsch ist, drängte er Masson – denken Sie nur an die Honorare.

Massons Arbeit litt ganz beträchtlich. Einige Fundstücke tröpfelten noch von seinen Mitarbeitern in Afghanistan herein – »15 Goldmünzen, 104 Silbermünzen und 1 gravierter Edelstein« trafen Ende Juli aus Kabul ein[22] –, aber seine Entdeckungen waren zum Stillstand gekommen. »Ich bin erfreut zu sehen, dass die Manuskripte Ihre Erwartungen übertroffen haben, aber ich bedaure es sehr, dass ich nicht in der Lage war, sie zu ordnen«, antwortete er Pottinger traurig. »Tatsächlich war ich so vollständig ratlos, dass ich, um ehrlich zu sein, nicht ein Vorhaben bewerkstelligt habe, das ich mir vorgenommen hatte, als ich 1830 von Täbris aufgebrochen war.«[23] Er begann sich immer mehr zu fragen, ob er ein Versager war.

Glücklicherweise hatte die Ostindien-Kompanie einige Ideen, womit er seine Zeit füllen konnte. »Mr. Macnaghten möchte einhundert gute Maultiere von Peschawar nach Ludhiana geschickt bekommen«, informierte Burnes Masson, »und ich habe keinen Zweifel, dass Sie das Nötige veranlassen werden.«[24] Masson wusste nicht, ob er lachen oder weinen sollte. Einige Wochen später würde ein anonymer Brief, geschrieben in einer markanten, eckigen Handschrift in den Büros einer indischen Zeitung eintreffen. »Ich sehe, dass für den Transport der Truppen, die in Afghanistan eingesetzt werden, Esel statt Kamele benutzt werden«, schrieb Masson. »Da Esel schon lange auch in der Politischen Abteilung eingesetzt werden, ist dies wohl die Fortsetzung eines Vorhabens, sie auch im militärischen Bereich einzusetzen, um eine gewisse Einheitlichkeit in den Diensten zu erreichen? Spürt der respektable Gesandte [Macnaghten] eine gewisse Sympathie für den langohrigen Adel oder betrachtet er sie als Verwandte, denen er eine Stellung verschaffen muss?«[25] Langsam, aber sicher begann Massons lange unterdrückter Ärger, sich Bahn zu verschaffen.

In Shimla arbeitete George Jephson, ein alter Freund Massons aus seiner Zeit bei der Bengalischen Artillerie, in höchster Eile. Jephson hatte die bürokratische Leiter erklommen und war einer der wichtigsten Angestellten der Ostindien-Kompanie geworden.[26] Er war ein schamloses Klatschmaul: Es überrascht nicht, dass er und Masson sich prächtig verstanden. Sie hatten in den letzten Jahren Briefe ausgetauscht, in denen sie sich über die amoralischen Narren lustig machten, die sich selbst als die Herren Indiens bezeichneten. Jephson hatte allerdings Dinge über Masson gehört, die ihm ein Rätsel waren. Er hatte angenommen, Massons »Situation sei die eines ›britischen Offiziers in Kabul‹ … akkreditiert und respektabel«. Burnes jedoch hatte anderes angedeutet. Jephson beschaffte sich deshalb alte Akten mit Regierungsberichten der letzten Jahre, in denen alle Posten und Ernennungen aufgezeichnet waren. Er blätterte in ihnen mit zunehmender Erregung, während um ihn herum die Schreiber arbeiteten und der Geruch von Tinte in der Luft hing. Massons Name war nirgendwo zu finden. »Ihre Ernennung ist niemals schriftlich erschienen«, schrieb er an seinen Freund, »sie wäre meinem Blick nicht entgangen, auch wenn ich zu dieser Zeit nicht gewusst hätte, wer Charles Masson war.«[27] In Shimla fiel endlich der Groschen. »Ich wünschte, ich könnte ausdrücken, mein lieber Masson«, gab Jephson zu, »wie leid es mir tut.«[28]

Masson konnte es fast nicht glauben. »Die Ernennung zum Agenten in Kabul wurde mir von Captain Wade übermittelt, ›wie durch G. O. G. G. am 7. Januar 1835 angegeben‹. Die Initialen bedeuten, wie ich vermute, General Orders by the Governor General [Allgemeine Verfügung des Generalgouverneurs], und zu meiner Überraschung entdeckte ich später, dass kein solcher Befehl ausgegeben worden war.«[29] Tatsächlich hatte Macnaghten nur vorgeschlagen, dass Wade »Mr. Masson ermutigt, Sie bei jeder Gelegenheit mit seinen Ansichten über den herrschenden Zustand der Politik und über die Gefühle der Menschen in den unterschiedlichen Ländern, die er besuchen könnte, zu beliefern«.[30] Wade hatte diesen formlosen Vorschlag zu einer offiziellen Ernennung aufgeblasen: »Die Regierung freut sich, Sie auf meine Empfehlung hin zu unserem Agenten in Kabul zu ernennen.«[31] »Der Fall war einer von List und Täuschung«, notierte Masson. »Warum wurde er ausgeübt? Weil man wusste, dass ich es abgelehnt hätte, wäre eine solche Beschäftigung an mich herangetragen worden. Ich wurde daher in dem Glauben gelassen, dass ich keine Wahl habe.«[32]

Jephson glaubte, es sei an der Zeit, dass Masson für sich selbst einstünde. Er warnte ihn: »Wenn Sie es nicht tun, werden Sie ein Handlanger bleiben, bis Sie in ein frühes Grab sinken.«[33] »Ein Mann, der keine anderen Aussichten oder Hoffnungen hat und weniger über Land und Leute weiß, hätte es der Regierung vielleicht erlaubt, einen unfairen Vorteil aus dem Fehler zu ziehen, den er gemacht hat, als er – wie Sie – den Dienst quittierte«,[34] doch Masson war alles andere als hilflos. Massons afghanische Freunde stimmten ihm zu. »Nun hast du gar keine andere Möglichkeit, als dich zurückzuziehen«, sagte ihm einer. »Sie haben dich entehrt und kümmern sich überhaupt nicht um dich.«[35]

In Shimla war Burnes geadelt, befördert und mit Lob überschüttet worden. Gleichzeitig hatte man die Geschichte umgeschrieben. »In Kabul liefen die Dinge alle gut«, erzählte Sir Alexander Burnes nun jedem.[36] Statt den »coup de grâce«[37] zu empfangen, den »Gnadenstoß«, der ein hilfloses Opfer aus seinem Elend befreit, hatte er sein Land stolz gemacht. »Ich traf den russischen Agenten öffentlich, und ich verlangte meine Entlassung, und ich erhielt sie.«[38] Er war die ganze Zeit lang der Held gewesen. Nun warteten noch größerer Ruhm und Ehren auf ihn.

»Ich sonne mich im Licht meines Herrn«, lächelte Burnes.[39]

Masson dagegen schrieb: »Vielleicht sollte ich meinem Lord Auckland meine grauen Haare zeigen und ihn fragen, ob sie von den fairen Aktionen verursacht wurden.«[40]

Er betrachtete sich und sein Leben einen langen Augenblick. »Geist und Gesundheit sind in einem schrecklichen Zustand, und ich glaube, die letztere hat durch den ersteren gelitten.« Jahrelang war er Kompromisse eingegangen. Tag für Tag hatte er sich ein bisschen mehr verbogen. »Ich wollte niemanden beleidigen, und diese Abneigung hat mich dazu gebracht, den letzten Schritt hinauszuzögern, weil ich hoffte, dass die Regierung selbst es mir erlauben würde, meine eigenen Pläne zu verfolgen, bis ich, wie ich ganz gewiss glaube, am Rand des Wahnsinns stand.«[41]

Masson erkannte, dass die Ostindien-Kompanie seiner Geschichte niemals ein glückliches Ende bescheren würde. Stattdessen »sollte ich dankbar für alles sein«:[42] welche Krumen auch immer man ihm hinwerfen würde. Er erinnerte sich an früher, an einen Mann namens James Lewis, der es gewagt hatte, das Leben zu seinen eigenen Bedingungen zu leben, ungeachtet der Konsequenzen. Er lauschte den Geiern über Peschawar, die über ihrem neuesten Mahl kreisten. Und – immer noch unsicher, ob er damit vielleicht sein Todesurteil unterzeichnete – er fand die Worte, nach denen er gesucht hatte:

> Ich beehre mich, Sie zu bitten, dem ehrenwerten Generalgouverneur von Indien im Council meinen Rücktritt vom Dienst der indischen Regierung zu übermitteln.
>
> Ich habe nicht nur einen Grund für diesen Schritt, sondern viele. Der einzige Grund, den ich erwähnen muss, ist, dass ich bereit bin, herauszufinden, ob ich unabhängig bin.[43]

# 14
## Welten zu erobern

Auch heute noch kräuselt sich der Rauch der Holzfeuer aus den Schornsteinen der früheren Secretaries' Lodge in Shimla. In den frühen Abendstunden werden die Lampen entzündet und der Esstisch ist für Poulet au Citron und Ingwerpudding bereit. Gin wartet auf silbernen Tabletts und ein gelbes Licht hängt in den langen Räumen. »Würden Sie bitte die Klingel dort drüben drücken?«, fragte Reggie Singh. Ein ältlicher Adjutant brachte Tee und Kekse, verbeugte sich und teilte Porzellantassen aus. Reggies Großvater, Radscha Charanjit Singh, hatte das Haus vor Jahrzehnten gekauft. Ein Bild des Hauses aus Massons Zeit hängt im Wintergarten. Hier wurde am 1. Oktober 1838, gleich nach einem ausgezeichneten Frühstück, eine der katastrophalsten Entscheidungen des 19. Jahrhunderts getroffen. »In diesem Haus begann alles«, sagte Reggie leise.

***

Der Herbst des Jahres 1838 brachte dichte Morgennebel nach Shimla. Die Hügel präsentierten sich im dunkelsten Immergrün und die Luft war frisch und kalt. Man entzündete Holzfeuer und orderte Tee. Emily Eden hatte versprochen, für Ranjit Singh ein Porträt der gerade gekrönten Königin Victoria zu malen. Leider hatte sie keine Ahnung, wie Victoria aussah. »Es war überhaupt kein Problem für mich«, schrieb sie, »eine ganze Königin zu erfinden, mit Ornat und allem.«[1] Macnaghten hatte auf einem der letzten Jahrmärkte des Sommers eine schreckliche Unordnung an seinem »Essensstand« verursacht.[2] Er war bereit, Afghanistan in seine Hände zu bekommen.

Am 1. Oktober erklärte die Ostindien-Kompanie Afghanistan den Krieg. »Der Generalgouverneur«, lautete Macnaghtens Erklärung, die er von der Secretaries's Lodge aus veröffentlichte, »ist überzeugt, dass sowohl eine vorübergehende Notwendigkeit als auch jede politische und juristische Überlegung es rechtfertigen, die Sache von Schah Schudscha al-Mulk zu unterstützen, dessen Popularität in ganz Afghanistan Seiner Lordschaft durch das starke und einhellige Zeugnis der besten Autoritäten bewiesen wurde … Der Generalgouverneur ist erfreut, dass er in Erfüllung seiner Pflicht dazu beitragen kann, die Einheit und den Wohlstand des afghanischen Volkes wiederherzustellen.«[3]

Im dritten Jahrhundert vor Christus, siebzig Jahre, nachdem Alexander in Babylon gestorben war, wurde ein Großteil Indiens von König Ashoka beherrscht. Gegen Ende seiner Regentschaft gab Ashoka eine Erklärung an sein Volk ab, die ganz anders klang als die Deklaration der Ostindien-Kompanie von 1838:

> Als der König, der von Gott geliebte, acht Jahre regiert hatte, eroberte er das Land der Kalinga. Einhundertundfünfzigtausend Männer flohen, einhunderttausend wurden erschlagen und die vielfache Zahl dessen starb.
>
> Doch nachdem er das Land der Kalinga eingenommen hatte, wandte sich der König, der von Gott geliebte, dem Studium von Richtig und Falsch zu, um sein Volk im moralischen Gesetz zu unterrichten. Denn der König, der von Gott geliebte, bereute seine Eroberung des Landes der Kalinga. Sie erfüllte ihn mit Abscheu …
>
> Meine Söhne und meine Urenkel müssen sich an dies erinnern: Niemals wieder sollen sie ausziehen, um ein Land zu erobern … Sie müssen sich daran erinnern, dass die einzig wahre Eroberung im Geist und im Herzen stattfindet: Der Sieg des Richtigen über das Falsche.[4]

Ashoka wandte sich von seinem früheren Leben ab: Er rief seine Armeen zurück, gab einen Großteil seines Reichtums weg und ließ riesige Inschriften in allen Gegenden seines Königreichs errichten, in denen er Toleranz und Respekt für alle erklärte. Alles wurde in der lokalen Sprache geschrieben: Brahmi und Kharoshthi, Aramäisch und Griechisch. Eine der am besten erhaltenen Inschriften Ashokas befindet sich sechzig Meilen von Peschawar entfernt im Dorf Shahbazgarhi. Während die Ostindien-Kompanie sich auf den Krieg vorbereitete, kratzte Masson vorsichtig jahrhundertealte Moosschichten von der Inschrift ab.

Er hatte Gerüchte über die Inschrift gehört und war, nachdem er seine Kündigung abgeschickt hatte, losgeritten, um sie sich selbst anzuschauen. Seine alten Reisegewohnheiten kehrten zurück: Auf dem Weg schlief er in einer Dorfmoschee im Schatten von Platanen. Die Straße, die von Peschawar wegführte, war gefährlich: »unsere Freunde im Dorf unternahmen viele Anstrengungen, um uns davon abzuhalten, die Ebene mit nur einer so kleinen Gruppe zu überqueren; und reichlich waren die Mutmaßungen über unser wahrscheinliches Schicksal«.[5] Masson ritt durch hohes, dichtes Gras, das »die Höhe von sechs oder sieben Fuß erreichte«, auf die »niedrige Hügelkette zu, auf der der Fels mit der Inschrift zu finden ist«.[6]

Als er Shahbazgarhi erreichte, war Masson hoffnungsvoll und fröhlich wie schon seit Jahren nicht mehr. »Ein Blick auf die Oberfläche des Felsens überzeugte mich, dass meine Reise belohnt werden sollte.«[7] Er war dicht mit buchstabenartigen Zeichen übersät. Als er genauer hinschaute, da erkannte er, dass es dieselbe Kharoshthi-Schrift war wie auf den Münzen von Bagram. Sorgfältig zog er die Inschrift über mehrere Tage auf feinem Kalikostoff nach. Die gelegentlichen »Berichte über Kanonen und Handfeuerwaffen« in der Ferne beschleunigten die Arbeit ganz beträchtlich.[8]

Masson wusste es noch nicht, aber die Shahbazgarhi-Inschrift war das letzte Puzzleteil, das er Jahre zuvor in Kabul auf den Münzen zu entziffern begann. Da Ashokas Edikte in so vielen verschiedenen Sprachen veröffentlicht worden waren, konnte jede Zeile von Massons Kharoshthi-Inschrift mit der gleichen Zeile des gleichen Edikts in Altgriechisch verglichen werden. Die verlorene Sprache stand vor der Enthüllung.

Als Masson glücklich nach Peschawar zurückkehrte, hatte die Nachricht von der Kriegserklärung der Ostindien-Kompanie gerade die Stadt erreicht. Beim Durchlesen merkte er mit Verdruss, dass hinter fast jeder Zeile »unsere Quelle Mr. Masson« und »die Berichte von Mr. Masson« stand.[9] Alles Gute, was er jemals über Schah Schudscha und alles Schlechte, was er jemals über Dost Mohammed geschrieben hatte, war seinen Briefen entnommen und hinter dem Krieg aufgereiht worden.[10] Er hatte mehr als alle anderen das Wissen der Regierung über Afghanistan geformt. Sein Rat war sehr geschätzt worden. Und nun hatte man seine Worte in einer Weise verdreht, die, wie er verzweifelt festhielt, »ich mir nie erträumt hätte«.[11]

Jahre zuvor, in einem seiner ersten Berichte an Wade, hatte Masson die Ostindien-Kompanie gedrängt, die Freundschaft Dost Mohammeds zu akzeptieren. »Enttäuscht von seiner erhofften britischen Vermittlung«, schrieb Masson, »wird vermutlich die verabscheute persische Allianz gesucht werden – sogar für eine russische wird geworben.« Masson wies darauf hin, dass Dost Mohammed »der britischen Regierung den allerhöchsten Einfluss in dem Land westlich von ihr anbietet, ein Einfluss, der nicht durch Eroberung und die Zerstörung von Leben erlangt würde, sondern auf Einladung der Herrscher selbst übernommen werden könnte … Ein wichtiges Ziel, das als billig erachtet werden könnte, wenn man es durch einen großen Aufwand an Leben und Geld gewinnt, könnte mit einigen Federstrichen erreicht werden, und der britische Einfluss würde in Zentralasien in einer Weise eingeführt werden, die dem britischen Charakter Ehre macht und für alle Parteien akzeptabel wäre … Es kann kaum ein Zweifel bestehen, dass die britische Regierung anschließend ausreichend Grund hätte, sich selbst zu gratulieren.«[12]

Zu der Zeit hatte Wade, der jede Strategie verachtete, die nicht auf Macht oder Angst gründete, herablassend auf Massons Meldung gekritzelt, dass »ich seine Meinung nicht teilen kann, dass Dost Mohammed sich, wenn er in seiner Hoffnung auf britische Vermittlung enttäuscht wäre … in die Arme Persiens oder Russlands werfen würde. Die Barakzai-Anführer [Dost Mohammeds Familie] sind sich zu gut der Mittel bewusst, die wir besitzen, um ihnen sowohl zu schaden als auch zu nützen, als dass sie vorschnell ihre derzeitige Position uns gegenüber ändern würden, indem sie ein Bündnis mit einer rivalisierenden Macht suchen. Weder die Perser noch die Russen können einen so fatalen Einfluss auf die Zerstörung oder Festigung ihrer Herrschaft in Afghanistan ausüben wie die britische Regierung.«[13] Massons Rat wurde ignoriert und schon bald vergessen.

Er verstand endlich, wo sein Platz in der Geschichte war. Er wusste, sobald eine britische Armee in Afghanistan einmarschierte, würde die Beziehung zwischen ihm und Großbritannien nie wieder dieselbe sein. Eine Tür würde sich für immer schließen.[14]

Dr. Percival Lord – penibel, schlecht informiert und außer sich vor Freude über den kommenden Krieg – war in Peschawar eingetroffen, um Massons Platz einzunehmen. »Ich bin noch nie einem Gefühl begegnet«, offenbarte Lord, »das besser als national und universell bezeichnet werden könnte als der Wunsch der Afghanen nach der Rückkehr von Schah Schudscha. Sie können sich selten länger als fünf Minuten mit [den] Engländern unterhalten, ohne darauf anzuspielen.«[15] Lord hatte eine lange Liste von Leuten, die er zur britischen Sache bekehren wollte. Triumphierend hielt er sie Masson unter die Nase. »Es war nicht ein Mann unter diesen, der ihm von irgendeinem Nutzen sein könnte«, erkannte Masson auf einen Blick, »einige waren sogar schon tot.«[16] Unbeirrt brachte Lord seine Tage damit zu, »zu reden, zu überzeugen, zu drohen, zu schikanieren und zu bestechen«.[17] Als Masson Peschawar verließ, folgte Lord ihm aus der Stadt hinaus, »vergoss Tränen, als wir uns trennten, und berichtete der Regierung hinterher im Vertrauen, dass ich geisteskrank war«.[18]

Im Dezember befand Masson sich in der Kleinstadt Firozpur, an der Grenze zum Gebiet Ranjit Singhs. Er war nicht allein: Eine große britische Armee versammelte sich hier, zusammen mit Burnes, Macnaghten, Lord Auckland und scheinbar jedem wichtigen und selbstgefälligen Beamten der Ostindien-Kompanie. Emily Eden hatte ihr Porträt von Victoria dabei. Ranjit Singh brachte gerade so viele Truppen mit, dass es den Briten unbehaglich wurde: »Sie waren ebenso diszipliniert [wie die Briten]«, bemerkte Eden, »dabei besser gekleidet, wiederholten dieselben militärischen Bewegungen und noch verschiedene andere, viel kompliziertere, und kurz gesagt, niemand weiß, was er dazu sagen soll, also sagen sie nichts, außer dass sie sicher sind, dass die Sikhs in einem echten Kampf davonlaufen würden. Es ist ein Tiefschlag für unsere Eitelkeiten!«[19] Bei seinem Treffen mit den Briten zog der Maharadscha einen seiner Strümpfe aus, »damit er mit einem Fuß in seiner Hand bequem dasitzen konnte«, und »sagte, er hätte erfahren, dass es Bücher gäbe, die Einwände gegen die Trunkenheit enthielten, und dachte, dass es besser sei, wenn es überhaupt keine Bücher gäbe, als dass sie solche närrischen Ansichten enthielten«.[20] Macnaghten »war sehr damit beschäftigt, einen Fuß seines Stuhls auf den Teppich zu stellen, was ihm schließlich auch gelang«.[21]

Masson war eine kleine Berühmtheit geworden. Colonel Lewis Stacy, dessen Besessenheit von antiken Münzen beinahe der von Masson gleichkam, dachte darüber nach, sein Regiment die ganze Nacht durch den winterlichen Schlamm marschieren zu lassen, um seine Chancen auf ein Treffen mit ihm zu verbessern. »Bitte senden Sie mir eine kurze Nachricht, wann Sie planen, das Lager zu verlassen, denn für das Vergnügen, Sie zu treffen, würde ich einen Gewaltmarsch nach Firozpur unternehmen«, schrieb er. Meine Hände sind momentan zu kalt zum Schreiben – ich hoffe so sehr, die Freude zu haben, Ihnen zu begegnen.«[22] Stacy siegelte seinen Brief mit einer antiken Siegesgöttin, die er auf dem Basar in Ludhiana ergattert hatte. Er war ein besessener Sammler und »würde jede Unannehmlichkeit auf sich nehmen, unter Bäumen oder in Common Serais [Karawansereien] in Zentralasien, das Herumwühlen in verlassenen Ruinen oder das Brüten über den alten Beständen von dörflichen Geldwechslern.«[23] »Darf ich fragen«, richtete er sich an Masson, »ob Sie die Absicht haben zu veröffentlichen?«[24]

Masson plante schon seit Jahren, ein Buch zu schreiben. Doch je mehr er darüber nachdachte, umso mehr entmutigte ihn die Aussicht. Seine Notizen schienen ein heilloses Durcheinander zu sein. Wenn er sich die vergilbten Schnipsel und Skizzen anschaute, konnte er sie selbst kaum verstehen. »Mir ist bewusst, dass vieles von dem, vermutlich sogar der größte Teil, nur für mich selbst verständlich ist, und ich weiß außerdem, dass leider noch vieles fehlt.«[25]

Stattdessen wanderte er ziellos durch das Armeelager in Firozpur. Von all den Tausenden Menschen, Soldaten und Tross, Offizieren und Spionen, war er der Einzige, der keinen Ort hatte, an dem er sein, und keine Rolle, die er spielen musste. Nichts an dieser Expedition ergab irgendeinen Sinn für ihn. »Es sind keine neuen alarmierenden Umstände aufgetreten – noch sind, soweit es mir bekannt ist, dem produktiven Geist von Sir Alexander Burnes neue ideale Armeen von Russen entsprungen.« (Masson strich »von Sir Alexander Burnes« durch und schrieb stattdessen »der Russophoben von Shimla«.) »Doch wie konnte es geschehen, dass trotz eines verminderten Vorwandes für Angst eine solch formidable Expedition auf die Beine gestellt werden konnte? Eine, die so wunderbar im Gegensatz zu den ursprünglichen Absichten steht?«[26] Gerechtfertigt oder nicht, die Armee war da, und er konnte nichts tun, um sie aufzuhalten. »Bände würden nicht ausreichen, um die Leichtfertigkeit der Begründungen auszudrücken, mit denen die aufgestellten mächtigen Armeen in Bewegung gesetzt wurden – die Fehler und das Fehlverhalten derjenigen, die diese Maßnahmen leiten, sowie die Übel, die mit der eingeschlagenen Politik einhergehen und zu befürchten sind.«[27] Ihm kam es vor wie »eine Ausgeburt des Wahnsinns«.[28]

Nach einem Jahrzehnt der Eroberungen, in dem sie weiter gereist waren als irgendwelche Griechen vor ihm, erreichten Alexander und seine

Armeen das Ende der Welt und die Ufer des letzten Ozeans. Die Soldaten sprangen vor Freude herum, als sie das erste Mal seit Jahren die salzige Luft auf ihren Gesichtern spürten. Alexander starrte auf den Horizont, an dem er vergebens nach Land suchte und nichts sah als den endlosen Ozean. Endlich »König überall und von allem«,[29] »weinte Alexander, der glaubte, dass die Grenzen der Erde erreicht, seinen Ambitionen Grenzen gesetzt waren und es keine Welten mehr zu erobern gab.«[30]

Diese Geschichte – wie Alexander die Welt erobert und dann an den Ufern eines unbekannten Meeres mannhaft Tränen vergossen hat – stammt nicht aus dem alten Griechenland. Sie hat ihren Ursprung im 19. Jahrhundert.

Es gibt auch eine antike Geschichte über Alexanders Tränen, aber sie geht ganz anders. »Es gab eine Zeit«, heißt es bei Plutarch, »als Alexander das wahre Wesen des Universums kennenlernte. Ihm wurde gesagt, dass es unendlich viele Welten enthalte. Als er dies hörte, weinte er. Seine Freunde fragten ihn, wieso, und er sagte: ›Wie kann ich nicht weinen? Es gibt mehr Welten am Himmel, als man zählen kann – und ich habe noch nicht eine von ihnen erobert.‹«[31] Plutarchs Alexander lernt, dass das Universum zu groß ist, um es zu verstehen, geschweige denn zu erobern, und dass er seinen Platz darin akzeptieren muss. Er erkennt seine eigene Bedeutungslosigkeit und ist untröstlich. In der Geschichte aus dem 19. Jahrhundert dagegen braucht Alexander lediglich ein paar weitere Menschen, die er töten kann, damit die Tränen versiegen.

An dem Abend, bevor die Armee aufbrechen sollte, konnten weder Masson noch Burnes einschlafen. Sie saßen zusammen, redeten bis weit in die Nacht hinein und versuchten, die Geschichte zu verstehen, deren Teil sie waren. Am Ende erkannte Masson, dass er und der »Zweite Alexander« auf ganz unterschiedlichen Wegen unterwegs waren. »Unsere Interessen kollidieren in mancherlei Hinsicht, genau wie unsere Gewohnheiten«, erinnerte er sich. »Mit ihm oder unter ihm zu agieren, ist so schmerzhaft, dass es nahezu unmöglich ist … Wir unterscheiden uns zu sehr, um Gefährten zu sein, und ich lehne es entschieden ab, ein Komplize zu sein.«[32]

In dieser Nacht war Burnes wie ein Mann, der auf einem hohen Vorsprung balanciert, und Angst vor dem hat, was er sehen könnte, wenn er nach unten schaut. Sein Optimismus, der Masson schon an guten Tagen nervte, hatte nun eine neue, verzweifelte Qualität gewonnen. »Ein langes

Gespräch, das in einem einzigen Bekenntnis seinerseits endete, dass er nämlich vierzehn Jahre auf diesen einen Moment hingearbeitet hatte, und schließlich damit erfolgreich war«, erinnerte sich Masson.[33] Alles war zum Besten: Die Invasion, gegen die Burnes so leidenschaftlich gekämpft hatte, war von Anfang an seine Idee gewesen. »Es ist tatsächlich überirdisch großartig«, teilte er einem Freund mit. »Meine Ansichten werden übernommen.«[34] »Manchmal optimistisch, manchmal verzagend – manchmal zuversichtlich, manchmal vertrauensselig – er verlieh flüchtigen Eindrücken die Bedeutung und scheinbare Permanenz fester Überzeugungen und verlieh den Objekten in seiner Umgebung die Farben seines eigenen wechselhaften Geistes«, stellte der Historiker John Kaye fest. »Er täuschte andere, aber vor allem täuschte er sich selbst. Er äußerte sich zu widersprüchlichen Meinungen, aber es waren alles *seine* Meinungen zum Zeitpunkt ihrer Entstehung.«[35]

Die Nacht war sehr kalt. (Emily Eden war entsetzt gewesen von dem Wetter. »Niemand ist von einer Erkältung verschont geblieben, seit wir in Firozpur sind, aber das Niesen und Husten hört jetzt gar nicht mehr auf. Alle rudern in Überschuhen herum, wir werden in Sänften zum Dinner getragen und um unsere Schlafräume herum wurden Gräben gezogen.«[36]) Masson versuchte einzuschlafen, während er den Geräuschen des Lagers lauschte. Das letzte Mal war er als Soldat James Lewis von britischen Soldaten umgeben gewesen. Nun, nach so vielen Nächten, die er allein verbracht hatte, war er nicht mehr sicher, wer er war.

Am Morgen beobachtete Masson, der vor Erschöpfung ganz benommen war, wie sich die Armee formierte: Tausende Männer in roten Jacken, stampfende und schnaubende Pferde, lange Reihen von Dienern. »Die Offiziere betrachteten die Expedition als kaum mehr als einen ausgedehnten Spaziergang – ein enormes Picknick.«[37] Kamele wurden mit »Marmeladen, eingelegten Gurken, Zigarren, Fischkonserven, luftdicht verpackten Fleischwaren, Platten, Gläsern, Geschirr, Wachskerzen, Tischtüchern«[38] beladen. Selbst die jüngsten Offiziere hatten »ihre Kleiderkisten, ihre Parfums, Windsor-Seife und Eau-de-Cologne«.[39] Burnes hatte einige aufsehenerregend schöne Frauen aus Kaschmir mitgebracht.[40] Das Ganze unterschied sich vollkommen von der Reise, die Masson all die Jahre zuvor nach Kabul unternommen hatte, »ohne Strümpfe oder Schuhe, eine grüne Kappe auf dem Kopf und eine Fakir- oder Derwisch-Tasse über die Schulter gehängt«.[41]

Inmitten des ganzen Chaos zog »ein Offizier, ein Freund von Sir Alexander Burnes« Masson beiseite und »machte den letzten Überredungsversuch, ihn zu begleiten: ›Bitte, Masson, gehen Sie doch mit ihm. Er hat es bisher nicht getan, aber in Zukunft wird er alles tun, was Sie ihm raten. Ich habe bei vielen Gelegenheiten beobachtet, dass Sie einen klaren Kopf haben und er nicht. Pferde und Diener stehen zu Ihrer Verfügung, und er wird die Nachlässigkeit der Regierung so gut ausgleichen, wie ihm das möglich ist.‹«[42]

Masson wusste, dass Alexandria ihm gehören würde, wenn eine britische Armee hinter ihm stand. Aber er liebte Afghanistan zutiefst. Fast ein Jahrzehnt lang war es sein Zuhause gewesen. Seine besten Freunde waren hier, Menschen, die sein Leben gerettet und sich um ihn gekümmert hatten, als niemand anderes das tat. Konnte er es ertragen, sie zu betrügen? Die Ostindien-Kompanie hatte ihn gejagt, erpresst und angelogen. Er musste zwischen seinen Loyalitäten und seinem größten Begehren wählen. Masson zögerte. Nach einem langen Augenblick sagte er einfach: »Es ist zu spät.«[43]

Die Armee zog ohne ihn ab. Kurz danach verschwand Masson.

Jenseits der Grenze, in Afghanistan, beobachtete ein bleicher Amerikaner mit dichtem Bart misstrauisch die vorrückende britische Armee. Josiah Harlan war nicht untätig geblieben. Nachdem Masson und Burnes Kabul verlassen hatten, hatte er sich einer kleinen Streitmacht angeschlossen, die von einem der Söhne Dost Mohammeds befehligt wurde. Harlan war wie immer der Held seines eigenen Melodramas und auf der Suche nach neuen Welten, die er erobern könnte. »Wir erklommen Pässe durch Regionen, in denen Gletscher, stille Täler und runzlige Felsen, geschwärzt von Jahrhunderten verwitterten Ruhmes, das stille Reich vergangener Zeiten bewahrten, gehüllt in ewigen Schnee. Wir kämpften uns voran durch die Höhen dieser alpinen Bergketten – die bislang als unzugänglich für die Mühen der Menschen galten – Infanterie und Kavallerie, Artillerie, Tross und Lasttiere – überwanden Schwierigkeiten durch hartnäckige Ausdauer, trotzten dem erbarmungslosen Prasseln des Schnees oder Regens … plagten uns inmitten der Wolken wie rastlose Geister einer anderen Sphäre.«[44] Als die Streitmacht auf der Spitze eines Bergpasses anhielt, ergriff Harlan die Gelegenheit und hisste seine zerschlissene amerikanische Flagge. »Ich überwand den Indischen Kaukasus und dort, auf den Höhen des Berges, entrollte ich das Banner meines Landes in der Brise, unter einem Salut von sechsundzwanzig Gewehren. Auf dem höchsten Pass des frostigen Kaukasus … wehte das Sternenbanner anmutig zwischen den eisigen Gipfeln.«[45]

Harlan kehrte nach Kabul zurück, wo er sich als Fürst von Ghor bezeichnete. Er berichtete jedem, der zuhörte, dass »der Anführer von Ghor«, Mohammad Rafi Beg, »sein Fürstentum an mich im Feudaldienst übertragen hat, und damit sich und seinen Stamm verpflichtete, für immer Tribut zu zahlen. Der absolute und vollständige Besitz seiner Regierung wurde entsprechend der offiziellen Form durch einen Vertrag übermittelt, den ich immer aufbewahrt habe.«[46] Mohammad Rafi Beg war nicht direkt ein Fürst und er hatte auch nicht diesen Titel an Harlan übertragen. Er gab Harlan jedoch ein sehr eindrucksvoll aussehendes Stück Papier, das in Hofpersisch beschrieben war. (Es wurde 2008 von Eckart Schiewek übersetzt, der zu dieser Zeit Berater der UN-Mission in Kabul war. »Die Dokumente«, so erinnerte er sich, »erreichten mich mitten in der Schlacht um Kandahar.«)[47] Es war genau das, wovon der Amerikaner geträumt hatte, seit er zum ersten Mal Masson begegnet war:

> Denn in diesen Tagen entwickelte ich zu Harlan, diesem edlen Sitz des Wohlergehens, diesem Werkzeug von Ruhm und Stolz, dem Ideal der prächtigen Khane, dem Sachwalter des Staates, eine solche Freundschaft … wann immer der herzliche und gütige Freund Harlan in die Länder des Roten Flusses kommt, wird dem Befehl des oben erwähnten Harlan nicht um die Breite eines Haares durch mich widersprochen. Was immer als Dienst und als Opfer des Lebens erforderlich ist, wird durch mich in keinster Hinsicht vermieden. Im Gegenteil, vom Morgen bis zum Abend, zu allen Zeiten, werde ich dem gütigen Harlan zu Diensten sein. Über zahllose Jahre und Jahrhundert werde ich und mit mir meine Söhne und Brüder seinen Befehlen nicht ausweichen.[48]

Harlan behauptete mit Befriedigung: »Die Herrschaft über seine Besitztümer wurde dem Schreiber und seinen Erben für alle Ewigkeit zugesichert.«[49] Das amerikanische Publikum geriet angesichts der Nachrichten von Harlans Kampagne ins Schwärmen. Die *United States Gazette* salbte ihn – in einem Artikel, den Harlan ganz bescheiden an den Beginn seines *Memoires* setzte – zu einem weiteren Alexander dem Großen. Harlans kleines Unternehmen, »auf den Spuren von Alexander zu wandeln«, war »ein Ereignis, das seit der Zeit von Alexanders Eroberungen vollkommen einmalig war«.[50] (Der aktuelle Thronerbe von Ghor, Harlans Nachfahre, lebt in Los Angeles und ist für seine Zombiefilme bekannt. Er erhebt keine Ansprüche auf sein Königreich.)

Für Harlan war es ein Schock, zu erfahren, dass seine Herrschaft nur von kurzer Dauer sein würde. Die britische Armee, die momentan auf die Stadt vorrückte, hatte keinen Bedarf an amerikanischen Fürsten. Die Berichte sind sich uneins, was dann geschah. Laut Harlan – als er die Geschichte später, wieder zu Hause in Pennsylvania erzählte – organisierte er die Verteidigung Kabuls praktisch im Alleingang. Dost Mohammed »setzte General Harlan zum Generalissmo seiner Streitkräfte ein und nahm selbst eine untergeordnete Stellung in den geplanten Arrangements zum feindlichen Zusammentreffen mit Schah Schudscha und den Engländern ein«.[51] Harlan war (laut ihm selbst) ein wahrer amerikanischer Held, der das Volk von Afghanistan gegen die Briten anführte. Und obwohl er ein afghanischer Fürst war, »betrachtet der General Königreiche und Fürstentümer als belanglos, wenn sie in Opposition zu dem ehrenhafteren und schätzenswerteren Titel des amerikanischen Bürgers gesetzt werden«.[52]

Die Wahrheit war komplizierter. Lange bevor die britische Armee Kabul erreichte (sogar noch bevor sie überhaupt nach Kabul aufgebrochen war), war Harlan mit der Ostindien-Kompanie ins Bett gesprungen. Im Dezember 1838 wandte sich Colonel Stacy warm an »meinen lieben Harlan« in Kabul und tratschte mit ihm über die britischen Streitkräfte – kaum die Art von Informationen, die man mit dem »Generalissimo« des Feindes austauschen würde: »Ich bin sehr gespannt darauf, mehr über Ihre Zukunftspläne zu erfahren, ob Sie in Indien bleiben werden oder in Ihr eigenes Land zurückkehren wollen. Bitte schreiben Sie mir so schnell wie möglich, ob es etwas gibt, mit dem ich Ihnen zu Diensten sein kann.«[53] Als die Briten mit Schah Schudscha Kabul erreichten und sich an die Besetzung Afghanistans machten, schrieb Stacy erneut an »meinen lieben Harlan« mit Plänen, einige Tage zusammen zu verbringen, aber auch »glücklich, Sie zu einer anderen Zeit einmal zu sehen«.[54]

Nachdem Kabul gefallen war, stellte Harlan fest, dass die »fade Einschüchterung« des neuen Regimes nicht nach seinem Geschmack war. Eine von Schudschas Proklamationen hörte sich folgendermaßen an: »Jedermann wird befohlen, nicht die Höhen in der Umgebung des Königlichen Harems zu besteigen, da er sonst lebendig ausgeweidet wird. Möge der König ewig leben.«[55] Was Harlan aus der Fassung brachte, war jedoch nicht die Androhung des Ausweidens, sondern die Tatsache, dass die Briten bei ihrer Ankunft in Kabul sein Haus und sein Pferd beschlagnahmt hatten. Als er eines Tages sein Pferd wiedersah, nahm er es dessen aktuellem Besitzer weg und ritt davon. Es folgte eine Serie wütender Briefe zwischen ihm und dem British Superintendent of Police. »Nachdem ich durch einen Akt der Plünderung meines Eigentums verlustig gegangen bin«, wütete Harlan, »habe ich durch dieses Gesetz das Recht, den Gegenstand als mein angemessenes Eigentum zurückzufordern und zu beanspruchen.« Selbst schäumend vor Wut, wies er sorgfältig darauf hin, wie »freundlich« er immer gegenüber den Briten gewesen war. »Wäre das Pferd das Eigentum des Dost Mohammed oder einer anderen Person gewesen, die die Waffen gegen den König und seine Verbündeten erhoben hat, dann wäre es zur Beute geworden. Da es aber einem Ausländer und zeitweisen Bewohner gehörte, der auf freundlichem Fuß mit den Fängern steht, sehe ich mich daher nicht in der Lage, das Recht der Beuteagenten der britischen Armee auf das Eigentum eines amerikanischen Bürgers anzuerkennen.«[56]

Derweil hatten Massons Freunde alle dieselbe Botschaft für ihn: Beende dein Buch, und zwar schnell. Alles deutete darauf hin, dass es ein Triumph werden würde. Ein Ausschnitt aus seinen Notizen war vor der Bombay Geographical Society vorgetragen worden und »es wurde auf dem Treffen zum besten Artikel erklärt, den die Society jemals erhalten hatte«, berichtete Pottinger.[57] Pottinger hatte die Pläne seines Freundes für den ganzen Band gesehen und war vollkommen »entzückt von ihnen. Sie sind genau das, was notwendig ist, und werden Sie an die Spitze aller Altertumsforscher in Europa setzen. Ich denke, Sie sollten es nicht zulassen, dass irgendetwas die Fertigstellung Ihres Buches behindert.«[58] Charles Masson – Deserteur, Reisender, Pilger, Doktor, Archäologe und Spion – war vieles gewesen, aber noch niemals berühmt. Nun glaubte jede Person in seinem Leben, selbst Burnes, er solle sich auf die Unsterblichkeit vorbereiten. »Niemand«, schrieb Burnes, »wird mehr über die Zunahme Ihres Ruhmes frohlocken als ich.«[59]

Masson musste nur noch schreiben.

Monate später, im Winter 1839, ritt Henry Rawlinson auf der Suche nach Masson in die uralte Hafenstadt Karatschi ein. Genau wie Stacy war Rawlinson ein Soldat, der mehr Vergnügen daran fand, die Vergangenheit auszugraben, als die Gegenwart in die Luft zu sprengen. Er hatte Massons Arbeit seit Jahren verfolgt. Die Chance, den Mann zu treffen, »von dem ich so viel gehört und gelesen habe«, ließ ihn regelrecht euphorisch werden.[60] Im Morgenlicht bahnte er sich einen Weg durch die alte Stadt. Staub und Rauch hingen in der Luft. Dic Häuser waren heruntergekommene »Hüllen aus Flechtwerk und Lehmmörtel, die kaum Schutz vor dem Regen bieten«.[61] Unsicher klopfte Rawlinson an die Tür »einer erbärmlichen Hütte«, in der »fast nackt und halb betrunken« Masson hauste.[62]

Nach so vielen Jahren als meisterhafter Geschichtenerzähler, der seine Geschichten um die Welt winden und sie verwandeln konnte, hatte sein unvollendetes Buch Masson in die Verzweiflung getrieben. Er hatte keine »Möglichkeit des Zugriffs auf eine Bibliothek«.[63] Er hatte nicht einmal genügend Papier und musste Freunde um »einen kleinen Vorrat«[64] anbetteln. Geplagt von Fieber und dröhnenden Kopfschmerzen,[65] konnte er kaum schlafen oder klar denken.[66] Er hatte begonnen zu trinken. Dann fiel es ihm schwer aufzuhören. An sich selbst zu glauben, war ein täglicher Kampf:[67] Immer weniger Dinge schafften es, »einen Mann besser denken zu lassen, sogar von sich selbst«.[68] »Ich erinnere mich«, gestand er Pottinger, »dass Sie mir gesagt haben, das Buchschreiben sei nicht so einfach, wie ich es angenommen hatte, und ich musste feststellen, dass Ihre Erfahrung richtig war.«[69]

»Ich blieb mehrere Stunden bei ihm [Masson]«, erinnerte sich Rawlinson, »und es schmerzte mich außerordentlich, was ich erlebte. Seine Sprache war zunächst so träge, dass ich glaubte, er wäre tatsächlich recht närrisch geworden, aber schließlich erzählte er mir, dass er, nachdem er bis fast zum Morgen gesessen und geschrieben hatte, zur Mahlzeit eine Flasche Wein zu sich genommen hatte, dann bei Tagesanbruch aufgestanden war und mit vernebeltem Kopf weitergeschrieben hatte. Ich denke jedoch schon fast, dass sein Geist wirklich aufgibt.«[70]

Jahrelang hatte Masson sein Temperament unter Kontrolle gehalten, so wenig wie möglich Nein gesagt und war schon fast beunruhigend erpicht darauf gewesen, zu gefallen. Nun jedoch, egal ob es »ratsam oder klug oder etwas anderes war«[71] oder nicht, ließ er seinen Stimmungen freien Lauf. Rawlinson war schockiert zu sehen, wie »bitter« er war: nachlässig wütend auf Wade, Burnes und die Ostindien-Kompanie.[72] Von Zeit zu Zeit schnappte Masson sich eine Seite und kritzelte wütende Verse darauf.[73] »Wenn irgendwelche Bemerkungen im hinteren Teil meiner Erzählung als zu persönlich erachtet werden sollten, dann bitte ich darum zu bedenken, dass die Beleidigungen und Verletzungen, die mir beigebracht wurden, ebenfalls persönlich waren«, stellte er klar.[74] Burnes machte sich, wie es seinem Naturell entsprach, einem Freund gegenüber darüber lustig: »Ich habe mich sehr über Ihren Bericht von Ihrem Interview mit dem kleinen Masson amüsiert. Ich war mir seines Zorns bewusst, aber ich glaubte nicht, dass ich ebenfalls einen Teil davon abbekommen sollte … Ich schätze einmal, er ist beschämt von sich.«[75]

Masson war beschämt. »Ich hatte es vermieden, an Sie zu schreiben, selbst auf die Gefahr hin, in einem ungünstigen Licht zu erscheinen«, bekannte er traurig einem Freund. »Ich hätte über nichts schreiben können als Krise und Unglück, und ich wollte Sie damit nicht belasten.«[76] Fast jede Nacht ließen ihn seine Schuldgefühle über seinen Anteil am Krieg wach liegen.[77]

Dennoch schrieb er Tag für Tag weiter, manchmal weinend, manchmal zitternd, manchmal mit vor Wut geballten Fäusten. Und im Februar 1840 war sein Buch dann endlich fertig. Seine Hoffnungen ruhten in seinen Seiten. »So viel hängt von ihnen ab und von dem Schicksal, dem sie begegnen«, vertraute er sich Pottinger an. »Ich wage es nicht, so optimistisch zu sein und zu hoffen, was Ihre Güte andeutet, nämlich dass ich mich an der Spitze der Altertumsforscher in Europa wiederfinden werde.«[78] Pottinger versprach Masson, für ihn einen Verleger in Großbritannien zu finden. Er reiste zurück nach London, um Königin Victorias Botschafter in China (auch bekannt als Chefopiumhändler der Ostindien-Kompanie) zu werden. Er konnte das Manuskript mitnehmen.

Masson hatte keine Ahnung, wie viel Geld sein Werk einbringen würde. »Ich bin in diesen Angelegenheiten ziemlich unbedarft«, gab er zu. Doch sobald das Buch verkauft wurde, würde er ein eigenes Einkommen haben. Nach so vielen Jahren, in denen er sich auf andere stützen musste, war »Unabhängigkeit, ohne die das Leben, zumindest für mich, keine Freude bietet«, zum Greifen nah.[79]

Es gab jedoch ein Problem. Jeder, der Massons Manuskript gelesen hatte, zeigte die gleiche Reaktion: Das konnte man nicht drucken. Als Rawlinson Masson begegnet war, empfand er das betrunkene Gesabber seines Helden als schmerzhaft, doch die Seiten, die Masson ihm in die Hände drückte, waren herzzerreißend. »Er gab mir mehrere Seiten zu lesen«, erinnerte sich Rawlinson, »die in demselben vagen und eintönigen

Tonfall geschrieben waren, in dem er sprach. Mir schien, dass all seine Informationen durch die Art und Weise, wie er sie zusammenfasste, verlorengingen … Ich versuchte ihn zu überzeugen, nach Bombay zu gehen, um mit Fachleuten zu sprechen, bevor er einfach drauflos schrieb. Er war dem aber augenscheinlich abgeneigt. Er hat bereits zwei Bände über seine Reisen und seine Arbeit in Afghanistan verfasst und war mit dem dritten beschäftigt – von denen er mir viele Teile zeigte und die sehr ausgefallen sind, aber nicht bereit zur Veröffentlichung … Falls Pottinger zulässt, dass die Manuskripte so gedruckt werden, wie sie jetzt sind, wird man Masson für einen überheblichen Ignoranten halten statt für den gewissenhaften, schwer arbeitenden Burschen, der er wirklich ist.«[80]

Massons Freunde hatten ein Buch über seine Abenteuer in Alexanders Fußstapfen erwartet: Eine Geschichte über verlorene Städte und Goldmünzen und haarsträubende Fluchten. Masson hatte dieses Buch schreiben wollen. Stattdessen hatte er eine leidenschaftliche Verurteilung des britischen Imperialismus, der Ostindien-Kompanie und der Invasion Afghanistans verfasst. Er nannte Namen. Er verriet Geheimnisse. Er zitierte beschämende Briefe. Er zeigte der Welt den »Zweiten Alexander« mit heruntergelassenen Hosen. Für die pflichtbewussten Männer der Kompanie, die seine Seiten lasen, war das Ketzerei. »Ich vertraue darauf, dass etwas getan wird, um ihn in Bombay zu kriegen«,[81] notierte Rawlinson traurig in seinem Tagebuch.

Masson wusste, dass er alle Brücken hinter sich zerstört hatte. »Ich weiß nicht«, schrieb er, »ob ich einen Freund in Indien habe oder eine Person, die ich gut genug kenne, um sie um einen Gefallen zu bitten.«[82] Er hatte aber nicht vor, aufzugeben und sich kleinlaut nach Bombay zurückzuziehen.

Stattdessen machte er sich auf den Weg nach Kabul.

# 15

# Die Blutkammer

Im Frühjahr 1840 war Bagram eine bizarre Touristenattraktion geworden, überrannt von gelangweilten britischen Offizieren, die hofften, »die ermüdende Monotonie des militärischen Lebens in ihren Unterkünften zu unterbrechen«. »Die immense Anzahl an Münzen, die in Bagram nahe Kabul gefunden worden waren, von dem man vermutete, es sei Alexandria«, schrieb einer, »war ein weiterer Anziehungspunkt für viele Menschen mit klassischer Bildung, die begierig darauf waren, das Land zu bereisen und zu erkunden, durch das der makedonische Held gezogen ist.«[1] Natürlich wollten all diese Besucher Souvenirs haben. Die Dörfler von Bagram bedienten diesen Bedarf mit Haufen brandneuer antiker Münzen und Artefakte. Die Leichtgläubigsten verwies man auf einen niedrigen Hügel und informierte sie, dass dies das Grab sei, »das angeblich über dem mächtigen Hengst Alexanders des Großen, Bukephalos, aufgerichtet worden sei«.[2]

Alle Geschichten darüber, wie man in den Fußstapfen von Alexander wandelt, haben eines gemeinsam: Der Erzähler wird hereingelegt. Jahre später berichtete die *Illustrated London News*: »Der Amateurarchäologe ist dem ›unschuldigen‹ Bauern in den meisten Ländern wohlbekannt, und zahlreich sind die ›echten Altertümer‹, die zu seinem Nutzen hergestellt werden. Die größte Schwierigkeit besteht darin, den ›Fundstücken‹ den Anschein von Alter zu geben. Manche ›Altertümer‹ werden für zwei oder drei Jahre vergraben, damit die Erde ihnen viele Jahre dazugibt … Die Patina auf Münzen ›aus der Zeit von Alexander dem Großen‹ ist möglicherweise entstanden, während die Münzen teilweise von Gänsen verdaut wurden. Bevor diese Methode in Gebrauch kam, alterte man Münzen, indem man sie für mehrere Monate an den Sohlen der Stiefel herumtrug.«[3]

Britische Tagesreisende bezeichneten Bagram als »eine unangenehme Wüste von Land«,[4] doch in Massons Erinnerungen in Karatschi wurde es ein verlorenes Paradies: »eine Landschaft, deren Schönheit kaum vorstellbar ist, es sei denn, man hat sie selbst erlebt.«[5]

Jeden Tag dachte Masson über Afghanistan nach. Er konnte es kaum erwarten, den Wind der Berge wieder auf seinem Gesicht zu spüren und Kabuls Tore zu durchschreiten. Seine Freunde dort »fragen andauernd nach Ihnen«, schrieb Burnes ihm, und wussten, »dass Sie nicht weiterleben könnten, ohne noch einmal nach Kabul zu kommen. Wenn Sie das machen, werde wenigstens ich sehr glücklich sein, Sie zu sehen.«[6] Massons Jahre in Afghanistan hatten damit geendet, dass seine Hoffnungen verflossen und seine Ausgrabungen aufgegeben waren. Jetzt sah er eine Möglichkeit, das zu ändern: »Meine Reise wird, so hoffe ich, mich wieder aufrichten.«[7] Dieses Mal würde er nicht zulassen, dass die Ostindien-Kompanie sich zwischen ihn und Alexander stellte.[8]

Zuerst aber musste er direkt nach Afghanistan gelangen. Die Wüsten und Bergpässe waren gnadenlos, zudem »herrschte eine neue Ordnung der Dinge, und es war gut möglich, dass die jüngsten politischen Veränderungen und Zwischenfälle bei den Menschen, die ich treffen sollte, Gefühle hervorgerufen hatten, die ihnen zehn Jahre zuvor fremd gewesen waren«.[9] Überall, wo die Armee der Ostindien-Kompanie auf ihrem Weg nach Afghanistan hindurchgekommen war, hatte sie Hass und Verderben hinterlassen. »Es gab ein oder zwei kleine Zerstörungen«, lachte ein Offizier. »Es ist völlig lästig, einen Haufen dieser Burschen hinter einem her schreien zu hören, dass sie geplündert wurden. Das passiert im Allgemeinen am ersten oder zweiten Tag, nachdem man in eine Stadt gekommen ist.« Städte wurden mit brutaler Herablassung besetzt. »Zwei oder drei Moscheen wurden in gute christliche Unterkünfte umgewandelt, und verflucht seien alle muslimischen Vorurteile … Der Doktor hatte eine Moschee zu fassen bekommen und sie zum Hospital gemacht: der beste Nutzen, der ihr zuteilgeworden ist, seit sie gebaut wurde. Die Frommen können draußen beten, wenn sie es unbedingt wollen.«[10] Die Afghanen erzählen noch heute die Geschichte dieser Invasion: So vergelten die Briten unser Vertrauen.

In der Hoffnung auf Sicherheit schloss Masson sich einer Händlerkarawane an, die von einem alten Freund geführt wurde und auf dem Weg nach Afghanistan war. Jeden Morgen umschwärmten Krähen und Stare die langsamen, schwerfälligen Kamele und waren »so gierig, dass sie sich auf die Höcker der Kamele setzten und tatsächlich Löcher in sie hinein pickten«.[11] Masson ritt ungeduldig voraus und ließ sein Gepäck und seine Papiere bei den Händlern zurück. Er plante, in der Wüstenstadt Kalat auf sie zu warten, einer der letzten Stationen auf der Straße vor den Bergpässen nach Afghanistan hinein.

Kalat saß über der Wüste wie eine staubfarbene Wolke: 800 heruntergekommene Häuser, überwacht von einer bröckelnden Zitadelle und einem Palast. Wenn es regnete, wurde die Unterstadt überflutet und die Armen wateten durch die Scheiße der Reichen. Im Sommer kochte alles in der Hitze. In gewisser Weise war an diesem Ort alles auf den Kopf gestellt: »Was in manchen Ländern als Beweis für Irrsinn erachtet wird, gilt hier als unzweifelhaftes Zeichen von Heiligkeit und Weisheit.« Ein nackter Mann, der auf der Suche nach Gold die Straßen durchwandert, wird im Allgemeinen als klügste Person in der Stadt angesehen.[12] In Massons Erinnerungen waren ihre Gassen voller Kamelspuren, erstaunter Wanderer und hungriger Spione. Ein exilierter Prinz verkaufte Maultiere.[13] Vor Jahren hatte er hier viele glückliche Tage als Lehrling eines Alchemisten verbracht und versucht, aus Limettensaft, »sieben Jahre altem Essig« und »den beißend trüben Säften von Pflanzen in der Gegend« Gold herzustellen (es war ihm nicht geglückt).[14]

Doch die Welt hatte es in den Jahren, in denen Masson fort gewesen war, nicht gut mit Kalat gemeint. Die Ostindien-Kompanie war überzeugt gewesen, dass der Herrscher Kalats, Mehrab Khan, für den Hinterhalt verantwortlich war, in den ihre Armee auf der Straße nach Afghanistan geraten war. Es gab niemals einen ausreichenden Beweis dafür, abgesehen von einigen Gerüchten und dubios aussehenden Briefen. Das hielt die Briten aber nicht davon ab, die Stadt zu überfallen, Mehrab Khan zu töten und alles von Wert innerhalb ihrer Mauern wegzuschleppen. Mehrab Khans junger Sohn, Nasir Khan, war nun auf der Flucht, gejagt von der Ostindien-Kompanie und geschützt von einer Handvoll alter Diener seines Vaters. Auf dem Thron saß nun Nawaz Khan, ein willfährigerer Verwandter, während ein britischer Politischer Offizier, Lieutenant William Loveday, hinter den Kulissen die Fäden zog. In den Hügeln und auf den Märkten sang man bereits Lieder voller Wut:

Die zahllose Armee der Kompanie ist auf uns eingedrungen.
Wer kann ihrer Macht widerstehen?
Männer ohne Zahl wurden versammelt,
Tausende und Tausende kamen zusammen.
Die weit schießenden Musketen ließen sich nicht zählen,
Auch nicht die Helme auf ihren Köpfen,
Nicht die Schuhe an ihren Füßen,
Noch ihre Pferde, die gerüstet sind zur Schlacht.

Sie richteten ihre Kriegsmaschinen ein,
Ihre Kanonen und Zelte.
Sie tranken Wein und Branntwein.
Die Feiglinge spien auf die Himmel.
Die Ungläubige riefen tausend Prahlereien:
»Wir werden euren Anführer fangen und ihn zu unserem Sklaven machen.«

Sie kamen über den Fluss zu uns.
Unsere Welt wurde betrogen,
Sie wurde genommen und als Beute verteilt.

Lob über Lob,
Eintausend Lobe,
An diesen Sohn des Zorns, den großzügigen Mehrab, den Schwertschwinger.
Er versammelte Männer zum Widerstand,
Er stand mit ihnen in der Schlacht.
Er überließ seine Stadt nicht den Händen der weißen Männer.
Er gab sein Leben bei der Verteidigung seiner Familie.

Nasir Khan, du bist wie eine Rose
In einem reichen Garten.
Dein Name und dein Ruhm haben die Welt durchquert,
Bis in das weit entfernte Delhi und die grünen Felder von Kandahar.
Mögest du ein Zuhause in deinem Land finden,

Und deinen angestammten Ländern.
Möge Kalat für immer dein sein.[15]

Als Masson vor den Händlern in Kalat eintraf, war er zu sehr damit beschäftigt, sich mit seinen alten Freunden auszutauschen, um sich allzu viele Gedanken um Loveday zu machen. »Noch vor der Nacht jedoch wurde mir gesagt, dass Lt. Loveday von meiner Ankunft informiert worden war, und dass er gesagt habe, er wisse nichts von mir, aber ich müsse ein niederer Bursche sein, denn wenn ich ein Gentleman wäre, dann wäre ich zu ihm gekommen.«[16] Am nächsten Morgen schlenderte der eher amüsierte als beleidigte Masson hinüber, um sich vorzustellen.

Loveday hatte eine Villa in der Altstadt, ließ sich aber gerade vor den Mauern der Stadt sein Traumhaus errichten. Es war eine Monstrosität: eine aufgeblähte Villa im neugotischen Stil, die er selbst entworfen hatte. Die meisten seiner Tage verbrachte er in einem Zelt neben der Baustelle, von wo aus er beobachtete, wie sie Gestalt annahm. Seiner Familie schrieb er: »Ich wünschte nur, Ihr könntet einige meiner schönen Entwürfe für Couches und Tische sehen.«[17] Masson sah sich um: Die meisten der Arbeiter waren Sklaven.[18] Und sie hatten Todesangst.

Bevor er alles aufnehmen konnte, eilte ein junger Mann zu ihm, begleitet von zwei Bulldoggen. »Als ich ihm näherkam, sagte er: ›Mr. Masson, glaube ich?‹ Ich erwiderte: ›Ja‹, und er fuhr fort: ›Wir könnten auch einfach ins Zelt gehen.‹ Er ging voran und ich folgte ihm. Es gab tatsächlich nur einen Stuhl in dem Zelt und er meinte zu mir: ›Setzen Sie sich auf den Boden – das sind Sie doch gewohnt, nehme ich an?‹ Ich lächelte, sagte, dass ich das sei, und setzte mich auf den Boden. Er wechselte seine Kleidung und während er das tat, warf er mir drei oder vier Zeitungen hin.«[19] Beim Frühstück erzählte Loveday Masson von den Männern, die er getötet hatte: Er war stolz darauf, einen lokalen Anführer »von einer Kanone weggeblasen zu haben«, »und sagte, er wünschte, er könnte weiterer habhaft werden«, um sie »in derselben Weise zu behandeln«.[20] Loveday freute sich schon besonders darauf, Mehrab Khans alten Darogha oder obersten Minister, Gul Mohammad, zu töten. Er sollte ebenfalls »von einer Kanone weggeschossen werden. Ich fragte ihn, womit der Darogha ihn so schwer gekränkt habe, und fragte, ob es nicht besser sei, zu vermitteln, statt zu bestrafen, wenn sein einziges Verbrechen die Treue zu seinem verstorbenen Herrn und nun zu dessen Sohn sei.« Loveday sagte, er hätte »Beweise für eine teuflische Verschwörung – und deswegen würde ihm nicht vergeben werden«.[21] Abgesehen davon, so sagte er, »Wer Macht hat, hat recht.«[22] Während er auf dem Boden saß und an seinem Frühstück knabberte, spürte Masson, wie sich ihm der Magen umdrehte. Irgendetwas lief hier vollkommen verkehrt.

Die Armeen der Ostindien-Kompanie hatten bei ihrem Vormarsch auf Afghanistan einen Flickenteppich aus neu eroberten Städten und Territorien hinterlassen. Die Verantwortung bekamen junge Männer wie Loveday, die ein bisschen Persisch beherrschten, aber kaum gesunden Menschenverstand besaßen: eingesetzte Politische Offiziere mit der Macht über Leben und Tod ganzer Königreiche. War der junge Politische Offizier sehr freundlich und sehr klug und hatte sehr viel Glück, dann war seine Herrschaft nicht unbedingt eine Katastrophe. Nur wenige von ihnen besaßen allerdings überhaupt nur eines dieser Merkmale. »Wenn ein Mann zu dumm oder zu faul ist, seine Kompanie zu schleifen«, beschwerte sich Major General William Nott, »dann wird er oft zum Speichellecker, kriecht vor den Chefs der Abteilungen und wird häufig zum Politischen gemacht. Und natürlich verursacht er der Regierung enorme Kosten und entehrt den Charakter seines Landes.«[23] Nott erinnerte sich ungläubig daran, wie »ein närrischer Politischer ein kleines Dorf zerstörte, das dreiundzwanzig Einwohner hatte. Und was glauben Sie, warum? Weil er dachte – dachte, können Sie sich das vorstellen –, er dachte, sie hätten ihn beleidigend angeschaut, als er mit seinen 200 Mann Kavallerie als Eskorte hindurchkam! Wäre ich dort gewesen, dann hätte er acht Mann zu seinem Schutz gehabt; er hätte dann zivil zu den Bewohnern sein müssen oder zumindest nicht grausam.«[24] Selbst Burnes – der sonst über Ambitionen nicht die Nase rümpfte – verabscheute die »Froschbrut« der neuen Politischen.[25]

Loveday war die fettige Stange hinaufgerutscht wie ein Mann, der dazu geboren war. »Sobald ich einmal Mr. Macnaghtens Aufmerksamkeit gewonnen habe«, schrieb er vor dem Krieg, »soll es meine eigene Schuld sein, wenn ich seine gute Meinung nicht verdiene.«[26] Bei einer sorgfältig eingefädelten Begegnung hatte er sich so effektiv bei Macnaghten angebiedert – oder »Kröten geschluckt«, wie man so sagt –, dass er aus einer wenig bemerkenswerten Position in der Armee herausgepickt und für Kalat verantwortlich gemacht worden war. »Endlich«, so prahlte er, »bin ich auf der ersten Stufe der Leiter angekommen, die zu Ansehen und sogar zu Reichtum führt.«[27] Als Kalat eingenommen wurde, bewies Loveday, dass er ein erstklassiger Plünderer war, der entdeckte, »wo der Khan [vor dem britischen Angriff] seine Juwelen vergraben hatte«: Unter einer dünnen Schicht Erde in einer anonymen Ecke der Stadt grub er »vier Kisten voller Diamanten, Smaragden, Rubine und Perlen, so groß wie Erbsen, aus«. Sein Anteil, so brüstete er sich gegenüber seiner Familie, »wird sehr ansehnlich sein«.[28]

Masson hatte schon auf dem ganzen Weg von Karatschi seltsame, verstörende Geschichten über Loveday gehört. An diesem Nachmittag wanderte er mit einem unguten Gefühl durch die Stadt. Das friedliche und blühende Kalat seiner Erinnerungen war trostlos geworden. »Der überwiegende Teil der Stadt war unbewohnt, und der kleine Basar, einst geschäftig und voller Waren, lag fast ausgestorben da. Die Einwohner selbst waren von Trübsinn und Mutlosigkeit bedrückt und gekleidet in das erbärmliche Gewand der Armut. Alle meine alten Bekannten hatten überaus grausam unter der Plünderung ihres Eigentums gelitten, und es schmerzte mich, jene, die vor kurzem noch begütert und sicher gewesen waren, nun bedürftig und notleidend vor mir zu sehen. Der Himmel war in der Tat so heiter wie immer, die Obstgärten zeigten ihr Grün und das Tal war wie früher mit Landbau geschmückt, doch es lag eine Einsamkeit, ob real oder von meiner Seite nur eingebildet, über der Szenerie, die ansteckend war, und bei aller Bereitschaft, fröhlich zu sein, war ich doch niedergeschlagen und traurig.«[29]

An diesem Abend sah Masson, wohin das Geld seiner alten Freunde geflossen war. Lovedays Villa in der Altstadt war das Paradies eines Plünderers. »Ich fand Lt. Loveday in einer geräumigen Wohnung vor, in der Rüstungen herumhingen und die Ecken voller Piken, Hellebarden, Streitäxte und anderer Kriegswaffen standen, der Beute aus den Waffenkammern des verstorbenen Khans. Er lag auf seiner Couch ausgestreckt und sagte mir, dass er schon lange gespeist habe, aber man hatte etwas für mich beiseite gestellt.«[30] Es war ein grässlicher Abend. Masson stocherte auf seinem Teller mit Resten herum. Loveday »war außerordentlich rastlos, sprang manchmal plötzlich von seiner Couch auf und setzte sich auf einen Stuhl, den er dann ebenso plötzlich wieder gegen die Couch vertauschte. Er zeigte mir den Plan des Hauses, das er baute, und der gotischen Fenster, die er dafür entworfen hatte.«[31] Bevor Masson eingetroffen war, hatte Loveday seinen Dienern gesagt, dass er »ein Feind von ihm war und verdeutlichte diese Aussage, indem er seine kleinen Finger überkreuzte, dass er und ich in einer solchen Position zueinander standen, das heißt in direkter Gegnerschaft«.[32] Seine nervöse Unruhe hatte einen sehr einfachen Grund: Er fürchtete, dass Masson für die Ostindien-Kompanie arbeitete und angewiesen worden war, den Geschehnissen in Kalat auf den Grund zu gehen. Loveday wünschte Masson mit einem gequälten Lächeln eine gute Nacht und lud ihn für den nächsten Tag zum Frühstück ein. Völlig aus dem Nichts fragte er ihn, ob er ein Buch schreiben würde. Masson erwiderte mit großem Vergnügen: »Ich habe bereits eins geschrieben.«[33]

Sobald sein Gast gegangen war, kochte Loveday über. Masson war ein Spion und ein Schnorrer und vieles mehr. »Ich war auf dem Weg nach Kabul, um ein Tikka Naan oder ein bisschen Brot zu holen, da Burnes dort war. Wieder stellte er fest, dass ich ein alter Straftäter gewesen war, aber ein Buch geschrieben hatte und Colonel Pottinger mein Freund war, doch nun war der Colonel nach Europa gegangen und ich war ohne Freunde.«[34] Masson war zwar aus dem Spionagegeschäft ausgestiegen, besaß aber immer noch das beste Netzwerk an Informanten in der Region. Innerhalb weniger Stunden erhielt er einen wörtlichen Bericht über Lovedays Gedanken und Gefühle. Am nächsten Morgen fragte er sich kurz, ob er seine Frühstücksverabredung mit Loveday wahrnehmen sollte, sagte sich aber: »Was habe ich mit ihm zu schaffen? Und welchen Grund gibt es, ihn mit meiner Anwesenheit zu belästigen oder genervt mit seiner zu sein?«[35] Er beschloss, sich für den Rest seiner Zeit in Kalat zurückzuhalten.

Massons Instinkte trogen ihn nicht: Etwas lief sehr schief in Kalat. Loveday, der allein in der Wüste war und überall um sich herum Intrigen vermutete, regierte mit Angst und »Schrecken«.[36] Einige Tage später, als er offenbar annahm, dass Masson die Stadt verlassen hatte, zeigte er sein wahres Gesicht. Er hatte einen Mann namens Yahya, einen Bauern aus der Gegend, versklavt, um sein neues Haus zu bauen. Yahya »erregte irgendwie das Missfallen von Lt. Loveday«, der einen Wutanfall bekam und seinen Bulldoggen »das nötige Zeichen« gab. Die Hunde stürzten sich auf Yahya und rissen ihn in einem Durcheinander aus Zähnen und Geifer zu Boden. Loveday schaute zu, wie die Hunde ihn zerfleischten – die Schreie, das Knurren, die entsetzten Blicke der Umstehenden – und rief sie erst zurück, nachdem sie »der elenden Person mehrere Wunden zugefügt hatten. Er wurde schlimm zugerichtet nach Hause getragen und starb nach wenigen

Tagen.«[37] Die Angst, die er auf den Gesichtern der Menschen um sich herum sah, machte Loveday sehr glücklich. »Bald werden sie in gute Untertanen verwandelt sein«, schrieb er an seine Familie.[38]

Masson war nervös und besorgt. Er wusste, dass er über Monate nichts Neues von seinem Buch hören würde, dachte aber dennoch ständig über diese hastig hingekritzelten Seiten nach: Er stellte sich vor, wie man sie im Büro dieses oder jenes Verlegers durchblätterte, und fragte sich, ob man sie mit Vergnügen oder gelangweilt oder voller Staunen – oder überhaupt lesen würde. »So viel hängt von ihnen und dem Schicksal, dem sie begegnen werden, ab«, überlegte er.[39] Voller Ungeduld wollte er Kalat hinter sich lassen: Jeder Tag schien eine neue Idee zu bringen, die er verfolgen könnte. Doch sein Gepäck hing immer noch hartnäckig auf der Straße fest. Die Händler waren auf Schwierigkeiten gestoßen. Kamele starben und die Reise erwies sich als schwieriger, als sie erwartet hatten. Als die Karawane es schließlich nach Kalat geschafft hatte, war sie in einem erbärmlichen Zustand. Dann kam es zur Katastrophe.

Loveday fand einen Weg, sich noch unbeliebter zu machen: Er begann, Steuern einzutreiben. Die Menschen von Kalat waren es nicht gewohnt, Steuern zu bezahlen. Sie taten ihre Meinung in einem abseits gelegenen Dorf kund, indem sie Lovedays Sekretär und die ihn begleitenden Soldaten umstellten und jeden einzelnen von ihnen töteten. Was folgte, war weniger eine Rebellion als mehr ein Aufseufzen der Erleichterung, als die lange unterdrückte Wut des Landes sich endlich Bahn brach:

Unsere Feinde teilten die Beute:
Ein Ladenbesitzer nahm deinen Helm,
Männer verteilten deine Waffen.
Ich sehe verwaiste Kinder,
Sie schlafen in der Hitze der Sonne.
Die Frauen weinen Tränen aus Blut.
Meine Seele brennt vor Trauer,
Mein Herz antwortet mir:
Jetzt grollt der Tiger.[40]

Innerhalb weniger Tage hielten mehr als eintausend Männer auf Kalat zu, an ihrer Spitze Nasir Khan.

Die Ereignisse überschlugen sich nun förmlich. Masson ging in dem Garten, in dem er sich aufhielt, wie üblich zu Bett, nur um von Faiz Ahmed, einem seiner Freunde, aufgeweckt zu werden. »Nach Atem ringend und voller Beklommenheit flehte er mich an, um Gottes willen den Garten zu verlassen, da ich sonst ermordet werden würde.« Aus fast jeder Richtung war Gewehrfeuer zu hören. Zwei von Mehrab Khans alten Dienern »hatten ihre Waffen angeschnallt mit der Absicht, mich in dieser Nacht zu meucheln«. Faiz Ahmed »drängte mich, Kalat auf der Stelle zu verlassen. Ich war noch halsstarrig, da ich dazu neigte, die Sache leicht zu nehmen«.[41] Faiz Ahmed hielt Masson für einen unerträglichen Idioten und sagte ihm das auch. Massons Pferd war gesattelt, ein Führer für den Weg war arrangiert und er war bereit, loszuziehen.[42] In der letzten Minute machte Masson einen der größten Fehler seines Lebens. Was auch immer geschah, es wäre ihm nicht wert, die Stadt deswegen zu verlassen.

Fast sofort darauf traf eine Nachricht von Loveday ein, der sich in sein Haus innerhalb der Stadtmauern zurückgezogen hatte und Masson einlud, ihn zu besuchen. »Sein Empfang war ganz anders als zuvor. Er sprang von seinem Sitz auf, kam mir mit ausgestreckten Händen entgegen und rief sanft aus: ›Mr. Masson! Mr. Masson!‹ Ich gab ihm sofort meine Hand und wir setzten uns hin; nun gab es nämlich Stühle im Haus.«[43] Der Grund für Lovedays plötzliche Verwandlung wurde schon bald klar: Jetzt, da ein Angriff auf die Stadt bevorstand, wollte er Masson bei sich haben. »Ich hätte mich viel mehr gefreut, wenn ich das Glück gehabt hätte, mit einer Person in Verbindung gebracht zu werden, die höhere Wertschätzung genießt als Lt. Loveday«,[44] erinnerte sich Masson. Allerdings regte sich wieder einmal seine Unfähigkeit, Nein zu sagen – und bevor er recht wusste, was er tat, hatte er zugestimmt.

Masson begriff rasch, dass Kalat alles andere als bereit war, einer Belagerung standzuhalten. In den Mauern gähnten riesige Lücken, groß genug, um einfach hindurchzugehen. Riesige Blöcke aus Blei waren in der Waffenkammer aufgeschichtet, aber niemand hatte daran gedacht, sie zu Kugeln zu verarbeiten. Mehrere bedrohlich aussehende Kanonen befanden sich auf dem Dach der Zitadelle, aber sie waren »nutzlos; die größte von ihnen war tatsächlich eher eine Art Kuriosität, denn sie war in Modena in Italien gegossen worden und mehr als drei Jahrhunderte alt«.[45] Loveday hoffte, dass aus der Stadt Quetta Hilfe eintreffen würde, die etwa 100 Meilen entfernt war und in der der mürrische Captain J. D. D. Bean eine viel größere Streitmacht als seine eigene befehligte. Allerdings war der »kränkliche und ineffiziente Zustand« von Beans Soldaten bei der Ostindien-Kompanie in aller Munde[46] – und Bean selbst machte keinerlei Anstalten, hinter seinen Mauern hervorzukommen. Loveday las Masson seine Briefe an Bean vor und sagte ihm, dass er »verpflichtet ist, meine Bemühungen und die Unterstützung, die ich ihm gewährt habe, gegenüber der Regierung zu vertreten«.[47] Trotzdem bemerkte Masson, dass das Einzige, was Loveday in seinen Briefen sagte, war: »Mr. Masson ist bei mir«.[48] (Tatsächlich war das nicht alles, was Loveday sagte, aber es war alles, was er laut vorlas. »Es scheint«, so ging der Brief weiter, »dass er [Masson] sich immer noch in Kalat herumdrückte, und als die Rebellion ausbrach, versteckte er sich irgendwo – als ich davon hörte, ließ ich ihn suchen und in mein Quartier bringen.«)[49] Eingeschlossen mit einem wimmernden, mörderischen, »unterwürfig zivilen«[50] großen Kind und dessen Bulldoggen, lenkte sich Masson so gut es ging mit den Verteidigungsanlagen der Stadt ab. Seine Zeit als Soldat war schon lange her, aber selbst er wusste, dass Mauern mit riesigen Löchern niemanden lange aufhalten würden. Er tat sein Bestes, bei den Reparaturen zu helfen und beauftragte zusammen mit Nawaz Khan ein paar widerstrebende Männer damit, Kugeln herzustellen. Zumindest Loveday befleißigte sich seines besten Benehmens. Masson konnte kaum einen Schluck Wasser oder Wein trinken, ohne dass er ausrief: »Gott schütze Sie!«[51]

Nasir Khans Armee traf eilig und durcheinander ein – ein Haufen von etwa 1.500 Männern, nur die Hälfte von ihnen bewaffnet, »und viele nur mit einem Schwert und einem Schild gerüstet«.[52] Sie schienen überrascht zu sein, die Tore verschlossen und die Stadt verteidigt vorzufinden, und liefen erst eine Weile unschlüssig herum, bevor sie sich für eine Belagerung einrichteten.[53] Loveday musste an diesem Abend von den Mauern aus trübselig mit ansehen, wie die feindlichen Truppen sein halbfertiges Traumhaus einrissen. All die frisch gehauenen Stämme waren genau das, was sie brauchten.[54] Masson – der seine Tage als Soldat James Lewis nicht erwähnte – gab sein Bestes mit der Kanone auf dem Dach der Zitadelle. Er war mehr eine Gefahr für sich selbst als für irgendjemanden außerhalb der Mauern. Seit Jahren war keine der Waffen abgefeuert worden. Sie waren mit Seilschlingen an ihren Karren festgebunden, die »die Sicht behinderten und es unmöglich machten, sie mit wenigstens dem Anschein von Präzision irgendwohin zu richten. Anstelle von Abzügen gab es Öffnungen so groß wie eine Handfläche, und die Kammern waren so wabenförmig, dass ich mir nicht vorstellen konnte, wie sie es aushalten sollten, abgefeuert zu werden.«[55] Masson versuchte ein paar Runden, doch als er merkte, dass er eher die Verteidiger auf den Mauern als Nasir Khans Armee treffen würde, entschied er vernünftigerweise, die Kanonen den Artilleristen von Kalat zu überlassen.

Die dritte Nacht der Belagerung war klar und kühl. Man entzündete Fackeln entlang den Mauern, die riesige Schatten über die Stadt warfen. Die »Lichter zeichneten die Umrisse der Wälle nach und umrandeten die Türme«.[56] Masson konnte nicht schlafen und lief auf der Terrasse von Lovedays Haus hin und her.[57] »Die Stunden vergingen; es gab keinen Alarm und kein Feind zeigte sich, als zwischen zwei und drei Uhr morgens – die Fackeln brannten sehr schwach, das Feuer der Garnison war seit einiger Zeit erloschen, die Rufe der Wachen waren selten zu hören und die Stadt machte den Eindruck, als würde sie sich nach einer großen Anstrengung ausruhen – ein plötzliches und heftiges Aufkommen von Schüssen verkündete, dass ein Angriff« geschah.[58] Auf der Westseite der Stadt erklommen Männer die Leitern, die aus den Überresten von Lovedays neugotischer Villa gefertigt worden waren, und zogen sich über die Mauern. Als Lovedays Soldaten endlich dorthin kamen und die Angreifer zurücktrieben, waren fast fünfzig Männer in der Stadt untergetaucht.

Genau so plötzlich, wie er begann, war der Angriff vorbei und alles wurde wieder ruhig. Im grauen Licht der Morgendämmerung kam Loveday vorsichtig aus seinem Haus, umgeben von seinen Soldaten, »um die Szene des Erfolges zu besichtigen«. Sie eilten durch die Straßen der Stadt, Masson hinter ihnen, »erstiegen die Mauern und warfen einen Blick auf die Leichen, die herumlagen, sowie auf die zerbrochenen Leitern, von denen einige noch an den Mauern lehnten, andere aber umgefallen waren«.[59] Während Loveday und seine Männer die Toten nach wertvollen Gegenständen durchsuchten, die mitzunehmen sich lohnte, betrachtete Masson lange die Leitern. Irgendetwas mit ihnen stimmte nicht, merkte er: Nicht eine einzige war hoch genug, um den oberen Rand der Mauern zu erreichen und trotzdem hatten Dutzende von Männern es geschafft, in die Stadt zu klettern.

Es dauerte nicht lange, um wirklich herauszufinden, was geschehen war. »Der Angriff war im Einverständnis mit einem Teil der Garnison erfolgt.«[60] Zur verabredeten Zeit waren die Angreifer die Leitern hinaufgeklettert und als sie oben angekommen waren, hatten die Männer auf den Mauern ihre Lungis aneinandergebunden und wie Seile nach unten gelassen, sodass die Eindringlinge den Rest des Weges nach oben klettern konnten. Beide Seiten hatten mit Platzpatronen geschossen: Die Gewehre waren mit Schießpulver geladen gewesen, nicht jedoch mit Kugeln. Die Belagerer hatten nicht einmal genügend Pulver für einen Scheinangriff gehabt, sodass man ihnen im Vorfeld diskret welches hinunter gereicht hatte.[61] Masson hatte bald eine Ahnung davon, wieso die Kanonen in der Zitadelle ebenfalls nie irgendwelchen Schaden bei den Belagerern anzurichten schienen: Auch sie waren nicht geladen und feuerten seit Tagen leere Schüsse ab.[62] Es war das absurdeste Kriegsspiel, das er jemals gesehen hatte.

In völliger Unkenntnis der Tatsache, dass er mitten in ein Stück Amateurtheater geraten war statt in einen Krieg, schrieb Loveday mit großer Befriedigung davon, wie er »die Stadt gerettet hatte«.[63] Masson fragte sich derweil, ob er sich auf das Unausweichliche vorbereiten sollte. Obwohl die Belagerer »weder Munition noch Vorräte«[64] hatten und die Verteidigungen so sicher waren, wie es nur ging, erkannte er, dass die Belagerung nur ein Ende haben konnte. Einer nach dem anderen informierten Nawaz Khans Kommandeure Loveday darüber, »dass es gefährlich war, die Verteidigung fortzusetzen und es nötig wurde zu verhandeln. Das waren seltsame Neuigkeiten. Die reine Vorstellung eines weiteren Widerstands schien, wie durch ein gemeinsames Einverständnis, aufgegeben worden zu sein; die Arbeiter an der Zitadelle stellten ihre Arbeiten ein und alle Vorbereitungen wurden angehalten.«[65] Insgeheim eröffnete Loveday die Verhandlungen mit Nasir Khan und Gul Mohammad. Leider waren seine geheimen Verhandlungen nicht so geheim, und die ganze Stadt wusste schon bald darüber Bescheid. Seine Soldaten murmelten von »Verrat«.[66]

Der glücklose Nawaz Khan versuchte Loveday davon zu überzeugen, den Kampf fortzusetzen oder zumindest mit ihm zusammen zu fliehen, solange sie es beide noch konnten. Loveday »legte in der herzlichen Vertrautheit der Freundschaft den Arm um ihn und gab den Anschein, ihm zuzustimmen, während zur gleichen Zeit seine Agenten mit dem Feind darüber verhandelten, die Autorität des Khans zu untergraben«.[67] Die Belagerer sagten Loveday natürlich, was dieser hören wollte: Wenn die Stadt sich ergab, »dürfte er machen, was er wollte; er könnte nach Quetta gehen oder in Kalat bleiben«. Auf jeden Fall wurden ihm »freundliche

Behandlung und Schutz« zugesichert. Und da sie ihr Publikum kannten, legten sie noch ein letztes Versprechen hinzu: »Wenn er blieb, würde man ihm eine prächtige Residenz bauen, als Ersatz für diejenige, die zerstört worden war.«[68]

In dieser Nacht stritten Masson und Loveday fast bis zur Morgendämmerung. Masson versuchte alles, um Loveday zu überzeugen, die Stadt nicht aufzugeben: Scham, Angst, Selbstachtung und die schiere Dummheit, »einem besiegten Feind nachzugeben«, aber Loveday blieb ungerührt und »alle Argumente, die ich aufbringen konnte, wurden weggewischt«.[69] »Er war sehr wütend mit mir, weil ich ihn zur Vorsicht mahnte oder anzudeuten wagte, dass er getäuscht worden war.«[70] Einmal, mitten in der Nacht, machte Loveday »einen theatralischen Satz und rief aus: ›Ich werde sterben!‹ Die Entschlossenheit verschwand sofort, nachdem die Worte, die sie ausgedrückt hatten, über seine Lippen gekommen waren.«[71] Masson hatte nicht vor zu sterben, begann aber nun ernsthaft, sich Sorgen zu machen, »und erschöpfte mich in Vermutungen, wie dieses Drama ausgehen würde«.[72] Er hatte das Gefühl, in den langen, niedrigen Räumen von Lovedays Haus zu ersticken.

Loveday machte derweil Pläne, die Tore zu öffnen und verbrannte seine Papiere.[73] Diener begannen, so diskret wie möglich die Töpfe und Pfannen des Politischen Offiziers aus dem Haus zu räumen, »vielleicht, weil sie, wie so viel seines Besitzes, Beute von Mehrab Khan waren und seine Zeichen trugen«.[74] Loveday lachte nur, als Nawaz Khan ihn in einem letzten, verzweifelten Treffen warnte, dass die Aufrührer »mich ausplündern und wahrscheinlich ermorden würden«.[75] »Es wurde ausdrücklich vereinbart, dass ich die Erlaubnis haben würde, hier zu bleiben«, schrieb er unbekümmert. »Ich sehe keine Gefahr auf meine Männer und mich zukommen.«[76] Darauf murmelte einer von Lovedays Dienern einige Zeilen auf Persisch:

> Der böse Mann ist in seine eigene Falle getappt,
> Und er, der Männer von Hunden verschlingen ließ, wird
> nun selbst von Hunden verschlungen.[77]

Loveday hörte dies und warf Masson einen entsetzten Blick zu. Doch da war es zu spät.

Die Tore waren offen. Jede Mauer und jedes Dach rund um Lovedays Villa war schon bald »von den Rebellen eingenommen«,[78] und »ein Regen aus Steinen wurde auf sie geschleudert«.[79] Jeder, der sein Gesicht zeigte, würde beschossen werden, wenn auch nur ungefähr. An dieser Stelle bestand noch die Möglichkeit, Nasir Khan und seinen Hof zu beschwichtigen. Doch Loveday hielt es stattdessen für angebracht, »dem jungen Khan zu sagen, dass er einen der Männer, die Steine geworfen hatten, in das Anwesen befehlen solle, um ihn von einer Kanone zersprengen zu lassen, damit dem Ganzen ein Ende bereitet werde«.[80] Dann schickte er Nasir Khan eine atemberaubend schöne »Schwertklinge, deren Griff mit Smaragden und Perlen besetzt war«. Unglücklicherweise erkannte der Junge sofort, dass dies sein eigenes Schwert war, »das sein verstorbener Vater ihm am Tag seiner Beschneidung geschenkt hatte«[81] und das Loveday gestohlen hatte, als die Briten Kalat eingenommen hatten. Als er seinen Fehler erkannte, erstarrte Loveday und blickte ins Leere. Masson fragte ihn, »ob die Soldaten nicht besser zu den Waffen greifen sollten. Er sagte nichts, und ich sprach wieder und wieder vergebens mit ihm, als ich fragte, ob ich den Befehl überbringen sollte. Als ich immer noch keine Antwort erhielt, wandte ich mich an den wartenden Havildar [Sergeant] und wies ihn an, die Männer herauszurufen und die Türen zu schließen.«[82]

In der Nacht begannen Lovedays Soldaten, über die Mauern zu verschwinden, »und am Morgen folgten viele weitere ihrem Beispiel, weil sie merkten, dass die Sache sich dem Ende zuneigte; sie warfen zuerst ihre Habseligkeiten hinüber und kletterten dann hinterher«.[83] Masson erwachte und stellte fest, dass die »Diener und Kameltreiber verschwunden waren, genau wie die Wachen an den Toren mit all ihren Besitztümern«.[84] Er hätte sich verkleidet davonstehlen sollen, wie er es schon Dutzende Male zuvor getan hatte. Doch bevor er seine Gedanken sammeln konnte, war das Haus »auf allen Seiten gefüllt« mit Menschen, »die zu plündern begannen und damit so beschäftigt waren, dass sie uns kaum wahrzunehmen schienen«, während sie Lovedays Geldkassetten aufbrachen, aus seinen Flaschen tranken, die Betten und Couches abzogen und »mit höchstem Vergnügen das Geflügel jagten, das freigelassen worden war«.[85] Loveday hatte den Reichtum Kalats in sein Haus verschleppt. Nun wurde er wieder herausgetragen. Masson versuchte noch, seine Papiere zu schnappen, aber es war zu spät: Innerhalb eines Augenblicks verschwanden zehn Jahre seiner

Notizen und Skizzen in den Händen der Menge. Alles, was er besaß – Bücher, Tafeln, Kleidung, Münzen – wurde ergriffen und zerstreut.

Benommen und erstarrt wurde Masson, der jeden Augenblick den Tod erwartete, gemeinsam mit Loveday durch die Straßen zur Zitadelle geführt. Dort begrüßten sie gezogene Schwerter. All der Hass, den Loveday angehäuft hatte, entlud sich nun auf die beiden. Masson, der nur auf den tödlichen Schlag wartete, wurde ausgezogen und durchsucht und dann eine Wendeltreppe bis zu einem Raum ganz oben im Palast hinaufgeschoben. Loveday stolperte ihm hinterher. Es war ein leerer, hoher Raum,[86] »in dem normalerweise Staatsverbrecher hingerichtet wurden«. Man nannte ihn Blutkammer.[87]

Masson lauschte auf die Lieder und die Musik, die aus der unter ihm liegenden Stadt zu ihm hinauf schwebten, und sah ein, dass er alles verloren hatte.

Nimm mein Lied in das windgepeitschte Belutschistan!
Du sagtest dir, in früheren Tagen,
Du sagtest dir, ›Ich werde diese Menschen töten!‹
Nun schau, wie die Schlacht sich um uns ausbreitet,
Schau, wie die Welt wunderbar und süß geworden ist!
Nun komm, wir werden Indien mit Gewalt nehmen.
Vielleicht können wir die Herren der Festungen sein,
Vielleicht werden wir die Salaams der kahlköpfigen Männer
erhalten.

An diesem Tag schlug ich sie wie eine Wassermelone von
ihrem Trieb,
Ich schlug ihre parfümierten Köpfe ab.
Unsere Männer zertrümmerten ihre Schädel zu Staub.
An diesem Morgen legte ich sie hin wie Korn auf dem
Dreschboden.
Einige nahm der schnell fließende Fluss mit sich fort,
Einige fraßen die Schakale in den Sanddünen,
Einige kamen um wie verlorene Lämmer,
Einige gingen mit ihrer Schande nach Hause.[88]

# 16

# Der Gefangene

Wenn er aus dem Fenster der Blutkammer nach unten blickte, konnte Masson die Menschenmenge erkennen, die Lovedays Haus ausräumte. Kämpfe entspannen sich auf dem Dach um besonders wertvolle Objekte. »Die Fußböden waren alle herausgerissen, in den Kellern fanden Ausgrabungen statt und die Wände wurden auf das Genaueste durchsucht.«[1] Als die Aufregung nachließ, sah man Menschen, die durch die gewundenen Straßen von Kalat zur Zitadelle heraufkamen und ihre Beute mit sich führten, sodass sie Masson und Loveday über »deren Gebrauch«[2] ausfragen konnten. Leider spielte Lovedays umfangreiche Alkoholsammlung nun eine nicht unwesentliche Rolle für den Fortgang der Dinge. Zwei Männer hatten unklugerweise Flaschen mit Schwefelsäure geöffnet und davon getrunken. Nachdem der Rest der Menge Einblick in die Wirkungen gewonnen hatten, wurden die verbliebenen Flaschen Lovedays in die Blutkammer hinaufgeschickt. Die Gefangenen hatten nun zumindest genug zu trinken. »Wir wurden«, schrieb Masson ironisch, »für weitere Vorfälle und Risiken reserviert.«[3]

Das Leben in der Blutkammer war nicht angenehm. Masson und Loveday galten als die Hauptattraktion in der Stadt. Reiche und Arme aus ganz Kalat kamen, um sie anzugaffen, »ihre Neugier zu befriedigen und ihrem Triumph und ihrer Abscheu Ausdruck zu verleihen«.[4] Nach ein paar Tagen wurde Masson nach unten gebracht, um Darogha Gul Mohammad, Nasir Khans Ratgeber, zu treffen. Der Darogha – »ein großer, hagerer, älterer Mann mit harten Gesichtszügen, auf einem Auge blind«[5] – wusste genau, was Loveday mit ihm gemacht hätte, wären ihre Positionen vertauscht. »Der alte Mann setzte seiner Rede die Erklärung voran, dass er niemals einen Feringhi gesehen oder an einen gedacht hätte, dessen Blut ihm nicht aus den Augen schoss wegen des Unrechts und der Verletzungen, die er erlitten hatte.« Er erzählte Masson, »wie Sikander (Sir Alexander Burnes) in genau diesem Raum bei Hazrat Isa oder dem heiligen Jesus geschworen habe, dass es keine Pläne für das Land gäbe«. Wie dieses Versprechen eingehalten wurde, wussten sie beide – doch um es noch einmal zu betonen, drückte Gul Mohammad »sein Entsetzen darüber aus, dass der Leichnam seines verstorbenen Herrn in einer Moschee ausgestellt worden war, nicht geehrt und nicht beigesetzt: In gleicher Weise wies er auf ein Loch in der Wohnung, das bei dem Überfall durch eine Kanonenkugel gemacht worden war«.[6] Er war immer noch zu wütend, um den Politischen Offizier zu treffen – »einen Mann, wie er sagte, der Männer von seinen Hunden hatte verschlingen lassen«.[7] Zuletzt erwähnte er noch, was Masson bereits vermutet hatte: Einer von Lovedays engsten Beratern war die ganze Zeit über von ihm bestochen worden.

Jedermann in Kalat fragte sich, wann eine britische Armee am Horizont auftauchen würde. Gul Mohammad hatte nicht die Absicht, seine Tage als Flüchtling zu beschließen. Er befahl Masson und Loveday, an Captain Bean in Quetta zu schreiben, damit er half, einen Friedensschluss herbeizuführen. Loveday verbrachte einen ganzen Tag damit, seinen Brief zu entwerfen und umzuformulieren. Währenddessen erklärte er Masson, »dass es nun notwendig sei, die Wahrheit zu schreiben, worauf ich antwortete: ›Das hätten Sie schon immer tun sollen.‹«[8] Loveday wollte immer noch nicht glauben, dass er in Gefahr war. Er beteuerte: »Zwar lässt sich die Tatsache nicht länger verhehlen, dass wir hier alle Gefangene sind, doch der Grund, weshalb man uns unter Zwang hält, besteht darin, uns zu beschützen.«[9] Masson wartete mit seinem Brief bis zum letzten Augenblick. Als die Boten dann bereits warteten, »nahm ich ein Stück« Papier und »schrieb in Unterstützung von Lt. Lovedays Wunsch nach Frieden«.[10]

Niemand wusste, was man mit Masson machen sollte. »Dass ich unschuldig in dieses Unglück geraten war, wurde fast überall anerkannt, und seit Beginn meiner Gefangenschaft verging keine Stunde, in der ich keine entsprechenden Bemerkungen hörte. Selbst die Aufpasser wiesen, wenn sie Neuankömmlingen erklärten, wer wir waren, immer darauf hin, dass ich frei von Schuld sei, sondern dass die Verbrechen Lt. Loveday, meinem unglücksseligen Begleiter, zugeschrieben wurden, für den niemand bereit war, die Stimme zu erheben.« Seinen Wärtern war es ein bisschen peinlich, dass er eingesperrt war, aber sie machten keine Anstalten, ihn gehen zu lassen. »Mir war es bewusst, dass ich kaum eine Chance hatte, freigelassen zu werden, und ich hatte mich damit abgefunden, das unvermeidliche Ende zu akzeptieren.[11]

Das Ende schien sehr nahe zu sein. Masson und Loveday wurden aus der Blutkammer geholt und durch die Straßen von Kalat geführt. Von allen Seiten prasselten Schläge, Tritte, Steine und Erdklumpen auf sie nieder. Männer und Frauen auf den Dächern der Häuser schrien und lachten, als sie vorbeigezerrt wurden; »Frauen spuckten uns an und riefen ›Schande! Schande!‹ Sie beschimpften uns für die Anmaßung, auf Nasir Khans Thron gesessen zu haben«.[12] Sie wurden, umgeben von Wachen, zu der abseits gelegenen Stadt Mastung gebracht. An diesem Abend kam ein Mann »mit einem Paar Fesseln, mit denen er Lt. Lovedays Füße an der Zeltstange festband.« »Weder Lt. Loveday noch ich schliefen«, schrieb Masson. »Er sprach nicht, und ich hatte nicht das Herz, ihn anzusprechen.«[13] Loveday, »der seine Lage niemals zuvor verstanden zu haben schien, verstand sie nun endlich«.[14] Die ganze Nacht lang starrten die beiden ins Leere, der Verzweiflung nah. Masson beobachtete, wie die Sonne aufging. Er erwartete, dass dies das letzte Mal sein würde.

Die Verhandlungen mit Captain Bean waren katastrophal verlaufen. »Wenn Sie den Wunsch verspüren, Frieden zu schließen«, hatte Gul Mohammad ihm kurz nach der Einnahme von Kalat geschrieben, »dann werden wir das gern akzeptieren, doch falls nicht, dann wird mein geehrter Herr diesen [Ort] am Freitag verlassen, um zu Ihnen zu kommen, und dann werden wir sehen, wem Gott den Sieg schenkt.«[15] Aus Gründen, die ihm am besten bekannt waren, glaubte Bean, dass die passende Reaktion sei, Beleidigungen von sich zu geben. »Der Stil und das Idiom Ihres Briefes waren so schlecht, und die Antworten passten nicht zu den gestellten Fragen, dass ich nur mit Schwierigkeiten darauf antworten kann«, beklagte er. »Wenn Sie eine Armee mitbringen, um die Vororte auszuplündern, dann sollten Sie besser am Donnerstag kommen. Es ist klar wie der Mittag, dass das Glück auf unserer Seite ist.«[16] An dieser Stelle begann Gul Mohammad sich zu fragen, ob er es mit einem Idioten zu tun hatte. »Wenn wir Bewohner der Berge nicht in der Lage sind, ein Ding zu verstehen«, hatte er voller Erbitterung geschrieben, »dann muss man sich nicht wundern, sondern sollte es bedauern, dass Sie, die Sie sich für die weisesten der Weisen halten, so ignorant sind.«[17] Als Reaktion schrieb Bean direkt »an den jungen Khan in der Weise, in der ein Herr seinen Sklaven anspricht.«[18] »Niemand hat von unserer Regierung etwas gewonnen außer durch Unterwerfung«, hieß es in seinem Brief. »Wenn Ihnen Ihr eigenes Wohlergehen und das Wohlergehen Ihres Volkes am Herzen liegt, dann sollten Sie den gestellten Bedingungen zustimmen.«[19] »Sie sagen, lasst im Namen Gottes die Armee des jungen Khans kommen«, erwiderte Gul Mohammad im Namen Nasir Khans, »aber wir riefen ›Bismillah – im Namen Gottes‹ lange vor euch. Wir riefen es, als ihr das erste Mal in unser Land kamt, und wir werden erneut rufen ›Bismillah – wir kommen‹ und unser Vertrauen in den Allmächtigen setzen.«[20]

Masson und Loveday wurden währenddessen in Mastung in einem heruntergekommenen Gebäude in einem Garten festgehalten, »der von den Besitzern nicht benutzt wurde außer als Ablageort für Brennmaterial und Müll, da er voller großer und lästiger Käfer war«. Immer wenn Masson nach draußen trat, wurde er »mit Steinen und Erdklumpen beworfen«, während »oben auf den Mauern und sogar auf den Bäumen im Garten ständig Zuschauer saßen«.[21] Mit jedem Tag, der verstrich, schwand seine Fähigkeit, Ruhe zu bewahren.

Zu spät erkannte Loveday, dass er bei jeder Gelegenheit überlistet und ausmanövriert worden war. »Ich erleide alle möglichen Entbehrungen und bin mit Mr. Masson in einem kleinen Raum eingeschlossen, mit einer Wache, die mich niemals allein lässt, während man mir nachts Ketten an die Füße legt, um meine Flucht zu verhindern – so heißt es zumindest«, schrieb er an Bean. »Als Folge meines Leidens unter der Hitze, Insekten, dem Mangel an Kleidung, fürchte ich, wird meine Gesundheit beeinträchtigt.«[22] Stundenlang saß Loveday reglos und teilnahmslos da und starrte ins Nichts, während »Spott, Verwünschungen und Drohungen«[23] von draußen auf ihm niedergingen. Der grausame, machtversessene junge Mann hatte sich in einen hilflosen, verängstigten Jungen verwandelt.

Um sich in der Nacht wachzuhalten, »erzählten sich [die Wachen] Geschichten und sangen Lieder, ohne Rücksicht auf unseren Schlaf zu nehmen. Schließlich brachte man Musikinstrumente herbei und spielte sie bis zum Morgen, sodass es unmöglich war, zur Ruhe zu kommen.«[24] In der Mitte einer besonders schrecklichen Nacht wurde Masson zu Gul Mohammad gerufen. »Mein Kopf war zu dieser Zeit abgelenkt und ich war kaum bei Vernunft. Als ich die Räume verließ, sagte ich zu dem Mann des Darogha, dass sein Herr mit seiner verfluchten Musik eine gute Methode gefunden hatte, um uns aus dem Weg zu schaffen, und der Bursche fiel beinahe um vor Lachen. Beim Anblick des Darogha sagte er: ›Geht es

Ihnen gut?‹ Und ich fragte, wie es mir gut gehen sollte, wenn man uns weder bei Tag noch bei Nacht erlaubte zu schlafen, und ich beschwerte mich über die Musik. Ich sagte ihm weiterhin, dass er uns besser auf einmal töten sollte, statt uns auf so feige Art zu zerstören.«[25] Masson wusste, dass es nicht besonders klug war, schwer bewaffnete, nervöse Männer anzuschreien, aber »ich war zu erbost, um meine Gefühle zu verbergen«.[26]

Als er Gul Mohammad das nächste Mal sah, war Masson ruhiger und versuchte, Loveday herauszuholen, solange er es noch konnte. Er bat den alten Mann, »Lt. Loveday zu seinem Boten zu ernennen und ihn nach Quetta zu entsenden. Er blickte verblüfft drein; aber ich fuhr fort, dass niemand seine Geschäfte so gut machen würde; die Erfahrung hätte ihm die Augen geöffnet und er war so überzeugt von seinen früheren Fehlern geworden, dass er bereit sei, die Sache des Khans zu vertreten.« »Ich bin in Ihren Händen«, sagte Masson zu ihm. »Behalten Sie mich, schicken Sie Loveday fort, und wenn kein Frieden erreicht wird, schneiden Sie mich in Stücke.« Gul Mohammad starrte Masson »für zwei oder drei Minuten an, bis er kopfschüttelnd sagte, das würde er nicht tun.«[27]

Stattdessen wurde die Entscheidung getroffen, »uns beide zu töten und auf Quetta vorzurücken«.[28] Die Wachen begannen darüber zu streiten, wer ihre Kleidung erhalten würde, wenn man sie hingerichtet hatte. Einer beanspruchte Massons abgerissenen, dreckigen Lungi, ein anderer Lovedays Umhang. Weiter gab es nichts zu verteilen. Lovedays ganzes Gold und Silber und alle Papiere und Schätze von Masson waren verschwunden. »Die Leute um uns herum schienen zu glauben, dass die Entscheidung endgültig war«, schrieb Masson. »Alle, die hereinschauten, machten keinen Hehl aus der Sache.«[29]

Loveday zitterte vor Fieber und Angst, »nahezu entmannt«.[30] Er kritzelte eine klägliche Nachricht an Bean.[31] »Ihr Brief an den Khan hatte die schlimmstmögliche Wirkung, und die Härte seines Tones lässt annehmen, dass er ihn und seine Sirdare [Kommandeure] über alle Maßen verärgert hat. Nachdem sein Inhalt bekannt gemacht wurde, versammelten sich die letzteren und verlangten lautstark, dass ich in ihre Hände übergeben und getötet werden sollte, da Sie ihren Beschwerden gegenüber keine Beachtung geschenkt und nur mit ihnen gespielt hätten, dass Sie sie zur Verzweiflung getrieben hätten und sie sich genötigt sähen, als letzten Ausweg zu den Waffen zu greifen, und da sie keine Zuflucht hätten, würden sie sich selbst opfern bei dem Versuch, ihr Land zurückzugewinnen. Und sollte dies misslingen, würden sie die Hügel und Pässe besetzen, alle Kommunikation abschneiden und ständige Angriffe durchführen, sodass es eine große Armee erfordern würde, um ihr Land zu halten. Dies war ihre Erklärung und jeder Sirdar schwor beim Koran, den Pakt zu erfüllen und niemals mit der Feindseligkeit nachzulassen, solange noch ein Engländer da sei.«[32]

Masson und Loveday wurden ein letztes Mal vor Gul Mohammad gebracht. Der alte Mann konnte Loveday kaum ansehen: Er sagte einem seiner Ratgeber, »dass sein Blut bei seinem Anblick koche, da er seine Hunde mit Menschenfleisch gefüttert habe«.[33] Loveday fiel auf die Knie, »legte seine Hände auf die Füße des Darogha und sagte, er sei sein Gefangener und seiner Gnade ausgeliefert, aber flehe um seinen Schutz. Ich glaube nicht, dass der Darogha verärgert darüber war. Er sagte zuerst: ›Es ist gut‹, und schließlich, als Lt. Loveday seine Hände weiter in dieser Position hielt: Seien Sie unbesorgt.‹«[34]

Bei Sonnenaufgang kam ein Mann, um Masson zu holen. Er ging davon aus, dass er nun zu seiner Hinrichtung gehen würde, doch stattdessen wurde ihm befohlen, »sich bereit für Quetta zu machen, und Lt. Loveday solle einen Brief für Captain Bean vorbereiten«. Masson hielt dies für einen Trick oder einen grausamen Scherz. »Ich bezweifelte, dass man mir erlauben würde zu gehen, und mich fertigzumachen, bereitete mir keine Mühe, da ich keine andere Kleidung hatte als das, was ich auf dem Leib trug.«[35] Doch zu seinem Erstaunen hatte Lovedays Flehen gewirkt. Masson wurde »direkt durch die Gärten geführt und hinter einen anderen Mann auf ein Pferd gesetzt«. Schon bald ritt er, so schnell es ging, nach Quetta. Nasir Khan und seine Ratgeber hatten entschieden, dass es besser sei zu verhandeln, als zu kämpfen, und hofften, dass Masson Frieden für sie aushandeln konnte. »Als ich mich von Lt. Loveday verabschiedete, versprach ich, Captain Bean aufzufordern, so weit zu sehen, wie seine Befehle es ihm erlaubten. Lt. Loveday erwiderte: ›Sagen Sie ihm, er soll weiter gehen.‹«[36] Sie gaben sich die Hände und dann wurde Masson weggebracht.

# 17

# Der Spion

Masson erreichte Quetta mitten in der Nacht. Kurz darauf saß er vor dem halb angekleideten Captain Bean und seinem Assistenten, Lieutenant Hammersley, und erzählte seine Geschichte. Bean war nicht sehr glücklich, wach zu sein, und noch weniger glücklich, Masson zu sehen. Er las Lovedays Brief. »Mein lieber Bean«, hatte Loveday geschrieben, »ich flehe Sie ernsthaft an, innezuhalten, bevor Sie einen Krieg fortsetzen, für den ich kein leichtes Ende sehen kann. Dies ist wahrscheinlich das letzte Mal, dass ich an Sie schreiben kann, und daher will ich gar nicht zögern, Ihnen meine Meinung kundzutun … Nach einer riesigen Kampagne können Sie nur den Grund halten, auf dem Sie Ihr Lager aufgeschlagen haben.«[1] Während Bean las, flackerten die Lampen und warfen gigantische Schatten an die Decke. Er blätterte die Seiten um, deren Knistern und Rascheln den Raum erfüllte. Unterhalb von Beans Haus in der Zitadelle lag Quetta im Schlaf. »Leben Sie wohl«, hieß es in Lovedays Brief zum Schluss, »wahrscheinlich zum letzten Mal, denn diese Menschen betrachten mich als ihre Opfergabe.«[2] Bean legte den Brief beiseite, grunzte voller Missfallen, murmelte, »dass nur die Situation von Lt. Loveday den Tonfall seines Schreibens entschuldigt«[3] und sagte dann zu Masson, dass er wieder ins Bett ginge.

Am nächsten Morgen war Bean wacher, aber nicht liebenswürdiger als in der Nacht zuvor. Er ließ Masson stehen, während er frühstückte, und »hielt in derselben Weise Audienz wie ein dicker Landrichter in England gegenüber einem Wilderer«.[4] Masson, der noch nicht einmal Gelegenheit gehabt hatte, seine Gefängnislumpen loszuwerden, erkannte schon bald, dass Gul Mohammads Gefühl stimmte: Captain Bean war ein Idiot. Bean wollte verzweifelt ein ebenso sinistrer Meisterspion sein wie Wade. Leider wurde seine Selbstzufriedenheit nur noch von seiner Dummheit übertroffen. Masson schrieb: »Ich musste mich allzu deutlich an einen schwachen

Mann wenden, der sich mit absurden Vorstellungen von seiner offiziellen Bedeutung aufbläht und so wenig über das Wesen der Dinge weiß, dass jedes Wort Zeitverschwendung ist.«[5]

Beans Arroganz und Inkompetenz waren in der Ostindien-Kompanie schon seit Monaten ein offenes Geheimnis. Andrew Ross Bell, sein Vorgesetzter, musste ihn warnen, damit er aufhörte, die Regierung zu »blamieren«.[6] »Captain Bean behauptet in einem Brief, den ich gerade erhalten habe, dass er von Beginn an ›in die Irre geführt‹ worden sei. Er hat jedoch so schnell seine Meinung geändert«, beschwerte sich Bell, »dass ich nicht viel auf sein Urteil geben kann, vor allem, da ich weiß, dass seine Mittel der Informationsbeschaffung mangelhaft sind.«[7]

Bean befragte Masson zur Belagerung von Kalat und deren Nachwirkungen, war aber bemerkenswert unbesorgt über Loveday selbst. Besonders verärgert war er über den Brief, den Masson ihm während seiner Gefangenschaft geschrieben hatte. Masson war sehr direkt gewesen: Mehrab Khan »war nicht der schuldige Mann, für den man ihn gehalten hatte«, der »Angriff und die nachfolgende Plünderung von Kalat« waren ein kolossaler Fehler gewesen und widersprachen außerdem den vertraulichen Anweisungen von Lord Auckland. Mehrab Khans »freundlicher und harmloser Sohn hätte auf den Thron gesetzt werden sollen«. Es werde Zeit, bekannte Masson, »Großherzigkeit zu zeigen, um unseren Fehler zu beheben, wenn bekannt wird, dass einer begangen wurde«.[8] Alles in allem war es ein Brief, der Bean garantiert zum Überkochen bringen würde: Ein abgerissener Bummler, ein unbedeutender Münzensammler, belehrte ihn über Politik und informierte ihn über die privaten Meinungen des Generalgouverneurs.[9] Schlimmer und unverzeihlicher noch: Masson hatte Recht.

Das Frühstück mit Bean war jedoch für Masson das reinste Vergnügen im Vergleich zu dem, was anschließend geschah. Nach einer langen Befragung »informierte Captain Bean mich schließlich, dass er so gut sei, mir eine Bleibe zu geben, solange ich in Quetta sei. Er hatte eine Person angewiesen, mir den Weg dorthin zu zeigen. Ich wurde in die obere Wohnung im Haus eines Hindu geführt, und sofort postierte man davor eine bewaffnete Wache aus Soldaten und Chaprassis [Aufsehern]. Ich war ganz zweifellos ein Gefangener, auch wenn Captain Bean mit nicht einem Wort seine Absicht angedeutet hatte, und ich konnte nur lächeln über die Eigenartigkeit eines Mannes, der mich zum Frühstück einlädt und dann in den Arrest schickt.«[10]

Masson hatte in Quetta nicht mit einem Heldenempfang gerechnet, aber dies hatte er ganz gewiss auch nicht erwartet. Als er nach Bettzeug fragte, hielten die Wachen einen alten Mann auf der Straße an, nahmen ihm seinen Filzumhang ab und warfen diesen Masson hin. In der Nacht entdeckte er, dass er »voller Ungeziefer war«.[11] Er lag zitternd vor Kälte da, immer noch stinkend nach seiner wochenlangen Gefangenschaft, und spürte, wie Läuse und Flöhe über ihn krochen. Er war entsetzt, mittellos und allein.

Bean hatte wenig Interesse daran, seinen neuen Gefangenen am Leben zu erhalten. »Seine erste Absicht schien tatsächlich zu sein, mich verhungern zu lassen, und einmal musste ich zwei ganze Tage und drei Nächte ohne Essen aushalten.«[12] Zu dickköpfig, um die Wachen um Hilfe zu bitten, starrte Masson stundenlang auf die Wand, ohne wenigstens ein Buch zu haben, um sich die Zeit zu vertreiben, »bis eine der Wachen ungefragt zu Captain Bean ging, um das zu melden«. Bean schickte daraufhin widerstrebend einige Stücke »kalten Hammelbraten«. »Zwei oder drei weitere Tage vergingen, ohne dass weitere Nahrung gebracht wurde.«[13] »Ich würde länger gefastet haben«, erinnerte sich Masson, »wäre nicht eine der Wachen unaufgefordert gegangen und hätte erneut die Umstände gemeldet.« Bean versprach daraufhin widerwillig, »dass man mich nicht Hungers sterben lassen würde. Die Folge war, dass mir morgens und abends zwei Krusten trockenes Brot vom Basar gebracht wurden. Mit dieser Kost ernährte ich mich mehrere Tage lang.«[14] Niemand kam, um ihn zu besuchen.

Schwach und traumatisiert, wie er war, wusste Masson doch, dass er der Sache auf den Grund gehen musste. Sicher würde man ihn doch nicht nach all den Jahren als Deserteur einsperren? Glaubte Bean etwa, er hätte in Kalat etwas Schändliches unternommen? Als er und Loveday im Gefängnis gewesen waren, war ein Brief von Bean eingetroffen. In diesem hieß es: »Das Geheimnis, das mit der Anwesenheit von Mr. Masson in Kalat verbunden ist, hat mich zu der Überzeugung gebracht, dass die Motive dieser Person, die sich heimlich und ohne Ihr Wissen dort aufgehalten hat, alles andere als günstig für unsere Regierung sein müssen.«[15] Selbst Loveday hielt dies für lächerlich und »war beschämt und auch, das muss man gerechterweise sagen, offenbar sehr verletzt, sodass er zu mir sagte: ›Armer Kerl, Ihr Fall ist recht schwierig, dass Sie mein Unglück teilen müssen und zugleich so ungerecht verdächtigt werden.‹ Ich tröstete ihn damit, dass ich meine Meinung ausdrückte, dass Captain Bean seine Verdächtigungen an jene gerichtet haben dürfte, die diese nicht ernst nehmen würden.«[16] Lovedays letzter Brief endete mit einer Bitte an Bean: »Halten Sie Mr. Masson nicht in Gewahrsam – Sie müssen Ihre Voreingenommenheit aufgeben. Ich habe vollstes Vertrauen in ihn. Alles, was ich ausgelassen habe, wird er sagen können.«[17]

»Ich kann Ihnen versichern«, schrieb Masson nun an Bean, »dass ich keinen anderen Grund hatte, durch Kalat zu reisen, als jede andere gleichgültige Person, die vom einen zum anderen Ort reist, und ich bin nun in der Erwartung, dass Sie mir ein Interview gewähren, bei dem weitere Erklärungen erfolgen können, sollte dies notwendig sein.«[18] Worin auch immer das Missverständnis bestand, Masson war sich sicher, dass es in wenigen Minuten geklärt werden könnte. Wie immer hatte er die Ostindien-Kompanie überschätzt.

Während Masson in der Blutkammer gewesen war, hatte Bean seine Verdächtigungen jedem gegenüber geäußert, der ihm zuhörte. An Macnaghten in Kabul schrieb er: »Obwohl ich keinen direkten Beweis für die Tatsache habe, bin ich doch der sehr starken Überzeugung, dass Mr. Masson sehr tief in dieser Gegend intrigiert hat. Die Tatsache, dass Mr. Masson Kalat niemals verlassen hat, ist ein starkes Indiz gegen die Integrität seiner Motive. Und der Inhalt und Tonfall des Briefes von ihm, der zusammen mit Lt. Lovedays kam, bekundet ganz klar, dass er ein Verfechter und Unterstützer des Anspruchs des jungen Khans auf die Herrschaft in Kalat und die Besitztümer seines Vaters ist. Darf ich um Ihre Anweisungen bezüglich der Behandlung und Beseitigung dieses Individuums bitten für den Fall, dass es in meine Hände fallen sollte?«[19] Macnaghten war nur zu glücklich, mitzuspielen. »Die Fakten, die Sie hinsichtlich Mr. Masson vorbringen, sind sehr verdächtig«, schrieb er, obwohl Beans Brief nicht einen einzigen Fakt enthalten hatte, »und sollte diese Person in Ihre Hände fallen, so sind Sie autorisiert, sie festzusetzen.«[20]

Einige Tage später rief Bean – der sehr zufrieden mit sich wirkte – Masson zu sich und sagte ihm, »er solle nicht überrascht sein, wenn Personen, die in Verkleidung reisten, mit Misstrauen begegnet werde, wenn ihm doch die russischen Intrigen vollkommen bewusst sein müssten, die in diesem Land geschähen«.[21] Tatsächlich, fuhr Bean »sehr ernst« fort, hätte er kürzlich einen Bericht von einem anderen Offizier, Major Outram, über einen geheimnisvollen russischen Agenten erhalten. Dieser Russe hatte eine Armee von mehreren Hundert arabischen Soldaten und offenbar »geplant, den Sohn des verstorbenen Mehrab Khan auf den Musnud [Thron] von Kalat zu setzen«.[22] Als Bean den Bericht zusammen mit dem »Brief von Mr. Masson aus Kalat« vorlegte, »in dem er sein Interesse an den Angelegenheiten des jungen Khans und der rebellischen Sirdars so deutlich zum Ausdruck brachte, konnte ich nicht umhin, meinen Verdacht bezüglich der Integrität der Motive festzuhalten, unter denen Mr. Masson in Kalat auftrat«.[23] Masson wurde wieder ins Gefängnis gebracht. Er war verwirrt. Bean glaubte, einen russischen Spion gefasst zu haben.

»Gott vergebe diesem simplen Mann«, erinnerte sich Masson. Die ganze Angelegenheit war jedoch nicht zum Lachen. Bean »scheint davon überzeugt zu sein«, dass Masson der mysteriöse Russe war und »stellt mir dazu eine formidable Armee von Arabern zur Seite«.[24] Das machte Masson des Hochverrats schuldig und nur wenige Zeugen würden geneigt sein, seinen Namen gegenüber der Ostindien-Kompanie reinzuwaschen. Würde ihm nun, Jahre nach seiner Desertion, die Rechnung präsentiert werden? Würde man ihn jetzt hinrichten, nachdem er der Schlinge einmal entwischt war?

»Es ist bei weitem nicht mein Wunsch, Ihnen Ärger zu machen«, ließ er Bean wissen und fügte dann sardonisch hinzu, »oder zumindest unnötigen Ärger, aber Sie müssen schon entschuldigen, wenn ich von Ihnen verlange, [schriftlich] die Anklage zu erfahren, unter der Sie mich hier festhalten.« Masson konnte nicht glauben, dass Bean ihm die ganze Geschichte erzählt hatte. Er schrieb jedoch: »Ich muss wissen, wessen ich angeklagt werde, um es widerlegen zu können. Ich glaube, ich verlange von Ihnen nur, was jede Person, die unter Verdacht oder Anklage steht, ein Recht zu verlangen hat.«[25] Bean antwortete darauf einfach nur: »Sie werden hier von Amtes wegen festgehalten und dieses Amt wurde um weitere Anweisungen gebeten.«[26]

Die Nachricht von Massons Gefangennahme erreichte schon bald Kabul, wo Alexander Burnes in einem ganz anderen Stil als Masson lebte. Jeden Tag wurde sein Tisch mit »meinem Champagner, weißem Rheinwein, Sherry, Port, Claret, Sauternes, nicht zu vergessen, einem Glas Curaçao und Maraschino sowie dem luftdicht verschlossenen Lachs und Hodge-Podge (ein wahrhaftiges Hodge-Podge [ein Eintopfgericht] direkt aus Aberdeen)« gedeckt. Zum Frühstück kehrten britische Offiziere in seinem Haus ein und verzehrten ansehnliche Mengen an »Räucherfisch, gebratenem Lachs, Nierchen und Gelees und schmauchen bis zehn Uhr an ihren Zigarren«.[27] Harlan, der niemals eine kostenlose Mahlzeit sausen ließ, war ein regelmäßiger Frühstücksgast gewesen, bis er wütend aus Kabul abzog. Er kam immer früh und haute rein, wobei er die ganze Zeit aussah wie »der Stolz und Glanz einer Tiroler Panflötengruppe in Vauxhall [Gardens, einem spektakulären Lustgarten in London]«. Zwischen den einzelnen Bissen stellte er sich selbst als einen »freien und aufgeklärten Bürger des größten und prächtigsten Landes der Welt«[28] vor. In der Vergangenheit war Burnes Masson zur Verteidigung beigesprungen, ganz egal, was der Grund war, sogar wenn es bedeutete, dem Generalgouverneur selbst die Stirn zu bieten. Doch als er von Massons Gefangenschaft hörte, tat er absolut nichts. Wieso sollte Burnes ihm nun die Hilfe verweigern – es sei denn, er glaubte, Beans Anschuldigungen seien wahr?

Einige Monate bevor Masson in Quetta festgenommen wurde, hatte Burnes über das Scheitern seiner Mission in Kabul nachgedacht. Irgendetwas daran ließ ihn nicht los, auch als er seine Demütigung schon vergessen hatte. Je mehr er grübelte, umso überzeugter war er, dass Masson die ganze Zeit über ein doppeltes Spiel getrieben hatte. »Hier ist eine seltsame Anekdote für Sie; sagen Sie mir, was Sie davon halten«, vertraute er sich einem Freund an. »Einige Jahre, bevor unsere Mission in Kabul eintraf, kam Wikewitsch (der wahre Wikewitsch) nach Buchara, sprach im Haus eines Verwandten von Rahim Shah vor und bat ihn, für die Herren Allard und Ventura [Ranjit Singhs europäische Söldner] Briefe an Masson in Kabul zu senden. Der König von Buchara stieß sich an Wikewitschs Anwesenheit und der Kush-Begi [Innenminister] schickte ihn streng davon. Die Briefe wurden also nie abgeschickt. Dies zeigt eine frühere Absicht zu intrigieren aufseiten Russlands; aber wie kann es sein, dass Masson das nie meldete, und falls er es meldete, wie kam er dazu, Jahre später, einundzwanzig Gründe dafür anzugeben, dass Wikewitsch nicht das ist, was er war? Ich kann das nicht entwirren. Ich habe schon einmal mit Ihnen darüber gesprochen und sonst mit keinem anderen Mann.«[29]

Burnes hatte Recht: Wieso sollte Masson es versäumen, die Ankunft eines russischen Agenten in Buchara zu melden? Und wieso würde er Jahre später so lautstark behaupten, dass Wikewitsch ein Schwindler war, wenn er gewusst haben musste, dass dies nicht stimmte? Die einzige vernünftige, wenn auch haarsträubende Erklärung konnte nur die sein, die Bean in

Quetta aufgedeckt hatte: Masson war die ganze Zeit über von den Russen bezahlt worden.

Viele Jahre später fanden Historiker heraus, wie das passiert war. 1833 kam Johann Martin Honigberger, der Siebenbürger Schatzsucher auf seinem Weg nach Europa durch Kabul. Sein Weg führte ihn direkt durch Russland. »Obwohl Honigberger Masson nur nebenbei erwähnt«, schlossen Charles Grey und H. L. O. Garrett, »scheint es, dass dieser ihn bis [zur russischen Stadt] Orenburg begleitete.«[30] Dort hatte Masson Anfang 1834 Kontakt mit russischen Behörden gehabt, den Gegenspielern von Captain Wade auf der anderen Seite der Grenze. Selbst der dümmste russische Geheimdienstoffizier hätte ihn rekrutieren können, wenn man bedenkt, wie sehr Masson die Ostindien-Kompanie verabscheute und fürchtete. Er war ein gesuchter Deserteur. Er hatte die Briten bereits einmal betrogen, weshalb sollte er zögern, es noch einmal zu tun? Ein heutiger Burnes-Biograf drückte es so aus: »Die Anzeichen, dass Masson zum russischen Geheimdienst gehörte, schienen stark zu sein«.[31]

Anschließend hatte Masson ein halbes Jahrzehnt lang in Kabul ein doppeltes Spiel getrieben: Er übermittelte den Briten absichtlich irreführende Informationen, während er zugleich die Interessen seiner russischen Geldgeber vorantrieb. Seine Angst im Angesicht von Wades Erpressung und Einschüchterung war ein aufwendiges Schauspiel gewesen. Anstatt sich in Wades Netz zu verfangen, hatte er Wade in seinem eigenen Netz gefasst. Jahrelang hatte er daran gearbeitet, die Ostindien-Kompanie zu Fall zu bringen.

Der »endgültige Beweis von Massons russischen Verbindungen«[32] löste Rätsel, die ansonsten unlösbar schienen. Wie anders hätte Burnes in Kabul so spektakulär ausmanövriert werden können, wenn nicht sein engster Berater für die andere Seite gespielt hätte? Wie anders hätte ein virtuoser Reisender, ein Meister der Verkleidung und Täuschung, auf hilflose Unterwerfung unter einen eingebildeten Bürokraten wie Wade reduziert werden können?

Hatte sich hinter dem schüchternen Archäologen die ganze Zeit ein skrupelloser Geheimdienstagent verborgen? War Massons Suche nach Alexander nur ein Vorwand? Wikewitsch hielt sie sicher dafür. Er schrieb nach St. Petersburg: »Masson lebt in Kabul unter dem Vorwand, nach antiken Münzen zu suchen.«[33] Burnes Biograf schlussfolgerte: »Masson war möglicherweise nicht nur ein Deserteur, sondern ein Doppelagent und Verräter«.[34] Er war allen anderen die ganze Zeit einen Schritt voraus gewesen – doch nun war sein Geheimnis geplatzt. Und die *Bombay Times* urteilte: »Falls Mr. Masson auch nur für einen Augenblick so beschäftigt war wie behauptet, kann keine Missbilligung – keine Strafe zu streng für ein solches Verhalten sein.«[35]

# 18
# Innereien

Es gibt nur ein Problem mit der Geschichte von Charles Masson, dem russischen Spion: Wie so viele der Geschichten, die er über sich selbst erzählte, ist sie nicht wahr.

Die Geschichte wackelt in dreierlei Hinsicht: dass Masson sich in der Grenzstadt Orenburg mit russischen Agenten getroffen hatte, dass er Berichte über Wikewitschs Besuch in Buchara unterdrückt hatte und dass das Gerücht über einen russischen Agenten, der eine Armee nach Kalat führt, stimmte.

Masson war nie in Orenburg gewesen. Statt im November 1833 mit Honigberger dorthin zu reisen, war er bis Ende Dezember in Kabul geblieben und hatte sich dann in die entgegengesetzte Richtung aufgemacht.[1] Während Honigberger in Russland war, hatte Masson sich Hunderte Meilen entfernt in seine Ausgrabungen vertieft. Diese Ausgrabungen führten zu seinem spektakulärsten Fund: dem Bimaranreliquiar.[2] Masson hatte nicht einen Tag seines Lebens in Russland verbracht. Der erste Russe, den er kennenlernte, war Wikewitsch in Kabul.

Masson unterdrückte keine Berichte über Wikewitsch. »Der russische Gentleman, der Buchara erreichte, hieß Ivan Vekterich«, schrieb Masson im Juni 1836 an Wade – in zweifelhafter Schreibweise des Namens. »Bei seiner Ankunft in Buchara schickte er [Wikewitsch] nach einem Nizamuddin, einem Kabuler Händler, dessen Namen er von M. Honigberger erfahren hatte, und sagte diesem, er solle Briefe an die Herren Ventura, Court und mich selbst schreiben. Drei Tage lang bewegte er sich frei und ungehindert in Buchara, bis dann gemeldet wurde, dass er Beobachtungen machte und diese schriftlich festhielt, sodass der Emir seine Ergreifung befahl, was der Kush-Begi verhinderte, indem er zu bedenken gab, dass dieser Schritt unklug wäre. Ihm wurden jedoch Beschränkungen auferlegt und jeder Verkehr zwischen ihm und den Einwohnern verboten – und nach einem Aufenthalt von sieben oder acht Tagen in der Stadt wurde er unter Aufsicht einer berittenen Eskorte weggeschickt.«[3] Massons Bericht ging an das Secret Committee der Ostindien-Kompanie in London.[4] Unterwegs hörte Burnes davon: Sein Bericht von Wikewitsch in Buchara ist dem Bericht Massons – von dem Brief, den Wikewitsch an Masson in Kabul zu senden versuchte bis zu seinem groben Hinauswurf – zu ähnlich, als dass dies ein Zufall sein könnte. Burnes hätte merken müssen, dass die Informationen durch Masson gekommen waren: Die Briten hatten keine anderen Netzwerke in Buchara. Stattdessen zog er vorschnell einen Schluss, der selbst für ihn unglaublich dreist war: Massons eigener Bericht über einen russischen Agenten bewies, dass Masson russische Agenten nicht gemeldet hatte.

(Auf die Frage, weshalb Masson nicht erkannte, dass »der wahre Wikewitsch«[5] ein echter Diplomat war, gibt es eine einfache Antwort: Es war ein Fehlurteil. Er glaubte, Wikewitsch war ein Bummler und Geschichtenerzähler wie er selbst. Wikewitsch war jedoch tatsächlich ein wirklicher Diplomat.)

Damit blieb nur Major Outrams Bericht. Doch Outram war entsetzt, als er von Massons Gefangenschaft erfuhr. Über einen gemeinsamen Bekannten, Thomas Postans, schrieb er einen wütenden Brief an Beans und einen entschuldigenden an Masson: »Major Outram bittet mich zugleich, Ihnen seine große Verärgerung über Ihre Verhaftung in Quetta auszudrücken, die die Folge eines Missverständnisses aufseiten Captain Beans hinsichtlich seiner (Major Outrams) Respektsbezeugungen für Sie ist, und er ersucht mich darum, Ihnen zu versichern, dass ihm vollkommen unbewusst ist, jemals den leisesten Zweifel an Ihrem Charakter geäußert zu haben.«[6]

Masson verabscheute die Ostindien-Kompanie, hatte sie aber niemals ausspioniert. Seine obsessiven, schuldgetriebenen Berichte lassen keine Rupie seines Einkommens unerklärt: Unter seinen angehäuften Schulden ist nicht ein Quäntchen russischen Goldes zu finden. Die obsessiven, schuldgetriebenen kaiserlich-russischen Archive in St. Petersburg enthalten nicht ein Wort über einen britischen Doppelagenten in Kabul. Doch das beste Argument gegen die Geschichte von Charles Masson, den russischen Spion, ist auch das einfachste: Masson hasste jeden Augenblick seines Lebens als Spion. Es machte ihn regelrecht krank. Er spionierte nur deshalb für die Briten, weil er glaubte, dass er keine Wahl habe. Er hätte niemals eine Sekunde seiner Ausgrabungen aufgegeben, um für ein anderes Reich zu spionieren.

Nun in Quetta, während er beobachtete, wie die Schatten um sein Gefängnis wanderten, und auf die Stimmen und das Gelächter von der Straße unter ihm lauschte, gingen Massons Gedanken zurück zu seinen ersten, wilden Tagen in Afghanistan. Er erinnerte sich daran, wie er zusammen mit Hadschi Khan in der Nähe der riesigen Buddhas von Bamiyan kampiert hatte. In einer atemberaubenden Nacht hatten er und Hadschi Khan lange am Feuer gesessen, über ihnen Tausende von strahlenden Sternen, und einander von ihren Träumen erzählt. »Der Khan erklärte, dass er von Visionen heimgesucht werde und von ihnen erfahren hatte, dass er ein großer Mann werden würde; dass das Land, ob afghanisch oder usbekisch, Bi-Sahib war, ohne Herrn; und er schlug vor, dass er und ich von diesem Stand der Dinge profitieren und uns zu Padschah [König] und Wesir machen sollten.« In dieser Nacht hatte Masson, dem sich der Kopf drehte, den furchteinflößenden Hadschi Khan vorsichtig zurückgewiesen. »Ich vergesse, wer von uns beiden Padschah werden sollte«, lächelte er. Aber, dachte er sich ironisch, als er in Quetta aus dem Fenster starrte, wenn er versucht hätte, ein Imperium zu starten, dann hätte er es wenigstens richtig gemacht. »Da ich kürzlich verdächtigt wurde, mit Hilfe arabischer Hilfstruppen ein Fürstentum in Kalat errichten zu wollen, und ich zu Recht über die Unterstellung eines so armseligen Vorhabens entrüstet bin, darf ich beklagen, dass ich zu jener Zeit dem Khan mit seinen Visionen nicht die Hand gereicht und auch das alte baktrische Reich nicht wiederbelebt habe.«[7]

Doch nun, nachdem keine Freilassung in Sicht war, begann Masson, sich ernsthaft Sorgen zu machen. Mit zusammengebissenen Zähnen setzte er einen Brief an Macnaghten, Beans Vorgesetzten in Kabul, auf. »Ich muss von Ihnen wissen, wie diese ungünstigen Verdächtigungen zustande gekommen sind, da ich immer noch Rechte habe.«[8] Macnaghten informierte Masson vage, dass er festgehalten werde, weil er versucht habe, nach Afghanistan einzureisen, und zwar »ohne Erlaubnis dazu, sei es von der britischen Regierung noch von seiner Majestät Schah Schudscha al-Mulk«.[9] Das war Unsinn: Die Ostindien-Kompanie sperrte Menschen nicht ein, weil ihr Papierkram möglicherweise Unregelmäßigkeiten aufwies. Abgesehen davon hatte Masson bei seinen Reisen über die Jahre niemals um Erlaubnis gebeten, bevor er die eine oder andere Straße einschlug.

Das galt auch für die vielen Tausend Händler, Pilger und Wanderer, die Jahr für Jahr durch Nordindien und Afghanistan zogen. Burnes selbst hatte Masson einige Monate zuvor nach Kabul eingeladen und kein Wort davon gesagt, dass er erst eine Erlaubnis einholen müsse.[10] Macnaghtens Erklärung war absurd: Es war ganz eindeutig eine Hinhaltetaktik, bis Bean seine Beweise parat hatte. Bean sprach immer wieder ominös von den Gründen, die er »für einen Verdacht haben könnte«,[11] während er sich weigerte, diesen Verdacht schriftlich niederzulegen. Er hielt dies für einen sehr bequemen Weg, sich alle Optionen offenzuhalten.

Es gab Tage, an denen alles, was Masson spürte, Bedauern war. Jeder Weg, den er in der Vergangenheit hätte nehmen können, würde ihn an einen besseren Ort geführt haben als den, an dem er sich gerade befand.

Als er auf dem Tiefpunkt war, brachte eine seiner Wachen plötzlich einen Brief herein. Der Absender war völlig unerwartet: Es war Colonel Lewis Stacy, der münzsammelnde Armeeoffizier und einer der glühendsten Verehrer Massons. Stacys Kommando war dem britischen Lager in Quetta zugewiesen worden. Er war vom Fieber aufgehalten worden, hatte aber das Gerücht gehört, dass Masson in der Stadt sei. »Ich höre, Sie haben alles verloren bis auf die Kleidung, die Sie tragen«, schrieb er. »Das muss als meine Entschuldigung reichen, Ihnen meine Hilfe anzubieten. Ich habe einen Schneider und wage außerdem zu behaupten, dass ich Ihnen auch anderweitig von Nutzen sein kann, wenn Sie es mir erlauben. Ich kann nicht schreiben, der Schüttelfrost hat mir all meine Kräfte geraubt.«[12] Masson erbettelte Bleistift und Papier von den Wachen und schüttete sein Herz aus.

Für Stacy war es ein Schock zu erfahren, dass der Mann, den er seit Jahren bewunderte, nun ein mittelloser Gefangener war, der von trockenem Brot lebte und unter einem verlausten Umhang schlief. Er verschwendete jedoch keinen Augenblick damit, Beans Geschichte ernst zu nehmen. »Ich habe die Freude, Ihnen Bettzeug und eine Decke zu schicken«, ließ er ihn wissen, »und wenn Sie mir freundlicherweise eine Liste mit Ihren Wünschen schicken, werde ich Ihnen sehr gerne helfen, so es in meiner Macht steht.«[13] Saubere Kleidung. Nach Wochen in seinen alten, schweißfleckigen, dreckigen Fetzen zog Masson sie mit unaussprechlicher Erleichterung über. Stacy, der immer noch vom Fieber geschüttelt wurde, schwankte zu Masson, um ihn zu sehen. »Ich habe bemerkt, dass Ihre Stiefel zerrissen sind – verzeihen Sie mir, dass ich Ihnen ein so schäbiges

Paar anbiete«, schrieb er anschließend.[14] »Ich hoffe, Sie mit diesen Schuhen hereinspazieren zu sehen.«[15] Stacy übersandte ihm außerdem einen Stapel Zeitungen. Als Masson eine aufschlug, fand er seinen eigenen Nachruf.

»Heute weiß man, dass der arme Masson zur Zeit seiner Einnahme in Kalat war«, berichtete die *Bombay Times*. »Sollte er umgekommen sein, wäre nicht nur ein höchst wertvolles Leben verloren gegangen, sondern müsste die Zerstörung der Informationsbestände und der Manuskripte, die er in jahrelanger unermüdlicher Arbeit über die Geschichte und die Bräuche dieser wenig bekannten Region angesammelt hatte und die mit ihm untergegangen sind, als ein großes und nicht wiedergutzumachendes öffentliches Unglück angesehen werden.«[16]

Das war das Netteste, was in diesem Jahr jemand über ihn gesagt hatte.

Die Gelegenheit, auf seinen eigenen Nachruf zu antworten, war zu gut, um sie sich entgehen zu lassen: »Es war nicht mein Schicksal, umzukommen«, erklärte Masson der *Bombay Times*. »Es ist jedoch allzu wahr, dass ich all meine Manuskripte und gesammelten Bestände an literarischen Materialien verloren habe, auf das Sie einen so hohen und zu Ihren Gunsten möglicherweise einen unangemessenen Wert gelegt haben. Der Verlust, als solcher, ist für mich nicht wieder gutzumachen und bedeutet zweifellos eine gewisse Unsicherheit für die Zukunft, da ich mich plötzlich um den größten Teil der Ergebnisse meiner Arbeit etlicher Jahre beraubt sehe.«[17]

Stacy derweil versuchte, Masson mit Nahrung zu versorgen. »Ich erwähnte gegenüber Lt. Hammersley, dass Sie kein Fleisch haben, und forderte ihn außerdem auf, Ihnen ein bisschen Tinte zu schicken.«[18] Hammersley – selbst an guten Tagen nervös selbstgefällig – mochte das nicht einsehen. Er zeigte, was er darüber dachte, indem er Masson »eine Schale schickte, fast wie man das bei einem Hund tun würde, auf der neben dem Brot Schafsinnereien vom Basar im Wert von zwei Paise [Hundertstel Rupie] lagen. Und wenn man bedenkt, dass dies die Nahrung der Allerelendsten ist, dann ist die Art der Beleidigung vorstellbar.« Als er den ekligen, schlammfarbigen Haufen vor sich sah, vermisste Masson beinahe »die Abende, an denen ich hungrig zu Bett gegangen war«.[19] Es war »ein Gericht, sicherlich, das jeder Hund in Quetta gern genommen hätte«.[20] Dann hatte er eine leicht boshafte Idee.

Ein paar Minuten später steckte eine von Massons Wachen mit verlegenem Blick ihren Kopf in Colonel Stacys Zelt, die Schale in der Hand.

Stacy warf einen Blick auf die verschlungenen, glibberigen Innereien, an denen noch Klumpen von Exkrementen hingen, würgte, »vergoss Tränen« und murmelte auf Hindustani: »Sie wollen den Sahib also umbringen.« Dann schnappte er sich die Schale und marschierte damit durch das britische Lager, wo er sie »erst den Offizieren im Lager und dann General Nott [zeigte], wonach er sie mit zu Lt. Hammersley nahm. Dieser Offizier kam zu mir gerannt.«[21] Schnaufend stürzte Hammersley in Massons Zimmer und »rief, ganz unschuldig, aus: ›Guter Gott! Warum haben Sie dieses Zeug zu Colonel Stacy geschickt? Warum nicht zu mir?‹«[22] »Ich dachte, ich hätte keinen Anlass dazu«, erwiderte Masson. Hammersley »sagte, dass solche Dinge schändlich seien. Ich antwortete, das dächte ich auch.«[23]

Als die indischen Zeitungen erfuhren, weshalb Masson in Quetta eingesperrt war, wollte man seinen Ohren nicht trauen. Ein Journalist schrieb: »Masson hat nun, wie wir beobachten konnten, ausreichend freie Zeit, um seine Notizen zu ordnen, da er bei Captain Bean in Gewahrsam ist, weil er sich – Sie dürfen nun gern lächeln, geehrter Leser! – in politischen Intrigen gegen die britische Regierung ergangen hat! Don Quijote, der eine Küchenmagd mit einer Herzogin verwechselt, dürfte nicht absurder sein als das, genauso wenig wie die Wendung in einem Theaterstück oder einer Farce kaum lächerlicher sein könnte. Mr. Masson ist ein reiner Gelehrter, er hat Armut, Gefahr und Finsternis in Kauf genommen, während er seine Forschungen betrieb; seine Laufbahn, soweit sie bisher gediehen ist, zeigt, dass er weder Reichtum noch Anerkennung sucht, sondern an beiden völlig uninteressiert ist. Doch selbst wenn er die Neigung hätte, fehlten ihm die Mittel, um politische Intrigen zu verfolgen. Die Vorstellung, dass ein armer Mann wie Masson, ohne Freunde und allein, der Jahre mit der bescheidenen und gefährlichen Suche nach alten Goldmünzen zugebracht hat, zum Verräter wird und eine Gruppe Russen zur Befreiung von Kalat führt, ist, wie wir glauben, eine, die niemandem in den Sinn gekommen wäre, bis auf demjenigen, der das Schicksal von Quetta bestimmt [Bean].«[24]

Captain Bean wurde sehr zu seinem Verdruss zu einem nationalen Witz. Die Vorstellung, er zittere vor Angst, dass ein friedfertiger Archäologe »seine 200 Russen aus der Hosentasche ziehen, den Schatz ergreifen und den Doppeladler der Moskowiter über dem Union Jack hissen könnte«, schien für die indische Presse urkomisch zu sein.[25] Ein Autor schrieb über ihn: »Mr. Massons Charakter war nicht zweifelhaft oder unbekannt.«[26] Der Mann, der momentan wegen des Vorwurfs der Spionage gegen die Ostindien-Kompanie im Gefängnis saß, war der Kandidat ebendieser Kompanie für die Leitung des Geheimdienstes in Afghanistan, einer »dessen Genie bewundert wurde und dessen Bekanntschaft jedermann begehrte«.[27]

Die indischen Zeitungen waren sich nur selten einig, aber hier war es der Fall: Was den Fall von Mr. Masson betraf, »so haben wir noch nie etwas so Einseitiges erlebt«.[28] Es »wurde von der Zeitungspresse in jedem Teil Indiens diskutiert, und der Gedanke, dass auch nur ein Funken eines begründeten Verdachts an seinem Charakter haften könnte, wird allgemein und verächtlich von sich gewiesen«.[29] »Die Zeitungen in Delhi und Agra machen Sie zum Löwen des Tages«, schrieb Stacy an Masson.[30]

Bean, inzwischen sicher als nationaler Witz etabliert, war auf dem besten Weg, zum weltweiten Witz zu werden. Die *Bombay Times* positionierte sich: Massons Ankläger »haben in gewisser Weise Berühmtheit für sich erlangt, die sie mit anderen Mitteln oder bei einer weniger glücklichen Auswahl des Ziels ihrer Unterdrückung nicht bekommen hätten. Wie werden die Mitglieder des Institute de France das System schmähen, das Männer in Führungspositionen erhebt, die sich so in die Irre führen lassen. Wie werden die Studenten in Petersburg spotten, wie werden die Gelehrten in Deutschland, die Bände mit Abhandlungen über die Entdeckungen Massons gefüllt haben, sich lustig machen.«[31]

All das war sehr befriedigend für Masson, änderte aber nichts an der Tatsache, dass er immer noch eingesperrt war. Aus Tagen wurden Wochen, aus Wochen Monate. Wachen wurden »Tag und Nacht für mich abgestellt. Ich weiß nicht, welche Befehle sie erhalten, da ich mich nicht bemühe, sie zu erfahren, aber ich weiß, dass unter ihnen welche sind, die Captain Bean melden, welche Personen mich besuchen kommen, und die demselben würdigen Beamten berichten, wenn ich einen Brief an den Dak [Post] oder an jemanden schicke, damit dieser weiß, an wen er adressiert ist.«[32] Bean und Macnaghten stöberten weiterhin nach allem, was ihren Verdacht stützen könnte und wiesen die Angestellten der Ostindien-Kompanie in Bombay an, in ihren Archiven nach Beweisen gegen Masson zu suchen.[33] Masson notierte: »Mit großem Abscheu sah ich mich dazu verdammt, auf unbestimmte Zeit in Gefangenschaft zu leben, mit dem politischen Agenten von Quetta als meinem Kerkermeister.«[34]

# 19

# Grenzen

Auf den Bergen, die über Quetta aufragten, begann Schnee zu fallen. Es war Anfang November 1840, Masson zitterte in seinem »ranzig riechenden«[1] Gefängnis und konnte kaum die Tränen zurückhalten. Einst hatte er es geschafft, mit seinen Geschichten die Welt zu durchdringen und sie sich zu eigen zu machen. Jetzt war er in den Lügen anderer Leute gefangen: Wie sehr er sich bemühte, er konnte keinen Ausweg finden. Charles Masson war durch Geschichten entstanden. Nun wurde er durch sie zerstört.

Als Kalat am 3. November erwachte, rückte die britische Armee auf die Stadt vor. Die Menschen innerhalb der Mauern vergruben das wenige Wertvolle, das sie noch besaßen, und beteten darum, den Tag zu überleben. Dann passierte etwas Seltsames. Die Briten griffen nicht an. Stattdessen sandten die Befehlshaber Stacy und General Nott »Bekanntmachungen, in denen sie den Einwohnern versicherten, dass ihr Leben und ihr Eigentum sicher seien, wenn sie ruhig in ihren Häusern blieben, dass es nicht zu Plünderungen und Gewalt kommen würde und dass für jeden Gegenstand bezahlt werde«.[2] Nach mehrstündigen Verhandlungen wurden die Tore geöffnet und Kalat wurde eingenommen, ohne dass ein Schuss fiel. Der ruhige, gelehrte Stacy war von den anderen Offizieren immer verspottet worden. »Es wurde angenommen, dass seine militärischen Talente eher unbedeutend waren. Bei der passenden Gelegenheit wurde das Gegenteil bewiesen.«[3]

Von seinem Gefängnis in Quetta aus hatte Masson die ganze Kampagne geplant. Stacy räumte in seinem Bericht an ihn ein: »Ich glaube, ich schulde Ihnen einen Großteil des Erfolges.«[4]

Nachdem er die Stadt gesichert hatte, machte sich Stacy daran, Massons verlorengegangene Papiere wiederzubeschaffen. Bei Anbruch der Dunkelheit hatte er bereits eines der Notizbücher seines Freundes aufgestöbert. »Ich habe es sorgfältig verwahrt«, schrieb er. »Ich werde alles tun, was ich kann, um die Bücher aufzuspüren.«[5]

Loveday war einige Tage zuvor von seinen Wachen getötet worden. Die Briten fanden ihn »nackt, abgesehen von einem Paar Unterhosen«, ein ausgezehrtes Wrack, dessen fast vollständig abgetrennter Kopf an seinem Hals baumelte.[6] Erinnerungen an seine Herrschaft hingen immer noch wie ein Albtraum über Kalat. Stacy berichtete Masson: »Jeder Mund ist gefüllt mit seinem Missbrauch der Macht.«[7] Wenigstens zwei Menschen waren an den »Wunden oder Bissen seiner Hunde gestorben«.[8] Eine von Lovedays anderen Belustigungen war es gewesen, die einflussreichsten Männer Kalats in sein Haus einzuladen, sie herzlich willkommen zu heißen und sie dann an ihren Bärten zu packen und von Raum zu Raum zu zerren, wobei er die ganze Zeit kicherte.[9]

Die Ostindien-Kompanie hatte eine lange Historie von Gräueltaten und eine ebenso lange Historie, sie unter den Teppich zu kehren. Jephson hatte einmal an Masson geschrieben: »Wenn Sie so viel vom öffentlichen Leben hinter den Kulissen gesehen hätten wie ich, seit ich ein Schreiberling geworden bin, wären Sie noch mehr erstaunt über den Mangel an Prinzipien unter den gebildeten Männern und den Anspruch auf hohe und ehrenhafte Gefühle.«[10] Stacy und Nott dagegen unterdrückten die Geschichten über Loveday nicht. Ihre Berichte gingen hinsichtlich seiner grauenvollen Taten bis ins letzte, hässliche Detail.[11] In Kalkutta wusste man nicht, was schlimmer war: Lovedays Grausamkeit oder die Tatsache, dass sie nun allgemein bekannt war. »Seine Lordschaft ist äußerst besorgt«,[12] schrieb Thomas Maddock, Sekretär bei der Regierung von Indien.

Die Ostindien-Kompanie versuchte, den Geschichten zuvor zu kommen, indem sie das Gerücht »unter Zeitungsredakteuren und Regierungsfunktionären [ausstreute], dass Loveday geisteskrank gewesen sei und es in seiner Familie eine Neigung zur Geisteskrankheit gab«.[13] Macnaghten, der schnell dabei war, seine eigene Haut zu schützen, erzählte schon bald jedem, der es hören wollte, dass »ich immer schon gehört hatte, der größte Mangel im Charakter des verblichenen Offiziers [Loveday] war eine übermäßige Voreingenommenheit gegenüber den Eingeborenen des Landes, und falls die Unterstellungen von Colonel Stacy wohlbegründet sind, dann würde ich einmal befürchten, dass der Intellekt des vom Unglück verfolgten Offiziers bereits einige Zeit vor seinem Tod durcheinander gewesen sein muss.«[14] Jephson schrieb an einen Freund: »Die Geschichte wurde in Erwartung von Massons Enthüllungen über die Verwaltung der Angelegenheiten in Kalat – und den Tod der zwei Männer, die von Lovedays Hunden zerfleischt wurden – aufgesetzt.«[15]

Masson bat um die Erlaubnis, nach Kalat zurückzugehen, um nach seinen Papieren zu suchen. Er würde von einem britischen Heer umgeben sein und sich mitten in der Wüste befinden: Es bestand keine Gefahr, dass er floh. Bean lehnte dies rundheraus ab. Stacy konnte das nicht verstehen. »Hat man Angst, dass Sie Ihre Wachen bestechen, eine Armee von Arabern aufstellen und die Herrschaft über Kalat an sich reißen würden? Es ist seltsam!«[16] Nach und nach sammelte er Massons Papiere zusammen. Doch ein Großteil der Arbeit seines Freundes schien für immer verloren zu sein. Stacy überbrachte ihm die Neuigkeit so sanft wie möglich. »Ich fürchte, Ihre Bücher sind weg – zumindest für den Augenblick. Ich habe Belohnungen und Freundschaft für diejenigen versprochen, die sie Ihnen oder mir zurückbringen.«[17]

Die Fäden, die Massons Hoffnungen zusammenhielten, begannen zu zerschleißen und durchzureißen. Mittlerweile waren nur noch wenige vorhanden.

Inzwischen war tiefer Winter, fast schon Weihnachten. Masson fragte sich verzweifelt, wie viele Jahreszeiten er noch aus dem Inneren seines Gefängnisses sehen sollte. Er hatte immer noch keine Ahnung, wessen er beschuldigt wurde: Russischer Spion zu sein oder ohne die korrekten Papiere herumzureisen oder vielleicht etwas ganz anderes? Seine Wachen hockten vor der Tür und brachten immer noch all seine Briefe direkt zu Bean. Die einzige gute Nachricht war, dass man seinen Fall zur Untersuchung an Andrew Ross Bell übergeben hatte, Beans Vorgesetzten. Bell schrieb mit seidenweicher Förmlichkeit an Masson und fragte ihn, »ob Sie den Feind der britischen Regierung in Besitz irgendwelcher Informationen gebracht haben, die diesem bei den offensiven Handlungen nützlich sein könnten, die dieser ausführt, oder die ihn veranlasst haben könnten, Lt. Loveday, der damals dessen Gefangener war, mit größerer Härte zu behandeln«. Der Brief fuhr in drohendem Tonfall fort: »Ich würde Sie gern darauf hinweisen, wie wichtig die oben gestellte Frage für Ihren eigenen Charakter als loyaler Untertan der britischen Regierung ist.«[18] Stacy, der wieder in Quetta war, besuchte Masson täglich und half ihm, seine Verteidigung niederzuschreiben. Außerdem versuchte er, Masson warmzuhalten. »Ich schicke Ihnen ein bisschen Wollstoff. Es tut mir leid, dass ich nichts Besseres habe – aber ich habe nur an die Kälte gedacht.«[19]

Stacy war entschlossen, den Namen seines Freundes reinzuwaschen. »Würden Sie mir freundlicherweise eine Kopie der Denkschrift geben, die Sie auf die Rückseite eines Buches geschrieben haben und die ich in Ihrem Gefängnis gelesen habe?«, fragte er Masson. »Sie ist zu kraftvoll, um sie wegzuwerfen.«[20] »Ich schäme mich, wenn ich an die Respektlosigkeit denke, mit der Mr. Masson so mutwillig überschüttet wurde«, schrieb er an Bell. »Er wurde äußerst erbärmlich behandelt.«[21] »Ich habe so gesprochen, wie Sie es auch für mich getan hätten«, schrieb er erneut an Masson. »Ich habe nicht um Gefallen gebeten, sondern um faire Behandlung.«[22] Stacy war sich sicher, dass »Bean und Hammersley jetzt beide überzeugt sind von dem Fehler, nach dem Mr. Masson nicht einfach nur festgehalten wurde, sondern die schändlichste Einkerkerung erleiden musste«.[23] Beide versuchten nun, sich aus der Verantwortung dafür herauszuwinden.

Masson verbrachte Weihnachten allein, bewacht von seinen Wärtern.[24] »Ich wünschte, Sie könnten Ihr Gefängnis gegen einen Platz an meinem Feuer vertauschen«, schrieb Stacy ihm aus Kalat. Massons Freunde in Kalat, selbst die Männer, die ihn in der Blutkammer bewacht hatten, konnten nicht glauben, dass er schon wieder eingesperrt war. Einer bat Stacy, »Sie freizulassen – armer Kerl, ich sagte ihm, dass dies nicht in meiner Macht steht –, aber man kann Sie nicht ewig festhalten. Ich denke, ich habe eine Spur zu Ihren Büchern.«[25] Die Menschen in Kalat hungerten und Bean lehnte es ab, Stacy dabei zu helfen, Lebensmittel zu kaufen:[26] »Ich bin weder bereit, etwas zu schicken, noch wäre eine solche Aufwendung unter den gegenwärtigen Umständen gerechtfertigt, noch kenne ich jemanden, der dort zuständig ist.«[27] Stacy stand kurz davor, zu verzweifeln. Masson ließ er wissen: »Ich bin diesen Menschen nicht gewachsen. Ich wünschte, Sie wären hier.«[28]

Bean, der sich endlich genötigt sah, seine Beweise auf Papier festzuhalten, verbrachte das neue Jahr schwitzend. Er war bereits in Schwierigkeiten, als er einige Monate zuvor so gründlich die Kontrolle über sein Gebiet verloren hatte.[29] »Dieser Idiot Bean«, flüsterte man sich in Kalkutta zu, »hat Mr. Masson schon den größtmöglichen Schaden zugefügt und scheint mächtig verärgert zu sein über die Wende, die die ganze Angelegenheit schließlich genommen hat.«[30]

Da ihm jedes andere emotionale Ventil genommen worden war, hatte Masson eine Vorliebe für lange Briefe an Zeitungen entwickelt: traurige, sardonische Episteln, in denen er die Ostindien-Kompanie »schmähte«.[31] Gegenüber der *Bombay Times* schäumte er: »Ich bin entschlossen, die Anmaßung und Schurkerei mit aller Kraft zu bekämpfen, die schlechte oder törichte Menschen dazu ermutigt haben, meine Ehre und Ehrlichkeit in Zweifel zu ziehen.«[32] Stacy versuchte vergeblich, die Wogen ein wenig zu glätten. »Ich glaube, dass jeder Fakt einbezogen und jeder Ausdruck des Ärgers vermieden werden sollte«, schrieb er an Masson. »Es mag schwierig sein, ohne schmerzhafte Gefühle über Ihre Gefangenschaft und deren Stil zu sprechen, aber es würde Ihren Fall nicht verbessern, fassten Sie sie in Worte.«[33]

Schließlich, nachdem er Masson monatelang festgehalten hatte, nach der Schale mit Schafsgedärmen und dem flohgeplagten Bettzeug gab Bean zögerlich zu, dass »nichts weiter eingetreten ist, durch das die Treulosigkeit von Mr. Masson als britischem Untertan bewiesen werden könnte«.[34] Es gab, mit anderen Worten, keinen Fall, auf den Masson reagieren müsste. »Lassen Sie jedermann Captain Beans Brief lesen«, riet ihm die *Bombay Times*, »und wenn er dann noch mit gutem Gewissen behaupten kann, dass ihm jemals ein unbefriedigenderes oder geschäftsschädigenderes öffentliches Dokument begegnet ist, muss er über eine mehr als ausreichende Erfahrung mit den Unzulänglichkeiten der Diplomatie verfügen.«[35]

Masson war von dem Augenblick an, in dem er in Quetta aufgetaucht war, eine Unannehmlichkeit für die Ostindien-Kompanie gewesen. Nachdem nun immer mehr Zeitungen seine Geschichte aufgriffen, verwandelte er sich in eine Bedrohung.[36] Ein Sekretär in Kalkutta murmelte Jephson misstrauisch zu, dass »Sie [Masson] einmal angemerkt hätten, dass ›Sie niemandes Diener sein würden‹«.[37] Selbst im Gefängnis ließ Massons Netzwerk aus Informanten ihn nicht im Stich. Peinliche Fakten über Bean tauchten in der Presse auf. Er berichtete: »Der Getreideunternehmer in Quetta, ein Bankrotteur, als er unter die Fittiche von Kapitän Bean kam, war dafür bekannt, dass er alle seine früheren Schulden beglichen und über drei Lakh [300.000] Rupien eingenommen hat.«[38] Halb Indien tratschte jetzt über Beans Inkompetenz. Die Vorstellung, dass Masson durch Afghanistan wanderte, unbequeme Fragen stellte und unangenehme Briefe schrieb, war geradezu entsetzlich. Selbst wenn er von allen Anklagen befreit würde, »wäre es vorteilhaft, selbst für ihn«, entschied das Direktorenkollegium der Kompanie in London, »dass er, zumindest für den Augenblick, aus unseren Grenzen entfernt wird, ohne dass ihm Beschränkungen auferlegt werden oder es den Anschein einer Bestrafung hat«.[39] »Ich glaube, diese Person ist, wenn auch zu Unrecht, sehr unzufrieden mit der Behandlung, die sie durch die britische Regierung erfahren hat«, verlautete Macnaghten in einem eigenen Schreiben, »und ich möchte Seiner Lordschaft im Council die Überlegung zur Prüfung vorlegen, ob es nicht ratsam wäre, ihm ein Reiseverbot zu erteilen, um die Möglichkeit von Unheil zu verhindern.«[40]

Bell befragte jeden einzelnen Augenzeugen der Belagerung von Kalat, den er finden konnte, von Nawaz Khan bis zu Lovedays Dienern. In seinem Bericht hieß es dann: »Alle sind sich darin einig, dass Mr. Massons Aussage vollkommen korrekt ist, und sprechen ihn davon frei, auch nur im geringsten Maße an irgendeinem politischen Geschehnis in Kalat beteiligt gewesen zu sein, außer dass er gemeinsam mit Lt. Loveday gefangen genommen und schließlich freigelassen wurde, um Briefe zu transportieren.«[41] »Ich betrachte Sie vollkommen befreit von jedem Verdacht«, teilte Bell Masson mit. »Ich bedaure, dass Sie aufgrund von Irrtümern so lange festgehalten wurden.«[42]

»Sollten Sie die weitere Anwesenheit der Chaprassis, die bei Ihnen sind, nicht mehr benötigen«, schrieb Hammersley, als hätte sich Masson auf eigenes Begehren hin unter Bewachung begeben, »dann würde ich sie gerne abziehen.«[43] Von Bean war nichts zu hören. Er glaubte an das Konzept des Delegierens von Aufgaben.

Masson war frei.

Allerdings hatte sich die Welt, in die er nun hinausging, verändert. Sie hatte Schranken und Grenzen, Orte, die er nicht betreten durfte. Afghanistan war ihm verwehrt. Der Horizont war nicht mehr so weit oder so offen wie zuvor.

Masson verließ Quetta zu Fuß. Er war mittellos und trug nur seine wenigen Bücher mit sich. »Das Land wurde so vollkommen verwüstet, dass ich es nicht mehr als das erkennen konnte, durch das ich vor etwa vierzehn Jahren gereist bin. Dörfer, die damals blühten, existieren heute nicht mehr; die verbliebenen haben ihre sie umgebenden Obstgärten verloren und selbst der Müll wurde des Dschungels aus kleinen Bäumen und Sträuchern beraubt, die sich einst über ihm ausbreiteten. Man musste nun keine Angst mehr haben, die Straße aus den Augen zu verlieren, da sie ganz klar durch die Skelette von Kamelen und anderen Tieren markiert war, deren verblichene und verbleichende Knochen sie nur allzu gut beschrieben.«[44]

Masson stapfte die Straße aus Knochen entlang. Gelegentlich blickte er sich um, wie »gelähmt«,[45] und beobachtete, wie Quetta und die Gebirgspässe nach Afghanistan langsam am Horizont versanken. Alexander war ihm wieder durch die Finger gerutscht.

»Es gab eine gute Sache in der Welt«, so beginnt ein Rätsel, das die Menschen in Kalat und Quetta einander oft stellten. »Ein Feind hat sie verfolgt und vertrieben. Im Morgenlicht ging sie die Straße entlang. Nun bringen weder Gebete noch Flehen sie zurück.«

Der Feind ist die Zeit.

Die gute Sache, die aus der Welt getrieben wurde, um niemals wiederzukehren, ist die Hoffnung.[46]

# 20

# Der Mann, der König sein wollte

Am späten Nachmittag des 9. März 1841 erklomm eine seltsam aussehende Figur die Stufen zur Asiatic Society of Bombay. Ihr Kopf war geschoren und mit einem Turban umwickelt. Die Kleidung war ungewiss: Manche hielten sie für türkisch.[1] Die Leute hielten inne, als Masson die weißen dorischen Säulen durchschritt und in die gedämpfte Kühle des gigantischen klassizistischen Baus trat, der über dem Hafen von Bombay thronte.

Masson merkte schnell, dass hinter der grandiosen Fassade kaum mehr als Staub und Tratsch in der Luft hingen. »Die Society besaß in der Tat einen Raum mit Regalen, auf denen einige Mumien lagerten, zwei oder drei Schlangen in Flaschen und ein Hindu-Gott oder sowas«, seufzte die *Bombay Times*. »Es muss sich niemand wundern, dass Museen in London, Kalkutta und vielleicht sogar viele Kleinstadtmuseen in England oder Schottland mehr Informationen über die Produkte, Altertümer und Naturgeschichte Westindiens liefern können als seine eigene Hauptstadt.«[2] Als Masson dann wieder in die abendliche Luft hinaustrat, nachdem er eine unglaublich langweilige bürokratische Diskussion durchgestanden und man ihm den Raum mit den zerkratzten Schlangenflaschen gezeigt hatte, fühlte er sich, als hätte man auch ihn gepökelt und in ein Konservenglas gesteckt.

Der Sonnenuntergang färbt Bombay golden. Für einen Augenblick verblassen der Schweiß und die Anspannung des Tages, vom Ozean weht eine kühle und klare Brise herüber und die Stadt füllt sich mit Gelächter und Möglichkeiten. Während Masson höfliches Interesse an den zerfallenden Mumien der Asiatic Society heuchelte, versammelte sich einige Blocks weiter Bombays Parsen-Gemeinschaft am Marine Drive, als die Sonne hinter den Wellen zu versinken begann. Alle waren weiß gekleidet, sie »ritten, fuhren, spazierten und saßen auf dem Gras oder am Strand«.[3] Die Parsen waren mehr als eintausend Jahre zuvor aus Persien nach Indien gekommen. Mit sich brachten sie Geschichten über Alexander: furchtsame Erzählungen, Legenden von einem grausamen, unbarmherzigen König, der nichts als Tod und Zerstörung hinterließ.[4] Für die Parsen und ihre zoroastrischen Glaubensbrüder und -schwestern war Alexander die Verkörperung des Bösen. Ihm war es egal, über wie viele Leichen er klettern musste, solange er seinen Träumen folgen konnte.

Selbst griechische und römische Autoren wussten, dass Alexander schreckliche Dinge tat. Er machte die Stadt Theben dem Erdboden gleich, sodass am Ende nur eine rauchende Ruine blieb, in der nur noch ein einziges Haus stand. Nach der Eroberung von Tyros ließ er alle Männer im kampffähigen Alter massakrieren und verkaufte die Frauen und Kinder in die Sklaverei. »Falls du dich fragst, wie groß das Blutvergießen war«, klärte Quintus Curtius Rufus auf, »dann bedenke dies: sechstausend Krieger waren in der Stadt gefangen und wurden hingeschlachtet. Anschließend musste Alexanders Heer die wahre, irrsinnige Wut seines Königs erleben. Zweitausend Tyrener hatten den Blutrausch der nun erschöpften Makedonier überlebt. Zweitausend Tyrener starben nun an den Kreuzen, die entlang des leeren Strandes aufgerichtet worden waren.«[5] Das Gleiche geschah in Gaza: Alle Männer im wehrfähigen Alter wurden getötet, die Frauen und Kinder als Sklaven verkauft. Der persische Gouverneur von Gaza, Batis, weigerte sich, um sein Leben zu flehen, selbst als er alle um sich herum fallen sah. Alexander sagte: »Ich werde ihn zum Sprechen bringen – oder zumindest zum Schreien.«[6] Batis wurde also festgehalten und man bohrte Löcher durch seine Fußgelenke. Durch die Löcher zog man dann Lederstreifen und band den immer noch lebendigen Batis an Alexanders Streitwagen. »Dann zogen Alexanders Pferde Batis rund um die Mauern von Gaza herum. Alexander hätte nicht glücklicher sein können: Er hatte seinen Feind auf die gleiche Weise bestraft wie einst Achilles.«[7] Als Achilles allerdings Hektor, wie in der *Ilias* beschrieben, um die Mauern Trojas schleifte, gab es einen wichtigen Unterschied: Hektor war bereits tot.

Für die Zoroastrier wurde Alexanders Geschichte vor allem durch eine Gräueltat definiert. Die großartige Stadt Persepolis, Hauptstadt des Persischen Reiches, lag auf einem windumtosten Plateau am Fuß des Kuh-e Rahmat, des Berges der Gnade. Kein feindliches Heer hatte sie je gesehen oder auch nur davon geträumt, einen Angriff zu wagen. Über Generationen war der Reichtum des riesigen Persischen Reiches nach Persepolis geflossen. Der griechische Historiker Diodor fasste es mit diesen Worten zusammen: »Nie schien die Sonne auf eine reichere Stadt.«[8] Alexander nahm sie ein, plünderte sie und brannte den Königspalast, das zeremonielle Herz des Reiches, nieder.

Die zoroastrischen Legenden besagen, dass die heiligen Texte dieser Religion in der Palastbibliothek von Persepolis lagerten. Und die Bibliothek ging in Alexanders Feuer verloren. »Unsere Religion breitete sich dreihundert Jahre lang in der Welt aus. Dann wurde Alexander, der Verfluchte, vom Bösen versucht«, heißt es in einer zoroastrischen Erzählung. »Die Festung der Archive verwahrte unsere Religion sicher, unsere Traditionen und unsere geheiligten Texte, geschrieben in goldener Tinte auf Ochsenhaut. Der Feind, der Bösewicht, der Ungläubige, Alexander der Verfluchte, stahl sie und verbrannte sie … Und so wurde die Tradition zerstreut, und Zweifel und Unsicherheit und Uneinigkeit kamen in die Welt.«[9]

Viele britische Historiker bejubelten das Feuer von Persepolis. Sir Mortimer Wheeler stand in den Ruinen der Stadt und nannte Alexanders Feuer »ein Leuchtfeuer in der Geschichte Asiens«.[10] Er schrieb: »Wer sich auf die Spuren von Persepolis begibt, erforscht zwei der größten Errungenschaften Alexanders: die systematische Zivilisierung der wilden östlichen Regionen des alten persischen Reiches und die daraus resultierende Schaffung eines zivilisierten Kontinuums durch eine Vielzahl von Nationen und Kulturen vom Mittelmeer bis zum Ganges. Dieses Kontinuum wurde nie vollständig durchbrochen.«[11] Als Archäologen begannen, Persepolis auszugraben, stellten sie fest, dass der Boden des Palastes mit einer drei Fuß starken Ascheschicht bedeckt war. Dies war das »zivilisierte Kontinuum« Alexanders: Feuer und Zerstörung.

Zweitausend Jahre nach Alexanders Plünderung von Persepolis erzählen die Parsen von Bombay immer noch Geschichten von diesem Tag. Seit Generationen sahen sie die Schatten hinter Alexanders Größe, selbst wenn andere dafür blind waren. »Geh ins Bett«, sagen parsische Eltern ihren Kindern, »oder Alexander kommt dich holen.«

***

In Kabul war der »Zweite Alexander« beunruhigt. Burnes wusste, dass die britische Okkupation nicht gut lief. »Ich hätte niemals hierher kommen oder mich mit netten, aber falschen Worten zufriedengeben sollen«,[12] schrieb er. »Es schien seine Mission in Afghanistan gewesen zu sein, jeden

Monat ein großes Gehalt einzustreichen und Ratschläge zu erteilen, die niemals beachtet wurden«, stellte der Historiker John Kaye fest. »Das hätte viele Männer zufriedengestellt, nicht jedoch Burnes. Er sagte, dass er Verantwortung übernehmen wollte, und unter Macnaghten hatte er keine.«[13] Burnes fürchtete, dass Schah Schudschas Herrschaft schwankte, aber niemand wollte auf ihn hören. »Wenn sie wirklich die Wahrheit haben wollten, würde ich sie aufrichtig sagen, aber sie suchen nur nach Gleichmacherei, nach ähnlichen Meinungen. Ich kann damit leben, aber mein Gewissen tut sich schwer damit, diese Dynastie zu billigen. Aber, Mutter – das soll zwischen uns bleiben.«[14] »Sei still«, sagte er zu sich selbst, »steck dein Geld ein, mache nur das, was dir befohlen wird, und man wird mit dir sehr zufrieden sein. Sie werden dich und mich oder sonst jemanden opfern, ohne dass es ihnen etwas ausmacht.«[15]

Mehr als ein Jahr hatte Masson auf Neuigkeiten über sein Buch gewartet. In seinen dunkelsten Momenten hatten diese Seiten, die er Anfang 1840 so sorgfältig verpackt und mit Pottinger nach London geschickt hatte, ihm Hoffnung gegeben. »Auf sie muss ich mich verlassen, um meine Reise fortzusetzen«, überlegte er.[16] Pottinger hatte ihm versichert, dass der Verleger John Murray ihn unter seine Fittiche nehmen würde. Masson erwiderte darauf: »Es wäre für mich von größter Bedeutung, mit einem so bedeutenden Verleger wie Mr. Murray ein solches Einvernehmen zu erzielen, dass ich darauf vertrauen könnte, dass meine künftigen Arbeiten bei der Übermittlung nach England von ihm angenommen würden. Ich bin mir tatsächlich aufgrund seines bekannt hohen Charakters sicher, dass er mir gegenüber so gerecht handelt, als ob ich selbst anwesend wäre, um meine eigenen Interessen zu vertreten.«[17] Murray hatte Burnes einige Jahre zuvor ein Vermögen eingebracht. Masson könnte selbst mit einem Bruchteil dieses Geldes nach Afghanistan zurückkehren und sich erneut auf Alexanders Spuren begeben.

Massons Manuskript traf am 11. Juli 1840[18] in Murrays Büro ein, zusammen mit seinen Hoffnungen. Murray beschäftigte sich monatelang damit, dann lehnte er es ab.[19]

Masson hatte eine haarsträubende Anklageschrift auf die Invasion Afghanistans und die Männer dahinter abgeliefert. Nachdem die Okkupation anscheinend erfolgreich gewesen war, glaubten weder Murray noch Pottinger, dass es einen Markt für ein wütendes Antikriegsbuch gab.[20] Als Murrays Absage Anfang 1841 endlich eintraf, schrieb Pottinger, dass dies

Masson niederschmettern würde, »obwohl ich glaube, dass meine Kommunikation ihn in einem gewissen Maße darauf vorbereitet hat. Schließlich habe ich von Anfang an darauf hingewiesen, dass Stil und Inhalt des größten Teils seines Buches für den Geschmack des Lesepublikum dieses Landes wenig geeignet sind.«[21] Auf dem Höhepunkt der britischen Besessenheit mit Afghanistan hatte Murray einen der schärfsten Kritiker des Krieges zum Schweigen gebracht.

Masson erfuhr davon erst, als er Bombay erreichte. Anstelle der stattlichen Summe Geldes und der frisch gedruckten Bücher, die er vorzufinden gehofft hatte, wartete auf ihn nur eine Absage. »Keiner der respektablen Buchverkäufer in England wird (auf eigenes Risiko) ein Werk veröffentlichen, das öffentlich Männer oder Maßnahmen kritisiert«, sagte man ihm. »Sie sagen ganz zu recht, dass dies die Pflicht der Tagespresse ist, und dass solche Kritik in einem Buch über Reisen ganz fehl am Platze ist.«[22]

Masson hatte mehr Zeit in Afghanistan verbracht als alle anderen Briten zusammengenommen, doch er besaß keine Möglichkeit, sich Gehör zu verschaffen. Stacy drängte ihn, nicht noch länger zu warten, und mit dem ersten Verleger, den er in Bombay finden konnte, zusammenzuarbeiten. »Diese Verzögerung bei der Veröffentlichung Ihrer Papiere raubt diesen die Hälfte ihres Wertes – dennoch hoffe ich, dass sie erscheinen werden. Ich würde sie in Bombay drucken – ich sage nur, Ihre Festnahme durch die Brahuis und die Gefangenschaft bei den Engländern –, zu essen nur Brot vom Basar und Schafsinnereien!!!!!«[23]

Überall schien es Gerede über ihn zu geben.[24] »Bells Bericht ist gerade hereingekommen«, schrieb ein Beamter der Ostindien-Kompanie, »und spricht Masson vollkommen frei – erklärt, dass niemals Grund zum Misstrauen ihm gegenüber existiert hat, und empfiehlt, ihn für den Ärger und die Unannehmlichkeiten finanziell zu entschädigen, die er zu Unrecht erleiden musste.«[25]

Wann immer es ihm möglich war, verschwand Masson aus der britischen Gemeinschaft Bombays. Er wickelte sich den Turban um den Kopf und fuhr mit einem Boot durch den Hafen, weg von den hellen Gebäuden und gepflegten Rasenflächen der Kolonialstadt, hin zu den wilden, grünen Hügeln von Elephanta Island. Er kletterte die Anhöhen hinauf, durch Wälder aus Tamarinden und Palmen, vorbei an Horden unverschämter Affen, hin zu seinem Refugium: den uralten hinduistischen Höhlentempeln, die den Gipfel von Elephanta bekrönten.

Die Tempel von Elephanta gehören zu den Wundern Indiens. Die Augen brauchen einen Augenblick, um sich an die Dunkelheit in den Höhlen zu gewöhnen. Doch dann enthüllen sich ihre Kostbarkeiten: Skulpturen von Shiva, die aus den Felswänden der Höhlen geschlagen wurden und so lebendig aussehen, als seien sie erst gestern vollendet worden, auch wenn sie aus der Zeit vor 1.500 Jahren stammen, als Justinian noch von Konstantinopel aus über das Römische Reich herrschte. (Der aus Stein gehauene Elefant, der Elephanta seinen Namen gab, wurde irgendwann über das Wasser in ein Museum geschleppt, wo er nun sein Hinterteil einer kopflosen Statue von Lord Cornwallis entgegenstreckt.) Masson saß stundenlang in den Höhlen, zeichnete und träumte. Das koloniale Bombay mit seinen Kricketplätzen und Ballsälen sollte die Nostalgie nach Großbritannien befriedigen. Masson dagegen versuchte, einer ganz anderen Art von Nostalgie zu begegnen: der Sehnsucht nach der Welt, die von der Ostindien-Kompanie »fremd und unzivilisiert«[26] genannt wurde und die er als sein Zuhause betrachtete.

Masson fühlte sich unendlich verloren und allein. Er hatte keine Ahnung, was die Zukunft für ihn bereithielt. Er besaß kaum eine Rupie und Afghanistan war für ihn verschlossen. »Ich war niedrig – ich wollte hoch sein«, kritzelte er eines Tages traurig. »Ich fand, dass mein Ziel vergeblich war. Ich beklagte den Verlust von Zufriedenheit. Ich wollte wieder niedrig sein.«[27] Vor zehn Jahren war er auf den Spuren von Alexander aufgebrochen. Seine Suche hatte ihn alles gekostet.

Für die Griechen bedeutete die Jagd nach den wildesten Träumen, alles zu riskieren. Pothos war nicht nur das tiefste Begehren. Es war auch das gefährlichste. Alexanders Pothos zerstörte ihn. Im Alter von zweiunddreißig Jahren starb der Herr der Welt als gebrochener Mann in Babylon. Masson fragte sich nun, ob seine Träume ihn auch aufgezehrt hatten.

In Kalat jagte Stacy immer noch Massons verlorenen Papieren hinterher. Der Frieden wurde immer brüchiger: Nasir Khan war auf der Flucht und die Ostindien-Kompanie wurde immer ungeduldiger. »Ganz im Vertrauen gesagt«, wandte sich Stacy an Masson, »ich werde ganz allein zu dem armen Jungen gehen.«[28] Ende Juni ritt Stacy – entgegen seinen Befehlen und halb in Erwartung einer Kugel in den Kopf – in das Dorf, in dem Nasir Khan Unterschlupf gefunden hatte. »Wir misstrauen Ihnen nicht«, sagte einer von Nasir Khans Begleitern zu Stacy, nachdem sie endlich überzeugt waren, dass hinter dem Horizont keine britische Armee auf der

Lauer lag. »Sie haben ein bequemes Haus und Ihre Freunde verlassen und sind in Regen und Kälte zu uns gekommen, um ebensolche Entbehrungen zu erleiden wie wir. Sie sind allein gekommen ohne einen einzigen Sepoy – wir halten Sie deshalb für einen ehrlichen Mann und für unseren Freund.«[29] Als Stacy mit Nasir Khan, dem Erben von Kalat allein war, erschöpft und gramerfüllt, brach er zusammen und »ließ seinen Tränen freien Lauf«.[30]

Einige Tage später brach Nasir Khan nach Kalat auf, allein. Wieder schrieb Stacy an Masson: »Als er auf seinem Pferd saß, griffen sie [seine Diener] den Zügel und sagten – geht überall hin, nur nicht zu den Feringhis. Aber das nützte nichts. Er sagte ihnen: ›Ich werde direkt nach Kalat gehen. Wenn der Colonel mich tötet – Kabul (dann sei es so) – wenn er mich einsperrt – Kabul – wenn er mich auf den Thron meines Vaters setzt – Kabul – ich ergebe mich meinem Schicksal.‹«[31]

Später, als alles vorbei war und Nasir Khan auf dem Thron seines Vaters saß, nahm ein alter, graubärtiger Krieger Stacy beiseite und sagte zu ihm: »Hätten Sie nicht nach dem Khan gesandt, wären wir alle in unsere Berge gegangen, und da wir euch nicht auf Augenhöhe hätten bekämpfen können, hätten wir beschlossen, alle Daks [Kuriere] zu stoppen, alle Konvois anzugreifen und eure Lager auf jede Weise zu stören – nicht ein Sepoy in Kalat hätte vor den Mauern scheißen können.«[32]

»Jetzt, da der Khan gekommen ist«, sagten die Einwohner von Kalat zueinander, »wird auch Masson Sahib zurückkehren.«[33] Das ist es zumindest, was Stacy Masson erzählte. Der Wink war nicht subtiler als der Himalaya. Stacy wusste, wem er seinen Erfolg zu verdanken hatte. »Lassen Sie mich Ihnen für Ihren freundlichen Rat danken. Ich bin dankbar dafür und Sie können zufrieden sein, dass ich dadurch erreicht habe, was die Welt für unmöglich hielt.«[34] Er glaubte, dass es an der Zeit sei, dass sein Freund ins Rampenlicht rückte. »Falls man mich nach Kalat abkommandieren würde«, schrieb er an ihn, »würden Sie unter mir ›ein Amt übernehmen‹? Darf ich die Regierung bitten, Sie einzusetzen? Zu welchen Bedingungen? Mit welcher Bezahlung?«[35] »Es wäre eine schlechte Bezahlung – eine schlechte Belohnung –, aber Sie wären unter Freunden und hoffentlich glücklich bei mir.«[36]

Aus Bombay kam keine Antwort. Stacys Briefe – die immer besorgter und beunruhigter klangen – stapelten sich schon seit Monaten. »Wie lange werden Sie still bleiben?«, fragte er Masson. »Alle Ihre Freunde sind sehr darauf bedacht, dass Sie zu ihnen zurückkehren. Es vergeht kein Tag, ohne dass jemand sich nach Ihnen erkundigt – bitte schreiben Sie.«[37] »Sind Sie im selben gesegneten Zustand der Unsicherheit wie ich«, versuchte er es einige Wochen später erneut, »sodass Sie mir nicht geschrieben haben? Gott weiß, ob dieses Schreiben Sie in Bombay erreicht. Falls es das tut, dann bitte ich Sie dringend, mir zu schreiben und mich über Ihre gegenwärtigen Absichten zu unterrichten.«[38] Masson jedoch konnte sich nicht dazu überwinden, zu antworten.

Er versank immer tiefer in der Depression. Seine Forderungen gegen die Ostindien-Kompanie hatten nirgendwohin geführt. »Monat um Monat vergingen, ohne dass irgendetwas davon zur Kenntnis genommen wurde«,[39] dann wurde ihm auf einmal trocken mitgeteilt, »dass jeder, der sich ohne ordnungsgemäßen Pass und Beglaubigungen in fremden und unzivilisierten Ländern in Gefahr bringt, mit den Folgen … seines unautorisierten und unüberlegten Vorgehens leben muss«.[40] Aus London würde es kein Geld geben. Nach den unglücklichen Ereignissen in Kalat war er mittellos, und mittellos würde er bleiben. Ohne finanzielle Mittel waren weitere Ausgrabungen unmöglich: Selbst wenn er es schaffen würde, Afghanistan zu Fuß zu erreichen, wie sollte er irgendetwas schaffen, wenn er nicht das Geld hatte, um sich eine Schaufel zu kaufen oder Stifte und Papier oder ein Dach über dem Kopf? Er fühlte sich wie »gelähmt«.[41]

Jeder Tag erinnerte Masson auf dutzende herzzerreißende Weisen daran, wie wenig Macht er besaß.[42] Er sah nur eine Möglichkeit, seine Geschichte zurückzugewinnen. Sie lag eine halbe Welt entfernt in London. Dort könnte er einen Verleger finden, der es wagte, sein Werk zu veröffentlichen. Und dort könnte er außerdem die Chance haben, die Ostindien-Kompanie so weit zu beschämen, dass sie wenigstens einen Teil seiner Verluste in Kalat ersetzte.[43] »Ich versichere Ihnen, dass der Rat [der Direktoren der Kompanie] Ihnen, wenn Sie darum ersuchen, die bestmögliche Entschädigung zukommen lassen wird«, schrieb Jephson ihm. »Vergessen Sie das nicht und lassen Sie nicht zu, dass die Früchte Ihrer langen Arbeit durch die Launen eines Verrückten und eines Narren verloren gehen.«[44]

Da er sich eine Seereise nach Großbritannien nicht leisten konnte, machte Masson Pläne, über Land zu gehen, obwohl er nicht in dem Zustand war, die lange und beschwerliche Reise auf sich zu nehmen. Einer seiner wenigen verbliebenen Freunde in der Regierung schritt ein und verschaffte ihm einen Schlafplatz auf einem der Schiffe der Ostindien-Kompanie. »Ich selbst wäre bereit, diesem abenteuerlustigen Reisenden weitere Hilfe zukommen zu lassen«, schrieb sein Freund, »aber ich fürchte, wir können das nicht tun.«[45] Masson erfuhr erst einige Tage vor dem Absegeln des Schiffes von diesem Plan. Zähneknirschend war er ein letztes Mal »dankbar«.[46]

Nach zwei Jahrzehnten in Indien hatte er nun eine Woche Zeit, sich zu verabschieden.

Masson hatte fast nichts zu packen. Er würde Indien mit kaum mehr als dem verlassen, was er bei sich hatte, als er 1822 als Soldat James Lewis von der *Duchess of Athol* auf den Kai gestolpert war.

In Kabul packte Macnaghten ebenfalls. Er wurde nach Bombay abgeschoben; zu seinem Nachfolger war Burnes ernannt worden. Auch ein Großteil der Besatzungsarmee hatte Befehl, nach Indien zurückzukehren. »Endlich Befehlshaber«, prahlte Burnes. »Ich fürchte jedoch, dass ich als Resident bestätigt werde und nicht als Botschafter, was langweilig ist. Doch solange ich die Macht habe und den Wagen lenke, ist mir das ziemlich egal.«[47] In seiner Aufregung waren seine Zweifel und Ängste einfach vergessen.

Selbst Hunderte von Meilen weit weg in Bombay konnte Masson erkennen, dass die Dinge in Afghanistan schiefgingen. Einige Tage vor der Abfahrt seines Schiffes versuchten er und der Herausgeber der *Bombay Times*, George Buist, die neuesten Berichte zu verstehen. Masson »wies Dr. Buist darauf hin, wie unwahrscheinlich es sei, dass Burnes ohne Truppen in Kabul bleiben könnte – und wie sicher ich war, dass er trotz all dem, was er gesagt hatte, Gründe finden würde, um sie festzuhalten. Ich versicherte sogar, dass es mich überraschen würde, wenn er in Kabul mit Truppen geduldet werden würde.« Überall hörte man Gerüchte über einen drohenden Aufstand gegen die Briten. Masson sagte zu Buist, »falls ein solches Ereignis eintreten würde, könnte er mich beim Wort nehmen, dass es zur Vernichtung der Truppe führen würde«.[48]

Masson konnte es nicht wissen, aber der Aufstand war bereits im Gang. An seiner Spitze stand sein alter Freund und Unterstützer, Dost Mohammeds Sohn Akbar Khan. Einst hatten Masson und Akbar Khan im Palast von Kabul gemeinsam Tee getrunken und einander Geschichten erzählt. Hoch über der Stadt waren sie in die Vergangenheit abgetaucht, hatten die Funde aus Bagram angeschaut und sich an der stillen Schönheit des einen oder anderen fein geschnitzten Stückes erfreut. Nun hatte Akbar Khan vor, sein Land den Händen der Ostindien-Kompanie zu entreißen:

> Wenn du noch eine wahre Geschichte in dir hast,
> Dann zieh dir einen Sitz heran,
> Und erzähle die Geschichte.
> Erzähle uns von den Schlachten des jungen Löwen.
> Erzähle uns von Akbar, dem Helden,
> Der die Fremden zu Staub zertrümmerte.[49]

Am 1. November 1841 bereitete sich das Dampfschiff *Berenice* der Ostindien-Kompanie darauf vor, aus Bombay auszulaufen. Die letzten Ladungen mit Post wurden eilends an Bord gebracht, die Kessel angeheizt, die Taue gelöst und die zwei riesigen Schaufelräder begannen sich zu drehen. Masson beobachtete, wie das Land sich entfernt. Das Fort und die Werften. Die langgezogene Kurve des Marine Drive. Das Grab von Pir Haji Ali Shah, gelegen auf einer Insel, die über einen schmalen Dammweg, an dem sich die Wellen brechen, mit dem Festland verbunden ist. (Haji Alis Grab, das heute um das Haji Ali Juice Centre erweitert ist, dient Reisenden, die nach Norden zum Flughafen eilen, immer noch als Abschiedsgruß.) Die Türme des Schweigens, in denen Generationen von Bombays Parsen ihre Toten abgelegt haben, damit diese vom Wind und der Sonne und den Geiern aufgenommen und ihre Elemente in einem letzten Akt der Güte wieder der Erde zugeführt werden.

Masson fürchtete, dass seine Geschichte bald schon zu Ende sein würde. Es waren nur noch einige Zeilen übrig. »Unterdrücke deine Begierden und wisse«, schrieb er, »die Glückseligkeit, die du durch sie suchst, ist vergebens. Er, der sich selbst so denkt, ist glücklich. Geh nach Hause und sei wieder niedrig.«[50]

In Kabul bereitete sich der »Zweite Alexander« auf den ruhmreichen Höhepunkt seiner eigenen Geschichte vor. Dennoch war Burnes beunruhigt. »Ich habe mich gefragt, ob ich wirklich so gut geeignet bin für die oberste Kontrolle hier, wie ich zu glauben geneigt bin. Manchmal denke ich, dass das nicht so ist, aber ich habe noch nie bemerkt, dass es mir an Kraft fehlt, wenn ich losgelassen bin. Von einer Sache bin ich jedoch vollkommen überzeugt: Ich bin ungeeignet für den zweiten Platz.«[51] Während Massons Dampfschiff an diesem Abend die Küste hinter sich ließ, traf sich

Burnes mit seinem alten Freund, dem indischen Gelehrten Mohan Lal, der ihn warnte, dass die Wut auf die Briten gefährlich stark angewachsen war. Burnes »erhob sich von seinem Stuhl, seufzte und sagte, er wisse nichts, aber die Zeit sei reif, dieses Land zu verlassen«.[52] In seinem Tagebuch bekannte er: »Ich bin des Lobes müde und schätze, dass ich mit der Zeit auch des Tadels müde sein werde.«[53]

Einige Stunden später wurde Burnes mitten in der Nacht aufgeweckt. In ganz Kabul gab es Aufruhr und niemand wusste, was man tun sollte. Statt in die Stadt zu marschieren, saß die britische Armee in ihren Baracken vor den Mauern und ließ Kabul brennen. Burnes' Haus in der Altstadt war von einer wütenden Menschenmenge eingeschlossen. Feuer wurden entzündet und kurz darauf standen die Tore in Flammen. Burnes versuchte, in einen Lungi gewickelt, sich durch ein Nebentor davonzustehlen. Doch innerhalb weniger Sekunden wurde er erkannt, »von Hunderten verfolgt und mit ihren Messern in Stücke gehauen«. Als er fiel und die Welt sich um ihn drehte, stieg ein Schrei auf: »Hier ist Sikandar!«[54]

Als Masson an diesem Morgen auf der *Berenice* erwachte, war Indien hinter dem Horizont verschwunden.

# 21

# Der Lampenanzünder

Der Sonnenuntergang roch nach toten Blättern.

Church Street, Edmonton, ist eine unauffällige Straße im Norden Londons, gesäumt von schmalen viktorianischen Häusern, deren einst weißer Anstrich sich grau gefärbt hat. Im letzten Licht eilen Kinder nach Hause, geduckt und dick eingemummelt laufen sie am steinernen Turm der All Saints' Church vorbei, ohne diesen eines Blickes zu würdigen. Hinter einer Baumreihe auf dem Friedhof liegt ein namenloses Grab, die letzte Ruhestätte von Charles Masson.

Als er Bombay 1841 verließ, hatte Masson keine Ahnung, dass am Ende ein anonymes Grab in einer Londoner Vorstadt auf ihn wartete. Er plante, langsam zurück nach Großbritannien zu reisen, seine finanziellen Mittel zusammenzunehmen und dann nach Afghanistan zurückzukehren, um seine Arbeit zu vollenden. Die *Berenice* brachte ihn von Bombay nach Suez. Von dort ritt er durch Ägypten zu einem anderen Alexandria: der berühmtesten der Städte Alexanders, an der Küste des Mittelmeeres, von wo aus er nach Großbritannien segeln würde.

Zeit und Geschichte sehen in Ägypten anders aus. Masson hatte das letzte Jahrzehnt damit zugebracht, das aufzudecken, was für ihn die ferne Vergangenheit war: Erzählungen und Könige, die bis zu Alexander zurückreichten. Doch zu der Zeit, als Alexander Ägypten erreichte, war die Große Pyramide von Gizeh bereits mehr als 2.000 Jahre alt. Sie war von Alexanders Zeit so weit entfernt, wie Alexander von unserer heutigen Zeit. Griechische Autoren, die so stolz auf die großartige Frühzeit ihrer Kultur waren, erlebten in Ägypten oft ein unsanftes Erwachen. Herodot berichtete schadenfroh darüber, wie Hekataios von Milet, einer seiner Rivalen, von den Priestern in Theben gedemütigt wurde. Hekataios prahlte unklugerweise gegenüber den Priestern, dass er seine Familie sechzehn Generationen bis zu einem Gott zurückverfolgen konnte. Die Priester luden ihn in ihren Tempel ein, schrieb Herodot, »was sie mit mir getan haben, obwohl ich ihnen nichts von meinem Stammbaum gesagt habe. Sie führten mich in den gewaltigen Tempel und zeigten mir eine Reihe hölzerner Kolossalstatuen.« Jede Statue war von einem früheren Oberpriester des Tempels, denn »jeder Oberpriester lässt dort im Tempel noch zu Lebzeiten sein Standbild aufstellen. Die Priester zählten und zeigten sie mir alle nacheinander – immer folgte der Sohn auf den Vater; so gingen sie von dem zuletzt Verstorbenen alle der Reihe nach durch. Dem Stammbaum des Hekataios und seiner Behauptung, im sechzehnten Gliede von einem Gott abzustammen, stellten sie ihre genealogische Berechnung gegenüber und bestritten ihm die Abstammung eines Menschen von einem Gott. Ihre Berechnung war folgendermaßen. Von den Urbildern dieser Standbilder hier stamme immer einer vom anderen, Piromis von Piromis, und im Ganzen seien es dreihundertfünfundvierzig solche Standbilder, und trotzdem führe der Stammbaum nicht auf einen Gott oder Heros zurück. Piromis ist im Griechischen soviel wie edelbürtig.«[1]

In Kairo wanderte Masson über die Basare der Altstadt: ein Gewirr aus schreienden Händlern und Haufen aus Stoffen, Gewürzen und Gold, mit Kamelen und Eseln und verloren aussehenden Reisenden. Fast alles, was man sich vorstellen kann – neben verschiedenen Dingen, die offiziell niemals existiert haben –, wurde hier irgendwann einmal zum Verkauf feilgeboten. Masson trieb durch die Massen wie ein Fisch, der wieder ins Wasser gesetzt wurde. Schon bald schwatzte er mit den Budenbesitzern und wie früher in Kabul fragte er, ob jemand von alten Münzen wüsste, die zum Verkauf stünden. Prompt drückte ihm jemand eine Münze von Alexander dem Großen in die Hand. Die Händler in Kairo und Gizeh sind seit mehr als 4.000 Jahren im Geschäft: Sie wissen, wie man den Menschen gibt, was sie haben wollen.

Masson hielt die Münze ins Licht, wie er es damals in Bagram getan hatte, als ein alter Mann am Tag seiner ersten Entdeckungen eine einzelne Silbermünze hervorholte und sein Leben sich für immer änderte. Die Jahre der Enttäuschung hatten seine Instinkte nicht ein bisschen verändert: Er verließ Kairo nicht nur mit Alexanders Münze, sondern mit 259 anderen.[2]

Während Masson in Kairo feilschte, stand Afghanistan in Flammen. Am 23. Dezember 1841 tötete Akbar Khan Macnaghten und führte einen allgemeinen Aufstand an, bei dem er Kabul belagerte. Die britischen Truppen, die außerhalb der Stadt stationiert waren, wurden unglücklicherweise von einem der schlechtesten Soldaten in der Geschichte des Landes geführt: dem ängstlichen, nuschelnden, hypochondrischen General William Elphinstone. Elphinstone wütete und zögerte für eine Woche und befahl dann den Rückzug nach Indien, anstatt nach Kabul einzumarschieren, wo die Armee den Winter hinter den Mauern der Stadt hätte aussitzen können. Männer und Frauen, Soldaten und ihre Familien, Kranke und Verwundete machten sich in einer langen, hilflos ausgelieferten Kolonne auf durch den Schnee. Als Masson Jahre zuvor auf dem Weg von Bamiyan zurück nach Kabul Afghanistan im Winter durchquert hatte, da hatte ihn die Reise beinahe umgebracht – und das trotz der afghanischen Gastfreundschaft auf dem Weg. Elphinstones Heer, das sich Richtung Indien schleppte, war eine leichte Beute. Innerhalb weniger Tage waren von den Tausenden, die von Kabul aus aufgebrochen waren, alle bis auf einen einzigen Mann getötet oder gefangen genommen worden.

Als Masson in Großbritannien ankam, war das Land im Aufruhr. Meldungen aus Afghanistan, eine schlimmer als die andere, füllten die Schlagzeilen der Zeitungen. »Noch nie haben wir uns genötigt gesehen, unseren heimischen Lesern so katastrophale Neuigkeiten vorlegen zu müssen wie jetzt«, hieß es in *The Times*. »Unsere schlimmsten Ängste hinsichtlich der Ergebnisse der Afghanistan-Expedition haben sich bewahrheitet. Innerhalb der letzten zwei Monate folgte Katastrophe auf Katastrophe, und auch jetzt noch sind wir im Zustand äußerster Anspannung und Ungewissheit und befürchten, dass das Schlimmste erst noch kommt.«[3] Die Nachricht von Burnes' Tod hatte Großbritannien erreicht, aber danach hatte man nichts mehr aus Kabul gehört. Über Wochen wartete das Land auf Neuigkeiten. Niemand wusste, ob Elphinstone und seine Männer lebendig oder tot, Sieger oder Gefangene waren. »Tag für Tag, Woche für Woche habe ich in der Zeit seit meinem letzten Schreiben auf verlässliche Nachrichten aus Kabul gewartet. Ein Bericht nach dem anderen ist eingetroffen, und jeder lautet anders als sein Vorgänger«, schrieb ein Zeitungskorrespondent in Bombay. »Wir beobachten mit Besorgnis etwas, das wahrscheinlich keine Parallele in der indischen Geschichte hat.«[4] Am 13. Januar 1842 erreichte der einzige Überlebende von Elphinstones Armee, Dr. William Brydon, Indien. Wie sich herausstellte, war die Wahrheit noch viel schlimmer, als man sich vorzustellen gewagt hatte.

Die kalte, graue britische Wirklichkeit umfing Masson.

Es gab keinen Weg zurück nach Kabul. Aus jeder Ecke Großbritanniens und Indiens schwor man Afghanistan blutige Vergeltung. Die Tage, in denen er friedlich unter seinen afghanischen Freunden gelebt hatte, waren vorbei. Das Leben als Reisender und Entdecker, von dem er geträumt hatte, lag außerhalb seiner Reichweite. Er war gestrandet.

Masson war als wandernder Geschichtenerzähler nach Afghanistan gegangen, heraus kam er als einer der angesehensten Gelehrten in Asien. Auf der ganzen Welt warteten Menschen darauf, von seinen Entdeckungen zu hören. Doch nachdem er in Kalat die Notizen ganzer Jahre verloren hatte, war das Erzählen der Geschichte einfacher gesagt als getan. Seine spektakulärsten Fundstücke befanden sich in den Händen der Ostindien-Kompanie. Und H. H. Wilson, der Bibliothekar der Kompanie, behielt sie für sich selbst. Als Masson zurück nach London kam, stellte er fest, dass Wilson damit bereits an die Öffentlichkeit gegangen war.

Wilson war der Meinung, dass Massons Geschichte so erzählt werden sollte, wie das immer geschehen war: von einem Sessel in Oxford aus, und zwar von jemandem wie ihm. Während Masson Kalat entronnen war und Captain Bean überlebt hatte, hatte Wilson geschrieben. »Ich bin boshaft genug, um anzunehmen, dass Sie viele Ihrer Bemerkungen in Professor Wilsons neuem Werk wiederfinden werden«, hatte Stacy im Sommer 1841 an Masson geschrieben. »Ich vermute einmal, man hat Ihnen davon erzählt.«[5] Pottinger hatte Masson einige Jahre zuvor eine ähnliche Warnung übermittelt. »Wilson bietet an, alle Teile Ihres Tagebuchs und Ihrer Skizzen zu übernehmen, die sich für das Werk eignen. Ich bin immer noch der Meinung, dass niemand das so gut kann wie Sie selbst.«[6]

Nachdem er einige Seiten von Wilsons Buch gelesen hatte, kam Masson zu demselben Schluss. Das Buch mit dem Titel *Ariana Antiqua* war umfangreich und aufwendig: Die Ostindien-Kompanie hatte für alles bezahlt. Doch fast alles daran war falsch. Seine Jahre in Kabul hatten Masson eines gelehrt: Strikte Unterscheidungen zwischen Osten und Westen funktionierten niemals. Wilson dagegen sah alles unter dem Gesichtspunkt der Griechen gegen die »Barbaren«.[7] »Ich empfehle die Einrichtungen derjenigen, die Sie als Barbaren abstempeln«, so Masson.[8] Er hatte Kulturen gesehen, die aufeinander zugingen und voneinander lernten und versuchten, einander zu verstehen. Wilson sah eine Welt, in der Asien sich »der überlegenen Zivilisation und dem reineren Glauben« des britischen Imperialismus unterwarf.[9]

Massons Ausgabe der *Ariana Antiqua* ist übersät mit Anmerkungen. Zunächst drücken sie Schock aus. Dann werden sie ungläubig. Am Ende sind sie wütend. Je weiter er las, umso ärgerlicher wurde Masson. Wilson schrieb über eine Region: »Ob darin irgendwelche Ruinen existieren, konnte nicht nachgeforscht werden.« Masson: »Dort gibt es Ruinen.«[10] Wilson: »Ein sehr ausgedehnter Landstrich, der uns bisher nur unvollständig bekannt ist, da er noch nie von Europäern durchquert wurde.« Masson: »Ah, Wilson, Sie sind ein alter Schurke.«[11] Wilson: »Von Mr. Masson in Bagram gefunden.« Masson: »Nicht in Bagram gefunden.«[12] Wilson: »Eine von zwei Münzen in der Masson-Sammlung.« Masson: »Ich hatte viele dieser Münzen.«[13] »Leicht identifizierbar.« Masson: »Stopp, Wilson.«[14] Wilson: »Entsprechend den klassischen Schriften.« Masson: »Was für eine Lüge!!!«[15]

Während er das Buch durchblätterte, sah Masson seine Jahre akribischer Forschungen beiseite gewischt. Mit einer Mischung aus Traurigkeit und verletztem Stolz fragte er: »Hat er überhaupt etwas von C. M. gelernt?«[16] Schweren Herzens erkannte er, dass Wilson seine Geschichte gestohlen hatte.

Im April 1842 fand Masson endlich einen Verleger, der bereit war, es mit seinem eigenen Buch zu wagen. Doch Richard Bentleys Angebot brachte ihm nicht einmal das Geld für die Fahrkarte des Pferdebusses nach Hause ein, geschweige denn die Mittel, um seine Reisen fortzusetzen. Er bekam nicht einen Penny Vorschuss. Jeder Anteil am Gewinn sollte erst gezahlt werden »nach Abzug der Kosten für Druck, Papier, Werbung, etwaige Ausschmückungen und andere Nebenkosten, einschließlich eines Zuschlags von zehn Prozent auf den Bruttoverkaufswert für Provisionen und das Risiko von Forderungsausfällen, vom Verkaufserlös«.[17] Es war ein schlechtes Geschäft im Tausch für sein Lebenswerk.

Dennoch hoffte Masson, seine Worte zu Gold spinnen zu können. Doch literarische Alchemie ist wie jede andere Art von Alchemie schwieriger, als sie auf den ersten Blick erscheint. Wie wertvoll auch die Materialien sein mögen, wie ernsthaft sie zusammengestellt sind, wie sorgfältig sie diskutiert werden, das Ergebnis ist allzu oft von Bedauern geprägt. Massons Buch wurde im Herbst 1842 veröffentlicht. Sein *Narrative of Various Journeys* (Bericht über verschiedene Reisen) besaß nur wenig Ähnlichkeit mit dem Werk, das er sich so viele Jahre lang vorgestellt hatte – und das seine Freunde erwartet hatten. In einem Meisterstück an umgekehrter

Alchemie, was selbst die Mystiker von Kabul zur Verzweiflung getrieben hätte, hatte er das Gold seiner Abenteuer zu Stroh gesponnen.

Massons Fantasie hatte ihn mehr als ein Jahrzehnt lang am Leben erhalten: Seine Geschichten hatten Misstrauen in Freundlichkeit und Zweifel in Zuversicht verwandelt. Sie hatten ihn in einigen der wildesten Ecken der Welt ernährt und gekleidet. Sie hatten Gold aus dem Boden heraufbeschworen und ihn zu einer verlorenen Stadt geführt. Doch nun hatten seine Worte ihre Macht eingebüßt. »Seine scheinbar völlige Fantasielosigkeit lässt seine Reisen ein wenig ermüdend wirken«, beschwerte sich *The Times*.[18]

Eine Tür nach der anderen schlug vor Massons Nase zu. Die Ostindien-Kompanie lehnte es ab, irgendeine Entschädigung für seine widerrechtliche Gefangenschaft in Quetta in Betracht zu ziehen.[19] »Wir sind froh, dass Mr. Masson freigesprochen worden ist«, schrieb die Kompanie an den Generalgouverneur in Indien, »aber sind genau wie Sie der Meinung, dass ihm keine Entschädigung zusteht.«[20] (Jephson, Massons alter Freund, war sich sicher gewesen, dass die Ostindien-Kompanie das Richtige tun würde.[21] Doch Weihnachten 1844 war »George Jephson aus der Bankshall Street in Kalkutta, in letzter Zeit bei Jephson and Company beschäftigt« selbst ein »Gefangener im Gefängnis von Kalkutta«,[22] eingesperrt wegen unbezahlter Schulden und um Vergebung flehend.)

Einer von Massons Freunden machte dem British Museum einen Vorschlag: Da man Probleme habe, die asiatischen Sammlungen zu verstehen, »dass es den Kuratoren des Museums vielleicht möglich ist, der Öffentlichkeit durch die Anstellung eines äußerst verdienstvollen und bemerkenswerten Mannes, namentlich Charles Masson, einen echten Nutzen zu verschaffen«:

> Seit er in England ist, hat er seine gesamte Zeit und seine Gedanken nur einer Beschäftigung gewidmet und konnte aus dem Studium einiger beschädigter und doppelter [Münz] Exemplare, die er auf Bitten hin von der Ostindien-Kompanie zurückerhalten hat, mehrere Artikel verfassen, die er vor der Asiatic Society und, soweit ich glaube, auch vor anderen Gesellschaften vorgetragen hat. Und es ist die zuversichtliche Meinung derjenigen, die ihn kennen, dass es in England niemanden gibt, der ihn an Kenntnis über die antiken Münzen

> dieses Teils von Aria [das heutige Afghanistan und Pakistan] und allgemein dessen alter Geschichte übertreffen dürfte.
>
> Wenn das British Museum in dieser Zeit eine Beschäftigung für ihn finden könnte, würde es Mr. Masson sicher eine große Freude bereiten. Können sie keine finden, dann wage ich zu behaupten, dass sie es versuchen sollten. Ich bitte hier nicht um eine Gunst für Mr. Masson, da es niemals eine Gunst sein sollte, den besten Mann zu suchen. Gleichzeitig ist Mr. Masson, glaube ich, nicht in wohlhabenden Verhältnissen und lebt hauptsächlich von einer erbärmlichen Pension … Er ist ein sehr bescheidener, zurückhaltender Mann von heutzutage seltenem Charakter; einer, der Wissen um des Wissens willen sammelt.[23]

Das Museum erwiderte knapp, »dass Mr. Massons Dienste nicht benötigt werden«.[24]

Seit Masson zum ersten Mal als Soldat James Lewis die Uniform der Ostindien-Kompanie angezogen hatte, wusste er eine Sache: Mächtige Männer schätzten es gar nicht, wenn man ihre Macht infrage stellte.[25] Massons Buch tat aber genau das: Seine Hoffnung, »dass diejenigen, die so bewusst die ihnen anvertraute Macht missbraucht haben und deren Voreiligkeit und Wahnwitz das Land in Kriege gestürzt haben, die seinen Ruf ruinierten, irgendwann bestraft würden«,[26] kam in den Salons der britischen Herrenhäuser nicht gut an. »Er [Masson] fügt hinzu, dass Sir A. Burnes sich in Ungnade aus Kabul zurückgezogen hat«, wütete Burnes' Bruder David. »Ich würde Mr. Masson nur allzu gern einmal fragen, unter welchen Umständen er sich aus der bengalischen Artillerie *zurückgezogen* hat?«[27]

Masson kam zu spät. Er hatte den afghanischen Krieg und die Männer, die dafür verantwortlich waren, verurteilt, als der Krieg populär war und die Männer als Helden galten. Doch sein Buch erschien, als der Krieg vorbei und die Toten begraben waren. Es wirkte wie ein weiteres Stück später Einsicht, die auch noch besonders verdrießlich ausfiel. Die britische Presse änderte ihren Tonfall in dem Augenblick, als Macnaghtens Kopf von seinem Körper getrennt wurde. »Wir erinnerten die Engländer an die schreckliche Rechnung, die sie in Indien aufstellten«, berichtete *The Times*, nachdem die Nachrichten über die afghanische Katastrophe London erreichten. »Wir warnten sie, dass solche Dinge keinen Bestand haben würden – dass es so etwas gab wie universelle nationale Aufstände, mit denen nie zu spaßen war.«[28] Natürlich war Massons Einsicht tatsächlich eine Vorhersage gewesen: Er hatte die Katastrophe kommen sehen. Aber niemand hatte auf ihn gehört.

Historiker taten Masson ab als »in einer kleinen Weise einer der ersten Akteure im großen zentralasiatischen Drama; ein bisschen wie ein Lampenputzer, einer der Licht auf die Vorbühne und die Bühne wirft – einer der Angestellten, die herumwuseln, bevor der Vorhang aufgeht, und ein bisschen spöttischen Applaus von solchen erhalten, die darauf warten, dass die lautstarken Aktivitäten des Abends endlich beginnen«.[29] J. A. Norris verbannte ihn sogar noch grausamer: ein unwichtiger kleiner Mann, »geplagt von persönlicher Bosheit«,[30] der »an den Rockschößen der Armee des Indus klammert«.[31] Norris merkte verächtlich an: »Er hat der Reputation größerer Männer beträchtlichen Schaden zugefügt.«[32]

In Amerika war Harlan ebenfalls beiseitegeschoben worden. Er sah es nicht kommen. Auf seinem Weg zurück in die Vereinigten Staaten war er durch Ägypten und Russland getobt. Bevor er Indien verließ, sammelte er Empfehlungsschreiben amerikanischer Missionare, in denen von der guten Quäker-Moral und der unerschütterlichen Ehrlichkeit von »Colonel Harlan« die Rede war. »Als Missionare und Repräsentanten der amerikanischen Christen in fremden Ländern«, schrieb einer, »fühlen wir uns zuversichtlich, uns an Sie zu wenden, und empfehlen unseren Freund Colonel J. Harlan aus Philadelphia … Adjutant und Brigadegeneral von Dost Mohammed, Ex-Emir von Kabul, Ihrer freundlichen Aufmerksamkeit.«[33] Bevor er Kairo erreichte, hatte Harlan sich selbst eine Beförderung gegönnt und sich dem amerikanischen Konsul als »General Harlan« vorgestellt. »Größe: sechs Fuß. Stirn: hoch«, stand nun in Harlans neuem Pass. »Kinn: prominent. Haar: dunkelbraun. Hautfarbe: fahl«.[34] In St. Petersburg hatte er russische Prinzessinnen geplagt[35] und sich amerikanischen Abstinenzlern angebiedert. Im St. Petersburg des 19. Jahrhunderts für »völlige Abstinenz«[36] vom Alkohol zu predigen, war eine noch weltfremdere Mission als der Versuch, sich als afghanischer Prinz auszugeben.

Harlan landete in den Vereinigten Staaten in der Erwartung großer Dinge. Er ergötzte sich am Scheitern der britischen Expedition: Die Männer, die damit geprahlt hatten, dass ihre »Heldentaten den Siegen des Alexander gleichkamen«,[37] waren tot oder gedemütigt. »Das Unglück von

England ist ein Segen für Amerika.«[38] Doch Geschichten über »das Nachzeichnen der Schritte Alexanders«[39] in Afghanistan bezahlten nicht die Rechnungen in West Chester, Pennsylvania, und Harlan verstrickte sich in eine Geldschneiderei nach der anderen, die immer dubioser wurden (Kamele! Maschinen! Weintrauben! Ein eigenes Regiment im Amerikanischen Bürgerkrieg! Die Rechtsstreitigkeiten, die nach dessen Meuterei folgten!).[40] Er starb im Oktober 1871. Unter seinen Besitztümern fanden die Nachlassverwalter einen Lottoschein der Kentucky State Lottery.[41] Bis zum Schluss hatte er an sein Glück geglaubt.

Während aus Monaten Jahre wurden, richtete Masson sich in dem uralten Muster der Londoner Armut ein: Kämpfe mit dem Vermieter, ein Zuhause, das unbequem weit vom Zentrum entfernt war, Freunde, die immer wohlhabender und erfolgreicher zu sein schienen als man selbst, Finanzen, die nie ganz ausgeglichen waren.[42] Richard Bentley, sein Verleger, entwickelte plötzlich eine Art Schüchternheit, wenn Masson die Sprache auf Tantiemen brachte. Nach mehr als einem Jahr wies Masson darauf hin, dass »ein Ausgleich der Konten zwischen uns, soweit das möglich ist, nicht ganz unangebracht wäre. Nachdem ich keine Antwort auf meine Nachrichten bekommen habe, möchte ich Sie hiermit noch einmal auf diese Angelegenheiten aufmerksam machen.«[43] Die Armut zwang ihm den Drang auf, sich ständig entschuldigen zu müssen. Als er sich eines Tages hinsetzte, um einen Brief zu schreiben, begann er: »Mit Verlaub«, strich dies durch, setzte neu an: »Entschuldigen Sie bitte«, strich dies ebenfalls durch und schrieb mit kaum verhohlener Verzweiflung: »Ich bitte um Entschuldigung (falls das nötig sein sollte).«[44]

Nach Jahren extremer Beklemmungen in Gegenwart aller Frauen, die nicht mehrere Hundert Jahre alt waren und gerade ausgegraben wurden, heiratete Masson im Jahre 1844 auf einmal. Seine Frau, Mary Ann Kilby, nahm den Namen an, den er vor so langer Zeit in Indien erdacht hatte, und wurde Mary Ann Masson.[45] Es mag Masson einige Zeit gekostet haben, seine Schüchternheit in Bezug auf Sex zu überwinden, aber 1850, sechs Jahre später, wurde ihr erstes Kind geboren, ein Sohn, Charles Lewis Masson. 1853 folgte eine Tochter, Adelaide Masson. Das vorstädtische Familienleben war ein ziemlicher Schock für Masson. Wenn er zu schreiben versuchte, musste er einen großen und vermutlich sinnlosen Zettel aufhängen: »Hier ist Ruhe zu halten.«[46]

Gelegentlich stieg Masson in den Pferde-Omnibus und ratterte in das Zentrum von London, neun Meilen südlich von Edmonton. In Holborn stieg er aus, in der Nähe des British Museum. Dort konnte er gemeinsam mit den darbenden Gelehrten von Londons intellektueller Unterschicht im büchergesäumten Lesesaal sitzen oder durch die Galerien wandern. Einer der Höhepunkte der Sammlung des British Museum war der Sarkophag von Pharao Nektanebos II. Bei seiner Entdeckung wurde er von vielen tatsächlich für den Sarkophag Alexanders gehalten.[47]

Wenn der Abend anbrach, musste Masson voller Bedauern das Museum verlassen und sich für die lange Fahrt nach Hause zusammen mit kleinen Angestellten und Büroarbeitern wieder auf den Pferde-Omnibus quetschen.

In seinen Träumen tauchten immer wieder dieselben Dinge auf: sein altes Haus in Kabul und die Sommerfrüchte Afghanistans. »Gibt es eine Möglichkeit, die Glückseligkeit dieses Ortes zu vergessen?«, schrieb Babur, der erste Mogulkaiser traurig über seine geliebte Stadt. »Mir wurde kürzlich eine einzelne Melone aus Kabul überbracht. Als ich sie zerschnitt und zu essen begann, war ich in einer Weise bewegt, die ich kaum beschreiben kann. Bei jedem Bissen weinte ich.«[48] Babur sehnte sich nach seinen Gärten in Kabul. Masson hatte fröhliche Sommerabende in diesen Gärten verbracht, damals bereits verfallen und überwuchert, in denen der Duft nach Rosen in der Luft hing. Er hatte den jungen Männern zugeschaut, die Bockspringen spielten, und den Sängern und Geschichtenerzählern gelauscht. In den bitterkalten Londoner Wintern dachte er an die Lieder zurück, die er in Festungen und Städten auf der anderen Seite der Welt zu singen pflegte – diese süßen, traurigen Verse von Hafis:

Die Liebe lehrte mich zu sprechen.

Und seither ward<br>
Jede Geschichte<br>
Jedes meiner Worte<br>
In der ganzen Welt gehört.

Doch nenn' mich nicht weise<br>
Oder geistvoll<br>
Oder wahrhaftig.

Ich kenne mich selbst.
Ich kenne Hafiz nur zu gut.
Er weiß gar nichts.

Masson kehrte nie wieder nach Afghanistan zurück.

Er starb am 5. November 1853, an einer »Krankheit des Gehirns, ungewiss«:[49] so nahe am Pothos, wie es der englischen Sprache möglich ist.

Menschen, die verlorene Städte entdecken, enden eigentlich nicht in anonymen Gräbern. Heinrich Schliemann, der die antike Stadt Troja wiederentdeckte, überragt selbst im Tod das heutige Athen. Sein Grab beherrscht den Ersten Athener Friedhof: die klassizistische Nachahmung eines der Tempel der Akropolis. Vor Schliemanns Tempel steht eine riesige Büste von Schliemann selbst, die Friese sind mit Darstellungen seiner Ausgrabungen geschmückt: Schliemann mit einem Schlapphut, der mit der *Ilias* winkt und Artefakte auf einen Karren lädt. Das Grab ist zu einer der eigenartigsten Touristenattraktionen der Stadt geworden. Oben auf dem Grab kann man in Altgriechisch seine Botschaft an die Welt lesen: »Schliemann, der Held.«

Heinrich Schliemann liebte eine gut ausgedachte Geschichte noch mehr als Masson. Die Wissenschaft ist heutzutage zweigeteilt: Die einen halten ihn für einen Lügner, die anderen für einen »pathologischen Lügner«.[50] Er betrog die Rothschilds mit zweifelhaften Lieferungen von Goldstaub.[51] Er verfasste einen grauenerregenden Bericht darüber, wie er das große Feuer von San Francisco 1851 überlebte, obwohl er zu dieser Zeit nicht einmal in der Nähe dieser Stadt war.[52] Als er in Troja einen Hort aus Gold und wertvollen Objekten entdeckt hatte, nannte er ihn »Schatz des Priamos« nach dem legendären König Trojas (der Hort hatte nichts mit Priamos zu tun). Ein Diadem und ein bisschen Gold wurden zum »Schmuck der Helena« (sie hatten nichts mit Helena zu tun). Schliemann legte seiner Frau Sophia den Schmuck an und ließ sie vor einer Kamera posieren: Das Foto wurde weltberühmt.

Schliemann war kein vorsichtiger Ausgräber. Er benutzte gern Dynamit. Das antike Troja war genau wie Bagram ein Ort, der aus vielen Schichten oder genauer gesagt, aus vielen übereinander gebauten Siedlungen bestand. Schliemann war sich sicher, dass die ältesten Schichten zu Homers Stadt gehörten, und sprengte sich einfach durch alles, was ihm im Weg war. Leider zeigte sich, dass die ältesten Schichten Trojas aus der frühen

Bronzezeit stammen, also eintausend Jahre älter sind als das Troja des vermeintlichen Trojanischen Krieges. Der Fehler war nicht unerheblich: Es ist, als würde man die Regentschaft von Königin Victoria auf 2837 datieren statt auf 1837. Heute wird Schliemann dafür gefeiert, dass er Homers Troja entdeckt hat. Tatsächlich zerstörte er es. Die Schicht, die Homers Stadt am nächsten kommt, wurde zu Staub und Schutt zerschlagen.

Im Berliner Neuen Museum betrachtet ein winziger Bronzekopf Schliemanns die Geschehnisse von einem Ehrenplatz aus. Seine plagiierte Doktorarbeit ist vergessen. Seine Lügen und Plünderungen werden beiseite gewischt. Das Trojanische Gold wird immer noch als »Schatz des Priamos« bezeichnet. Das Foto der goldbehangenen Sophia Schliemann starrt weiterhin von der Wand. Die Galerien heißen nicht »Troja«, sondern »Schliemanns Troja«.

Viele heroische Geschichten über archäologische Entdeckungen sind auch Geschichten über Schwindelei. Jedes Jahr strömen mehr als eine Million Besucher in den Palast von Knossos auf Kreta: Heimat des Minotauros, des furchteinflößenden Doppelwesens aus Mensch und Stier der griechischen Mythologie, und des unmöglichen Labyrinths des Daidalos. Niemand erzählt den Touristen, dass der Ort nicht das Werk von Daidalos und seinen Handwerkern ist, sondern von Sir Arthur Evans und seinen Arbeitern vom Anfang des 20. Jahrhunderts.[53] Kaum etwas ist original. Evelyn Waugh schrieb, Evans und seine Männer »mischten ihren Eifer für Rekonstruktionen mit einer Vorliebe für die Titelseiten der *Vogue*«.[54] Der Palast des Minos ist ein Meisterwerk aus Art déco und Stahlbeton.[55]

Evans ist ein weiterer der großen Archäologenstars der Geschichte, der auf der ganzen Welt für seine Entdeckungen gefeiert wird. Selten wird erwähnt, dass viele seiner Handwerker in zwei Schichten arbeiteten: In der ersten restaurierten sie minoische Altertümer und in der zweiten fälschten sie minoische Altertümer. Sehr zu Evans' Missvergnügen ließ sich einer seiner Männer auf dem Totenbett zu einem spektakulären Bekenntnis hinreißen:

> »Ich werde sterben, also ist das in Ordnung, aber ich hatte über Jahre eine Partnerschaft mit George Antoniou, dem jungen Burschen, der mit mir zusammen für Evans arbeitete, und wir haben Antiquitäten gefälscht … George ist ein Halunke und ich hasse den Kerl, und ich habe auf diesen

> Augenblick gewartet, um ihn preiszugeben. Geht direkt zu seinem Haus und ihr werdet dort all die Fälschungen und unsere Produktionswerkstatt finden.«
>
> Die Polizei ging dorthin, führte eine Razzia durch und fand genau das, was er gesagt hatte. Und dann forderte man Evans auf zu kommen und sich das anzuschauen, und ich habe noch niemals eine so wunderbare Sammlung an Fälschungen gesehen wie das, was die Kerle da zusammengebaut hatten.
>
> Es gab Dinge in jedem Stadium der Fertigstellung. So waren zum Beispiel die Leute kürzlich erstaunt gewesen über die sogenannten Chryselephantin-Statuetten aus Kreta; Statuetten aus Elfenbein, die mit Gold überzogen sind … Diese Männer waren entschlossen, auch so etwas herzustellen, und sie hatten alles, von einfachen Stoßzähnen über grob geschnitzte Figuren bis hin zu wunderbar fertigen Figuren, die dann mit Gold verfeinert wurden. Und das Ganze wurde dann in Säure gepackt, die die weichen Teile des Elfenbeins wegfraß und ihm den Eindruck gab, es sei jahrhundertelang vergraben gewesen. Und niemand konnte einen Unterschied feststellen![56]

Die frisch gegossenen Ruinen von Knossos sind nicht authentischer als ein Ritt auf dem Minotauros in einem Themenpark, aber Evans' Heldenstatus hat immer noch Bestand. Seine Bronzestatue begrüßt die Besucher seines »Betonlabyrinths«.[57] Die Statue trägt das verschmitzte Lächeln eines Mannes, der es geschafft hat, alle über's Ohr zu hauen.

Für Masson wurde nie eine Statue errichtet. Es gibt keine Marmormausoleen. Nicht einmal ein Porträt von ihm ist überliefert. Eines wurde 1836 von Godfrey Vigne gemalt, dem englischen Reisenden, der mit Masson in Kabul Brandy getrunken hatte. Doch als Vignes Porträt fertig war, bestand Akbar Khan darauf, dass er es haben müsse. Vigne schickte eine gekritzelte Notiz zu Massons Haus in Kabul: »Der Sohn des Emir ist hier und schwört, dass Sie kommen müssen. Er hat Ihr Porträt sofort in Beschlag genommen, als er es gesehen hat.«[58] In dem Chaos, das auf die britische Invasion Afghanistans folgte, ging das Porträt verloren. Es ist nie wieder aufgetaucht.

Manchmal fragte sich Masson, ob seine Reisejahre umsonst gewesen waren. War er jahrelang Alexander gefolgt, nur um am Ende mit leeren Händen dazustehen? War Bagram nun Alexandria oder nicht? Als Masson starb, war die Geschichte seiner Suche nach Alexander, seine letzte Geschichte, immer noch unvollendet.

***

Doch die Geschichte von Alexander wird immer unvollendet bleiben.

Alexandria unter den Bergen ist auch heute noch ein Rätsel: möglicherweise begraben unter der Bagram Airbase, unter den Ruinen der sowjetischen Baracken, einer aufgegebenen CIA-Folterstätte und einem Berg aus Pizza-Hut-Kartons von der ehemaligen amerikanischen Basis. Falls Alexandria nicht in Bagram ist, muss es zumindest nahebei liegen.[59] Der im 19. Jahrhundert wirkende Historiker George Grote stellte fest: »Die ungeheure Anzahl an Münzen und Relikten, die von Mr. Masson in Bagram entdeckt wurden, liefern bessere Beweise, um diesen Ort als Alexandria zu identifizieren … als für jede andere Lokalität gesagt werden kann.«[60]

Alexander spukt immer noch durch die Träume vieler in Afghanistan. »Eine halbstündige Fahrt von hier entfernt, wo ich im Task-Force-Warrior-Hauptquartier auf dem Bagram Air Field sitze«, notierte ein amerikanischer Beamter im Jahre 2009, »liegt der Friedhof eines leibhaftigen Imperiums aus verrostenden Sowjet-Panzern, BMP-Truppentransportern, Lastwagen, Kanonen und anderen kaputten Waffen und erstreckt sich über Meilen an den Ausläufern des Hindukusch, wo diese auf die Shomali-Ebene treffen. Irgendwo dort, tief vergraben im Sand, liegt das Basislager, das Alexander der Große für seine Eroberungszüge nach Zentralasien und Indien benutzte.«[61]

Wie wird Geschichte geschrieben? Schauen Sie genau hin und Sie erkennen etwas sehr Wichtiges. Oft hat sie nichts mit einem Professor zu tun, der in einer Bibliothek sitzt, sondern mit jemandem wie Masson: einer seltsamen und wunderbaren Person, die sich durch den Schnee kämpft und einem unmöglichen Traum hinterherjagt. Wissen, wie wir es heute in den Händen halten, wird nicht nur aus Gelehrsamkeit und Experimenten, Fakten und Gleichungen geformt. Es besteht auch aus Geschichten.

Die Hotung Gallery des British Museum ist ein hoher, strahlender Raum, voll mit unwirklich schönen Hindu-Göttinnen, chinesischer Keramik und zart geschnitzten Buddhas. Sie erzählt das, was der Direktor des Museums »die zusammenhängende Geschichte der Welt«[62] nennt, die Geschichte, der Masson sein Leben gewidmet hat. In einer Ecke trägt der griechische Titan Atlas einen buddhistischen Stupa auf seinen Schultern. Unter einem der Fenster ist Vajrapani, ein Bodhisattva oder Anhänger Buddhas, in das Löwenfell des Herakles gekleidet.[63] Münzen aus ganz Asien, viele davon aus Massons Funden, liegen neben griechischen und indischen Göttern. Auf einem Ehrenplatz leuchtet in der Nachmittagssonne das kleine goldene Kästchen, das Masson an einem seiner glücklichsten Tage in Afghanistan entdeckt hatte und das der Kurator Dr. Sushma Jansari unlängst als »eines der wichtigsten Objekte des ganzen British Museum«[64] bezeichnete: das Bimaranreliquiar.

Massons Funde lagen für einen Großteil des 19. Jahrhunderts unbeachtet in Lagerräumen und Schränken der Ostindien-Kompanie. 1878, lange, nachdem die Macht in Indien von der Ostindien-Kompanie an die britische Regierung übergeben worden war, übergab man Massons Sammlung endlich an das British Museum.[65] Die Kuratoren des Museums, die einen Schatz zu finden erwarteten, mussten enttäuscht feststellen, dass viele der wichtigsten Stücke fehlten, Beschriftungen »selten auf den Ablagekästen waren, zu denen sie gehörten« und alles hoffnungslos durcheinander war. Tausende von Massons Funden waren verloren gegangen. Tausende weitere waren von der Ostindien-Kompanie verscherbelt worden. »Es ist sehr bedauerlich, dass Teile von Massons Sammlung anscheinend verstreut wurden, obwohl sie von großem historischem Wert sind«,[66] berichtete das Museum. »Einige dieser Objekte tauchen vielleicht wieder auf«, schrieb einer der Kuratoren voller Hoffnung. »Ich denke, sie liegen in irgendeinem Schubkasten.«[67] 1995 fand man 6.500 Münzen aus Bagram unerwartet in der British Library. 2007 tauchten weitere 500 auf.[68]

Das Neuzusammenstellen von Massons Sammlung hat über ein Jahrhundert gedauert,[69] doch heute sind dank der Kuratoren des British Museum Massons Entdeckungen zumindest katalogisiert und werden besser verstanden als jemals zuvor. Das Aufdecken seines Lebenswerkes ist das Lebenswerk anderer geworden.[70] Der »niedrige« Lampenanzünder hat mehr Licht auf Dinge geworfen, als er sich vorzustellen gewagt hatte – und seine Lampen brennen jeden Tag heller.[71]

Alexander ist nie ganz bis zu den Enden der Welt vorgedrungen. Masson hat seine verlorene Stadt nie so richtig gefunden. Nicht jede Suche wird ihr Ziel erreichen. Aber sowohl Alexander als auch Masson haben eines entdeckt: Wenn wir unsere wildesten Träume verfolgen, haben wir die Macht, die Welt zu verändern.

***

Im Sommer 1842 wandten sich alle Augen in London Robert Burfords Panorama zu. Es war eines der seltsamen Wunder dieser Zeit: Ein gigantischer Rundbau, der über die Passagen und Theater des Leicester Square aufragte. Besucher des Panoramas betraten das Gebäude durch einen langen, dunklen Tunnel, der sich nach oben wand, bis er eine Plattform in der Mitte der Rotunde erreichte. Dort betrat man dann plötzlich eine ganz andere Welt: Man blickte hinab in eine fremde Stadt oder auf eine Bergkette oder eine blutige Schlacht. Licht blitzte auf dem riesigen Gemälde, das die runde Wand in alle Richtungen bedeckte. Es war mit nichts zu vergleichen, was es jemals vorher gab: Es war, als würde man in das Bild hineingehen. Manche Besucher mussten sich sogar übergeben.[72]

In diesem Sommer kam Afghanistan nach London. Wenn sie aus der Dunkelheit heraustraten, ragten die Bollwerke Kabuls über den Besuchern des Panoramas auf. Die Londoner waren überwältigt: »Wir sind niemals dankbarer für ein Panorama gewesen als für das von Kabul, das Mr. Burford gemalt hat«, schrieb ein Journalist. »Die Stadt ist wie von einer Anhöhe zu sehen, die Vorstädte liegen zu Füßen des Betrachters, ringsum steigen die Berge zu unermesslichen Höhen auf, mit dem schneebedeckten Hindukusch in der Ferne.«[73] Am Fuß der Berge waren neben dem Kabul-Fluss Dost Mohammed und sein Hofstaat versammelt. Burnes war da, genau wie Wikewitsch und Akbar Khan – dessen »gutaussehende Person und offen männlicher Ausdruck« die Damen Londons schwach werden ließen[74] – sowie der »Chief Wrestler of Kabul«[75], der auf einem Felsen posierte. Pilger, Soldaten und Teetrinker drängten sich in allen Richtungen. An Dost Mohammeds Seite war Masson, mit seinem Turban prächtig anzusehen.[76]

Burford hatte Masson als Berater zu seinem Panorama hinzugezogen, genau wie Godfrey Vigne, dessen Porträt von Masson Akbar Khan einst für sich beansprucht hatte. Burford wollte die definitive Geschichte Kabuls haben: Reich und arm, lebendig und tot, alle sollten an der Wand verewigt werden. Vigne und Masson bauten die Szene aus einem Patchwork kleinerer Gemälde und Skizzen zusammen.[77] Für Dost Mohammed nutzten sie ein Aquarell von James Atkinson: Darin ruht der Emir unter einem Sonnenschirm auf einem Teppich, während er mit drei Mitgliedern seines Hofes spricht. Masson und Vigne behielten Dost Mohammed, den Teppich, den Sonnenschirm und einen der Hofleute bei.[78] An die Stelle der anderen beiden Höflinge setzten sie Masson, der auf einem Kissen lehnt.

Burford verkaufte Besuchern eine »Erklärung« seines Panoramas: Ein Handbuch mit einem Schlüssel der Szene. Figur 67 ist »Mr. Masson«.[79] Es ist Massons einziges überliefertes Abbild: ein großer Turban, ein Bärtchen. Doch anders als im Panorama sind die Gesichter in dem Handbuch leer. Je genauer man sich Masson anschaut, umso weniger sieht man.

Als das Panorama eröffnet wurde, stand Masson unbeachtet von der schwatzenden, aufgeregten Menschenmenge auf der Besucherplattform. Die letzten zwei Jahre hatten ihm wenig mehr als Enttäuschungen eingebracht. Doch als er zum letzten Mal auf die Berge und Dächer Kabuls blickte, war er zu Hause.

An der Wand des Panoramas, in seiner Geschichte, hatte Masson ein Lächeln auf dem Gesicht.[80]

# Quellen und Referenzen

An einem Wintertag in London war ich in der Bibliothek. Das war normal. Ich kämpfte mit den Tränen. Das war nicht normal.

Da dies London war, wurde ich schon bald missbilligend angestarrt. Ein Mann murmelte tadelnd in seinen Bart. Eine Dame flüsterte etwas, das klang wie »Leute gibt es!«. Es gibt kaum eine größere britische Sünde als das Zeigen von Emotionen in einer Bibliothek. Wäre ich splitternackt dort aufgelaufen, hätte ich wahrscheinlich deutlich weniger Missfallen geerntet.

Ich war seit Jahren einer Geschichte hinterhergejagt, über Alexander den Großen, einen Entdecker und eine verlorene Stadt. Von Neu-Delhi bis Pennsylvania hatte ich Archive durchstöbert. An diesem Tag in London dann öffnete ich eine verstaubte Kiste, die aussah wie jede andere, und sah endlich Charles Masson klar vor mir: betrunken in einer Gasse in Karatschi, die Welt aus voller Kehle verfluchend und schreibend, schreibend, schreibend.

Ein Großteil von Massons Welt lebt und atmet auch heute noch auf eine Weise, die sich den Fußnoten entzieht. Der Wüstenstaub bedeckt dieselben Häuser, Kamele käuen wieder und spucken in dieselben Straßenecken und die Soldaten auf den Ebenen Afghanistans erzählen sich immer noch dieselben Geschichten von Alexander. Die Spuren von Massons Suche erstrecken sich über die Welt. Die hier aufgeführten Quellen sind einige der Fußspuren, die bleiben.

Trotz der besten Anstrengungen fast aller Beteiligten ist dies eine wahre Geschichte.

### Namen

Es gibt nur wenige Dinge, über die sich die Menschen im 19. Jahrhundert einig waren. Die Schreibweise afghanischer Namen gehörte nicht dazu. Kabul wurde je nach Autor Kabul, Cabool, Cabul oder Kabal geschrieben (und es gab noch weitere Möglichkeiten). Personen erging es nicht besser:

Schah Schudscha (auch: Shah Shujah) erlitt mehr Versuche, seinen Namen zu schreiben, als gescheiterte Versuche, seinen Thron wieder in Besitz zu nehmen. Aus Gründen der Klarheit wurden die Schreibweisen der Namen im Text vereinheitlicht (und in dieser Übersetzung an die im Deutschen üblichen Fassungen angepasst [A. d. Ü.]).

### Archive

Die übergroße Mehrheit der noch vorhandenen archäologischen Funde Massons befindet sich heute im **British Museum**. Dank der jahrzehntelangen Arbeit des Masson Project des Museums, geleitet von Dr. Elizabeth Errington, sind sie nun vollständig katalogisiert und können im Study Room des Museums sowie über die Online-Datenbank der Sammlung eingesehen werden: https://www.britishmuseum.org/collection.

Die **British Library** ist der Aufbewahrungsort der meisten noch vorhandenen Papiere Massons. Dass die Sammlung überhaupt so umfangreich ist, ist angesichts der Tatsache, wie oft Masson alles verlor, was er besaß, ein Wunder. Es gibt Skizzen und Tagebücher, Notizen mit freudvollen Entdeckungen und Briefe voller ratlosem Ärger. »Mir ist bewusst, dass es viel gibt, wahrscheinlich ist es sogar der größte Teil, das für niemanden als für mich selbst verständlich ist«, schrieb Masson über seine Papiere.* Die Library hat den heldenhaften Versuch unternommen, Ordnung in das Chaos zu bringen, aber ganze Bände springen immer noch scheinbar willkürlich von einem Jahr bzw. von einem Ort zum anderen. Der Großteil des Bestandes der Library ist unter MSS Eur. A.31, B.98–101, C.90, D.441–2, E.161–70 und F.61–5 katalogisiert und kann mithilfe einer wunderbar eigenartigen Suchhilfe konsultiert werden: des *Catalogue of European MSS*, Band II, verfügbar im Asian and African Studies Reading Room der Library. In der Library gibt es außerdem umfassende Berichte der Ostindien-Kompanie: Spezielle Referenzen sind im Text angegeben, besonders wertvoll ist jedoch die Serie Bengal Secret Consultations, ein Kompendium der zweifelhafteren Handlungen der Ostindien-Kompanie.

Die **National Archives of India** in Neu-Delhi und die **Punjab Archives** in Lahore enthalten in ihren Sammlungen wichtige Teile des Puzzles, vor allem in Bezug auf den Einmarsch der Ostindien-Kompanie in Afghanistan. Massons Korrespondenz mit Henry Pottinger ist teils in der British

* National Archives (UK), FO 705/32, Masson an Pottinger, 18. Oktober 1838.

Library zu finden, teils aber auch in den **National Archives, London**, wo sie unter FO 705/32 in den Papieren des Foreign Office aufbewahrt wird. Der literarische Nachlass von Josiah Harlan – ebenso voller Tricks wie der Mann selbst – wird von der wunderbaren **Chester County Historical Society** in West Chester, Pennsylvania, verwaltet. Das Tagebuch von Alexander Burnes befindet sich in den Sammlungen des **Worcester College, Oxford**. Massons schlimmste Augenblicke lassen sich in den Henry Rawlinson Papers der **Royal Geographical Society** nachvollziehen. Das John Murray Archive in der **National Library of Scotland** erzählt die Geschichte seiner Missgeschicke in der Welt des Verlagswesens.

# Endnoten

### 1 DER AUSREISSER

1 Anon., *A Brief Memoir of an Officer of the Bengal Artillery*, L. B. Seely, London, 1834, S. 29.
2 British Library, Or.16805.
3 Guildhall Library (London), Microfilm MSS 3572/2.
4 Pierce Egan, *Life in London: Or, The Day and Night Scenes of Jerry Hawthorne, Esq., and His Elegant Friend Corinthian Tom*, Sherwood, Neely, and Jones, London, 1822, S. 23.
5 William Wordsworth, »Prelude«, Buch 7, »Residence in London«, in William Wordsworth, *The Poetical Works of William Wordsworth*, Edward Moxon, London, 1869, D. 488.
6 Egan, *Life in London*, S. 36.
7 *The Examiner*, 1816, S. 283.
8 George Gordon, Lord Byron, *The Works of Lord Byron: Including the Suppressed Poems*, A. & W. Galignani, Paris, 1828, S. 554. Dies war Byrons Antrittsrede im House of Lords.
9 Walpole an Sir Horace Mann, 4. November 1772, *The Yale Edition of Horace Walpole's Correspondence*, Hrsg. W. S. Lewis, Yale University Press, New Haven, CT, 1937–83, Vol. 23, S. 451.
10 William Dalrymple, *The Anarchy: The Relentless Rise of the East India Company*, Bloomsbury, London, 2019.
11 Cobbett an William Creevey, 24. September 1810. *The Creevey Papers: A selection from the correspondence and diaries of the late Thomas Creevey, M. P.*, Hrsg. Sir Herbert Maxwell, John Murray, London, 1903, Vol. 1, S. 134.
12 British Library, Bengal Secret Consultations, IOR/P/BEN/SEC/380, 19. Juni 1834.
13 J. N. Creighton, *Narrative of the Siege and Capture of Bhurtpore*, Parbury, Allan and Co., London, 1830, S. 148.
14 Dies beruht auf einem Umtauschsatz von 10 Rupien zu 1 britischen Pfund. Siehe Anon., *Return to an order of the Honourable the House of Commons, dated 24 June 1839: Accounts of all monies supplied from the revenues of India*, London 1839, S. 6, für den zeitgenössischen Umtauschsatz und für Infla-

tionsraten siehe Bank of England Inflation Calculator [online]: https://www.bankofengland.co.uk/monetary-policy/inflation/inflation-calculator.

15 Charles Masson, *Narrative of Various Journeys in Balochistan, Afghanistan and the Panjab Including a Residence in Those Countries from 1826 to 1838*, Richard Bentley, London, 1842, Vol. 1, S. 309–310.

16 John Blakiston, *Twelve Years' Military Adventure in Three Quarters of the Globe*, Henry Colburn, London, 1829, Vol. 1, S. 309.

17 *Blackwood's Edinburgh Magazine*, Vol. 23 (Januar–Juni 1828), S. 449.

18 Creighton, *Narrative*, S. 17.

19 Ebenda, S. 52–53.

20 Ebenda, S. 29.

21 Ebenda, S. 52–53.

22 Masson, *Various Journeys*, Vol. 1, S. 19.

23 Ebenda, S. 3.

24 Chester County Historical Society (West Chester, PA), Harlan Papers, »Oriental Sketches«, 76.

25 Ebenda.

26 Ben Macintyre, *Josiah the Great: The True Story of the Man Who Would Be King*, HarperCollins, London, 2004, S. 9.

27 Chester County Historical Society, Harlan Papers, »Oriental Sketches«, 76.

28 Ebenda, 78.

29 Ebenda, 24.

30 Ebenda, 46.

31 Ebenda, 46–47.

32 Ebenda, 42.

33 *The Calcutta Review*, Vol. 86 (1888), S. 350.

34 Masson, *Various Journeys*, Vol. 3, S. 85–86.

35 Chester County Historical Society, Harlan Papers, »Oriental Sketches«, 78.

36 Ebenda.

37 Masson, *Various Journeys*, Vol. 1, S. 41.

38 Chester County Historical Society, Harlan Papers, »Oriental Sketches«, 48.

39 Ebenda, 78.

40 Masson, *Various Journeys*, Vol. 1, S. 32.

41 Chester County Historical Society, Harlan Papers, »Oriental Sketches«, 10.

42 Ebenda, 9.

43 Ebenda, »Shah Shujah«, 3.

44 Ebenda, »Oriental Sketches«, 34.

45 Ebenda, »Shah Shujah«, 6–7.

46 Ebenda, »Oriental Sketches«, 179.

47 Ebenda, 151.

48 Ebenda.

49 Ebenda, 92–93.

50 Macintyre, *Josiah the Great*, S. 73.

51 Chester County Historical Society, Harlan Papers, »Oriental Sketches«, 96.

52 Ebenda.
53 Ebenda, 95.
54 Ebenda, 99.
55 Macintyre, *Josiah the Great*, S. 73.
56 Chester County Historical Society, Harlan Papers, »Oriental Sketches«, 29.
57 Ebenda.
58 Ebenda, 28–29.
59 Masson, *Various Journeys*, Vol. 1, S. 42.

## 2 DIE ILLUSIONISTEN

1 John F. Riddick, *The History of British India*, Praeger, Westport, CT, 2006, S. 292.
2 *The Asiatic Journal and Monthly Miscellany*, Vol. 34 (März 1841), S. 194.
3 George W. Forrest, Hrsg., *Selections from the Travels and Journals preserved in the Bombay Secretariat*, Government Central Press, Bombay, 1906, S. 103.
4 Gordon Whitteridge, *Charles Masson of Afghanistan: Explorer, Archaeologist, Numismatist, and Intelligence Agent*, Orchid Press, Warminster, 1986, S. 11.
5 J. W. Kaye, »The Poetry of Recent Indian Warfare«, *The Calcutta Review*, Vol. 11 (1849), S. 223.
6 Masson, *Various Journeys*, Vol. 1, S. 1.
7 »Lewis, James, Private« steht in der Stammrolle der Bengalischen Artillerie am 1. Juli 1827, aber nicht am 1. Juli 1828. British Library, IOR/L/MIL/10/147 (1827) und IOR/L/MIL/10/148 (1828).
8 British Library, MSS Eur. E.163, 3.
9 *The Calcutta Review*, Vol. 2 (1844), S. 474.
10 C. Grey und H. L. O. Garrett, *European Adventurers of Northern India, 1785 to 1849*, Languages Department, Patiala, 1970, S. 211.
11 Masson, *Various Journeys*, Vol. 1, S. 45.
12 Ebenda, S. 54.
13 Ebenda, S. 55.
14 Ebenda, S. 56.
15 *Die Ghaselen des Hafiz*, neu in deutsche Prosa übersetzt, mit Einleitung und Lesehilfen von Joachim Wohlleben, Königshausen & Neumann, Würzburg, 2004.
16 Masson, *Various Journeys*, Vol. 1, S. 58–59.
17 Adaptiert aus Thomas Rain-Crowe, *Drunk on the Wine of the Beloved: 100 Poems of Hafiz*, Shambhala, London, 2001, S. 8, eigene Übertragung ins Deutsche.
18 Masson, *Various Journeys*, Vol. 1, S. 60.
19 Ebenda, S. 63.
20 Ebenda, S. 73.
21 Ebenda, S. 82.
22 Ebenda, S. 70.

23 Ebenda, S. 76.
24 Ebenda, S. 77–78.
25 Ebenda, S. 87.
26 Ebenda, S. 260.
27 Ebenda, S. 94.
28 Ebenda, S. 303.
29 Ebenda, S. 303–304.
30 Ebenda, S. 304.
31 Ebenda, S. 304–305.
32 Ebenda, S. 305.
33 Ebenda, S. 306.
34 Ebenda, S. 305.
35 Ebenda, S. 309.
36 Ebenda, S. 343.
37 Ebenda, S. 313.
38 Ebenda, S. 314.
39 Ebenda, S. 316.
40 Ebenda, S. 402.
41 Ebenda, S. 74.
42 Ebenda, S. 312.
43 Forrest, Hrsg., *Travels*, S. 137.
44 Masson, *Various Journeys*, Vol. 1, S. 372.
45 Ebenda, S. 345–346.

## 3 DER GESCHICHTENERZÄHLER

1 Masson, *Various Journeys*, Vol. 2, S. 62.
2 Ebenda, Vol. 1, S. 446–447.
3 Forrest, Hrsg., *Travels*, S. 103.
4 British Library, MSS Eur. E.163/5, 25.
5 Ebenda, 26.
6 Ebenda 25.
7 Ebenda, 26.
8 Plutarch, *Life of Alexander*, 55.4–5. Wenn nicht anders angegeben, sind Zitate aus antiken Quellen in diesem Buch Übersetzungen des Autors ins Englische, von dort wurden sie von der Übersetzerin ins Deutsche übertragen; Referenzen auf diese Werke in den Anmerkungen beziehen sich auf die Originaltexte.
9 Platon, *Timaios*, dt. von Franz Susemihl (1856).
10 Forrest, Hrsg., *Travels*, S. 166.
11 Ebenda.
12 Ebenda.
13 Ebenda.
14 Ebenda, S. 105.

15 National Archives (UK), FO 705/32, Masson an Pottinger, 16. Januar 1837.
16 Masson, *Various Journeys*, Vol. 1, S. 452.
17 Ebenda, Vol. 2, S. 7–8.
18 Ebenda, S. 22.
19 Ebenda.
20 Ebenda, S. 23.
21 Ebenda, Vol. 1, S. 52–53.
22 Ebenda, Vol. 2, S. 91.
23 Ebenda, S. 90.
24 Ebenda, S. 179.
25 Ebenda, Vol. 2, S. 226.
26 British Library, MSS Eur. E.165, 43.
27 Masson, *Various Journeys*, Vol. 2, S. 231–233.

## 4 DER WILDE OSTEN

1 Joseph Wolff, *Travels and adventures of the Rev. Joseph Wolff*, Saunders, Otley and Company, London, 1861, S. 358.
2 Ebenda.
3 Ebenda, S. 373.
4 Ebenda, S. 357.
5 Fanny Parkes, *Wanderings of a Pilgrim in Search of the Picturesque*, Manchester University Press, Manchester, 2001, S. 191.
6 Wolff, *Travels*, S. 361.
7 Ebenda, S. 518.
8 Parkes, *Wanderings*, S. 191.
9 Ebenda.
10 Wolff, *Travels*, S. 368.
11 Ebenda, S. 369.
12 British Library, MSS Eur. E.163/7, 12.
13 Ebenda.
14 Chester County Historical Society, Harlan Papers, »Oriental Sketches«, 156.
15 British Library, MSS Eur. E.163/7, 12.
16 Ebenda.
17 Ebenda.
18 Wolff, *Travels*, S. 369.
19 Ebenda.
20 Johann Martin Honigberger, *Thirty Five Years in the East: Adventures, Discoveries, Experiments, and Historical Sketches, Relating to the Punjab and Cashmere*, H. Ballière, London, 1852, S. 57.
21 British Library, MSS Eur. E.163/7, 12.
22 Joseph Wolff, *Researches and Missionary Labours Among the Jews, Mohammedans, and Other Sects*, Orrin Rogers, Philadelphia, 1837, S. 180.
23 National Archives of India, Foreign/Secret/19 March 1833/30–1

24 Ebenda.
25 British Library, MSS Eur. E.163/7, 12.
26 Alexander Burnes, *Travels Into Bokhara: Being the Account of a Journey from India to Cabool, Tartary, and Persia*, John Murray, London, 1834, Vol. 1, S. 137.
27 Ebenda, S. 117.
28 Masson, *Various Journeys*, Vol. 2, S. 353.
29 Ebenda, S. 316.
30 Ebenda, S. 317.
31 Ebenda.
32 Ebenda, S. 305.
33 Ebenda, S. 383.
34 Ebenda, S. 322.
35 Ebenda, S. 332.
36 Ebenda, S. 337.
37 Ebenda.
38 Ebenda, S. 337–338.
39 Ebenda, S. 338.
40 Ebenda, S. 341.
41 Ebenda, S. 343.
42 Ebenda, S. 319.
43 Ebenda, S. 316.
44 Ebenda, S. 322.
45 Ebenda, S. 344–345.
46 Ebenda, S. 363.
47 Ebenda, S. 358.
48 Ebenda, S. 359.
49 Ebenda, S. 360.
50 Ebenda, S. 360–361.
51 Ebenda, S. 361.
52 Ebenda.
53 Ebenda, S. 345.
54 Ebenda, S. 361.
55 Burnes, *Travels*, Vol. 1, S. 182.
56 Vincent Eyre, *Military Operations at Cabul, which Ended in the Retreat and Destruction of the British Army, January 1842*, John Murray, London, 1843, S. 344.
57 Masson, *Various Journeys*, Vol. 2, S. 380.
58 Ebenda, S. 371.
59 Yahyā ibn Khālid, adaptiert über Abu Yūsuf Ya'qūb ibn 'Isḥāq aṣ-Sabbāḥ al-Kind in Ibn al-Nadim, übers. B. Dodge, *The Fihrist of al-Nadim: a tenth-century survey of Muslim culture*, Columbia University Press, New York, 1970, Vol. 2, S. 829.
60 Masson, *Various Journeys*, Vol. 2, S. 382.

61 Ebenda, S. 362.
62 British Library, MSS Eur. G.42, 32.
63 Masson, *Various Journeys*, Vol. 2, S. 427.
64 British Library, MSS Eur. E.165, 191.
65 Masson, *Various Journeys*, Vol. 2, S. 392–393.
66 Alā' al-Dīn 'Aṭā Malik Ata-Malik Juvaini, übers. J. A. Boyle, *Genghis Khan: The History of the World Conqueror* [*Tarīkh-i Jahān-gushā*], Manchester University Press, Manchester, 1997, S. 132–133.
67 Masson, *Various Journeys*, Vol. 2, S. 392–393.
68 Burnes, *Travels*, Vol. 1, S. 183.
69 British Library, MSS Eur. E.165, 191.
70 Masson, *Various Journeys*, Vol. 2, S. 393.
71 British Library, MSS Eur. G.42, 32.
72 Charles Masson, »Notes on the antiquities of Bamian«, *Journal of the Asiatic Society of Bengal*, Vol. 5 (1836), S. 709.
73 British Library, MSS Eur. G.42, 32.
74 Der vollständigste Bericht über die Wunder von Bamiyan ist zu finden in Takayasu Higuchi, *バーミヤーン: 京都大学中央アジア学術調査報告: アフガニスタンにおける仏教石窟寺院の美術考古学的調査 1970–1978* 年 / 樋口隆康編 [*Bāmiyān: Kyōto daigaku chūō ajia gakujutsu chōsa hōkoku: Afuganisutan niokeru bukkyō sekkutsu jīn no bijutsu kōkogakuteki chōsa 1970 1978nen*], Dōhōsha Shuppan, Kyōto, 1983–84.
75 Masson, »Antiquities of Bamian«, S. 720.
76 British Library, MSS Eur. F.65, 202.
77 Masson, *Various Journeys*, Vol. 2, S. 420.
78 Ebenda, S. 433.
79 Ebenda, S. 437.
80 Ebenda, S. 464.
81 Ebenda.
82 J. Hackin und J. Carl, *Nouvelles recherches archéologiques à Bâmiyân. Mémoires de la Délégation Archéologique Française en Afghanistan*, G. van Oest, Paris, 1933, S. 2.

## 5 DIE STADT UNTER DEN BERGEN

1 Masson, *Various Journeys*, Vol. 3, S. 4.
2 Ebenda, Vol. 2, S. 243.
3 Ebenda, S. 244.
4 Ebenda, S. 246.
5 Ebenda.
6 British Library, MSS Eur. E.163/11, 11.
7 Mohan Lal, *Travels in the Panjab, Afghanistan, Turkistan, to Balk, Bokhara, and Herat*, W. H. Allen, London, 1846, S. 71.
8 Masson, *Various Journeys*, Vol. 3, S. 5.

9 National Archives of India, Foreign/Secret/19 March 1833/30–1.
10 John William Burgon, *Petra, a Poem: To which a Few Short Poems are Now Added*, F. Macpherson, Oxford, 1846, S. 23.
11 P. M. Fraser, *Cities of Alexander the Great*, Clarendon Press, Oxford, 1996, S. 192.
12 Arrian, *Anabasis*, 3.28.
13 Es gibt für die Stadt fast so viele Namen wie Berichte darüber. Sie ist bekannt als Alexandria ad Caucasum, Alexandria ad calcem Caucasi, Alexandria in the Caucasus, Alexandria on the Caucasus, Alexandrie du Caucase sowie unter vielen weiteren Namen. Aus Gründen der Klarheit wird die Stadt hier als Alexandria unter den Bergen bezeichnet.
14 Xuanzang, übers. Samuel Beal, *Si-Yu-Ki: Buddhist Records of the Western World: Translated from the Chinese of Hiuen Tsiang*, Kegan, Paul, Trench and Company, London, 1884, S. 646.
15 Masson, *Various Journeys*, Vol. 2, S. 161.
16 Arrian, *Anabasis*, 7.13.
17 Ebenda, 5.1.
18 Burnes, *Travels*, Vol. 1, S. 146.
19 Nacherzählt aus Idries Shah, *The Pleasantries of the Incredible Mulla Nasrudin*, Octagon Press, London, 1983, S. 27.
20 British Library, MSS Eur. E.163/11, 16–17.
21 Masson, *Various Journeys*, Vol. 3, S. 140.
22 Ebenda, S. 5.
23 British Library, MSS Eur. E.163/11, 14.
24 Masson, *Various Journeys*, Vol. 3, S. 5.
25 British Library, MSS Eur. E.163/11, 16.
26 National Archives of India, Foreign/Secret/19 March 1833/30–1.
27 Ebenda.
28 Masson, *Various Journeys*, Vol. 3, S. 92–93.
29 Ebenda, S. 3.
30 British Library, MSS Eur. E.163/11, 20.
31 Masson, *Various Journeys*, Vol. 3, S. 94.
32 Ebenda.
33 Ebenda, S. 117.
34 Ebenda, S. 96.
35 Ebenda, S. 97.
36 Ebenda.
37 Ebenda, Vol. 2, S. 234.
38 Chester County Historical Society, Harlan Papers, »Oriental Sketches«, 179.
39 Masson, *Various Journeys*, Vol. 3, S. 140.
40 Chester County Historical Society, Harlan Papers, »Oriental Sketches«, 166.
41 Ebenda.
42 British Library, MSS Eur. E.165, 226.
43 Masson, *Various Journeys*, Vol. 3, S. 123.

44 Ebenda, S. 138.
45 Ebenda, S. 141.
46 Ebenda.
47 Ebenda, S. 142.
48 Ebenda.
49 Ebenda, S. 142–143.
50 Ebenda, S. 143.
51 Ebenda, S. 157.

## 6 DAS GOLDENE KÄSTCHEN

1 National Archives (UK), FO 705/32, Masson an Pottinger, 1. Januar 1833.
2 Ebenda.
3 Masson, *Various Journeys*, Vol. 3, S. 117.
4 Ebenda, S. 13.
5 British Library, MSS Eur. E.163/11, 20.
6 Ebenda.
7 Masson, *Various Journeys*, Vol. 3, S. 13.
8 National Archives (UK), FO 705/32, Masson an Pottinger, 1. Juli 1833.
9 Masson, *Various Journeys*, Vol. 3, S. 2.
10 Ebenda, S. 1.
11 Ebenda, S. 4.
12 National Archives (UK), FO 705/32, Masson an Pottinger, 1. Januar 1833.
13 Frank Holt, *Into the Land of Bones: Alexander the Great in Afghanistan*, University of California Press, Berkeley, 2005, S. 108.
14 National Archives (UK), FO 705/32, Masson an Pottinger, 17. August 1833.
15 British Library, MSS Eur. E.163/11, 22.
16 Wolff, *Travels*, S. 375.
17 National Archives (UK), FO 705/32, Masson an Pottinger, 17. August 1833.
18 Ebenda, Masson an Pottinger, 23. April 1834.
19 Ebenda, Masson an Pottinger, 1. Juli 1833.
20 British Library, MSS Eur. E.163/12, 1.
21 Ebenda.
22 Burnes, *Travels*, Vol. 1, S. 117.
23 British Library, IOR/P/BEN/SEC/380, Bengal Secret Consultations, 19. Juni 1834, Gerard an Government, 8. April 1834.
24 Ebenda.
25 Masson, *Various Journeys*, Vol. 2, S. 253.
26 Burnes, *Travels*, Vol. 1, S. 149.
27 Ebenda, S. 149–150.
28 Chester County Historical Society, Harlan Papers, »Oriental Sketches«, 176.
29 Masson, *Various Journeys*, Vol. 3, S. 148.
30 British Library, IOR/P/BEN/SEC/380, Bengal Secret Consultations, 19. Juni 1834, Gerard an Government, 8. April 1834.

31 National Archives (UK), FO 705/32, Masson an Pottinger, 17. August 1833.
32 British Library, IOR/P/BEN/SEC/380, Bengal Secret Consultations, 19. Juni 1834, Gerard an Government, 8. April 1834.
33 Masson, *Various Journeys*, Vol. 3, S. 98.
34 *Journal of the Asiatic Society of Bengal*, Vol. 3 (1834), S. 363.
35 National Archives (UK), FO 705/32, Masson an Pottinger, 17. August 1833.
36 *Journal of the Asiatic Society of Bengal*, Vol. 3 (1834), S. 363.
37 National Archives (UK), FO 705/32, Masson an Pottinger, 17. August 1833.
38 Ebenda.
39 Ebenda.
40 British Library, IOR/P/BEN/SEC/380, Bengal Secret Consultations, 25. März 1834, Karamat Ali an Wade, 31. Oktober 1833.
41 Ebenda.
42 Ebenda, Karamat Ali an Wade, 2. November 1833.
43 Ebenda.
44 Ebenda.
45 British Library, IOR/P/BEN/SEC/380, Bengal Secret Consultations, 25. März 1834.
46 Horace Hayman Wilson, *Ariana Antiqua: a descriptive account of the antiquities and coins of Afghanistan*, Published Under the Authority of the Honourable The Court of Directors of The East India Company, London, 1841, S. 69.
47 Ebenda, S. 69–70.
48 Ebenda, S. 70.

## 7 POTHOS

1 Demosthenes, *Philippic* 3, 9.31.
2 Richard van Leeuwen, *The Thousand and One Nights: Space, Travel and Transformation*, Routledge, New York, 2007, S. 86.
3 E. Badian, *Alexandre le Grand, image et réalité*, Fondation Hardt, Genf, 1976, S. 280.
4 Arrian, *Anabasis*, 3.20–1.
5 Firdausi, *The Shahnama of Firdausi*, Kegan, Paul, London, 1905, Vol. 6, S. 53–54.
6 Phiroze Vasunia, *The Classics and Colonial India*, Oxford University Press, Oxford, 2013, S. 105.
7 Ebenda, S. 108.
8 Zitiert in Barbara Schmitz, *Islamic Manuscripts in the New York Public Library*, Oxford University Press, New York und Oxford, 1992, Vol. 1, S. 160.
9 Richard Stoneman, *Alexander the Great: A Life in Legend*, Yale University Press, New Haven, CT, 2010, S. 108.
10 Nacherzählt aus Pseudo-Kallisthenes, übers. Richard Stoneman, *The Greek Alexander Romance*, Penguin Books, London, 1991, S. 118–119.

11 »Faulty ACs endanger 4000-year-old Egyptian mummy at Kolkata Museum«, *Times of India*, 9. Juni 2014.
12 British Library, MSS Eur. E.165, 183.
13 *Journal of the Asiatic Society of Bengal*, Vol. 3 (1834), S. 154.
14 Ebenda.
15 Ebenda, S. 161.
16 National Archives, London, FO 705/32, Masson an Pottinger, 1. Juli 1833.
17 British Library, MSS Eur. E.165/11, 12.
18 British Library, IOR/P/BEN/SEC/380, Bengal Secret Consultations, 10. April 1834, Auszug aus Geheimdienstinformationen aus Shikarpore.
19 Punjab Archives (Lahore), Case 106, 9/II/665, Chief Secretary, Kalkutta, an David Ochterlony, 17. Dezember 1816.
20 National Archives (UK), FO 705/32, Masson an Pottinger, 3. Oktober 1833.
21 British Library, IOR/P/BEN/SEC/379, Bengal Secret Consultations, 3. Januar 1834, Schah Schudscha an Wade, empfangen am 24. Dezember 1833.
22 British Library, IOR/P/BEN/SEC/380, Bengal Secret Consultations, 19. April 1834, Wade an den Secretary of Government, 17. März 1834.
23 British Library, IOR/P/SEC/BOM/82, Secret Consultations, 26. August 1834, Wade an Government, 27. Juli 1834.
24 British Library, IOR/P/BEN/SEC/380, Bengal Secret Consultations, 25. März 1834, Wade an Karamat Ali, 3. Januar 1834.
25 Ebenda.
26 National Archives, London, FO 705/32, Masson an Pottinger, 9. Oktober 1834.
27 British Library MSS Eur. E.161, 11, Masson an Pottinger, 23. April 1834.
28 British Library MSS Eur. E.161/6–7, 4, Pottinger an Masson, 1. Januar 1834.
29 National Archives, London, FO 705/32, Masson an Pottinger, 23. April 1834.
30 British Library, MSS Eur. E.161/1, 3, Pottinger to Charles Norris, Chief Secretary an Government, Bombay, 27. November 1833.
31 Wilson, *Ariana Antiqua*, S. 109.
32 National Archives (UK), FO 705/32, Masson an Pottinger, 15. Juli 1834.
33 British Library, MSS Eur. E.161/6–7, 6.
34 Masson, *Various Journeys*, Vol. 1, S. 402.
35 National Archives (UK), FO 705/32, Masson an Pottinger, 9. Oktober 1834.
36 Ebenda.
37 Ebenda, Masson an Pottinger, 15. Juli 1834.
38 British Library, MSS Eur. E.161/6–7, 10a, Pottinger an Masson, 4. November 1834.
39 Wilson, *Ariana Antiqua*, S. 114.
40 Masson, *Various Journeys*, Vol. 3, S. 138.
41 Ebenda, S. 98–99.
42 National Archives (UK), FO 705/32, Pottinger an Masson, 6. September 1834.

## 8 UNSER MANN IN KABUL

1 M. E. Yapp, *Strategies of British India: Britain, Iran and Afghanistan 1798–1850*, Clarendon Press, Oxford, 1980, S. 227.
2 Victor Jacquemont, *Letters from India: Describing a Journey in the British Dominions of India, Tibet, Lahore, and Cashmere*, Edward Churton, London, 1834, S. 370.
3 William Barr, *Journal of a March from Delhi to Peshâwur: And from Thence to Câbul, with the Mission of Lieut.-Colonel Sir C.M. Wade*, J. Madden, London, 1844, S. 101.
4 Chester County Historical Society, Harlan Papers, »Oriental Sketches«, 70.
5 Ebenda, 76.
6 Ebenda, 179.
7 British Library, Bengal Secret Consultations, IOR/P/BEN/SEC/380, 10. April 1834.
8 National Archives of India, Foreign/Secret/19 March 1833/30–31.
9 British Library, Bengal Secret Consultations, IOR/P/BEN/SEC/380, 19. Juni 1834, Wade an Macnaghten, 9. April 1834.
10 National Archives of India, Foreign/Secret/19. März 1833/30–1, »Abstract of intelligence from Kabul from the 3rd to the 25th of December 1832«.
11 British Library, IOR/P/BEN/SEC/380, Bengal Secret Consultations, 19. Juni 1834, Gerard an Government, 8. April 1834.
12 Ebenda.
13 Ebenda.
14 Ebenda, Wade an Macnaghten, 9. April 1834.
15 Ebenda, Gerard an Government, 8. April 1834.
16 Ebenda, Wade an Macnaghten, 9. April 1834.
17 Ebenda, Wade an Masson, 6. April 1834.
18 Wade an Macnaghten, 9. April 1834.
19 British Library, MSS Eur. E.161/7, 6.
20 National Archives (UK), FO 705/32, Masson an Pottinger, 9. Oktober 1834.
21 Emily Eden, zitiert in Henry Morris, *The Governors-General of India*, Christian Literature Society for India, London, 1896, S. 53.
22 British Library, IOR/P/BEN/SEC/380, Bengal Secret Consultations, 19. Juni 1834, Macnaghten an Wade, 26. Mai 1834.
23 British Library, MSS Eur. E.161/2, Wade an Masson, 11. Februar 1835.
24 Ebenda, Wade an Masson, 5. Dezember 1834.
25 Anon., *The Law Relating to India and the East India Company*, W. H. Allen, London, 1842, S. 485.
26 *The Asiatic Journal and Monthly Miscellany*, Vol. 11 (September–Dezember 1833), S. 174–175.
27 Ebenda, S. 84.
28 British Library, MSS Eur. E.165, 133.
29 Masson, *Various Journeys*, Vol. 3, S. 322.
30 British Library, MSS Eur. E.164, 50.

31 Masson, *Various Journeys*, Vol. 3, S. 252.
32 Ebenda, S. 87.
33 Burnes, *Travels*, Vol. 1, S. 330–331.
34 Christine Noelle-Karimi, *The Interaction Between State and Tribe in Nineteenth-century Afghanistan*, University of California, Berkeley, CA, 1995, S. 38.
35 Mohan Lal, *Life of the Amir Dost Mohammed Khan of Kabul: With His Political Proceedings Towards the English, Russian, and Persian Governments, Including the Victory and Disasters of the British Army in Afghanistan*, Longman, London, 1846, S. 72.
36 Josiah Harlan, *A memoir of India and Avghanistaun, with observations on the present exciting and critical state and future prospects of those countries*, J. Dobson, Philadelphia, 1842, S. 154.
37 Ebenda, S. 152.
38 Lal, *Life of the Amir*, S. 71.
39 Masson, *Various Journeys*, Vol. 3, S. 86.
40 Burnes, *Travels*, Vol. 1, S. 134–135.
41 British Library, MSS Eur. E.164, 50.
42 Chester County Historical Society, Harlan Papers, »Oriental Sketches«, 178.
43 British Library, MSS Eur. E.164, 50.
44 National Archives of India, Foreign/Political/4. Mai 1835/117–118.
45 British Library, IOR/P/SEC/BOM/82, Secret Consultations, 26. August 1834, Wade an Government, 27. Juli 1834.
46 Masson, *Various Journeys*, Vol. 3, S. 334.
47 British Library, MSS Eur. E.164, 48.
48 Ebenda, 19.
49 Ebenda.
50 Ebenda.
51 Masson, *Various Journeys*, Vol. 3, S. 335.
52 Ebenda, S. 338.
53 Richard Hartley Kennedy, *Narrative of the campaign of the Indus, in Sind and Kaubool in 1838–9*, Richard Bentley, London, 1840, Vol. 2, S. 118.
54 Masson, *Various Journeys*, Vol. 3, S. 337.
55 Harlan, *Memoir*, S. 158–159.
56 Masson, *Various Journeys*, Vol. 3, S. 342.
57 Ebenda, S. 344.
58 Ebenda, S. 347.
59 Ebenda, S. 350.
60 British Library MSS Eur. E.161, 15, Masson an Pottinger, 11. Dezember 1834.
61 National Archives (UK), FO 705/32, Masson an Pottinger, 20. September 1834.
62 British Library, MSS Eur. E.165, 234.
63 Ebenda.
64 Ebenda, 234–235.

65 Marcus Aurelius Antoninus, Selbstbetrachtungen 3.12, aus: *Des Kaisers Marcus Aurelius Antoninus Selbstbetrachtungen*, dt. von Albert Wittstock, Leipzig 1879.

## 9 SELTSAMER ALS FIKTION

1 British Library, MSS Eur. E.161/5, Brownlow an Masson, 11. April 1835.
2 Ebenda.
3 British Library, MSS Eur. E.165, 9.
4 Masson, *Various Journeys*, Vol. 3, S. 353.
5 Ebenda.
6 British Library, MSS Eur. E.164, 15.
7 British Library, MSS Eur. E.161/2, Wade an Masson, 5. März 1835.
8 Ebenda, Wade an Masson, 25. Juli 1835.
9 *Morning Post*, 24. Juni 1842, S. 2.
10 National Archives of India, Foreign/Secret/27. Juli 1835/28.
11 Ebenda, Foreign/Secret/27. Juli 1835/27.
12 British Library, Bengal Secret Consultations, IOR/P/BEN/SEC/380, 19. Juni 1834, Wade an Macnaghten, 9. April 1834.
13 National Archives (UK), Ellenborough Papers, PRO 30/12/29/1, 54.
14 Ebenda.
15 Ebenda, 69.
16 British Library, MSS Eur. E.161/2, Wade an Masson, 19. August 1835.
17 National Archives (UK), FO 705/32, Masson an Macnaghten, 6. November 1837.
18 Ebenda, Masson an Pottinger, 30. November 1835.
19 Ebenda, Masson an Pottinger, 20. September 1834.
20 British Library MSS Eur. E.161, 5, Masson an Pottinger, 6. Juli 1834.
21 British Library, MSS Eur. E.165, 227.
22 Ebenda, 176.
23 National Archives (UK), FO 705/32, Masson an Pottinger, 11. Dezember 1834.
24 British Museum, Original Papers, OP 21/8/1835, Honigberger an Forshall, 21. August 1835.
25 Ebenda, Hawkins an Forshall, 20. August 1835.
26 Ebenda, Hawkins an Forshall, 26. August 1835.
27 Ebenda, Hawkins an Forshall, 31. August 1835.
28 British Library, MSS Eur. E.161/7, 68.
29 British Library, MSS Eur. E.161/2, Wade an Pottinger, 3. September 1835.
30 National Archives (UK), FO 705/32, Pottinger an J. P. Riach, 5. März 1836.
31 Ebenda, Masson an Pottinger, 30. September 1835.
32 Ebenda.
33 Ebenda.
34 British Library, MSS Eur. E.161/2, Wade an Masson, 25. Dezember 1835.

35 National Archives (UK), FO 705/32, Masson an Pottinger, 30. September 1835.
36 British Library, MSS Eur. E.165, 129.
37 Getzel M. Cohen, *The Hellenistic Settlements in the East from Armenia and Mesopotamia to Bactria and India*, University of California Press, Berkeley, CA, 2013, S. 267.
38 William Fordyce Mavor, *Universal History, Ancient and Modern: From the Earliest Records of Time, to the General Peace of 1801*, Collins and Sons, Philadelphia, 1803, Vol. 4, S. 357.
39 William Mitford, *The History of Greece*, Cadell and Davies, London, 1818, Vol. 5, S. 343.
40 Connop Thirlwall, *History of Greece*, Longman, London, 1840, Vol. 7, S. 369.
41 National Archives (UK), London, FO 705/32, Masson an Pottinger, 23. April 1834.
42 British Library MSS Eur. E.165, 218.
43 National Archives (UK), FO 705/32, Masson an Pottinger, 26. Mai 1836.
44 James Prinsep, »Further notes and drawings of Bactrian and Indo-Scythic Coins«, *Journal of the Asiatic Society of Bengal*, Vol. 4 (1835), S. 329.
45 Ebenda, S. 349–350.
46 Ebenda, S. 290.
47 Ebenda, S. 329.
48 Firdausi, *Shahnama*, Vol. 6, S. 143.
49 *The British Critic*, Vol. 13 (1833), S. 387.
50 *Milinda Pañha*, 39.
51 *Mahāvaṃsa*, 29.7.
52 Athenaios von Naukratis, *Deipnosophistae*, 3.14.
53 Tim Whitmarsh und Stuart Thomson, *The Romance Between Greece and the East*, Cambridge University Press, Cambridge, 2013, S. 6.
54 British Library, MSS Eur. E.161/5, Brownlow an Masson, 28. März 1836.
55 Masson, *Various Journeys*, Vol. 3, S. 362.

## 10 DAS ZEITALTER VON ALLEM

1 Masson, *Various Journeys*, Vol. 3, S. 362.
2 British Library, MSS Eur. E.165, 225.
3 Masson, *Various Journeys*, Vol. 3, S. 367.
4 British Library, MSS Eur. E.165, 224.
5 British Library, MSS Eur. E.161/5, Brownlow an Masson, 28. März 1836.
6 Richard Hartley Kennedy, *Various Journeys of the campaign of the Indus, in Sind and Kaubool in 1838–9*, Richard Bentley, London, 1840, Vol. 2, S. 118.
7 Honigberger, *Thirty Five Years*, S. 55.
8 Lal Sohan Lal Suri, *Umdat-ut-tawarikh*, S. Chand, Delhi, 1961, Vol. 3, S. 286.
9 *The Calcutta Review*, Vol. 7 (Januar–Juni 1847), S. 285.

10 Suri, *Umdat-ut-tawarikh*, Vol. 3, S. 289.
11 *The Calcutta Review*, Vol. 7 (Januar–Juni 1847), S. 285.
12 Punjab Archives (Lahore), Punjab Records, Buch 142, Brief 78.
13 Harlan, *Memoir*, Titelbild.
14 Grey and Garrett, *European Adventurers*, S. 261.
15 Ebenda, S. 241.
16 National Archives (UK), FO 705/32, Pottinger an J. P. Riach, 5. März 1836.
17 Ebenda, Pottinger an Masson, 7. April 1836.
18 Ebenda, Pottinger an Masson, 8. März 1836.
19 British Library, MSS Eur. E.165, 129–130.
20 National Archives (UK), FO 705/32, Masson an Pottinger, 13. Juli 1836.
21 Ebenda, Masson an Pottinger, 26. Mai 1836.
22 Anon., *Correspondence Relating to Persia and Affghanistan*, J. Harrison, London, 1839, S. 395–396. Dost Mohammad an Government, 31. Mai 1836.
23 Masson, *Various Journeys*, Vol. 3, S. 362–363.
24 Ebenda, S. 395–396.
25 British Library, MSS Eur. E.165, 20.
26 National Archives (UK), London, FO 705/32, Masson an Pottinger, 9. Oktober 1834.
27 Ebenda, Pottinger an Masson, 15. Januar 1837.
28 National Archives (UK), FO 705/32, Masson an Pottinger, 18. Oktober 1836.
29 British Library, MSS Eur. E.161/5, Masson an Brownlow, 26. Juni 1836.
30 Ebenda, Brownlow an Masson, 28. März 1836.
31 British Library, MSS Eur. E.165, 223.
32 National Archives (UK), FO 705/32, Masson an Trevelyan, 15. Februar 1836.
33 Ebenda, Masson an Pottinger, 18. Oktober 1836.
34 National Archives (UK), FO 705/32, Masson an Trevelyan, 15. Februar 1836.
35 British Library, MSS Eur. E.161/2, Wade an Masson, 10. April 1836.
36 Godfrey Vigne, *A personal narrative of a visit to Ghuzni, Kabul and Afghanistan, and of a residence at the court of Dost Mohamed*, George Routledge, London, 1843, S. 140–141.
37 National Archives (UK), FO 705/32, Masson an Pottinger, 13. Juli 1836.
38 Vigne, *Various Journeys*, S. 153.
39 Ebenda, S. 382.
40 Ebenda.
41 Ebenda, S. 160.
42 British Library, MSS Eur. E.161/4, 14.
43 Vigne, *Various Journeys*, S. 212.
44 British Library, MSS Eur. E.165, 232–233.
45 Glatte, flache Elfenbeinscheibe, British Museum, 1880.3828.u.
46 Gegossene Münze aus Kupferlegierung (618–906 n. Chr.), British Museum, IOLC.4641.
47 Ovale, bernsteinfarbene Chalzedon-Gemme, die eine weibliche Büste im Profil zeigt (1.–2. Jahrhundert n. Chr.), British Museum, 1880.3548.

48 Fredrik Hiebert und Pierre Cambon, *Afghanistan: Crossroads of the Ancient World*, British Museum Press, London, 2011.
49 Durchscheinender Glasbecher, 1937 in Bagram gefunden, 1976 ausgestellt im Musée Guimet, Paris, veröffentlicht in *Afghanistan: Ancient Land with Modern Ways*, Ministry of Planning of the Royal Government of Afghanistan, Kabul, 1961, S. 34.
50 Muḥammad ibn Aḥmad Ibn Jubayr, übers. J. C. Broadhurst, *The Travels of Ibn Jubayr*, Jonathan Cape, London, 1952, S. 33.
51 National Archives, London, FO 705/32, Pottinger an Masson, 27. April 1837.
52 Wilson, *Ariana Antiqua*, S. 118.
53 British Library, MSS Eur. E.165, 219.
54 Firdausi, *Shahnameh*, Vol. 6, S. 168.
55 Ebenda, S. 168–169.
56 British Library, MSS Eur. E.169, 103.
57 Masson, *Various Journeys*, Vol. 3, S. 379.
58 National Archives (UK), FO 705/32, Masson an Pottinger, 16. Januar 1837.
59 Ebenda, Masson an Pottinger, 18. Oktober 1836.
60 British Library, MSS Eur. E.161/5, Brownlow an Masson, 22. September 1836.
61 National Archives (UK), FO 705/32, Masson an Pottinger, 18. Oktober 1836.
62 British Library, MSS Eur. E.161/5, Brownlow an Masson, 22. September 1836.

## 11 DER ZWEITE ALEXANDER

1 Burnes, *Travels*, Vol. 1, S. 117.
2 British Library, MSS Eur. E.161/5, Brownlow an Masson, 22. September 1836.
3 Burnes, *Travels*, Vol. 1, S. vii.
4 John Kaye, *Lives of Indian Officers: illustrative of the history of the civil and military service of India*, A. Strahan, London, 1867, Vol. 2, S. 232.
5 Ebenda, S. 233.
6 Ebenda, S. 237–238.
7 National Library of Scotland, John Murray Archive, MS.42048, Burnes an Murray, 28. Dezember 1834.
8 Ebenda, Burnes an Murray, 25. Januar 1834.
9 National Library of Scotland, John Murray Archive, MS.42050.
10 National Library of Scotland, John Murray Archive, MS.42048, Burnes an Murray, 7. November 1834.
11 *The Gentleman's Magazine*, Vol. 17 (1842), S. 435.
12 Burnes, *Travels*, Vol. 1, S. 117.
13 Ebenda, Vol. 2, S. 214.
14 Henry Miers Elliot, *The History of India, as Told by Its Own Historians*, Trübner and Co., London, 1871, Vol. 3, S. 170–171.

15 Rudyard Kipling, »Der Mann, der König sein wollte«, aus: *Dunkles Indien*, dt. von Gustav Meyrink, Paul-List-Verlag, Leipzig, 1925.
16 National Archives (UK), FO 705/32, Pottinger an Masson, 16. September 1838.
17 Ebenda, Pottinger an Masson, 15. Januar 1837.
18 Ebenda, Masson an Pottinger, 16. Januar 1837.
19 Masson, *Various Journeys*, Vol. 3, S. 425.
20 Vigne, *Narrative*, S. 158–159.
21 Masson, *Various Journeys*, Vol. 3, S. 425–426.
22 British Library, MSS Eur. E.161/3, Burnes an Masson, 2. Juni 1837.
23 National Archives (UK), FO 705/32, Pottinger an Masson, 5. Oktober 1837.
24 *The Literary Gazette and Journal of Belles Lettres*, Vol. 18 (1834), S. 707.
25 *The Manchester Times and Gazette*, 9. Januar 1841.
26 British Library, MSS Eur. E.169/1, 81.
27 National Archives (UK), FO 705/32, Masson an Wade, 6. November 1837.
28 British Library, MSS Eur. E.165, Burnes an Masson, 9. März 1836.
29 Worcester College, Oxford, MS.109, Tagebuch von Alexander Burnes, 18. September 1837.
30 British Library, MSS Eur. E161/3, Burnes an Masson, 22. August 1837.
31 Masson, *Various Journeys*, Vol. 3, S. 445.
32 Worcester College, Oxford, MS.109, 20. September 1837.
33 Ebenda, 21. September 1837.
34 British Library, MSS Eur. E.161/3, Burnes an Masson, 2. Juni 1837.
35 Harlan, *Memoir*, S. 138.
36 National Archives of India, Foreign/Political/20. Dezember 1837/34, Burnes an Macnaghten, 24. September 1837.
37 Harlan, *Memoir*, S. 139.
38 Worcester College, Oxford, MS.109, 25. September 1837.
39 Ebenda.
40 National Archives (UK), FO 705/32, Masson an Pottinger, 7. November 1837.
41 Kaye, *Lives*, Vol. 2, S. 219.
42 Masson, *Various Journeys*, Vol. 3, S. 439, Burnes an Masson, 6. August 1837.
43 British Library, MSS Eur. E.161/3, Burnes an Macnaghten, 9. Oktober 1837.
44 National Archives of India, Foreign/Political/31. Juli 1837/81–83.
45 National Archives (UK), FO 705/32, Pottinger an Masson, 27. März 1837.
46 British Library, MSS Eur. E.161/3, Burnes an Colvin, 12. Mai 1837.
47 National Archives (UK), FO 705/32, Masson an Pottinger, 24. Juni 1838.
48 British Library, MSS Eur. E.161/3, Burnes an Masson, 2. Juni 1837.
49 Alexander Burnes, *Cabool: A Personal Various Journeys of a Journey To, and Residence in that City, in the Years 1836, 7, and 8*, John Murray, London, 1843, S. 245.
50 Masson, *Various Journeys*, Vol. 3, S. 452.

51 National Archives of India, Foreign/Secret/15. Mai 1837/8, Dost Mohammad Khan an Wade, 25. Februar 1837.
52 Masson, *Various Journeys*, Vol. 3, S. 455.
53 Ebenda, S. 459.
54 Worcester College, Oxford, MS.109, 15. November 1837.
55 Masson, *Various Journeys*, Vol. 3, S. 457.
56 Ebenda, S. 456.
57 Ebenda, S. 460.
58 Ebenda, S. 456.
59 National Archives of India, Foreign/Secret/28. September 1842/43, Burnes an Holland, 30. Oktober 1837.
60 William Dalrymple, *Return of a King: The Battle for Afghanistan*, Bloomsbury, London, 2013, S. 82–84.
61 National Archives (UK), FO 705/32, Masson an Pottinger, 7. November 1837.
62 British Library, MSS Eur. E.161/3, 125, Burnes an Masson, undatiert.
63 National Archives of India, Foreign/Secret/28. September 1842/43, Burnes an Holland, 9. Januar 1838.
64 Worcester College, Oxford, MS.109, 30. Dezember 1837.
65 Masson, *Various Journeys*, Vol. 3, S. 464.
66 British Library, MSS Eur. E.165, Burnes an Masson, 9. März 1836.
67 British Library, MSS Eur. E.161/3, Burnes an Masson, 12. Dezember 1837.
68 Harlan, *Memoir*, S. 155–156.
69 Masson, *Various Journeys*, Vol. 3, S. 459.
70 Worcester College, Oxford, MS.109, 17. Januar 1838.
71 Ebenda, 2. Januar 1838.
72 National Archives of India, Foreign/Secret/28. September 1842/43, Burnes an Holland, 9. Januar 1838.
73 British Library, Add. MSS 37691, Colvin an Burnes, 13. September 1837.
74 Worcester College, Oxford, MS.109, 27. Januar 1838.
75 Ebenda, 5. Februar 1838.
76 Ebenda, 18. Januar 1838.
77 Anon., *Parliamentary Papers, Session 2, 31 May–13 August 1859*, House of Commons, London, 1859, Vol. 25, S. 115, Macnaghten an Burnes, 20. Januar 1838.
78 Anon., *Accounts and Papers of the House of Commons, Session, 5 February–27 August 1839*, House of Commons, London, 1839, Vol. 40, S. 31, Burnes an Macnaghten, 13. März 1838.
79 Harlan, *Memoir*, S. 171.
80 Anon., *Accounts and Papers*, S. 37.
81 Masson, *Various Journeys*, Vol. 3, S. 469.
82 Ebenda, S. 463.
83 Worcester College, Oxford, MS.109, 19. Februar 1838.
84 Masson, *Various Journeys*, Vol. 3, S. 475.

85 Lal, *Life of the Amir*, S. 312.
86 Worcester College, Oxford, MS.109, 5. Februar 1838.
87 Masson, *Various Journeys*, Vol. 3, S. 477.
88 Worcester College, Oxford, MS.109, 3.–4. März 1838.
89 Anon., *Accounts and Papers*, 41, Burnes an Dost Mohammad Khan, 22. April 1838.
90 Ebenda, Dost Mohammad Khan an Burnes, 23. April 1838.
91 Masson, *Various Journeys*, Vol. 3, S. 476.
92 Burnes, *Cabool*, S. 269–270.
93 Worcester College, Oxford, MS.109, 22. April 1838.
94 Masson, *Various Journeys*, Vol. 3, S. 478.
95 Worcester College, Oxford, MS.109, 24. April 1838.
96 Ebenda, 25. April 1838.
97 Gertrude Landa (Pseud. Aunt Naomi), *Jewish Fairy Tales and Legends*, Shapiro, Valentine & Co., London, 1900, S. 286–8. Nacherzählt aus dem Talmud, *Tamid*, 32a–b.
98 National Archives (UK), FO 705/32, Masson an Pottinger, 8. Mai 1838.

## 12 LETZTER AUSWEG

1 Walter Thornberry, *Old and New London: the city ancient and modern*, Cassell, London, 1887, S. 184.
2 National Archives (UK), FO 705/32, H. H. Wilson an James Prinsep, 21. Mai 1836.
3 British Library MSS E/4/1062, Bombay Dispatches, 5. Januar–31. Mai 1838, 67.
4 Ebenda.
5 Grey and Garrett, *European Adventurers*, S. 130.
6 Herbert Benjamin Edwardes, *Life of Sir Henry Lawrence*, Smith, Elder, London, 1872, S. 295–296.
7 Julian James Cotton, *General Avitabile*, Edinburgh Press, Kalkutta, 1906, S. 16.
8 Ebenda, S. 19–20.
9 Grey and Garrett, *European Adventurers*, S. 130–131.
10 Cotton, *General Avitabile*, S. 25.
11 Daniel Henry MacKinnon, *Military Service and Adventures in the Far East*, Charles Oliver, London, 1847, Vol. 1, S. 247–248.
12 Ebenda, S. 245–246.
13 Cotton, *General Avitabile*, S. 21–22.
14 MacKinnon, *Military Service*, Vol. 1, S. 249.
15 Ebenda, S. 248–250.
16 Erich Von Schonberg, *Travels In India And Kashmir*, Hurst and Blackett, London, 1853, Vol. 1, S. 310–311.
17 Edwardes, *Life of Sir Henry Lawrence*, S. 292.

18 Cotton, *General Avitabile*, S. 59.
19 Edwardes, *Life of Sir Henry Lawrence*, S. 295–296.
20 Cotton, *General Avitabile*, S. 16: »Per amore di Dio, fatemi partire da questo paese.«
21 National Archives of India, Foreign/Secret/28. September 1842/43, Burnes an Holland, 6. Mai 1838.
22 Ebenda.
23 Worcester College, Oxford, MS.109, 6. Mai 1838.
24 National Archives (UK), FO 705/32, Masson an Pottinger, 8. Mai 1838.
25 Ebenda, Pottinger an Masson, 4. Juni 1838.
26 Ebenda, Masson an Pottinger, 18. Oktober 1838.
27 Ebenda, Masson an Pottinger, 8. Mai 1838.
28 Ebenda.
29 British Library, MSS Eur. E.161/3, Macnaghten an Masson, 23. Mai 1838.
30 Ebenda, Burnes an Masson, 2. Juni 1838.
31 Ebenda, Burnes an Masson, 22. Juni 1838.
32 Worcester College, Oxford, MS.109, 8. Juni 1838.
33 Craig Murray, *Sikunder Burnes: Master of the Great Game*, Birlinn, Edinburgh, 2016, S. 135.
34 Emily Eden, *Up the Country*, Richard Bentley, London, 1867, S. 148.
35 William Osborne, *The court and camp of Runjeet Singh*, Henry Colburn, London, 1840, S. 73.
36 Ebenda, S. 79–80.
37 Ebenda, S. 90.
38 Ebenda, S. 198.
39 National Archives of India, Foreign/Secret/3. Oktober 1838/104, Torrens an Macnaghten, 15. Mai 1838.
40 National Archives of India, Foreign/Secret/17. Oktober 1838/71, Burnes an Macnaghten, 2. Juni 1838.
41 John Kaye, *History of the War in Afghanistan*, W. R. Allen, London, 1874, Vol. 1, S. 356.
42 National Archives of India, Foreign/Secret/28. September 1842/43, Burnes an Holland, 8. Juni 1838.
43 National Archives of India, Foreign/Secret/17. Oktober 1838/72.
44 British Library, MSS Eur. E.161/3, 16.
45 Eden, *Up the Country*, S. 140.
46 George Buist, *Outline of the operations of the British troops in Scinde and Afghanistan*, Times Office, Bombay, 1843, S. 21.
47 Eden, *Up the Country*, S. 145.
48 National Archives of India, Foreign/Secret/28. September 1842/43, Burnes an Holland, 8. Juni 1838.
49 Ebenda, Burnes an Holland, 27. Juni 1838.
50 British Library, MSS Eur. E.161/3, Burnes an Masson, 27. Juni 1838.
51 Cotton, *General Avitabile*, S. 24.

52 Ebenda, S. 26.
53 *The Calcutta Review*, Vol. 123 (Juli 1906), S. 549. Siehe auch British Library, F/4/2034/92125, F/4/1992/88327.
54 National Archives (UK), FO 705/32, Masson an Pottinger, 22. Juli 1838.
55 Ebenda, Masson an Pottinger, 24. Juni 1838.

## 13 KEIN ZURÜCK

1 British Library, MSS Eur. E.162, 8.
2 Kaye, *History of the War*, S. 366–367.
3 British Library, MSS Eur. E.359/6, Colvin Diaries, 12. Juli 1838.
4 Masson, *Various Journeys*, Vol. 3, S. 490.
5 British Library, MSS Eur. E.359/6, Colvin Diaries, 4. Juli 1838.
6 National Archives of India, Foreign/Secret/28. September 1842/43, Burnes an Holland, 6. Mai 1838.
7 British Library, MSS Eur. E.359/6, Colvin Diaries, 13. Juli 1838.
8 Kaye, *Lives*, Vol. 2, S. 37.
9 British Library, MSS Eur. E.162, 11.
10 Eden, *Up the Country*, S. 157.
11 National Archives (UK), FO 705/32, Masson an Pottinger, 22. Juli 1838.
12 Cotton, *General Avitabile*, S. 25.
13 British Library, MSS Eur. E.165, 127.
14 National Archives (UK), FO 705/32, Burnes an Masson, 4. August 1838.
15 Ebenda.
16 Ebenda.
17 British Library, MSS Eur. E.165, 122.
18 National Archives (UK), FO 705/32, Burnes an Masson, 4. August 1838.
19 British Library, MSS Eur. E.161/3, Burnes an Masson, 13. September 1838.
20 National Archives (UK), FO 705/32, Masson an Pottinger, 10. September 1838.
21 Ebenda, Pottinger an Masson, 16. September 1838.
22 Ebenda, Masson an Pottinger, 10. September 1838.
23 Ebenda, Masson an Pottinger, 18. Oktober 1838.
24 British Library, MSS Eur. E.161/3, Burnes an Masson, 5. September 1838.
25 British Library, MSS Eur. E.162, 4.
26 Anon., *The Bengal and Agra Annual Guide and Gazetteer for 1841*, William Rushton and Co., Kalkutta, 1841, S. 274.
27 National Archives, London, FO 705/32, Jephson an Masson, 23. August 1838.
28 Ebenda.
29 British Library, MSS Eur. E.165, 134.
30 British Library, IOR/P/BEN/SEC/380, Bengal Secret Consultations, 19. Juni 1834, Macnaghten an Wade, 26. Mai 1834.
31 British Library, MSS Eur. E.161/2, Wade an Masson, 11. Februar 1835.
32 British Library, MSS Eur. E.165, 134.

33 Ebenda, 136.
34 National Archives, London, FO 705/32, Jephson an Masson, 23. August 1838.
35 British Library, MSS Eur. E.165, 122.
36 National Archives of India, Foreign/Secret/28. September 1842/35, Burnes an Jacob, 5. August 1838.
37 Ebenda, Burnes an Holland, 6. Mai 1838.
38 Ebenda, Burnes an Jacob, 5. August 1838.
39 Ebenda.
40 National Archives, London, FO 705/32, Masson an Pottinger, 18 Oktober 1838.
41 Ebenda.
42 Ebenda.
43 Ebenda, Masson an die Regierung von Indien, 16. Oktober 1838.

## 14 WELTEN ZU EROBERN

1 Eden, *Up the Country*, S. 175.
2 Ebenda, S. 169.
3 National Archives of India, Foreign/Political/24. Oktober 1838/8.
4 Nach E. Hultzsch, *Inscriptions of Asoka*, Clarendon Press for the Government of India, Oxford, 1925, S. 44.
5 Charles Masson, »Narrative of an Excursion from Pesháwer to Sháh-Báz Ghari«, *Journal of the Royal Asiatic Society*, Vol. 8 (1846), S. 295.
6 Ebenda, S. 296.
7 Ebenda, S. 298.
8 Ebenda, S. 301.
9 Anon., *The Policy of the Government of British India, as exhibited in Official Documents*, W. H. Allen, London, 1839, S. 39–41.
10 Masson, *Various Journeys*, Vol. 3, S. 489.
11 British Library, MSS Eur. E.161/6, 16.
12 National Archives of India, Foreign/Political/6. Juli 1835/16, Wade an Macnaghten, 10. Juni 1835.
13 Ebenda.
14 British Library, MSS Eur. E.165, 43.
15 National Archives of India/Foreign/Secret/11. Juni 1838/74.
16 British Library, MSS Eur. E.165, 123.
17 *The Dublin University Magazine: A Literary and Political Journal*, Vol. 22 (1843), S. 292.
18 British Library, MSS Eur. E.165, 128.
19 Eden, *Up the Country*, S. 209.
20 Ebenda, S. 208–209.
21 Ebenda, S. 199.
22 British Library, MSS Eur. E.161/4, Stacy an Masson, 13. Dezember 1838.
23 *Journal of the Asiatic Society of Bengal*, Vol. 4 (1835), S. 622.

24 British Library, MSS Eur. E.161/4, Stacy an Masson, 19. Dezember 1838.
25 National Archives (UK), FO 705/32, Masson an Pottinger, 18. Oktober 1838.
26 British Library, MSS Eur. E.162, 9.
27 British Library, MSS Eur. E.165, 66.
28 *The Times*, 4. November 1842, S. 3.
29 James Elroy Flecker, »The Ballad of Iskander«, zitiert in *Bulletin of the John Rylands University Library of Manchester*, Vol. 69 (1986), S. 372.
30 C. A. Bloss, *Ancient History, illustrated by colored maps, and a chronological chart, for the use of families and schools*, Clark and Maynard, New York, 1869, S. 263.
31 Plutarch, *On tranquillity of mind*, 4.
32 National Archives (UK), FO 705/32, Masson an Jephson, zitiert in Masson ab Pottinger, 18. Oktober 1838.
33 British Library, MSS Eur. E.165, 135.
34 National Archives of India, Foreign/Secret/28. September 1842/43, Burnes an Holland, 29. November 1838.
35 Kaye, *History of the War*, Vol. 2, S. 172.
36 Eden, *Up the Country*, S. 233.
37 William Nott, *Memoirs and correspondence of Major-General Sir William Nott*, Hurst and Blackett, London, 1854, Vol. 1, S. 90–91.
38 Ebenda, S. 91.
39 Ebenda.
40 *The Eclectic Magazine*, Vol. 9 (1846), S. 364.
41 Punjab Archives (Lahore), Punjab Records, Buch 139, Brief 8.
42 British Library, MSS Eur. E.165, 135.
43 Ebenda.
44 Josiah Harlan, »Personal Narrative of General Harlan's Eighteen Years' Residence in Asia«, Anhang zu Harlan, *Memoir*, S. 4–5.
45 Ebenda, S. 4.
46 Ebenda, S. 6.
47 Chester County Historical Society, Harlan Papers, E-Mail von Eckart Schiewek an die Chester County Historical Society, 11. Januar 2008.
48 Ebenda, nicht nummeriertes Folio, datiert auf 16. Oktober 1839. Basierend auf einer Übersetzung von Eckart Schiewek.
49 Harlan, *Central Asia*, S. 145.
50 *United States Gazette*, zitiert in Harlan, *Memoir*, S. 1.
51 Harlan, »Personal Narrative«, S. 6.
52 Ebenda, S. 5.
53 Chester County Historical Society, Harlan Papers, Miscellaneous Papers/1830s Folder, Stacy an Harlan, 17. Dezember 1838.
54 Ebenda, 10. August 1839.
55 Ebenda, »Oriental Sketches«, 6.
56 Ebenda, Miscellaneous Papers/1830s Folder, Harlan an G. H. Macgregor, Superintendent of Police, 19. Oktober 1839.

57 British Library, MSS Eur. E.161/1, 193, Pottinger an Masson, 15. Oktober 1839.
58 Ebenda, Pottinger an Masson, 25. Oktober 1839.
59 British Library, MSS Eur. E.161/3, 34, Burnes an Masson, 20. September 1838.
60 Royal Geographical Society, Henry Rawlinson Papers, 4, Journal, 1. Dezember 1839.
61 British Library, MSS Eur. E.165, 108.
62 Royal Geographical Society, Henry Rawlinson Papers, 4, Journal, 1. Dezember 1839.
63 British Library, MSS Eur. E.165, 20.
64 National Archives (UK), FO 705/32, Masson an Pottinger, 3. November 1839.
65 Ebenda, Masson an Pottinger, 2. Oktober 1839.
66 Ebenda, Masson an Pottinger, 21. Februar 1840.
67 British Library, MSS Eur. E.165, 20.
68 National Archives (UK), FO 705/32, Masson an Pottinger, 18. Oktober 1838.
69 Ebenda, Masson an Pottinger, 21. Februar 1840.
70 Royal Geographical Society, Henry Rawlinson Papers, 4, Journal, 1. Dezember 1839.
71 National Archives (UK), FO 705/32, Masson an Pottinger, 3. November 1839.
72 Royal Geographical Society, Henry Rawlinson Papers, 4, Journal, 1. Dezember 1839.
73 British Library, MSS Eur. E.165, 189.
74 Ebenda, 165.
75 Zitiert in *The Caledonian Mercury*, 7. November 1842, S. 2.
76 National Archives (UK), FO 705/32, Masson an Pottinger, 2. Oktober 1839.
77 Ebenda, Masson an Pottinger, 21. Februar 1840.
78 Ebenda, Masson an Pottinger, 3. November 1839.
79 Ebenda, Masson an Pottinger, 20. Februar 1840.
80 Royal Geographical Society, Henry Rawlinson Papers, 4, Journal, 1. Dezember 1839.
81 Ebenda.
82 National Archives (UK), FO 705/32, Masson an Pottinger, 21. Februar 1840.

## 15 DIE BLUTKAMMER

1 James Atkinson, *Sketches in Afghaunistan*, H. Graves, London, 1842, S. xi–xii.
2 James Rattray, *The costumes of the various tribes, portraits of ladies of rank, celebrated princes and chiefs, views of the principal fortresses and cities, and interior of the cities and temples of Afghaunistaun*, Hering & Remington, London, 1848, S. 13.

3 *Illustrated London News*, 3. September 1910, S. 353.
4 Rattray, *Costumes*, S. 13.
5 British Library, MSS Eur. E.165, 226.
6 Ebenda, 137.
7 Ebenda.
8 Ebenda.
9 Ebenda.
10 *Bombay Times*, 31. März 1841, S. 203.
11 Charles Masson, *Various Journeys of a Journey to Kalât, Including an Insurrection at that Place in 1840: And a Memoir on Eastern Balochistan*, Richard Bentley, London, 1843, S. 10.
12 Masson, *Various Journeys*, Vol. 2, S. 111.
13 Ebenda, S. 91.
14 Ebenda, S. 90.
15 Nach H. T. Lambrick, »Observations on Baloch Poetry of the Sind Border«, *Journal of the Sind Historical Society*, Vol. 5 (1942), S. 180.
16 British Library, MSS Eur. E.165, 106.
17 *The Asiatic Journal*, Vol. 34 (Januar–April 1841), S. 190, Loveday an Familienmitglieder, 25. Januar 1840.
18 Masson, *Kalât*, S. 117–118.
19 British Library, MSS Eur. E.165, 106.
20 Masson, *Kalât*, S. 69.
21 British Library, MSS Eur. E.165, 106.
22 Masson, *Kalât*, S. 68.
23 *The London Quarterly Review*, Oktober 1846, S. 264.
24 Ebenda.
25 James Burnes, *Notes on his name and family*, gedruckt für den privaten Gebrauch, Edinburgh, 1851, S. 64.
26 *The Asiatic Journal*, Vol. 34 (Januar–April 1841), S. 186, Loveday an Familienmitglieder, 27. Januar 1839.
27 Ebenda, S. 187, Loveday an Familienmitglieder, 9. Mai 1839.
28 Ebenda, S. 190, Loveday an Familienmitglieder, 25. November 1839.
29 Masson, *Kalât*, S. 77–78.
30 Ebenda, S. 71.
31 Ebenda.
32 British Library, MSS Eur. E.165, 107.
33 Ebenda, 106.
34 Ebenda, 107.
35 Ebenda, 75; *The Calcutta Englishman*, 14. Januar 1841, S. 3.
36 Masson, *Kalât*, S. 117–118.
37 Ebenda.
38 *The Asiatic Journal*, Vol. 34 (Januar–April 1841), S. 187, Loveday an Familienmitglieder, 9. Mai 1839.

39 National Archives, London, FO 705/32, Masson an Pottinger, 3. November 1839.
40 Nach Gholam Mahomed Khan Mazari, Hrsg. T. L. J. Mayer, *Baloch Classics*, CMS Mission Press, Sikandra, Agra, 1906, S. 1–2.
41 British Library, MSS Eur. E.165, 107.
42 Ebenda, 108.
43 Masson, *Kalât*, S. 133.
44 British Library, MSS Eur. E.165, 109.
45 Masson, *Kalât*, S. 137.
46 British Library, IOR/L/PS/5/154, 5, Rawlinson an Macnaghten, 21. Oktober 1840.
47 *Bombay Times*, 13. März 1841, S. 164–165.
48 *The Asiatic Journal*, Vol. 35 (Mai–August 1841), S. 185.
49 *Bombay Times*, 13. März 1841, S. 164–165, Loveday an Captain J. D. D. Bean, zitiert in Bean an Bell, 2. Januar 1841.
50 *Bombay Times*, 13. März 1841, S. 164–165.
51 Ebenda.
52 British Library, MSS Eur. E.165, 110.
53 Masson, *Kalât*, S. 143.
54 Ebenda, S. 150.
55 Ebenda, S. 148.
56 Ebenda, S. 150–151.
57 British Library, MSS Eur. E.165, 112.
58 Masson, *Kalât*, S. 151–152.
59 Ebenda, S. 154.
60 British Library, MSS Eur. E.165, 110.
61 Masson, *Kalât*, S. 154.
62 Ebenda, S. 150.
63 *The Asiatic Journal*, Vol. 34 (Januar–April 1841), S. 190, Loveday an Familienmitglieder, August 1840.
64 Masson, *Kalât*, S. 156.
65 Ebenda, S. 157.
66 Ebenda.
67 Ebenda, S. 166.
68 Ebenda, S. 167.
69 Ebenda, S. 165.
70 *Bombay Times*, 2. Januar 1841, S. 4.
71 Masson, *Kalât*, S. 165.
72 British Library, MSS Eur. E.165, 110.
73 Ebenda, 115.
74 Ebenda, 201–202.
75 *The Asiatic Journal*, Vol. 34 (Januar–April 1841), S. 190, Loveday an Familienmitglieder, August 1840.

76 Ebenda, Vol. 35 (Mai–August 1841), S. 127, Loveday an Major Griffiths, 11. August 1840.
77 Masson, *Kalât*, S. 169.
78 Ebenda, S. 176.
79 Ebenda, S. 182.
80 British Library, MSS Eur. E.165, 116; British Library, IOR/L/PS/5/154, 24, Loveday an Bean, 26. August 1840.
81 Masson, *Kalât*, S. 193–194.
82 Ebenda, S. 174–175.
83 Ebenda, S. 197.
84 Ebenda, S. 196.
85 Ebenda, S. 198.
86 Ebenda, S. 200–201
87 Ebenda, S. 203.
88 Nach Mazari, *Baloch Classics*, S. 10–12.

## 16 DER GEFANGENE

1 Masson, *Kalât*, S. 206.
2 British Library, MSS Eur. E.165, 117.
3 Masson, *Kalât*, S. 203.
4 Ebenda, S. 204.
5 Ebenda, S. 208.
6 Ebenda, S. 208–209.
7 British Library, MSS Eur. E.165, 120.
8 Masson, *Kalât*, S. 214.
9 British Library, IOR/L/PS/5/154, 25.
10 Masson, *Kalât*, S. 214.
11 British Library, MSS Eur. E.165, 124.
12 Masson, *Kalât*, S. 221.
13 Ebenda, S. 228.
14 British Library, IOR/F/4/2009/89688, 11.
15 British Library, IOR/L/PS/5/154, 25.
16 Ebenda, 26, Bean an Gul Mohammad, 31. August 1840.
17 British Library, IOR/L/PS/5/154, 31.
18 British Library, MSS Eur. E.165, 154.
19 British Library, IOR/L/PS/5/154, 45.
20 Ebenda, 31.
21 Masson, *Kalât*, S. 230.
22 British Library, IOR/L/PS/5/154, 31, Loveday an Bean, 14. September 1840.
23 Masson, *Kalât*, S. 229.
24 Ebenda, S. 237.
25 British Library, MSS Eur. E.165, 120.
26 Masson, *Kalât*, S. 234.

27 Ebenda, S. 236.
28 Ebenda, S. 246.
29 Ebenda.
30 Ebenda, S. 247.
31 Loveday an Bean, 27. September 1840, zitiert in Anon., *Alphabetical catalogue of the contents of the pre-mutiny records of the commissioner in Sind*, Commissioner's Printing Press, Karachi, 1857, S. 213.
32 British Library, IOR/L/PS/5/154, 43, Loveday an Bean, 24. September 1840.
33 Masson, *Kalât*, S. 238.
34 Ebenda, S. 249.
35 Ebenda.
36 Ebenda, S. 250.

## 17 DER SPION

1 British Library, IOR/L/PS/5/154, 43–4, Loveday an Bean, 24. September 1840.
2 Ebenda, 43, Loveday an Bean, 24. September 1840.
3 Masson, *Kalât*, S. 252.
4 Ebenda, S. 254.
5 Ebenda, S. 254–255.
6 British Library, IOR/H/797, Bell an Bean, 29. September 1840.
7 Ebenda, Bell an Colvin, 19. Oktober 1840.
8 British Library, MSS Eur. E.195, 36–37.
9 British Library, IOR/L/PS/5/550, 33.
10 Masson, *Kalât*, S. 255.
11 British Library, MSS Eur. E.165, 123.
12 Masson, *Kalât*, S. 259.
13 British Library, IOR/F/4/2009/89688, 64–65.
14 Masson, *Kalât*, S. 259.
15 British Library, IOR/L/PS/5/154, 26, Bean an Loveday, 21. August 1840.
16 Masson, *Kalât*, S. 226–227.
17 British Library, IOR/L/PS/5/154, 43, Loveday an Bean, 24. September 1840.
18 British Library, MSS Eur. E.195, 29–31, Masson an Bean, 25. September 1840.
19 British Library, IOR/L/PS/5/154, 24, Bean an Macnaghten, 31. August 1840.
20 Ebenda, 29, Macnaghten an Bean, 10. September 1840.
21 *Bombay Times*, 13. März 1841, S. 164–165, Bean an Bell, 2. Januar 1841.
22 Ebenda, 13. März 1841, S. 164–165.
23 Ebenda, Bean an Bell, 2. Januar 1841.
24 British Library, MSS Eur. E.165, 106.
25 British Library, MSS Eur. E.195, 33.
26 Masson, *Kalât*, S. 257, Bean an Masson, 29. September 1840.
27 Burnes, *Notes*, S. 58.

28 Kennedy, *Various Journeys*, Vol. 2, S. 118.
29 Kaye, *Lives*, S. 46–47, Burnes an Lord, 22. November 1839.
30 Grey und Garrett, *European Adventurers*, S. 236.
31 Murray, *Sikunder Burnes*, S. 213.
32 Ebenda, S. 158.
33 Zitiert in Dalrymple, *Return of a King*, S. 86.
34 Murray, *Sikunder Burnes*, S. 344.
35 *Bombay Times*, 18. November 1840, S. 738–739.

## 18 INNEREIEN

1 British Library, MSS Eur. E.163, 16.
2 British Library, MSS Eur. E.161/7, 1–2.
3 Ebenda, 49, Masson an Wade, Juni 1836.
4 British Library, IOR/L/PS/5/126.
5 Kaye, *Lives*, S. 46–47, Burnes an Lord, 22. November 1839.
6 British Library, MSS Eur. E.161/6, 23, T. Postans an Masson, 28. November 1840.
7 Masson, *Various Journeys*, Vol. 2, S. 360–361.
8 British Library, MSS Eur. E.195, 34–35, Masson an Macnaghten, 25. September 1840.
9 Masson, *Kalât*, S. 262, Macnaghten an Masson, 10. Oktober 1840.
10 Zitiert in British Library, MSS Eur. E.165, 137.
11 Zitiert in H. T. Lambrick, »Charles Masson's detention in Quetta, September 1840–Januar 1841«, *Journal of the Sind Historical Society*, Vols 5–6 (1941–2), S. 80, Bean an Masson, 25. September 1840.
12 British Library, MSS Eur. E.161/4, 15.
13 Ebenda, 16.
14 Ebenda, 26.
15 Ebenda, 27.
16 *Bombay Times*, 14. August 1840, S. 522.
17 Ebenda, 14. November 1838, S. 730.
18 British Library, MSS Eur. E.161/4, 17.
19 British Library, MSS Eur. E.165, 123.
20 Masson, *Kalât*, S. 259–260.
21 British Library, IOR/F/4/2009/89688, 65–66.
22 Masson, *Kalât*, S. 259.
23 British Library, MSS Eur. E.165, 123.
24 British Library, MSS Eur. E.162, 76.
25 *Bombay Times*, 13. März 1841, S. 162–163.
26 Ebenda.
27 Ebenda.
28 Ebenda.
29 *The Calcutta Englishman*, 14. Januar 1841, S. 3.

30 British Library, MSS Eur. E.161/4, 49, Stacy an Masson, 29. Dezember 1840.
31 *Bombay Times*, 13. März 1841, S. 162–163.
32 British Library, MSS Eur. E.165, 124.
33 British Library, MSS Eur. E.195, 23.
34 Masson, *Kalât*, S. 263.

## 19 GRENZEN

1 British Library, MSS Eur. E161/6, 31, Stacy an Masson, 26. Juni 1841.
2 Nott, *Memoirs*, S. 268.
3 Ebenda, S. 248.
4 British Library, MSS Eur. E.161/6, 37–38.
5 British Library, MSS Eur. E.161/4, 35, Stacy an Masson, 4. November 1840.
6 British Library, IOR/L/PS/5/154, 386.
7 British Library, MSS Eur. E.161/4, 35, Stacy an Masson, 4. November 1840.
8 British Library, IOR/L/PS/5/154, 950, Stacy an Bell, 27. Dezember 1840.
9 Ebenda.
10 National Archives, London, FO 705/32, Jephson an Masson, 23. August 1838.
11 British Library, IOR/L/PS/5/154, 950, Stacy an Bell, 27. Dezember 1840; British Library, IOR/L/PS/5/154, Nott an Bell, 3. November 1840.
12 British Library, IOR/L/PS/5/155, 357, Maddock an Bell, 11. Januar 1841.
13 British Library, MSS Eur. E.161/6, 42.
14 Lambrick, »Charles Masson's detention«, S. 83.
15 British Library, MSS Eur. E.161/6, 42.
16 British Library, MSS Eur. E.161/4, 42, Stacy an Masson, 23. November 1840.
17 Ebenda, 36, Stacy an Masson, 14. November 1840.
18 *Bombay Times*, 13 März 1841, S. 164–165, Bell an Masson, 14. Dezember 1840.
19 British Library, MSS Eur. E.161/6, 44.
20 Ebenda.
21 British Library, IOR/L/PS/5/154, 950, Stacy an Bell, 27. Dezember 1840.
22 British Library, MSS Eur. E.161/6, 25, Stacy an Masson, 27. Dezember 1840.
23 Ebenda.
24 British Library, MSS Eur. E.165, 123.
25 British Library, MSS Eur. E.161/6, 45, Stacy an Masson, 18. Dezember 1840.
26 British Library, IOR/L/PS/5/155, 916, Stacy an Bell, 17. Dezember 1840.
27 Ebenda, 923.
28 British Library, MSS Eur. E.161/4, 55.
29 British Library, IOR/L/PS/5/155, 930, Maddock an Macnaghten, 23. Januar 1841.
30 British Library, MSS Eur. E.161/6, 42.
31 Ebenda, 40, Jephson an Masson, 27. März 1841.
32 British Library, MSS Eur. E.161/7, 65.
33 British Library, MSS Eur. E.161/4, 42, Stacy an Masson, 23. November 1840.
34 Masson, *Kalât*, S. 267, Bean an Bell, 2. Januar 1841.

35 *Bombay Times*, 13. März 1841, S. 162–163.
36 British Library, MSS Eur. E.161/6, 33, Jephson an Masson, 12. Dezember 1840.
37 Ebenda.
38 British Library, MSS Eur. E.165, 154.
39 British Library, IOR/L/PS/5/552, 34–35.
40 British Library, IOR/L/PS/5/154, 47, Macnaghten an Torrens, 8. Oktober 1840.
41 British Library, MSS Eur. E.195, 47–48, Bell an Maddock, 9. Januar 1841.
42 Ebenda, 46, Bell an Masson, 9. Januar 1841.
43 British Library, MSS Eur. E.161/5, 29, Hammersley an Masson, 29. Dezember 1840.
44 Masson, *Kalât*, S. 272–273.
45 *Bombay Times*, 13. März 1841, S. 164–165, Masson an Bell, 24. Dezember 1840.
46 Nach M. Longworth Dames, *Popular Poetry of the Baloches*, Royal Asiatic Society, London, 1907, Vol. 1, S. 272–273.

## 20 DER MANN, DER KÖNIG SEIN WOLLTE

1 *Bombay Courier*, 13. März 1841, S. 82.
2 *Bombay Times*, 13. März 1841, S. 162.
3 Lal, *Travels*, S. 485.
4 Jivanji Jamshedji Modi, *Oriental Conference Papers*, The Fort Printing Press, Bombay, 1932, S. 59.
5 Quintus Curtius Rufus, *History of Alexander*, 4.4.16–17.
6 Ebenda, 4.6.28.
7 Ebenda, 4.6.29.
8 Diodorus Siculus, *The Library of History*, 17.70.
9 Nach dem *Book of Arda Viraf*, 1.1–7.
10 Sir Robert Eric Mortimer Wheeler, *Flames over Persepolis: Turning point in History*, Weidenfeld & Nicolson, London, 1968, S. 23.
11 Ebenda, S. 64.
12 Kaye, *Lives*, Vol. 3, S. 49.
13 Kaye, *History of the War*, Vol. 1, S. 137.
14 Kaye, *Lives*, Vol. 3, S. 49.
15 Ebenda, S. 48.
16 British Library, MSS Eur. E.165, Masson an Pottinger, 2. Oktober 1839.
17 Ebenda.
18 National Library of Scotland, John Murray Archive, MS.42633, Ledger of Manuscripts Returned and Received, 11. Juli 1840.
19 Ebenda, MS.40970, Pottinger an Murray, 4. Februar 1841.
20 British Library, MSS Eur. E.161/1, 205, Pottinger an Mrs. Lewis [Massons Mutter], 4. Januar 1841.

21 National Library of Scotland, John Murray Archive, MS.40970, Pottinger an Murray, 4. Februar 1841.
22 British Library, MSS Eur. E.161/1, 207, Pottinger an Masson, 25. Juli 1841.
23 British Library, MSS Eur. E.161/6, 35, Stacy an Masson, 12. Juli 1841.
24 Ebenda, 41, unbekannter Autor an Jephson, 11. März 1841.
25 Ebenda, 41, unbekannter Autor an Jephson, 26. Januar 1841.
26 British Library, MSS Eur. E.195, Maddock an Bell, 1. Februar 1841.
27 British Library, MSS Eur. E.165, 190–191.
28 British Library, MSS Eur. E.161/6, 34, Stacy an Masson, 28. Juni 1841.
29 Ebenda.
30 Ebenda, 31–32, Stacy an Masson, 26. Juni 1841.
31 Ebenda, 35, Stacy an Masson, 12. Juli 1841.
32 Ebenda, Stacy an Masson, 7. Juli 1841.
33 Ebenda.
34 Ebenda, 36, Stacy an Masson, 26. Juli 1841.
35 Ebenda, 35, Stacy an Masson, 7. Juli 1841.
36 Ebenda, 29–30, Stacy an Masson, 24. Juni 1841.
37 Ebenda, 18, Stacy an Masson, 6. Mai 1841.
38 Ebenda, 29–30, Stacy an Masson, 24. Juni 1841.
39 British Library, MSS Eur. E.165, 156.
40 British Library, MSS Eur. E.195, Maddock an Bell, 1. Februar 1841.
41 *Bombay Times*, 13. März 1841, S. 164–5, Masson an Bell, 24. Dezember 1840.
42 British Library, MSS Eur. E.167, 58.
43 Masson, *Kalât*, S. 276.
44 British Library, MSS Eur. E161/6, 40, Jephson an Masson, 7. April 1841.
45 British Library, Bombay Political Consultations, IOR/F/4/1944/ 84442, 11.
46 Ebenda, Masson an Willoughby, 24. Oktober 1841.
47 *The Calcutta Review*, Vol. 2 (Oktober–Dezember 1844), S. 248.
48 British Library, MSS Eur. E.162, 6.
49 Maulana Hamid Kashmiri, *Akbarnama*, 1.
50 British Library, MSS Eur. E.165, 190–191.
51 Kaye, *Lives*, Vol. 2, S. 61.
52 Kaye, *History of the War*, Vol. 2, S. 3.
53 Kaye, *Lives*, Vol. 2, S. 62.
54 *The Asiatic Journal*, Vol. 38 (Mai–August 1842), S. 177.

## 21 DER LAMPENANZÜNDER

1 Herodot, *Historien*, II, 143.
2 E. Errington, »Rediscovering the collections of Charles Masson«, in M. Alram und D. E. Klimburg-Salter, *Coins, Art and Chronology: Essays on the pre-Islamic History of the Indo-Iranian Borderlands*, Österreichische Akademie der Wissenschaften, Wien, 1999, S. 211.
3 *The Times*, 7. Februar 1842, S. 4.

4 Ebenda, 10. März 1842, S. 5.
5 British Library, MSS Eur. E.161/6, 31–2, Stacy an Masson, 26. Juni 1841.
6 British Library, MSS Eur. E.161/1, 90, Pottinger an Masson, 27. September 1839.
7 Wilson, *Ariana Antiqua*, S. 439.
8 British Library, MSS Eur. E.161/7, 14.
9 Wilson, *Ariana Antiqua*, S. 441.
10 Bodleian Library, Oxford, Afghan.1.d.1, 203.
11 Ebenda, 139.
12 Ebenda, 347.
13 Ebenda, 400.
14 Ebenda, 429.
15 Ebenda, 123.
16 Ebenda, 119.
17 British Library, Add. MS 46614, Vol. 60, 118.
18 *The Times*, 4. November 1842, S. 3.
19 British Library, MSS Eur. E.165, 156.
20 British Library, IOR/L/PS/5/552, 209–210.
21 British Library, MSS Eur. E.161/6, 40, Jephson an Masson, 7. April 1841.
22 *The London Gazette for the Year 1845*, Vol. 1 (1845), S. 985.
23 British Museum, BM-OP 20.6.1847, J. M. Ludlow an H. B. Ker, 20. Juni 1847.
24 British Museum, BM-TM 24.7.1847, Standing Committee Papers, 24. Juli 1847, 7301.2.
25 British Library, IOR/F/4/2009/89688, IOR/F/4/2009/89689.
26 Masson, *Various Journeys*, Vol. 1, S. vii–xii.
27 *The Caledonian Mercury*, 7. November 1842, S. 2.
28 *The Times*, 8. Februar 1842, S. 4.
29 *The Calcutta Review*, Vol. 10 (1848), S. 220.
30 J. A. Norris, *The First Afghan War*, Cambridge University Press, Cambridge, 1967, S. 200.
31 Ebenda, S. 252.
32 Ebenda, S. 188.
33 Chester County Historical Society, Harlan Papers, Miscellaneous Papers/1850er und 1860er, 2981.
34 Ebenda, 3004.
35 Ebenda, 2988.
36 Ebenda, 2986–2987.
37 Harlan, *Memoir*, S. 2.
38 Ebenda, S. 2.
39 Zitiert in ebenda, S. 1.
40 Chester County Historical Society, Harlan Papers, Miscellaneous Papers/1880er.
41 Ebenda, Miscellaneous Papers/1840er, nichtnummeriertes Folio.

42 British Library, MSS Eur. F.526.
43 British Library, MSS Eur. E.161/7, 16.
44 Ebenda, S. 22.
45 National Archives (UK), Family Records, FR.1, Marriage Certificate 167, Stoke Newington, 19. Februar 1844.
46 British Library, MSS Eur. F.526, nichtnummeriertes Folio.
47 Edward Daniel Clarke, *The Tomb of Alexander, a Dissertation on the Sarcophagus brought from Alexandria, and now in the British Museum*, Cambridge University Press, Cambridge, 1805.
48 Zahiruddin Muhammad Babur, *Baburnama*, Folio Society, London, 2013, S. 761.
49 National Archives (UK), Family Records, FR.4, Death Certificate 224, Edmonton, Middlesex, 5. November 1853.
50 David Traill, *Schliemann of Troy: Treasure and Deceit*, John Murray, London, 1995, S. 3.
51 Ebenda, S. 6.
52 Ebenda, S. 10–13.
53 Edmund Richardson, »Seven Lost Cities Swallowed Up By Time«, Atlas Obscura, 8. Oktober 2013 [online]: https://www.atlasobscura.com/articles/seven-lost-cities-swallowed-up-by-time .
54 Evelyn Waugh, *Labels*, Duckworth, London, 1974, S. 136.
55 Cathy Gere, *Knossos and the Prophets of Modernism*, University of Chicago Press, Chicago, 2010.
56 Leonard Woolley, *As I Seem to Remember*, Allen & Unwin, London, 1962, S. 21–23.
57 Gere, *Knossos*, S. 105.
58 British Library, MSS Eur. E.161/4, 14.
59 P. M. Fraser, *Cities of Alexander the Great*, Clarendon Press, Oxford, 1996, S. 147–148.
60 George Grote, *History of Greece*, John Murray, London, 1856, Vol. 12, S. 201.
61 Todd Greentree, »A Letter from Bagram« [online]: http://www.the-ameri-can- interest.com/2009/07/01/a-letter-from-bagram/.
62 »British Museum to open three new galleries to tell ›interconnected story of the world‹«. *Evening Standard* (London), 4. Juli 2017 [online]: https://www.standard.co.uk/go/london/arts/british-museum- to-open-three-new-galle-ries-to-tell-interconnected-story-of- the-world-a3579101.html.
63 Gandhara-School-Relief (Kuschana-Zeit), British Museum, 1970,0718.1.
64 Sushma Jansari, »The oldest, dateable depiction of the Buddha in human form«, 20. November 2018 [online]: https://www.youtube.com/watch?v=NZMqY3d-dQA.

65 British Museum, Trustees' Minutes, BM.TM.13.12.1879. Elizabeth Errington, Leiterin des Masson-Projekts des Museums, deren Arbeit ein größeres Verständnis für Massons Sammlungen bewirkt hat, hat die Spuren von Massons Funden verfolgt und mit ihrer Forschung Hervorragendes geleistet: Elizabeth Errington, *The Charles Masson Archive: British Library, British Museum and Other Documents Relating to the 1832–1838 Masson Collection from Afghanistan*, British Museum Press, London, 2017.
66 British Museum, Department of Asia, BM.Asia.6.1.1880.
67 Ebenda.
68 Errington, *Charles Masson*, S. 25.
69 British Museum, Department of Asia, BM.Asia.1.8.1882.
70 Wilson, *Ariana Antiqua*, S. 26.
71 British Library, MSS Eur. E.165, 190–191.
72 Denise Blake Oleksijczuk, *The First Panoramas: Visions of British Imperialism*, University of Minnesota Press, Minneapolis, 2011, S. 12.
73 *The Asiatic Journal and Monthly Miscellany*, Vol. 38 (Juni 1842), S. 174–175.
74 Ebenda.
75 Robert Burford, *Description of a view of the city of Cabul, the capital of Affghanistan, with the surrounding country, now exhibiting at the Panorama, Leicester Square*, G. Nichols, London, 1842, Frontispiz.
76 *The Times*, 4. November 1842, S. 3.
77 G. T. Vigne, »Chief wrestler at Kabul« (Aquarell, 1835–8), Victoria and Albert Museum, SD.1109.
78 James Atkinson, »Umeer Dost Mahomed Khan«, in Atkinson, *Character and Costume*, S. 15.
79 Burford, *The city of Cabul*, Frontispiz.
80 *The Times*, 4. November 1842, S. 3.

# Bibliografie


Al-Nadim, Ibn, übers. B. Dodge, *The Fihrist of al-Nadīm: a tenth-century survey of Muslim culture*, Columbia University Press, New York, 1970

Alram, M., und D. E. Klimburg-Salter, *Coins, Art and Chronology: Essays on the pre-Islamic History of the Indo-Iranian Borderlands*, Österreichische Akademie der Wissenschaften, Wien, 1999

Anon., *A Brief Memoir of an Officer of the Bengal Artillery*, L. B. Seely, London, 1834

Anon., *Accounts and Papers of the House of Commons, Session, 5 February–27 August 1839*, House of Commons, London, 1839

Anon., *Afghanistan: Ancient Land with Modern Ways*, Ministry of Planning of the Royal Government of Afghanistan, Kabul, 1961

Anon., *Alphabetical catalogue of the contents of the pre-mutiny records of the commissioner in Sind*, Commissioner's Printing Press, Karachi, 1857

Anon., *Correspondence Relating to Persia and Affghanistan*, J. Harrison, London, 1839

Anon., *Parliamentary Papers, Session 2, 31 May–13 August 1859*, House of Commons, London, 1859

Anon., *Return to an order of the Honourable the House of Commons, dated 24 June 1839: Accounts of all monies supplied from the revenues of India*, London, 1839

Anon., *The Bengal and Agra Annual Guide and Gazetteer for 1841*, William Rushton and Co., Calcutta, 1841

Anon., *The Law Relating to India and the East India Company*, W. H. Allen, London, 1842

Anon., *The Policy of the Government of British India, as exhibited in Official Documents*, W. H. Allen, London, 1839

Ata-Malik Juvaini, Alā' al-Dīn 'Aṭā Malik, übers. J. A. Boyle, *Genghis Khan: The History of the World Conqueror* [*Tarīkh-i Jahān-gushā*], Manchester University Press, Manchester, 1997

Atkinson, James, *Sketches in Afghaunistan*, H. Graves, London, 1842

—, *Character and Costume of Affghanistan*, H. Graves, London, 1843

Babur, Zahiruddin Muhammad, übers. Wheeler M. Thackston, *Baburnama*, Folio Society, London, 2013

Badian, E., *Alexandre le Grand, image et réalité*, Fondation Hardt, Genf, 1976

Ball, Warwick, und Jean-Claude Gardin, *Archaeological Gazetteer of Afghanistan*, Recherche sur les civilisations, Paris, 1982

Barr, William, *Journal of a March from Delhi to Peshâwur: And from Thence to Câbul, with the Mission of Lieut.-Colonel Sir C. M. Wade*, J. Madden, London, 1844

Birdwood, G. C. M., *The Industrial Arts of India*, Chapman and Hall, London, 1880

Blakiston, John, *Twelve Years' Military Adventure in Three Quarters of the Globe*, Henry Colburn, London, 1829

Bloss, C. A., *Ancient History, illustrated by colored maps, and a chronological chart, for the use of families and schools*, Clark and Maynard, New York, 1869

Bopearachchi, O. , *Monnaies gréco-bactriennes et indo-grecques*, Bibliothèque nationale, Paris, 1991

Buist, George, *Outline of the operations of the British troops in Scinde and Afghanistan*, Times Office, Bombay, 1843

Burford, Robert, *Description of a view of the city of Cabul, the capital of Affghanistan, with the surrounding country, now exhibiting at the Panorama, Leicester Square*, G. Nichols, London, 1842

Burgon, John William, *Petra, a Poem: To which a Few Short Poems are Now Added*, F. Macpherson, Oxford, 1846

Burnes, Alexander, *Travels Into Bokhara: Being the Account of a Journey from India to Cabool, Tartary, and Persia*, John Murray, London, 1834

—, *Cabool: A Personal Narrative of a Journey To, and Residence in that City, in the Years 1836, 7, and 8*, John Murray, London, 1843

Burnes, James, *Notes on his name and family*, printed for private circulation, Edinburgh, 1851

Byron, Lord, *The Works of Lord Byron: Including the Suppressed Poems*, A. & W. Galignani, Paris, 1828

Clarke, Edward Daniel, *The Tomb of Alexander, a Dissertation on the Sarcophagus brought from Alexandria, and now in the British Museum*, Cambridge University Press, Cambridge, 1805

Cohen, Getzel M., *The Hellenistic Settlements in the East from Armenia and Mesopotamia to Bactria and India*, University of California Press, Berkeley, CA, 2013

Cotton, Julian James, *General Avitabile*, Edinburgh Press, Calcutta, 1906

Creevey, William, Hrsg. Sir Herbert Maxwell, *The Creevey Papers: A selection from the correspondence and diaries of the late Thomas Creevey, M.P.*, John Murray, London, 1903

Creighton, J. N., *Narrative of the Siege and Capture of Bhurtpore*, Parbury, Allen and Co., London, 1830

Crowe, Thomas Rain, *Drunk on the Wine of the Beloved: 100 Poems of Hafiz*, Shambhala, London, 2001

Dalrymple, William, *Return of a King: The Battle for Afghanistan*, Bloomsbury, London, 2013

—, *The Anarchy: The Relentless Rise of the East India Company*, Bloomsbury, London, 2019
Eden, Emily, *Up the Country*, Richard Bentley, London, 1867
Edwardes, Herbert Benjamin, *Life of Sir Henry Lawrence*, Smith, Elder, London, 1872
Egan, Pierce, *Life in London: Or, The Day and Night Scenes of Jerry Hawthorne, Esq., and His Elegant Friend Corinthian Tom*, Sherwood, Neely, and Jones, London, 1822
Elliot, Henry Miers, *The History of India, as Told by Its Own Historians*, Trübner and Co., London, 1871
Elphinstone, Mountstuart, *An Account of the Kingdom of Caubul, and Its Dependencies in Persia, Tartary, and India: Comprising a View of the Afghaun Nation, and a History of the Dooraunee Monarchy*, Longman, Hurst, Rees, Orme, and Brown, London, 1815
Errington, Elizabeth, *Charles Masson and the Buddhist sites of Afghanistan: explorations, excavations, collections 1832–1835*, British Museum Press, London, 2017
—, *The Charles Masson Archive: British Library, British Museum and Other Documents Relating to the 1832–1838 Masson Collection from Afghanistan*, British Museum Press, London, 2017
—, Vesta Sarkhosh Curtis and Joe Cribb, *From Persepolis to the Punjab: Exploring ancient Iran, Afghanistan and Pakistan*, British Museum Press, London, 2017
Eyre, Vincent, *Military Operations at Cabul, which Ended in the Retreat and Destruction of the British Army, January 1842*, John Murray, London, 1843
Forrest, George, Hrsg., *Selections from the travels and journals preserved in the Bombay secretariat*, Government Central Press, Bombay, 1906
Fraser, P. M., *Cities of Alexander the Great*, Clarendon Press, Oxford, 1996
Gere, Cathy, *Knossos and the Prophets of Modernism*, University of Chicago Press, Chicago, 2010
Grey, C., und H. L. O. Garrett, *European Adventurers of Northern India, 1785 to 1849*, Languages Department, Patiala, 1970
Grote, George, *History of Greece*, John Murray, London, 1856
Hackin, J., and J. Carl, *Nouvelles recherches archéologiques à Bâmiyân: Mémoires de la Délégation Archéologique Française en Afghanistan*, G. Van Oest, Paris, 1933
Haghe, Louis, und Charles Haghe, nach James Atkinson, *Sketches in Afghanistan*, Henry Graves, London, 1842
Harlan, Josiah, *Central Asia: Personal Narrative of General Josiah Harlan, 1823–1841*, Luzac and Co., London, 1939
—, *A memoir of India and Avghanistaun, with observations on the present exciting and critical state and future prospects of those countries*, J. Dobson, Philadelphia, 1842
Hiebert, Fredrik, und Pierre Cambon, *Afghanistan: Crossroads of the Ancient World*, British Museum Press, London, 2011
Higuchi, Takayasu, バーミヤーン:

京都大学中央アジア学術調査報告: アフガニスタンにおける仏教石窟寺院の美術考古学的調査*1970-1978* 年/ 樋口隆康編 [*Bāmiyān: Kyōto daigaku chūō ajia gakujutsu chōsa hōkoku: Afuganisutan niokeru bukkyō sekkutsu jīn no bijutsu kōkogakuteki chōsa 1970 1978nen*], Dōhōsha Shuppan, Kyōto, 1983–1984

Honigberger, Johann Martin, *Thirty Five Years in the East: Adventures, Discoveries, Experiments, and Historical Sketches, Relating to the Punjab and Cashmere*, H. Ballière, London, 1852

Hultzsch, E., *Inscriptions of Asoka*, Clarendon Press for the Government of India, Oxford, 1925

Ibn Jubayr, Muḥammad ibn Aḥmad, übers. J. C. Broadhurst, *The Travels of Ibn Jubayr*, Jonathan Cape, London, 1952

Jacquemont, Victor, *Letters from India: Describing a Journey in the British Dominions of India, Tibet, Lahore, and Cashmere*, Edward Churton, London, 1834

Kaye, John, *Lives of Indian Officers: Illustrative of the history of the civil and military service of India*, A. Strahan, London, 1867

—, *History of the War in Afghanistan*, W. R. Allen, London, 1874

Kennedy, Richard Hartley, *Narrative of the campaign of the Indus, in Sind and Kaubool in 1838-9*, Richard Bentley, London, 1840

Kipling, Rudyard, *Under the Deodars*, Doubleday, Garden City, NY, 1914

Lal, Mohan, *Life of the Amir Dost Mohammed Khan of Kabul: With His Political Proceedings Towards the English, Russian, and Persian Governments, Including the Victory and Disasters of the British Army in Afghanistan*, Longman, London, 1846

—, *Travels in the Panjab, Afghanistan, Turkistan, to Balk, Bokhara, and Herat*, W. H. Allen, London, 1846

Landa, Gertrude (Pseud. Aunt Naomi), *Jewish Fairy Tales and Legends*, Shapiro, Valentine and Company, London, 1900

Longworth Dames, M., *Popular Poetry of the Baloches*, Royal Asiatic Society, London, 1907

Macintyre, Ben, *Josiah the Great: The True Story of the Man Who Would Be King*, HarperCollins, London, 2004

MacKinnon, Daniel Henry, *Military Service and Adventures in the Far East*, Charles Oliver, London, 1847

Masson, Charles, *Narrative of Various Journeys in Balochistan, Afghanistan and the Panjab Including a Residence in Those Countries from 1826 to 1838*, Richard Bentley, London, 1842

—, *Narrative of a Journey to Kalât, Including an Insurrection at that Place in 1840: And a Memoir on Eastern Balochistan*, Richard Bentley, London, 1843

Mavor, William Fordyce, *Universal History, Ancient and Modern: From the Earliest Records of Time, to the General Peace of 1801*, Collins and Sons, Philadelphia, 1803

Mazari, Gholam Mahomed Khan, Hrsg. T. L. J. Mayer, *Baloch Classics*, CMS Mission Press, Sikandra, Agra, 1906

Mitchell, Robert, *Plans, and views in perspective, with descriptions of buildings erected in England and Scotland*, Wilson and Co., London, 1801

Mitchiner, M., *Indo-Greek and Indo-Scythian Coins*, Hawkins, London, 1975–6

Mitford, William, *The History of Greece*, Cadell and Davies, London, 1818

Modi, Jivanji Jamshedji, *Oriental Conference Papers*, The Fort Printing Press, Bombay, 1932 Morgan, Llewelyn, *The Buddhas of Bamiyan*, Harvard University Press, Cambridge, MA, 2012

Morris, Henry, *The Governors-General of India*, Christian Literature Society for India, London, 1896

Murray, Craig, *Sikunder Burnes: Master of the Great Game*, Birlinn, Edinburgh, 2016

Noelle-Karimi, Christine, *The Interaction Between State and Tribe in Nineteenth-century Afghanistan*, University of California, Berkeley, CA, 1995

Norris, J. A., *The First Afghan War*, Cambridge University Press, Cambridge, 1967

Nott, William, *Memoirs and correspondence of Major-General Sir William Nott*, Hurst and Blackett, London, 1854

Oleksijczuk, Denise Blake, *The First Panoramas: Visions of British Imperialism*, University of Minnesota Press, Minneapolis, 2011

Osborne, William, *The court and camp of Runjeet Singh*, Henry Colburn, London, 1840

Parkes, Fanny, *Wanderings of a Pilgrim in Search of the Picturesque*, Manchester University Press, Manchester, 2001

Rattray, James, *The costumes of the various tribes, portraits of ladies of rank, celebrated princes and chiefs, views of the principal fortresses and cities, and interior of the cities and temples of Afghaunistaun*, Hering & Remington, London, 1848

Riddick, John F., *The History of British India*, Praeger, Westport, CT, 2006

Schmitz, Barbara, *Islamic manuscripts in the New York Public Library*, Oxford University Press, New York and Oxford, 1992

Shah, Idries, *The Pleasantries of the Incredible Mulla Nasrudin*, Octagon Press, London, 1983

Smith, Paul, *The Divan of Hafiz*, New Humanity Books, Melbourne, 1986

Stoneman, Richard, *The Greek Alexander Romance*, Penguin Books, London, 1991

—, *Alexander the Great: A Life in Legend*, Yale University Press, New Haven, CT, 2010

Suri, Lal Sohan Lal, *Umdat-ut-tawarikh*, S. Chand, Delhi, 1961

Thirlwall, Connop, *History of Greece*, Longman, London, 1840

Thomas, E., Hrsg., *Essays on Indian Antiquities, Historic, Numismatic, and Palaeographic, of the late James Prinsep, F.R.S., Secretary to the Asiatic Society of Bengal*, Hertford, London, 1858

Thornberry, Walter, *Old and New London: The City Ancient And Modern*, Cassell, London, 1887

Traill, David, *Schliemann of Troy: Treasure and Deceit*, John Murray, London, 1995
Van Leeuwen, Richard, *The Thousand and One Nights: Space, Travel and Transformation*, Routledge, New York, 2007
Vasunia, Phiroze, *The Classics and Colonial India*, Oxford University Press, Oxford, 2013
Vigne, Godfrey, *A personal narrative of a visit to Ghuzni, Kabul and Afghanistan, and of a residence at the court of Dost Mohamed*, George Routledge, London, 1843
Von Schonberg, Erich, *Travels In India And Kashmir*, Hurst and Blackett, London, 1853
Walpole, Horace, Hrsg. W. S. Lewis, *The Yale Edition of Horace Walpole's Correspondence*, Yale University Press, New Haven, CT, 1937–83
Waugh, Evelyn, *Labels*, Duckworth, London, 1974
Wheeler, Sir Robert Eric Mortimer, *Flames over Persepolis: Turning point in History*, Weidenfeld & Nicolson, London, 1968
Whitmarsh, Tim, und Stuart Thomson, *The Romance Between Greece and the East*, Cambridge University Press, Cambridge, 2013
Whitteridge, G., *Charles Masson of Afghanistan: Explorer, Archaeologist, Numismatist and Intelligence Agent*, Aris and Philips, Warminster, 1986
Widorn, V., U. Franke und P. Latschenberger, Hrsg, *Contextualizing Material Culture in South and Central Asia in Pre-Modern Times*, Brepolis, Turnhout, 2016
Williams, John, *The Life and Actions of Alexander the Great*, J. & J. Harper, New York, 1830
Wilson, Horace Hayman, *Ariana Antiqua: A descriptive account of the antiquities and coins of Afghanistan*, Published Under the Authority of the Honourable The Court of Directors of The East India Company, London, 1841
Wolff, Joseph, *Travels and adventures of the Rev. Joseph Wolff*, Saunders, Otley and Company, London, 1861
Wordsworth, William, *The Poetical Works of William Wordsworth*, Edward Moxon, London, 1869
Xuanzang, übers. Samuel Beal, *Si-Yu-Ki: Buddhist Records of the Western World: Translated from the Chinese of Hiuen Tsiang*, Kegan, Paul, Trench and Company, London, 1884
Yapp, M. E., *Strategies of British India: Britain, Iran and Afghanistan 1798–1850*, Clarendon Press, Oxford, 1980

# Bildnachweise

1. © The Trustees of the British Museum
2. © The Trustees of the British Museum
3. © Photo Josse/Bridgeman Images
4. © The Trustees of the British Museum
5. © The Trustees of the British Museum
6. © The Trustees of the British Museum
7. © ton koene/Alamy Stock Photo
8. © British Library Board. Alle Rechte vorbehalten/Bridgeman Images
9. © National Army Museum/Bridgeman Images
10. L Hague/Mit freundlicher Genehmigung von Wikimedia
11. © National Army Museum/Bridgeman Images
12. © British Library Board. Alle Rechte vorbehalten/ Bridgeman Images
13. © National Army Museum/Bridgeman Images
14. Aus der New York Public Library
15. © British Library Board. Alle Rechte vorbehalten/Bridgeman Images
16. © British Library Board. Alle Rechte vorbehalten/Bridgeman Images
17. © British Library Board. Alle Rechte vorbehalten/Bridgeman Images
18. © Bridgeman Images
19. © National Army Museum/Bridgeman Images
20. © British Library Board. Alle Rechte vorbehalten/Bridgeman Images
21. MS. Ouseley Add. 176, fol. 311b, Foto © Bodleian Libraries
22. © National Maritime Museum, Greenwich, London
23. The Remnants of an Army, 1879, Elizabeth Butler (1846–1933), Tate (Foto © Tate)
24. © British Library Board. Alle Rechte vorbehalten/Bridgeman Images
25. Wellcome Collection; Attribution 4.0 International CC BY 4.0
26. © Library of Congress/Prints and Photographs Division/DS375.K2 B8 (Case X)
27. © Bridgeman Images
28. © Library of Congress/Prints and Photographs Division/DS375.K2 B8 (Case X)
29. Josiah Harlan, Central Asia. Personal Narrative of General Josiah Harlan, 1823–1841, London, Luzac and Co., 1939, Frontispiz
30. Wellcome Collection

31. © CPA Media Pte Ltd/Alamy Stock Photo
32. © The Trustees of the British Museum
33. © British Library Board. Alle Rechte vorbehalten/Bridgeman Images
34. © Victoria and Albert Museum, London

# Danksagungen

Geschichten hinterlassen Spuren. In meinem Fall blieben mir von der Geschichte: eine Beule am Kopf (eine Schlafkoje in einem Nachtzug, Indien), ein hartnäckiger orangefarbener Fleck (Motelessen, Pennsylvania), einmal Einstauben von Kopf bis Fuß mit viktorianischem Staub (ein Archiv, Neu-Delhi), ein fehlender Zahn (ein unklug verbrachter Abend, Ägypten), ein Sammelsurium an weitreichenden Gefallen, die ich Menschen auf der ganzen Welt schulde, die geholfen haben, dieses Buch zu ermöglichen.

Massons Geschichte wurde seit fast zwei Jahrhunderten sicher verwahrt, und das dank der Bibliothekarinnen, Kuratoren und Archivarinnen auf drei Kontinenten. Besonders dankbar bin ich allen Mitarbeiterinnen und Mitarbeitern der National Archives of India, der British Library, der Bodleian Library, der Chester County Historical Society und des British Museum, die mir mit unendlicher Geduld einen Weg durch die Windungen und Verzweigungen der Quellen gewiesen haben und mir halfen, die unzuverlässigen Erzähler von den besonders unzuverlässigen Erzählern zu scheiden.

Bei Bloomsbury war Michael Fishwick ganz einfach ein Traum von einem Lektor. Sarah Ruddick leitete mit Ruhe und Sachverstand die Produktion dieses Buches und Richard Collins erledigte die sprachliche Korrektur mit Freundlichkeit und Einfühlungsvermögen. Hetty Touquet und Hannah Paget, die für Marketing und Öffentlichkeitsarbeit verantwortlich waren, haben sich ganz fantastisch für Massons Geschichte ins Zeug gelegt.

Bei Peters, Fraser and Dunlop haben Tessa David, Tim Binding, Caroline Michel und Laurie Robertson dieses Projekt mit unwahrscheinlicher Großzügigkeit und Weisheit begleitet. Danke, dass Sie mich ermutigt haben, dieser eigenartigen Leidenschaft über so viele Jahre zu folgen, und mir halfen, meine Stimme auf eine Weise zu finden, die ich nie für möglich gehalten hätte.

Jacqueline Smith und Robyn Reed von der BBC und alle Beteiligten des Programms AHRC/BBC New Generation Thinkers ermunterten mich, Massons Geschichte zu einem Buch zu machen, und glaubten daran, dass dies ein Publikum finden würde – und dafür bin ich außerordentlich dankbar.

In Delhi waren William Dalrymple und der verstorbene Bruce Wannell die Freundlichkeit selbst: Wissenschaftler, die in gewisser Weise ein Stückchen des verlorenen Goldenen Zeitalters mit sich führten, wohin auch immer sie gingen – und angesichts deren Gastfreundlichkeit ich immer noch voller Dankbarkeit bin.

Meine früheren und aktuellen Kolleginnen und Kollegen im Department of Classics and Ancient History in Durham haben meine Leidenschaft und Besessenheit mit wunderbarer Nachsicht ertragen. Ich danke Ihnen, vor allem Barbara Graziosi, die meiner Arbeit als Erste eine Chance gegeben hat, und Kathryn Stevens für die Mahnung und Erinnerung daran, dass selbst in dunklen Zeiten die Sterne noch da sind.

Meine Freunde und meine Familie haben mich im Laufe der zehn Jahre mit Charles Masson in jeder Weise unterstützt. An meine Eltern, Mary und Daniel: Danke für alles. An Meg Price sowie an jeden, der dieser Geschichte nur allzu oft zuhören musste: Danke, dass ihr das Gute darin gesehen habt, selbst wenn ich es nicht sehen konnte. An Sophia: Du weißt schon was. Und an Yepoka Yeebo, der das mit mir durchgezogen hat: Ich danke Dir ganz besonders. Du hast mich nie vergessen lassen, dass unsere unpraktischsten Träume manchmal unsere allerbesten sind.

Und da Geschichten vor dem Ende oft noch eine überraschende Wendung nehmen: Ich danke Professor Sean Whittaker und seinem wunderbaren Team am Guy's Hospital, die wirkliche Lebensretter waren, als bei mir mitten in der Arbeit an diesem Buch Krebs diagnostiziert wurde. Dass diese Worte in die Welt treten konnten, ist vor allem Ihnen zu verdanken.

# Index

**C**



**D**



**E**



**F**

## G



## H



## I



## J



## K

## L



## M

## N



## O

## P



## Q



## R



## S



## T

# Bildtafeln

1. Das Reliquiar von Bimaran

2. Ein Einhornsiegel aus Harappa, 2600 v. Chr.–1900 v. Chr.

3. Ein Diener des Buddha, aus Hadda

4. Der goldene Hinweis: eine Münze des römischen Kaisers Theodosius II., von Masson in Hadda gefunden

5. Die Mini-Stein-von-Rosetta: eine zweisprachige Münze von Menander I., gefunden von Masson

6. Augustus und der Kaiser von Afghanistan: eine Münze von Kujula Kadphises, gefunden von Masson

7. Medaillon eines jungen Mannes, aus Bagram

8. Der Bala Hissar, Kabul

9. Die Stadt Kabul

10. Die Buddhas von Bamiyan im Jahre 1832

11. Die Basare von Kabul

12. Die Ebenen von Bagram

13. Die Gärten von Babur, Kabul

14. Der Hofstaat von Dost Mohammed Khan

15. Die Wunder von Bamiyan, eine von Massons Skizzen

16. Sikandar und die Brahmanen

17. Alexanders Flugmaschine

18. Alexander wird unter die Wellen hinabgelassen

19. Der britische Angriff auf Kalat

20. Die Asiatic Society of Bombay

21. Sikandar und der sprechende Baum

22. Das Dampfschiff *Berenice*, mit dem Masson aus Indien wegfuhr, verlässt den Hafen von Bombay

23. William Brydon, der einzige Überlebende der Armee von Kabul, erreicht Indien

24. Der Court Room des Londoner East India House, in dem Massons Unterstützung abgelehnt wurde

25. Der Reading Room des British Museum im Jahre 1840

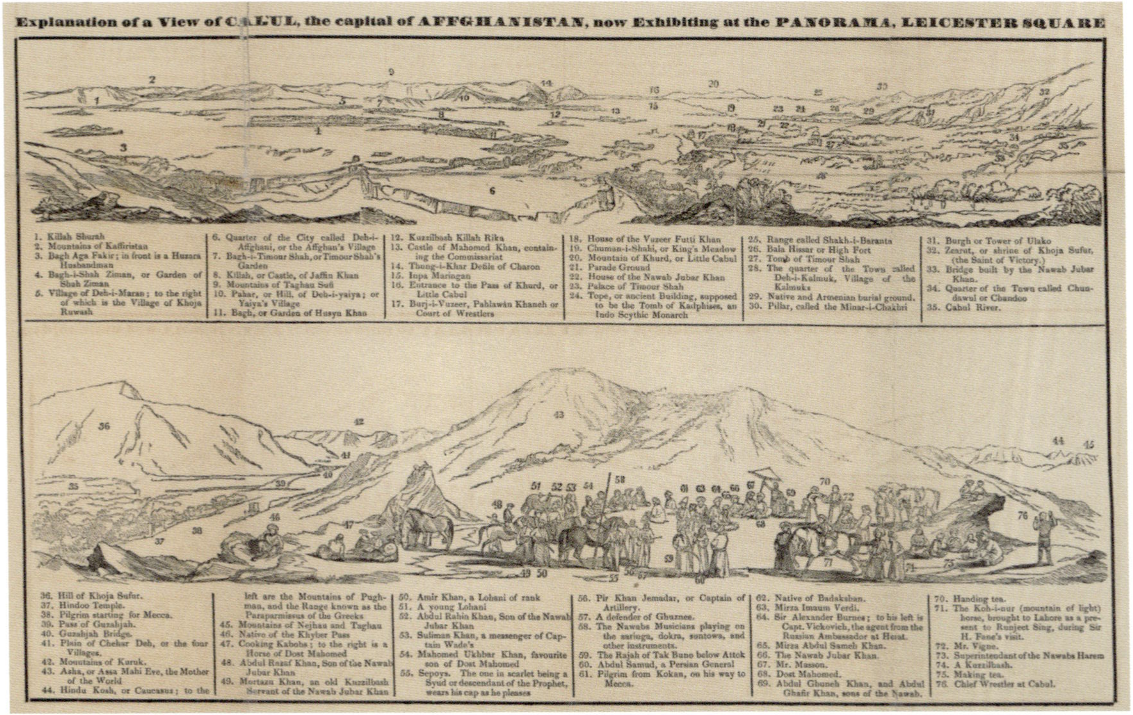

**Explanation of a View of CABUL, the capital of AFFGHANISTAN, now Exhibiting at the PANORAMA, LEICESTER SQUARE**

1. Killah Shurah
2. Mountains of Kaffiristan
3. Bagh Aga Fakir; in front is a Huzara Husbandman
4. Bagh-i-Shah Ziman, or Garden of Shah Ziman
5. Village of Deh-i-Maran; to the right of which is the Village of Khoja Ruwash
6. Quarter of the City called Deh-i-Affghani, or the Affghan's Village
7. Bagh-i-Timour Shah, or Timour Shah's Garden
8. Killah, or Castle, of Jaffin Khan
9. Mountains of Taghau Sufi
10. Pahar, or Hill, of Deh-i-yaiya; or Yaiya's Village
11. Bagh, or Garden of Husyn Khan
12. Kuzzilbash Killah Rika
13. Castle of Mahomed Khan, containing the Commissariat
14. Thung-i-Khar Defile of Charon
15. Inpa Maringan
16. Entrance to the Pass of Khurd, or Little Cabul
17. Burj-i-Vuzeer, Pahlawân Khaneh or Court of Wrestlers
18. House of the Vuzeer Futti Khan
19. Chuman-i-Shahi, or King's Meadow
20. Mountain of Khurd, or Little Cabul
21. Parade Ground
22. House of the Nawab Jubar Khan
23. Palace of Timour Shah
24. Tope, or ancient Building, supposed to be the Tomb of Kadphises, an Indo Scythic Monarch
25. Range called Shakh-i-Baranta
26. Bala Hissar or High Fort
27. Tomb of Timour Shah
28. The quarter of the Town called Deh-i-Kalmuk, Village of the Kalmuks
29. Native and Armenian burial ground.
30. Pillar, called the Minar-i-Chakhri
31. Burgh or Tower of Ulako
32. Zearut, or shrine of Khoja Sufur, (the Saint of Victory.)
33. Bridge built by the Nawab Jubar Khan.
34. Quarter of the Town called Chundawul or Chandoo
35. Cabul River.
36. Hill of Khoja Sufur.
37. Hindoo Temple.
38. Pilgrim starting for Mecca.
39. Pass of Guzahjah.
40. Guzahjah Bridge.
41. Plain of Chehar Deh, or the four Villages.
42. Mountains of Kuruk.
43. Asha, or Assa Mahi Eve, the Mother of the World
44. Hindu Kosh, or Caucasus; to the left are the Mountains of Pughman, and the Range known as the Paraparmisus of the Greeks
45. Mountains of Nejhau and Taghau
46. Native of the Khyber Pass
47. Cooking Kabobs; to the right is a Horse of Dost Mahomed
48. Abdul Razaf Khan, Son of the Nawab Jubar Khan
49. Mortaza Khan, an old Kuzzilbash Servant of the Nawab Jubar Khan
50. Amir Khan, a Lohani of rank
51. A young Lohani
52. Abdul Rahin Khan, Son of the Nawab Jubar Khan
53. Suliman Khan, a messenger of Captain Wade's
54. Mahomed Ukhbar Khan, favourite son of Dost Mahomed
55. Sepoys. The one in scarlet being a Syud or descendant of the Prophet, wears his cap as he pleases
56. Pir Khan Jemadar, or Captain of Artillery.
57. A defender of Ghuznee.
58. The Nawabs Musicians playing on the saringa, dokra, suntowa, and other instruments.
59. The Rajah of Tak Buno below Attok
60. Abdul Samud, a Persian General
61. Pilgrim from Kokan, on his way to Mecca.
62. Native of Badakshan.
63. Mirza Imaum Verdi.
64. Sir Alexander Burnes; to his left is Capt. Vickovich, the agent from the Russian Ambassador at Herat.
65. Mirza Abdul Sameh Khan.
66. The Nawab Jubar Khan.
67. Mr. Masson.
68. Dost Mahomed.
69. Abdul Ghuneh Khan, and Abdul Ghafir Khan, sons of the Nawab.
70. Handing tea.
71. The Koh-i-nur (mountain of light) horse, brought to Lahore as a present to Runjeet Sing, during Sir H. Fane's visit.
72. Mr. Vigne.
73. Superintendant of the Nawabs Harem
74. A Kuzzilbash.
75. Making tea.
76. Chief Wrestler at Cabul.

26. Erklärung (Legende) zum Panorama von Kabul

27. Querschnitt des Panoramas, Leicester Square

28. Die einzige überlieferte bildliche Darstellung Massons: rechts neben Dost Mohammed (Figuren 67 und 68) im Panorama von Kabul

29. Josiah Harlan

30. Joseph Wolff, der gelegentlich nackte Missionar

31. Henry Pottinger

32. Alexander Burnes, »der zweite Alexander«

33. Paolo Avitabile

34. Dost Mohammed Khan, gemalt von Godfrey Vigne

90
100
110
120
130
140
40
30
20
10
0
10
20
30
40